高等院校电子商务专业系列精品教材

U0879957

电子商务系统
分析与设计

第2版

踪 程◎主编

電子工業出版社
Publishing House of Electronics Industry
北京 • BEIJING

内 容 简 介

本书从电子商务系统基本概念出发，由浅入深、循序渐进地介绍了电子商务系统开发的基本概念、基础理论和基本方法。本书强调理论与实践相结合，以理论指导实践，在理论方面着重讲解电子商务系统建设的基本理论、基本知识和基本方法，在实践方面侧重加强对电子商务系统规划、分析、设计和实现能力的培养与训练。本书体系科学合理，按照电子商务系统分析与设计的内在逻辑系统安排内容，将结构化方法和面向对象方法有机结合，兼顾学生的特点和理论体系的完整性，突出了内容的综合性和系统性。

本书可作为高等院校电子商务、信息管理与信息系统等本科专业的教学用书，也可作为参加电子商务设计师考试的人员的参考书，还可作为企事业单位电子商务系统开发与管理人员的学习和参考用书。

图书在版编目（CIP）数据

电子商务系统分析与设计 / 踪程主编. —2 版. —北京：电子工业出版社，2022.9

ISBN 978-7-121-44171-4

Ⅰ. ①电… Ⅱ. ①踪… Ⅲ. ①电子商务－系统分析－高等学校－教材②电子商务－系统设计－高等学校－教材 Ⅳ. ①F713.36

中国版本图书馆 CIP 数据核字（2022）第 153234 号

责任编辑：刘淑敏　　　　特约编辑：田学清
印　　刷：北京天宇星印刷厂
装　　订：北京天宇星印刷厂
出版发行：电子工业出版社
　　　　　北京市海淀区万寿路 173 信箱　　邮编：100036
开　　本：787×1092　1/16　印张：20　字数：538 千字
版　　次：2014 年 7 月第 1 版
　　　　　2022 年 9 月第 2 版
印　　次：2023 年 7 月第 2 次印刷
定　　价：68.00 元

凡所购买电子工业出版社图书有缺损问题，请向购买书店调换。若书店售缺，请与本社发行部联系，联系及邮购电话：（010）88254888，88258888。

质量投诉请发邮件至 zlts@phei.com.cn，盗版侵权举报请发邮件至 dbqq@phei.com.cn。

本书咨询联系方式：（010）88254199，sjb@phei.com.cn。

前　言

随着信息技术日新月异的发展和“互联网+”广泛深入的应用，社会各行各业都迫切需要大量精通电子商务的专业人才，这种现实需求也为电子商务专业学生发挥和展现专业知识和专业技能提供了广阔舞台。电子商务是集管理学、经济学、信息管理、网络技术、通信技术、社会学等多学科为一体的综合性学科，它能够帮助企业有效地开展网上业务并促进其成功发展，同时为社会经济的高效运转添加润滑剂。电子商务系统分析与设计是电子商务专业的核心课程，旨在培养学生对电子商务系统进行规划、分析、设计和实施的能力，同时强调对学生电子商务系统开发实践能力的训练与培养。

本次修订在内容体系上进行了较大幅度的调整，主要调整如下：一是结合行业的发展动态对电子商务系统分析与设计的相关理论知识进行了更新，如中间件技术；二是基于项目管理思想对电子商务系统分析与设计的理论知识进行了内容编排，以项目管理导向统筹整个电子商务系统的分析与设计过程，新增了“电子商务系统开发项目管理”一章，主要从电子商务系统开发项目的进度计划与控制、费用和风险管理、人力资源管理方面进行了阐述；三是重新梳理编排了结构化方法与面向对象方法这两种主流的电子商务系统开发方法，两种方法针对不同的工作环境和应用场景，各具优势，也都有所不足，将两种方法结合成为系统开发的一种应用场景，可以产生良好的效果，便于学生学习与运用；四是从内容相互衔接的角度考虑，删除了原第 8 章“电子商务支付和安全系统分析与设计”，增加了“电子商务网站设计”，并单独成章，从而使本书的整体内容编排更加合理。

本书涵盖了电子商务系统分析与设计的思想和方法、电子商务系统开发项目管理、系统实现的相关技术和开发工具等多方面内容，体系科学完整。同时，本书将结构化方法与面向对象方法并行编排，可将电子商务系统开发各阶段的理论知识和实践过程贯穿起来以使学生形成整体认识，并训练学生独立进行电子商务系统开发的能力。同时，本书进一步突出理论知识与实践应用并重的特点，并以《电子商务设计师考试大纲》为指导，将电子商务系统分析与设计的相关知识分为 10 章进行阐述，在满足教师授课的同时也能满足学生进行“全国计算机技术与软件专业技术资格（水平）考试”的需求，以进一步提高学生对电子商务系统分析与设计的学习能力、实践能力和创新能力。本书内容通俗易懂，重点突出，可读性和实用性强，每章后还配有思考题和实践环节，便于学生学习。

本书由踪程统筹修订，修订工作具体分工如下：第 1 章和第 2 章由谢爱国负责，第 3 章由李芬芳负责，第 4 章由徐灵负责，其余章节由踪程负责。隋东旭老师对本书进行了细致的审读。电子工业出版社的姜淑晶编辑一如既往地给予了大力支持和热情帮助，在此致以诚挚的谢意。同时，在本书编写过程中直接或间接地参考和借鉴了大量的文献和资料，在此，谨向其作者表示感谢。由于编者学识所限，疏漏与不足之处在所难免，恳请读者批评指正！

编　者

目　录

第 1 章　电子商务系统概述 …… 1

1.1　电子商务系统的内涵 …… 1

1.1.1　系统与信息系统 …… 1

1.1.2　电子商务信息系统与电子商务网站 …… 3

1.1.3　电子商务系统的概念与特点 …… 4

1.1.4　电子商务系统的组成与功能 …… 6

1.2　电子商务系统的体系结构与基本模式 …… 9

1.2.1　电子商务系统的体系结构 …… 9

1.2.2　电子商务系统的基本模式 …… 11

本章小结 …… 11

思考题 …… 12

实践环节 …… 12

第 2 章　电子商务系统开发基础 …… 13

2.1　电子商务系统的开发方法 …… 13

2.1.1　结构化系统开发方法 …… 13

2.1.2　原型法开发方法 …… 15

2.1.3　面向对象开发方法 …… 16

2.2　电子商务系统的开发方式 …… 23

2.2.1　自主开发方式 …… 23

2.2.2　委托开发方式 …… 23

2.2.3　合作开发方式 …… 24

2.2.4　购买商品化应用软件开发方式 …… 24

2.3　电子商务系统的开发技术 …… 24

2.3.1　基本开发技术 …… 24

2.3.2　企业系统集成 …… 31

2.3.3　数据库访问技术 …… 33

2.3.4　主流开发技术 …… 35

2.4　电子商务系统开发模式 …… 40

2.4.1　基本开发模式 …… 40

2.4.2　基于 Java 的开发模式 …… 41

本章小结 …… 45

思考题 …… 45

实践环节 …… 45

第 3 章　电子商务系统开发项目管理 …… 46

3.1　项目管理概述 …… 46

3.1.1　项目 …… 46

3.1.2　项目管理 …… 49

3.2　电子商务系统开发项目过程管理 …… 51

3.2.1　项目过程管理的主要方法 …… 51

3.2.2　项目进度计划 …… 54

3.2.3　项目进度控制与优化 …… 55

3.2.4　项目资源计划与均衡 …… 59

3.3　电子商务系统开发项目费用和风险管理 …… 61

3.3.1　项目费用管理 …… 61

3.3.2　项目风险管理 …… 62

3.4　电子商务系统开发项目人力资源管理 …… 64

3.4.1　开发人员的组织 …… 64

3.4.2　开发人员的计划与管理 …… 65

本章小结 …… 66

思考题 …… 66

实践环节 …… 66

第 4 章　统一建模语言 UML …… 67

4.1　UML 简介 …… 67

4.1.1　UML 的发展历程 …… 67

4.1.2　UML 的定义和内容 …… 69

4.1.3　UML 建模过程 …… 70

4.1.4　UML 建模工具 …… 70

4.2　用例图 …… 71

4.2.1　用例图概述 …… 71

4.2.2　构成元素 …… 72

4.2.3　用例之间的关系 …… 73

4.2.4　用例描述 …… 75

4.3　静态模型图 …… 76

4.3.1　类图 …… 76

4.3.2　对象图 …… 82

4.3.3　包图 …… 82

4.4　动态模型图 …… 84

4.4.1　状态图 …… 84

4.4.2　活动图 …… 87

4.4.3 顺序图……90
4.4.4 协作图……93
4.4.5 UML 中的图及相互关系……94
4.5 实现图……95
4.5.1 组件图……95
4.5.2 部署图……97
4.6 UML 模型图的关系与扩展……99
4.6.1 UML 模型图间的关系……99
4.6.2 UML 的扩展……99
本章小结……100
思考题……100
实践环节……100
第 5 章 电子商务系统规划……101
5.1 电子商务系统规划概述……101
5.1.1 电子商务系统规划的概念……101
5.1.2 电子商务系统规划的任务……103
5.1.3 电子商务系统规划的步骤……106
5.2 初步调查……108
5.2.1 初步调查的任务……109
5.2.2 初步调查的步骤……110
5.3 电子商务系统规划的常用方法……111
5.3.1 战略集转移法……111
5.3.2 关键成功因素法……113
5.3.3 企业系统规划法……115
5.3.4 战略集转移法、关键成功因素法和企业系统规划法的比较……118
5.4 电子商务系统可行性分析……119
5.4.1 技术可行性……119
5.4.2 经济可行性……119
5.4.3 管理及经营可行性……120
5.4.4 可行性分析报告……120
5.5 电子商务系统规划报告……123
本章小结……126
思考题……126
实践环节……126
第 6 章 电子商务系统分析……127
6.1 电子商务系统分析概述……127
6.1.1 电子商务系统分析的概念……127
6.1.2 电子商务系统分析的特点……128
6.1.3 电子商务系统分析的任务……128
6.1.4 电子商务系统分析的思路……129
6.2 电子商务系统的需求……130
6.2.1 电子商务系统需求的分类……130
6.2.2 B2C 电子商务系统的典型需求……131
6.2.3 B2B 电子商务系统的典型需求……132
6.2.4 C2C 电子商务系统的典型需求……132
6.3 电子商务系统详细调查……133
6.3.1 详细调查的原则……133
6.3.2 详细调查的内容……133
6.3.3 详细调查的方法……134
6.3.4 详细调查的步骤……135
6.4 基于结构化方法的系统逻辑模型……136
6.4.1 组织结构分析……136
6.4.2 业务流程分析……138
6.4.3 数据流程分析……139
6.4.4 电子商务系统逻辑模型的建立……153
6.5 基于面向对象方法的系统逻辑模型……154
6.5.1 面向对象系统开发过程……154
6.5.2 需求获取……155
6.5.3 面向对象系统分析……159
6.6 电子商务系统分析报告……169
6.6.1 电子商务系统分析报告的作用……170
6.6.2 电子商务系统分析报告的内容……170
本章小结……171
思考题……172
实践环节……172
第 7 章 电子商务系统设计……173
7.1 电子商务系统设计概述……173
7.1.1 电子商务系统设计的任务……173
7.1.2 电子商务系统设计的分类……174
7.1.3 电子商务系统设计的原则……175
7.2 基于结构化方法的电子商务系统设计……175
7.2.1 系统划分和功能结构设计……176
7.2.2 代码设计……180
7.2.3 数据库设计……183
7.2.4 用户界面设计……185
7.2.5 物理配置方案设计……194

7.3 基于面向对象方法的电子商务系统设计……196
7.3.1 面向对象系统总体设计……197
7.3.2 面向对象系统详细设计……200
7.3.3 面向对象系统组件设计……202
7.3.4 基于 UML 的数据库设计……205
7.4 电子商务系统设计报告……208
7.4.1 基于结构化方法的电子商务系统设计报告……209
7.4.2 基于面向对象方法的电子商务系统分析与设计报告……209
本章小结……212
思考题……213
实践环节……213

第 8 章 电子商务网站设计……214

8.1 电子商务网站设计概述……214
8.1.1 电子商务网站设计的要求……215
8.1.2 电子商务网站设计的原则……216
8.1.3 电子商务网站设计的内容……218
8.2 电子商务网站规划设计……218
8.2.1 电子商务网站规划设计的意义和特点……218
8.2.2 电子商务网站规划设计的原则和任务……219
8.2.3 电子商务网站规划设计的基本内容……220
8.3 电子商务网站信息结构设计……221
8.3.1 电子商务网站栏目设计……222
8.3.2 电子商务网站内容设计……224
8.3.3 电子商务网站目录结构设计……226
8.3.4 电子商务网站链接结构设计……227
8.3.5 电子商务网站导航设计……230
8.4 电子商务网站可视化设计……234
8.4.1 网页布局设计……234
8.4.2 网页色彩设计……236
8.4.3 文字设计……239
8.4.4 首页设计……240
8.5 电子商务网站页面流程设计……242
8.5.1 网站页面的划分……242
8.5.2 网站页面连接流程设计……243
8.5.3 网站页面流程图……244
本章小结……244
思考题……244
实践环节……244

第 9 章 电子商务系统的实施、运营、维护与评价……245

9.1 电子商务系统的实施……245
9.1.1 电子商务系统平台的选择与搭建……245
9.1.2 应用软件开发……253
9.1.3 电子商务系统测试……259
9.1.4 电子商务系统的发布……265
9.2 电子商务系统的运营……268
9.2.1 电子商务系统的商务运营……269
9.2.2 电子商务系统的推广……272
9.3 电子商务系统的维护……277
9.3.1 维护的内容……278
9.3.2 维护的过程……280
9.3.3 维护中的安全管理……281
9.4 电子商务系统的评价……282
9.4.1 电子商务系统评价的特点和评价原则……282
9.4.2 评价指标……283
9.4.3 评价方法……284
9.4.4 评价过程……286
本章小结……287
思考题……287
实践环节……287

第 10 章 电子商务系统分析与设计案例……288

10.1 基于结构化方法的在线鲜花订购系统分析与设计……288
10.1.1 在线鲜花订购系统分析……289
10.1.2 在线鲜花订购系统设计……297
10.2 基于面向对象方法的网上图书销售系统的分析与设计……306
10.2.1 系统的用例建模……306
10.2.2 系统活动图……307
10.2.3 系统类图……308
10.2.4 系统的顺序图与协作图……309
10.2.5 系统的组件图与部署图……312
本章小结……313
思考题……313
实践环节……313

参考文献……314

第 1 章 电子商务系统概述

本章教学目标

（1）理解系统、信息系统、电子商务、电子商务信息系统、电子商务网站和电子商务系统的基本概念；

（2）理解电子商务系统的特点、组成和功能；

（3）掌握电子商务系统的体系结构；

（4）熟悉电子商务模式的内涵和分类。

1.1 电子商务系统的内涵

1.1.1 系统与信息系统

1. 系统

《中国大百科全书》中对系统的定义是：由相互关联、相互制约、相互作用的一些部分组成的、具有某种功能的整体。

《韦伯斯特大词典》中对系统的定义是：由许多通常是不同种类的部分，按照一个共同的计划或用于一个共同的目的而形成复杂的统一体。

（1）系统的定义可以从四个方面来理解。

① 系统是由若干要素（部分）组成的。这些要素可能是一些个体、元件、零件，也可能要素本身就是一个系统，称为子系统。也就是说，系统是一个层次结构，在系统内部还可能有若干个相对独立的子系统。

② 系统有一定的结构。一个系统是其构成要素的集合，这些要素相互联系、相互制约。系统内部各要素之间相对稳定的联系方式、组织秩序及时空关系的内在表现形式，就是系统的结构。

③ 系统有一定的功能。功能是指系统与外部环境在相互联系和相互作用中表现出来的性质、能力和功效。

④ 系统存在于环境中。所谓环境是指在待建系统以外但与该系统又具有密切关联的那部分。系统与环境相互交流，从环境中吸取信息、能量、物质，同时将信息等输出至环境中。

（2）系统一般由五个基本部分组成：输入、输出、处理、反馈和控制。

① 输入。输入是指从系统环境中提交给系统处理的内容。

② 输出。输出是指经过系统处理之后得到的结果。

③ 处理。处理是指对输入按照一定的方式进行加工后产生输出内容的过程。

④ 反馈。反馈是指系统与环境进行交流的一种方式。

⑤ 控制。控制是指决定系统运行的过程。

系统的基本组成如图 1-1 所示。

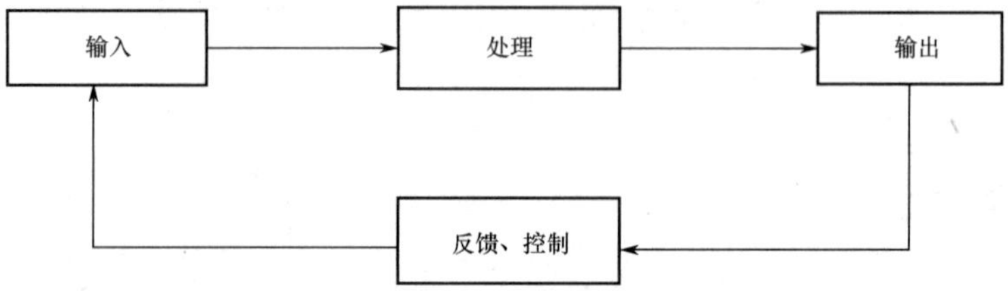

图 1-1　系统的基本组成

2. 信息系统

“信息”是一个内容丰富、使用普遍、含义又相当模糊的概念。“信息”一词在新华字典中指“音信”“消息”的意思。“information”在新英汉词典中翻译成“消息”“报道”“情报”“通知”“报告”“知识”“见闻”“资料”。信息这一概念广泛地渗透到各门学科之中，人们根据各学科自身的特点为信息做出各种各样的定义。近几十年来，许多专家与学者都曾对“信息”下过定义。信息论的奠基人，美国科学家香农把信息理解为“用以消除随机、不确定性的东西”。控制论的创始人、美国科学家维纳提出“信息就是信息，不是物质也不是能量”，他认为信息是指人们在适应外部世界并且使这种适应反作用于外部世界的过程中，同外部世界进行交换的内容。目前，有关信息的定义已有数百条，却无一条能获得共识并被学术界普遍接受。

左美云和邝孔武认为，在信息系统与信息管理学科中，信息既是可以通信的数据和知识，又是经营管理和决策的重要依据。

（1）在理解信息的概念时，一般应着重理解以下方面。

① 信息是客观世界中万事万物的各种属性的反映。这种反映信息是普遍存在的，而且具有客观性，还表明信息是属性的表征。

② 信息也是客观世界各种事物及其属性变化的反映。客观世界中任何事物都在不停地运动，呈现出不同的属性，即事物的属性在不停地变化。因此，作为客观事物变化的反映的信息，也总在不断生成着和传递着。

③ 信息是客观事物之间相互作用、相互联系的反映。客观世界中各种事物在一定条件下相互联系、相互作用，引起事物的属性的变化，信息正是这种相互作用、相互联系的反映。

④ 一个事物的信息必为其他事物所需要、所接收、所利用。这揭示了信息的效用性和社会性，即信息必须具有能被其他事物接收和能被其他事物根据自己的需要加以利用的性质。

信息系统是一个人造系统，由人、硬件、软件和信息资源组成，目的是及时、正确地收集、加工、存储、传输和提供信息，对组织中的各项活动进行管理、调节和控制。

信息系统一般包括信息处理系统和信息传输系统两个子系统。

信息处理系统对数据进行处理，使它获得新的结构与形态或产生新的数据。

信息传输系统的作用是把信息从一处转移到另一处。

（2）信息系统应该具有如下功能。

① 信息收集：把分散在各地的数据收集并记录下来，整理成信息系统要求的格式或形式。

② 数据传输：包括计算机系统内和计算机系统内外之间的传输。

③ 数据存储：管理中的大量信息被保存在磁盘、磁带等存储设备上。

④ 信息加工处理：对信息进行核对、变换、分类、合并、更新、检索、抽出、分配、生成和计算等处理。

⑤ 数据输出：根据不同需要，将加工处理后的数据以不同的方式输出。

1.1.2　电子商务信息系统与电子商务网站

1. 电子商务信息系统

电子商务作为一个完整的概念出现于 20 世纪 90 年代，它并非单纯的技术概念或单纯的商业概念，而是现代信息技术和现代商业技术的结合体，是“互联网+”与商业的融合应用，是一种平台经济。广义的电子商务是指通过电子信息技术、网络互联技术和现代通信技术使商业交易涉及的各方当事人借助电子方式联系，而无须依靠纸面文件完成单据的传输，实现整个交易过程的电子化。狭义的电子商务是指利用国际互联网进行商业交易的一种方式。其商业交易活动主要指信息服务、交易和支付。其主要内容包括电子商情广告、电子选购和交易、电子交易凭证的交换、电子支付与结算等。

电子商务信息是指凭借电子化和网络化技术进行生产、存储、传递和管理的商务信息。它包括文字、数据表格、图形、影像、声音等具体形态。数字化是它的唯一表现形式，计算机网络是它进行传输的重要途径。通过与传统企业的信息比较，电子商务信息具有以下特征。

（1）信息内容丰富且范围广。电子商务的商业活动主要以网络为背景，信息类型涉及面广泛，表现形态多种多样，内容丰富。

（2）信息来源多元化。在网络上，访问者可以搜索到相关产品的各种信息，有广告主有意发布的信息，也有消费者在使用该产品或服务后的评价，还可能有第三方机构关于某种产品的测评报告，也可能有大众传媒或网站关于某类产品的公开报道，即网络成了访问者信息来源的集大成者。因此，与传统媒体相比较，网络在帮助访问者获取信息方面具有独特的优势，能够为访问者提供内容丰富、形式多样、来源广泛的电子商务信息。

（3）实效性强。传统的商务信息，由于传递速度慢、传递渠道不畅，经常导致获取的信息失效，使企业错失良机。网络信息由于更新及时、传递速度快，可以有效地避免这种情况。只要网络信息收集者及时发现信息，就可以保证信息的实效性。

（4）准确性高。搜索引擎是收集网络信息的一大途径。通过搜索引擎获取信息，减少了信息传递的中间环节，从而减少了信息的误传和更改，有效地保证了所获信息的准确性。

（5）信息使用者是信息的主动搜寻者。传统媒体的传播模式是一对多的单向传播，消费者只能被动地接收信息。以广告信息为例，广告信息是广告主刻意传达给消费者的，具有极大的片面性。此外，传统媒体由于版面和时间限制也不可能承载太多的信息，因此传播的广告信息大多单纯简洁。这样的传播状态导致受众或消费者与厂商之间的信息不对称。相比而言，网络能够很好地弥补这些缺陷。因为网络的访问者可以依靠搜索引擎在网络上搜寻自己想得到的任何信息。传统媒体的传播方式是把信息“推”向受众，网络的传播方式是访问者主动把信息“拉”向自己。同时，网络具有无限链接的功能，不受时间、空间的限制，信息量可以说是无限丰富的。这样，消费者在进行购买决策前，可以到网络上主动搜索相关的产品信息，极大地降低了消费者与厂商之间信息的不对称程度。

（6）信息使用成本低。在电子商务中，利用网络极大地降低了企业之间的交易费用。信息处理的成本随着网络基础设施的建立和发展，将会越来越低。从信息成本的角度看，电子商务在全球范围内整合资源和虚拟运作，要比在一个局部范围内的同类活动少负担成本，这有利于按照能力在全球范围进行企业层次的分工，并在此基础上形成电子商务。

基于电子商务、信息系统的概念和电子商务信息的特点，电子商务信息系统可以被认为是一种专门化的信息系统，它由人、硬件、软件和信息资源组成，目的是及时、正确地收集、加工、存储、传输和提供商务信息，对企业中的商流、物流、资金流进行管理、调节和控制，以支持企业的经营活动。

2. 电子商务网站

电子商务网站是其拥有者与用户交流及沟通的窗口，是买方和卖方信息交会与传递的渠道，是体现企业形象和经营战略的载体，是企业等开展商务活动的舞台。企业及政府机构进行电子商务交易，必须建立网站或借助其他商务网站，否则电子商务的交易是不可能实现的。简单来说，电子商务网站是企业开展电子商务的基础设施和信息平台，是实施电子商务的公司或商家与服务对象之间的交互界面，是电子商务系统运转的承担者和表现者。电子商务网站是指通过网站建设技术发布、展示商品信息，实现电子交易，并通过网络开展与商务活动有关的各种售前和售后服务，全面实现电子商务功能的网站。简单来说，电子商务网站就是为实现电子商务功能而建设的网站。

电子商务网站要有软、硬件基础设施的支持，由一系列展示特定内容的相关网页及后台数据库等构成，具有实现不同电子商务应用的各种功能，可以实现广告宣传、经销代理、银行与运输公司中介等方面作用。电子商务网站主要面向供应商、客户或者企业产品（服务）的消费群体。电子商务网站与普通网站一样，通过图片处理技术、文字排版技术、动画设计技术、网络编程技术来进行网站建设，实现网站整体功能。电子商务网站的手段是“发布、展示商品信息”。电子商务网站要实现电子交易这一目的，网站必须具备发布、展示商品信息的功能，通过“发布、展示商品信息”来实现开展售前、售后服务，达到顺利交易的目的。

1.1.3 电子商务系统的概念与特点

1. 电子商务系统的概念

电子商务系统与电子商务一样，发展的时间并不长，不同专家或学者对这一概念有不同的提法。例如，网络商务系统、电子商务应用系统，甚至直接将电子商务网站认同为电子商务系统。虽然对电子商务系统的定义并没有统一，但一般对电子商务系统的理解包括广义和狭义两个方面。所谓电子商务系统（Electronic Commerce System），广义上讲是商务活动中各参与方和支持企业进行交易活动的电子技术手段的集合，是在 Internet、Intranet 及计算机系统等支持下，为了商业目的而组建的商务系统。狭义上讲，电子商务系统是由人、硬件、软件和信息资源组成，帮助企业完成电子商务活动的信息系统的集合，是企业、消费者、银行（金融机构）、政府等在 Internet 和其他网络的基础上，以实现企业电子商务活动为目标，满足企业生产、销售、服务等生产和管理的需要，支持企业的对外业务协作，从运作、管理和决策等层次全面提高企业信息化水平，为企业提供具备商业智能的计算机网络信息系统，一般由网站、企业内部信息系统、供应者、采购者、认证中心、支付中心、物流中心等组成。通过电子商务系统，企业可以及时、正确地收集、加工、存储、传输和提供商务信息，对企业中的商流、物流、资金流进行管理、调节和控制，以支持企业的经营活动。

电子商务系统不同于电子商务信息系统，广义上的电子商务系统除了信息系统，还包括物流系统、支付系统、安全系统等，因此从这一层面上电子商务信息系统只是电子商务系统的一个组成部分。而狭义的电子商务系统则包括企业内部信息系统、企业的门户网站、企业与供应商和客户之间的信息系统，与电子商务信息系统的内涵较为接近。如无特别说明，此后本书所阐述的电子商务系统指的是狭义的电子商务系统。

但是，不能将电子商务系统等同于电子商务网站，尽管对传统企业来说电子商务系统大多以网站作为服务客户的窗口。但作为一个整体，电子商务系统是基于 Internet 并支持企业价值链增值的信息系统，不仅包括企业开展商务活动的外部电子化环境，还包括企业内部商务活动的电子化环境，这两部分必须结合起来才能满足企业在 Internet 上开展商务活动的需要。而电子商务网站仅仅是企业开展电子商务的基础设施和信息平台，是电子商务系统运转的承担者和表现者。企业内部信息系统的各种信息通过电子商务网站向外发布，改变了原先企业信息利用率不高、资源无法被外界获得的局面。尽管企业的电子商务系统因企业规模和服务方式的不同而使其具体功能差异很大，但大多数电子商务系统都是利用电子商务网站与客户进行交互的。因此，可以将电子商务网站视为企业电子商务系统的一个重要组成部分。

2. 电子商务系统的特点

从系统功能的角度来看，传统信息系统仅停留在对内部生产、管理、决策等活动的支持，即对企业内部产供销、人财物的管理；而电子商务系统不仅支持企业内部的生产与管理，还支持企业通过 Internet 进行的商务活动，如企业形象宣传、网络订单管理、网络支付管理等。从信息系统服务的范围及对象来看，传统信息系统主要服务于企业内部特定的客户，主要用以满足企业管理人员管理的需要。但是，电子商务系统服务的对象不仅包括企业内部管理人员，还包括企业的合作伙伴。可以说，电子商务系统是在网络基础上，利用现代信息技术支持企业商务活动的开放式信息系统。这一系统服务于企业内部用户、企业客户及企业的合作伙伴，支持企业生产、销售、管理等整个环节，其目的是利用现代信息技术手段整合企业的商务流程，帮助企业实现新的商务模式。与传统信息系统相比，电子商务系统具有以下较为鲜明的特征。

1）电子商务系统是支持企业商务活动全过程的技术平台

从企业内部管理的角度来看，企业的业务活动包括日常业务的操作、管理和决策三个层面。电子商务系统依托企业内部网络，支持企业内部的事务，不仅服务于企业日常操作层面的库存、订单、结算等业务，还对决策环节提供支持。例如，IBM 公司提出的商务智能

（Business Intelligent，BI）实际上作为电子商务系统的一部分，更多地侧重于企业的决策分析。从企业之间的商务活动来看，电子商务系统透过 Internet、企业间专用网（或称企业外部网，Extranet），使企业之间形成紧密、动态的商务协作关系，以快速地适应市场需求的动态变化，进而在一定意义上导致企业及其合作伙伴形成一种虚拟的联盟关系或共同市场。

2）电子商务系统是实现业务流程重组、价值链增值的技术平台

电子商务可以利用信息技术完成企业业务流程再造，充分发挥企业信息资源的优势，提升企业的竞争实力。电子商务系统作为实现这一目标的技术支撑平台，其分析、建造不能简单地立足于实现企业业务流程的电子化。尽管在管理信息系统的分析设计中也强调需要从企业流程再造入手，但是相对而言，电子商务系统更加强调如何通过信息技术手段实现企业业务流程重组。甚至从某种意义上讲，能否实现企业价值链的增值，是电子商务系统建设是否成功的一个标志。

3）电子商务系统依托网络，提供基于 Web 的分布式服务

电子商务的形式虽然多种多样，但是支撑企业电子商务运作的电子商务系统基本上是依托 Internet、Intranet 或者 Extranet 构成的。以 TCP/IP 协议为基础的网络环境是所有电子商务系统的共同基础，因此电子商务系统是一个在分布式网络环境中提供服务的系统。此外，从应用的处理方式上看，大多数电子商务系统中都含有 Web 服务功能，或者通过浏览器/服务器（Browser/Server，B/S）方式向客户提供在线服务。这种方式使电子商务系统的核心软/硬件都集中在应用服务器或 Web 服务器，而客户端得以大大简化，并通常表现为浏览器的形式。这是电子商务系统的一个突出的技术特点。

4）电子商务系统在系统应用的安全方面有较高的要求

相对而言，电子商务系统在安全方面的要求更高一些。其原因在于：①电子商务系统一般处理的是与企业交易活动相关的数据，因此业务数据涉及企业的商业数据，自然对安全等级的要求高；②电子商务系统依托于网络，尤其是 Internet，一般是在一种开放的、公共的网络环境中运行的，而且 TCP/IP 协议本身就存在漏洞，因此这种开放环境相对于封闭系统而言，存在着一些不安全因素，所以需要强调安全措施来降低风险；③企业传统的商务活动是在法律保护下开展的，企业的交易行为通过契约、合同的形式得到法律保障，开展电子商务活动时，有形的纸质合同转变为电子契约，而电子契约存在的公共密钥体系本身就有很高的安全隐患规范。

5）电子商务系统大多依托企业既有信息系统运行

电子商务系统不是要废弃企业既有的信息系统，而是试图使信息系统整合提升信息资源的共享程度，发挥其效益。所以，除非创业型的电子商务企业，一般企业的电子商务系统基本都是依托既有信息系统建立的，并且与企业既有信息系统之间存在密切的接口。一方面是为了保证企业既有信息化建设的投资不被浪费，另一方面也是企业信息化得以可持续发展的必然要求。通常，电子商务系统与企业既有的信息系统在硬件与网络资源、数据、应用方面存在密切的联系，两者之间通过数据共享、应用的互操作形成紧密联系的整体。

1.1.4 电子商务系统的组成与功能

1. 电子商务系统的组成

从参与商务活动的角色来考虑，电子商务系统的主要参与者有供应方、支付中心、物流中心、认证中心、需求方、政府和电子商务服务商。电子商务系统的组成如图 1-2 所示。

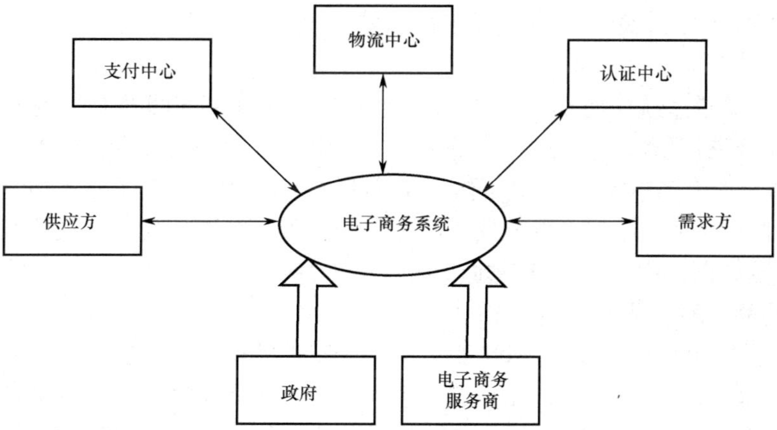

图 1-2　电子商务系统的组成

其中，供应方可以是企业也可以是个人，只要通过电子商务系统提供商品或服务，就是电子商务系统中的供应方；与供应方类似，需求方可以是企业也可以是个人，只要通过电子商务系统采购（购买）商品或服务，就是电子商务系统中的需求方；支付中心的功能是为电子商务系统中的供应方和需求方等角色提供资金结算和支付服务，一般由网络银行来承担；物流中心接受供应方的送货要求，负责及时地将有形实物商品送达需求方指定的地点，并跟踪商品的动态流向；认证中心是一些不直接从电子商务交易中获利的第三方机构，负责发放和管理用来证明参与方身份的数字证书，使各参与方均能相互确认身份；政府负责相关法律法规的制定及市场秩序的维护；电子商务服务商提供网络接入服务、信息服务及应用服务。所有参与方围绕电子商务系统相互协作开展业务，共同实现电子商务系统的功能。

2. 电子商务系统的功能

电子商务是未来企业主要的商业运营方式，建设电子商务系统是企业最终实现电子商务的重要一环。同时，网络是企业进行形象宣传、产品展示推广、与客户沟通、信息互动的阵地，建立电子商务系统有利于企业树立自己的网上品牌，对企业的长远发展、企业文化、企业品牌建设都有非常重要的意义。一般来说，电子商务系统具有以下功能。

1）企业形象宣传功能

企业形象宣传功能是非常重要的基本功能。企业在电子商务系统中可通过自己的 Web 服务器和网络主页（Home Page）及电子邮件（E-mail）在全球范围同时进行广告宣传，在 Internet 上宣传企业形象和发布各种商品信息，用户使用网络浏览器可以迅速找到所需的商品信息。与其他各种广告形式相比，在网上的广告成本最为低廉，给顾客的信息量却最为丰富。在宣传效果上，除了网站每天 24 小时面向全世界开放使它的宣传效果好，在我国网络宣传的对象通常是 20～35 岁、有较高学历和较高收入的人，这些人现在是社会的中坚力量，未来 20 年仍将是社会的中坚力量。

2）信息编辑功能

企业在电子商务系统中不仅可以用文字、图片、动画等方式宣传自己的产品，还可以介绍自己的企业、发布企业新闻、介绍企业领导、公布企业业绩、提供售后服务、举办产品技术介绍等，主要包括新闻的动态更新、新闻的检索、热点问题追踪，行业信息、提供信息、需求信息的发布等。网站上的信息更新比任何传统媒介都快，通常几分钟之内就可以做到内容更新，从而使企业在最短的时间内发布最新的消息。

3）咨询洽谈功能

企业在电子商务系统中可借助非实时的电子邮件、新闻组和实时的讨论组来了解市场和商品信息，洽谈交易事务，如有进一步的需求，还可用网上的白板会议、BBS来交流即时信息。在网上的咨询和洽谈能突破人们面对面洽谈的限制，提供多种方便的异地交谈形式。网上的资料24小时向用户开放，用户只要使用电子商务系统提供的信息搜索与查询功能，就可以在电子商务数据库中轻松而快捷地找到所需的信息。

4）网上商品订购功能

企业在电子商务系统中通过Web服务器电子邮件的交互传送实现用户在网上的订购，包括交易磋商、在线预订商品、网上购物或取得网上服务的业务功能。企业的网上订购系统通常是在商品介绍的页面上提供十分友好的订购提示信息和订购交互式表格，并可以通过导航条实现所需功能。当用户填完订购单后，系统回复确认信息单表示订购信息已收悉。电子商务系统的用户订购信息采用加密的方式使用户和商家的商业信息不会泄漏。

5）网上支付功能

企业在电子商务系统中实现网上支付是电子商务交易过程中的重要环节，用户和商家之间可采用信用卡、电子钱包、电子支票和电子现金等多种电子支付方式进行网上支付，采用网上电子支付的方式节省了交易的开销。对于网上支付的安全问题现在已有实用的SET协议等来保证信息传输安全性。电子账户交易的网上支付由银行、信用卡公司及保险公司等金融单位提供电子账户管理等网上操作的金融服务，用户的信用卡号或银行账号是电子账户的标志。电子账户通过用户认证、数字签名、数据加密等技术措施的应用保证电子账户操作的安全性。

6）用户信息管理功能

用户信息管理功能是反映电子商务系统主体能否以客户为中心、能否充分地利用客户信息挖掘市场潜力的有重要利用价值的功能。企业在电子商务系统中通过用户信息管理系统可以完成对网上交易活动全过程中的人、财、物、用户及本企业内部的各方面进行协调和管理，实现个性化服务和管理。

7）服务传递功能

企业在电子商务系统中通过服务传递系统将客户所订购的商品尽快地传递到已订货并付款的用户手中。对于有形的商品，服务传递系统可以对本地和异地的仓库在网络中进行物流的调配并通过快递业完成商品的传送；而无形的信息产品如软件、电子读物、信息服务等则立即从电子仓库中将商品通过网上直接传递到用户端。通过聊天室、企业社区、电子邮件等工具，企业与客户实时地交流信息。

8）销售业务信息管理功能

企业在电子商务系统中通过销售信息管理系统，可以及时地收集、加工处理、传递与利用相关的数据资料，并使这些信息有序而有效地流动起来，为组织内部的ERP、DSS、MIS等管理系统提供信息支持。该功能按照商务模式的不同，具体内容也是有区别的，例如，分公司销售业务管理功能包括订单处理、销售额统计、价格管理、货单管理、库存管理、商品维护管理、用户反馈等；经销商销售业务管理功能包括订单查询、处理、进货统计、应付款查询等；配送商销售业务管理功能包括库存查询、需求处理、收货处理、出货统计等。

1.2 电子商务系统的体系结构与基本模式

1.2.1 电子商务系统的体系结构

目前，对电子商务系统的体系结构的研究还没有统一的结论，一般来说，电子商务系统由政策和法律、协议和标准两大支柱作为支撑，由企业战略层、经营管理层、硬件基础设施层、软件通用服务层、服务支持层、应用服务层 6 个层面构成。电子商务系统的体系结构如图 1-3 所示。

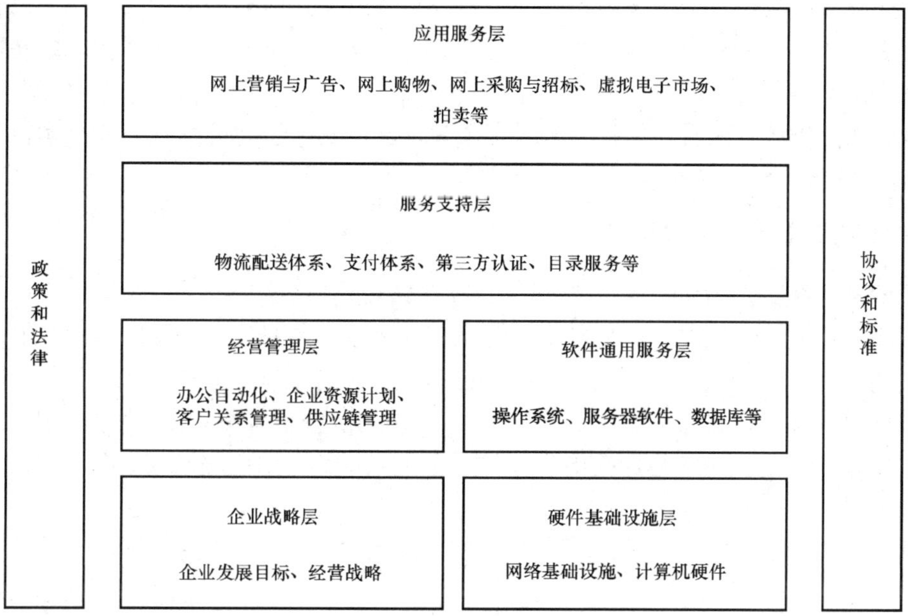

图 1-3 电子商务系统的体系结构

1. 政策和法律、协议和标准

电子商务系统能够产生和正常运行，需要“政策和法律”和“协议和标准”的支持。电子商务系统的存在和发展必须由特定的法律、税收政策来规范。电子商务虽然通过网络开展商务活动，但仍不可能脱离社会，因此需要有一个良好的社会环境以保障电子商务的健康发展。电子商务系统的存在和发展是与特定的法律、政策相关的。例如，当开展电子商务活动时，若双方发生商务纠纷，是否能够利用电子证书、电子订单等作为法律依据。同时，国家也需要制定相应的政策，鼓励甚至引导电子商务系统的建设。例如，美国在其制定的“全球电子商务的政府框架”中对相关的法律、政策等进行了说明。另外，协议和标准规范了传输协议、技术标准、信息发布标准等技术细节，这对于保证兼容性和通用性是十分重要的。同时，传输协议、安全协议、技术标准等也为不同国家的人使用不同的网络和不同的计算机设备进行电子商务提供了保障。从这个意义上，“政策和法律”和“协议和标准”是电子商务系统建立和运行的宏观社会环境。

2. 企业战略层和经营管理层

电子商务系统的本质是商务，是由计算机技术与通信技术等高技术实现的商务活动。电子商务系统的建立与运行要在企业发展目标和企业经营战略的指导下进行，是达到企业发展目标、实现企业经营战略的一种手段。作为企业商务活动的一部分，电子商务系统必然受到企业发展目标和企业经营战略的约束。

成功的电子商务系统的建设离不开先进的经营管理理论的支持，以及对要实现的经营管理业务系统深入透彻的了解。成功的电子商务企业首先应使企业内部运作电子化、信息化。企业利用互联网络进行信息处理、内外部沟通，在管理和业务流程上进行革新，减少中间环节，使企业降低运营成本，提高效率。办公自动化管理、企业资源管理、客户关系管理和供应链管理等构成了一个企业内部的信息化管理基础。电子商务系统具体要实现的功能应根据经营管理层的业务模型来建立。

因此，从商务角度来看，企业战略层和经营管理层是电子商务系统建立和运行的中观企业环境，并提供业务上的支持。

3. 硬件基础设施层和软件通用服务层

电子商务系统的商务活动是通过一定的技术来实现和运作的。

硬件基础设施层包括计算机主机和外围设备、网络平台等，是电子商务系统的硬件环境，也是电子商务应用系统的运行平台。网络平台是电子商务系统的基础设施，是信息传送的载体和用户接入的基础，它包括电信部门专营的公共数据通信网络体系。当然，电子商务活动的开展也可以利用无线网络和原有的行业性数据通信网络，如铁路网络、石油网络和有线广播电视网络等。

软件通用服务层包括操作系统、服务器软件和数据库等，是支持电子商务系统运行的软件环境。

因此，硬件基础设施层和软件通用服务层是电子商务系统建立和运行的微观技术环境。

4. 服务支持层

服务支持层提供的是通用的商务应用软件，如物流配送体系、支付体系、第三方认证、目录服务等，为应用服务层提供支持。这一层直接为电子商务系统提供服务，优化应用功能，是应用服务层的必要补充。

5. 应用服务层

应用服务层是企业利用电子手段开展商务活动的核心，也是电子商务系统的核心组成部分。它实现系统的核心商务逻辑，一般要根据企业专门需求分别开发，如网上商店、虚拟电子市场、网上拍卖、网上银行等具体应用模块。

服务支持层和应用服务层的差别主要体现在：服务支持层提供公共的商务服务功能，如支付、认证等，这些公共的服务和具体业务关系并不密切，具有一般性，基本上任何企业的电子商务活动都需要这些服务支持；而应用服务层则主要实现某一企业特定的功能。

1.2.2　电子商务系统的基本模式

1. 电子商务系统模式的内涵

电子商务系统模式，指的是在信息技术和互联网环境下，企业处于市场价值链体系中的某个位置，凭借一定的资源优势和相关流程，为市场带来盈利和提供一定价值的具体形式。电子商务系统模式的研究对企业的发展至关重要，充分了解电子商务系统模式，对当前企业在管理方式上的创新，传统企业在信息时代向新兴企业战略转型都具有十分重要的意义。

2. 电子商务系统模式的分类

从不同的视角、不同的立场出发，电子商务系统模式大概可以分为以下几类。

1）基于价值链的分类

这种对电子商务系统模式进行分类的方式是基于价值链的整合，同时也把商务模式整合功能是否齐全，以及商务模式创新程度如何纳入分类时应综合考虑的因素中。按照这种分类方式，电子商务系统有电子商店、电子商城、电子拍卖、电子采购、虚拟社区、协作平台、第三方市场、价值链整合商、价值链服务供应商、信用服务、信息中介和其他服务等。

2）混合分类

这种分类方式对电子商务系统模式做了更为细致的划分。它把电子商务系统模式分为九大类：经纪商、信息中介商、销售商、广告商、制造商、社区服务提供商、合作附属商务模式、内容订阅服务提供商和效用服务提供商。其中，经纪商又细分为市场交易、商业贸易社区、买卖配送、经销商、购买者集合、虚拟商城、搜索代理、反向拍卖经纪商、拍卖经纪人分类广告等。

3）基于 Internet 商务功用的分类

电子商务系统模式可以根据 Internet 商务功用分为基于服务销售的商务模式、基于产品销售的商务模式及基于信息交付的商务模式。

4）基于控制方的分类

世界著名的管理咨询公司麦肯锡认为当前已经出现了三种新兴的电子商务系统模式，根据控制方的不同可以分为：买方控制模式、卖方控制模式及第三方控制模式。这种分类方式的最大优点就是在市场交易的过程中谁处于相对主导的地位一目了然，对于交易控制的程度很容易把握。

5）基于 B2B 和 B2C 的分类

根据为消费者提供服务的内容不同把 B2C 模式细分为七个基本模式，包括网上预订、网上发行、电子经纪、电子直销、网上金融、远程教育及电子零售。而把 B2B 模式分为 B2B 和 B2C 兼营模式、供应链模式、名录模式、拍卖模式、交换模式、中介服务模式、政府或公司采购七个基本模式。

本章小结

本章在介绍系统、信息系统、电子商务、电子商务信息系统、电子商务网站基本概念的基础上，重点介绍了电子商务系统的概念与特点、电子商务系统的组成与功能，以及电子商务系统的体系结构和模式。

所谓电子商务系统，广义上讲是商务活动中各参与方和支持企业进行交易活动的电子技术手段的集合；狭义上讲，电子商务系统则是指企业、消费者、银行（金融机构）、政府等在 Internet 和其他网络的基础上，以实现企业电子商务活动为目标，满足企业生产、销售、服务等生产和管理的需要，支持企业的对外业务协作，从运作、管理和决策等层次全面提高企业信息化水平，为企业提供具备商业智能的计算机网络信息系统。

与传统信息系统相比，电子商务系统具有以下较为鲜明的特征：电子商务系统是支持企业商务活动全过程的技术平台，电子商务系统是实现业务流程重组、价值链增值的技术平台，电子商务系统依托网络，提供基于 Web 的分布式服务，电子商务系统在系统应用的安全方面有较高的要求，电子商务系统大多依托企业既有信息系统运行。从参与商务活动的角色来考虑，电子商务系统的主要参与者有供应方、支付中心、物流中心、认证中心、需求方、政府和电子商务服务商；电子商务系统由政策和法律、协议和标准两大支柱支撑，由企业战略层、经营管理层、硬件基础设施层、软件通用服务层、服务支持层、应用服务层 6 个层面构成。电子商务模式是在信息技术和互联网环境下，企业处于市场价值链体系中的某个位置，凭借一定的资源优势和相关流程，为市场带来盈利和提供一定价值的具体形式。从不同的视角、不同的立场出发，电子商务模式具有不用的分类方式。

思考题

实践环节

第2章 电子商务系统开发基础

本章教学目标

(1) 了解电子商务系统的产生和发展阶段；
(2) 掌握常用的电子商务系统开发方法；
(3) 掌握电子商务系统开发方式；
(4) 理解电子商务系统开发技术；
(5) 熟悉电子商务系统开发模式。

2.1 电子商务系统的开发方法

电子商务产生的原动力是信息技术的进步和社会商业的发展。信息技术与社会商业的融合发展，导致社会网络化、经济数字化、竞争全球化、贸易自由化趋势不断加强。现代电子商务正是在这种背景下产生的。对于企业而言，电子商务系统是信息系统发展的必然结果。电子商务系统简化了企业的经营过程，同时给企业带来更多的机会，使现代企业的经营管理产生了巨大的变革。因此，电子商务系统来源于传统信息系统。电子商务系统开发虽然由于自身的特点具有特殊性，但仍服从一般信息系统开发的一般规律和方法。通常，电子商务系统的开发有三种最为常见的方法，即结构化系统开发方法、原型法开发方法和面向对象开发方法。

2.1.1 结构化系统开发方法

1. 结构化系统开发方法的基本概念

结构化系统开发方法是迄今最传统、应用最广泛的一种系统开发方法。结构化系统开发方法的基本思想是利用系统工程的思想和工程化的方法，以用户至上为原则，按结构化、模块化、自顶向下的方法对系统进行分析与设计。

这种方法将整个信息系统开发过程划分出若干个相对比较独立的阶段，包括系统规划、系统分析、系统设计和系统实施。在前三个阶段，自顶向下地对系统进行结构化划分：在系统规划阶段，从顶层的管理业务，以及组织和管理的金字塔结构的塔尖入手，逐层深入，直至底层；在系统分析与系统设计阶段，从整体入手，先考虑系统整体的优化，再考虑系统局部的优化。而在系统实施阶段，则采用自底向上的方式逐步实施，按照前几个阶段设计的模块组织人力从底层的模块做起（编程），然后按照系统设计的结构，将模块一个个组合到一起进行调试，自底向上逐渐构成整体系统。

2. 结构化系统开发方法的开发过程

采用结构化系统开发方法开发系统，可以将整个开发过程划分为 5 个首尾相连的阶段，这 5 个阶段构成了系统开发的生命周期。结构化系统开发方法的开发过程如图 2-1 所示。

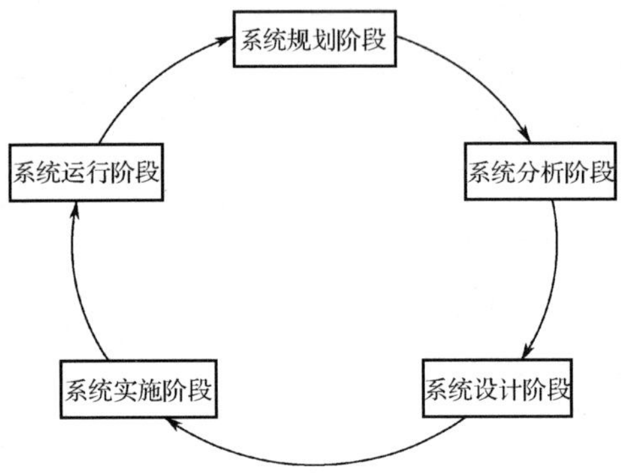

图 2-1　结构化系统开发方法的开发过程

（1）系统规划阶段。系统规划阶段的工作就是确定信息系统的发展战略，明确企业总的信息需求，制订信息系统建设总计划。

（2）系统分析阶段。系统分析阶段的任务是分析企业业务流程、数据与数据流程、功能与数据之间的关系，并提出新系统逻辑方案。

（3）系统设计阶段。系统设计阶段的任务包括总体结构设计、代码设计、数据库/文件设计、输入/输出设计和模块结构与功能设计。与此同时，还要根据总体设计的要求购置与安装设备。

（4）系统实施阶段。系统实施阶段的任务是按照系统设计成果组织人员编程，并进行人员培训、数据准备和试运行等工作。

（5）系统运行阶段。系统运行阶段的任务包括系统的日常运行管理、评价、监理审计三部分工作。在系统运行过程中，难免会出现需要修改、调整和维护的情况，如果出现了不可调和的大问题（这种情况一般在系统运行若干年之后，系统运行的环境发生了根本的变化时才可能出现），用户将会进一步提出开发新系统的要求，这标志着老系统生命的结束，新系统即将诞生。

3. 结构化系统开发方法的特点

结构化系统开发方法的关键就是通过功能分解来减少程序设计的复杂性，增加软件的可重用性，以减少开发和维护计算机程序的费用。结构化系统开发方法归纳起来有如下特点。

（1）强调面向用户。这样能够使系统开发人员和用户密切联系，及时交流信息，从而有利于及时发现并解决问题，提高系统开发的质量。

（2）严格按照阶段顺序进行。在运用结构化系统开发方法时，每个阶段都以前一个阶段的结果为根据，这样基础扎实、不易返工，有利于对整个开发工作实现工程化的项目管理。

（3）自上而下地分析。首先将复杂的大问题分解为小问题，找出问题的关键和重点所在，同时找出技术难点来；然后用精确的思维定性、定量地描述问题。问题的核心是“分解”。

（4）模块化处理。模块化就是把程序划分为若干个模块，每个模块完成一个子功能，把这些模块汇总起来构成一个有机整体，即可完成指定的功能。模块化的目的是降低软件复杂度，使软件设计、调试和维护等操作变得简易。

（5）工作文档的规范化和标准化原则。阶段性的成果采用规范化、标准化的格式和术语、图表等形式组织文档，便于开发人员和用户交流。

但是，结构化方法也存在以下缺点：

（1）最突出的表现是系统开发周期过长，并由此带来了一系列的问题（如在这段漫长的开发周期中，原来所了解的情况可能发生较大的变化等）。

（2）这种方法要求系统开发者在开发初期就全面认识系统的各方面的需求、管理状况及预见可能发生的变化，这不大符合人们循序渐进地认识事物的规律性。

（3）结构化方法存在的主要问题是技术上要求高，开发周期长，费用较高，以及由于用户的需求事先就已经严格确定，容易与新系统的实际成果产生较大差距等。

2.1.2 原型法开发方法

1. 原型法开发方法的基本概念

原型法开发方法是近年来提出的一种以计算机为基础的系统开发方法。它首先构造一个功能简单的原型系统，然后通过对原型系统逐步求精、不断扩充完善得到最终的软件系统。原型就是模型，原型系统就是应用系统的模型，是待构筑的实际系统的缩小比例模型，保留了实际系统的大部分功能。这个模型可在运行中被检查、测试、修改，直到达到用户需求为止，因而，这个工作模型能很快转换成目标系统。

2. 原型法开发方法的开发过程

原型法开发方法的开发过程如图 2-2 所示：用户提出开发要求，开发人员识别和归纳用户要求；根据识别归纳的结果进行快速设计；构造出一个原型（程序模块）；同用户一起评价这个原型；如果不行，需要返回去重新构造原型，如果不满意，则修改原型，直到用户满意为止，形成软件产品。

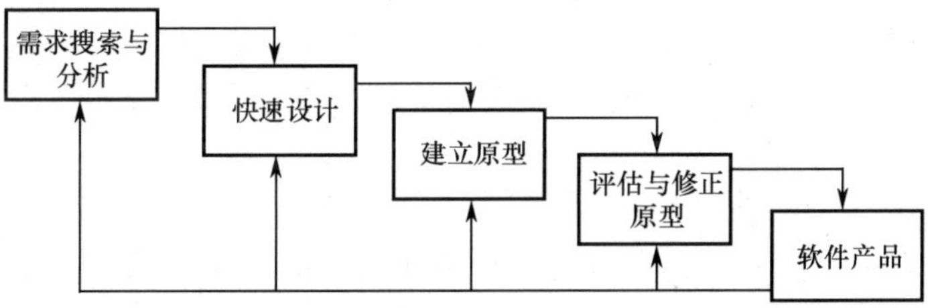

图 2-2 原型法开发方法的开发过程

3. 原型法开发方法的特点

原型法开发方法的主要优点在于它是一种支持用户的方法，能够对用户在系统生存周期的设计阶段起到积极作用；减少系统开发的风险，特别是在大型项目的开发中，由于对项目需求的分析难以一次完成，应用原型法开发方法效果更为明显。原型法开发方法既适用于系统的重新开发，也适用于对系统的修改；不局限于仅对开发项目中的计算机软/硬件进行设计，还可用于制作系统的工作模型。原型法开发方法可以与结构化系统开发方法结合使用，这样会促进用户参与需求分析、初步设计及详细设计等阶段的活动，加深对系统的理解。近年来，原型法开发方法的思想也被应用于产品的开发活动中。但是，原型法开发方法的使用有一定的适用范围和局限性，这主要表现在以下几个方面。

（1）对于一个大型的系统，如果不经过系统分析来进行整体性划分，那么直接用屏幕一个一个模拟是很困难的。

（2）对于大量运算性、逻辑性较强的程序模块，原型法开发方法很难构造出模型来供人评价。因为这类问题没有那么多的交互式界面，也难以凭借三言两语把问题解释清楚。

（3）对于基础管理不善、信息管理过程混乱的问题，原型法开发方法的使用存在一定的困难。一是由于对象工作过程不清，构造原型有一定困难；二是由于基础管理不好，系统很容易机械地模拟原有手工系统。

（4）对于一个批处理系统，其大部分是内部处理过程，这时用原型法开发方法有一定的困难。因此，在实际系统开发过程中，人们常常将原型法开发方法与系统分析开发方法相结合，即先用系统分析开发方法来划分系统，然后用原型法开发方法来开发具体模块。

2.1.3 面向对象开发方法

面向对象开发方法起源于面向对象编程语言。面向对象开发方法包括面向对象分析、面向对象设计、面向对象实现、面向对象测试和面向对象系统维护。其核心思想就是利用面向对象的概念和方法为软件需求建立模型，进行系统设计，采用面向对象程序设计语言完成系统实现，并对建成的系统进行面向对象的系统测试和系统维护。面向对象开发方法是一种建立在已有的软件开发经验基础上的新的思考方式，该方法将数据和行为结合成对象，核心是封装。面向对象开发方法建立的基础主要有软件工程、计算机科学、工程管理、数据库信息模型、传统软件开发方法。

1. 面向对象开发方法的基本概念

软件工程学家 Peter Coad 和 Edward Yourdon 在 1991 年提出了如何识别面向对象开发方法的标准：面向对象=对象+类+继承+消息。如果一个计算机软件系统采用这些概念来建立模型并实现，它就是面向对象的。下面介绍一下对象、类、封装、继承、消息和多态性的基本概念。

1）对象（Object）

面向对象技术是基于对象概念的。对象从不同的角度理解有不同的含义，可以从思维科学和面向对象技术两个层面来理解其概念。

在人类认识客观世界的过程中，从思维科学的层面来看，对象是客观世界中具有可区分性的、能够唯一标识的逻辑单元，是现实世界中的一个事物。对象所代表的本体可能是一个有形的物理存在，如具体到一块面包、一杯牛奶、一个人或一本书；也可能是一个事物或概念存在，如微观世界、天体物理、宇宙、战争、灾害和生产计划等。每个对象都有自己的属性和操作，即它的静态特征和动态特征：属性描述它的静态特征，而操作描述其动态特征。例如，电视机有颜色、音量、频道等属性；还有切换频道、增减音量等操作。

从面向对象技术的层面来看，面向对象开发方法是基于客观世界的对象模型化的软件开发方法。在计算机系统中，所谓对象，就是一个属性集（数据）及其专用操作（方法）的封装体。作为计算机模拟真实世界的抽象，一个对象就是一个实际问题论域、一个物理实体或一个逻辑实体。每个对象都有自己的属性值，对象中的属性只能通过该对象提供的操作来进行访问或修改，操作表示对象能够提供的服务。一个对象通常由对象名、属性和操作组成。对象具有以下特征。

（1）具有唯一标识名（对象名）。

（2）有一个状态，由与其相关联的属性值的集合表示。

（3）有一组操作，每个操作表示对象的一种行为。

（4）对象的属性只能被本身的操作所改变。

（5）对象的操作包括自操作（施于自身）和它操作（施于其他对象）。

（6）对象之间以消息传递的方式进行通信；一个对象的成员仍然可以是一个对象。

2）类（Class）

类是一组具有相同属性和相同操作的对象的集合。类是对象的抽象，它给出了属于该类的全部对象的抽象定义，包括类的属性、操作和其他性质。每个具体的对象只是该类的一个实例。例如，"教师"是一个类，"教师"类的实例"王老师""李老师""张老师"都是对象。这些对象是针对某个具体的教师的描述，如"王老师"是工商管理博士，是公司治理方面的教授，今年 45 岁等。类如同一个对象的模板（Template），用它可以产生很多个对象，这些对象有不同的属性值。类所代表的是一个抽象的概念或事物，在客观世界中实际存在的只是类的实例——对象。

在进行面向对象的系统分析和设计时，通常把注意力集中在类上，而不是一个具体的对象上。类体现了人们认识事物的基本方法——分类，即把具有相同属性和操作的对象划分为一类，用类作为它们的共同性质的抽象描述，而不必对每个对象逐一进行描述。只要为一个类赋予不同的具体属性值，就可以得到不同的对象实例。

类提供了完整的解决特定问题的能力，因为类描述了数据结构（属性）、算法（操作）和外部接口（消息协议）。例如，在图形处理过程中，一般要有一支程序能够控制的画笔。画笔的共性结构和信息：画笔的属性包括颜色、笔头的粗细、起始位置等；画笔的操作包括朝不同方向移动画笔、不同图符的起（落）笔及消息响应描述等。类和对象之间的关系类似于程序设计语言中类型和变量之间的关系。通常把一个类和这个类的所有对象称为类及对象或者对象类。类具有以下特征。

（1）类是相同对象集合的抽象和描述。

（2）类由封装的相关联的属性和操作集表示。

（3）类有一个唯一的标识名。

（4）对象是类的实例。

（5）一个类可以有多个实例。

（6）类有继承性。

3）封装（Encapsulation）

封装性是面向对象开发方法的一个重要原则和基本特性，其目的是有效地实现信息隐蔽和局部化。封装是指把对象的属性和操作结合在一起，组成一个独立的对象；其内部信息对外是隐蔽的，用户只能看到对象封装界面上的信息；不允许外界直接访问对象的属性，只能通过有限的接口与对象发生联系。只有对象内部的操作（方法）才能访问和修改该对象的属性。封装是一种信息隐蔽技术，目的是使对象的生产者和使用者分离，使对象的定义和实现分开。信息隐蔽是软件设计模块化、软件复用、软件维护的基础。

在面向对象开发方法中，封装的基本单位就是对象，它有一个清楚的边界；接口用来描述该对象与其他对象之间的相互作用；而内部实现意味着必须在定义该对象的类内提供该对象相应的软件功能。封装具有以下特征。

（1）一个清楚的边界。

（2）有与外界交互的接口。

（3）受保护的内部实现。

4）继承（Inheritance）

继承是指子类（派生类、特化类）可以自动拥有父类（基类、泛化类、超类）的全部属性与操作，即一个类可以定义为另一个更一般的类的特殊情况。例如，“教学人员”类是“学校职工”类的特殊情况；“学校职工”类是“教学人员”类的父类，而“教学人员”类是“学校职工”类的子类。同样的道理，“教学管理人员”类和“行政管理人员”类也是“学校职工”类的子类。“教学人员”类还是“教师”类和“教学辅助人员”类的父类；反过来说，“教师”类和“教学辅助人员”类都是“教学人员”类的派生类。

面向对象开发方法中的继承机制使子类可以自动拥有（复制）父类的全部属性和操作。定义子类时不必重复定义那些已在父类中定义过的属性与操作，只要声明自己是某个父类的子类即可，把主要精力集中在如何定义自己的属性和操作上。继承简化了对现实世界的描述，大大提高了软件的复用性。

继承具有传递性。在多层继承关系中，如“教师”类不但继承了“教学人员”类的属性和操作，还继承了“学校职工”类的属性和操作。如果一个子类只有唯一的一个父类，那么这种继承称为单一继承。如果一个子类有两个以上的父类，那么这种继承称为多重继承。例如，一个教师本来只承担教学任务，后来又增加了系主任工作，成为双肩挑干部（既承担教学任务又负责管理工作），那么该教师或者说该管理人员既继承了教学人员的特征，又继承了管理人员的特征，这种继承关系称为多重继承。

在对现实世界建立模型时，有时可以根据事物的共性抽象出基本的类（基类），但并不需要使用这个类的实例，而只需要使用其子类的实例，这种不能建立实例的类称为抽象类，如“学校职工”类就是一个抽象类。通常抽象类只定义其操作的接口，操作的实现部分由其派生的子类定义。继承具有以下特征。

（1）子类自动继承父类的所有属性和操作。

（2）子类可以有自己独特的属性和操作。

（3）父类可以是一个抽象类，抽象类不能有实例。

（4）继承具有传递性。

（5）子类可多重继承。

5）消息（Message）

消息是面向对象系统中实现对象之间的通信和请求任务的操作。在一个面向对象系统中，它的封装机制使各个对象各自独立，各司其职。但对象不是孤立存在的，它们之间采用消息传递来发生相互作用——互相联系、互发消息、响应消息、协同工作，进而实现系统的各种服务功能。消息只告诉接收对象需要完成什么操作，但并不指示接收者怎样完成操作。

消息完全由接收者解释：接收者接收它能识别的消息，并独立决定采用什么方法完成所需的操作。消息只反映发送者的请求，而消息的识别、解释则取决于接收者，因此，对于同样一个消息，不同的接收对象将产生不同的执行结果。向对象发送一个消息，就是引用一个方法的过程；实施对象的各种操作，就是访问一个或多个在对象类中定义的各种方法。

一个对象可以同时向多个对象发送消息，也可以接收多个对象发来的消息。在一个串行操作的顺序系统中，操作是顺序执行的。当一个对象向另一个对象发送消息请求某项服务时，接收消息的对象响应该消息，激发所要求的操作，并把结果返回给请求服务的对象。而发送消息的对象只有在等到接收消息的对象执行完毕并返回结果后，才能继续执行其他操作。在一个并发系统中，对象之间消息的发送和接收要复杂得多。消息协议是一个对象对外部提供服务的规格格式说明，是一个对象所能接收的所有公共消息的集合。当外界对象向该对象发出请求服务时，只能按照消息协议上规定的消息格式进行发送。

消息传递和消息调用表面上相似，其实有本质上的不同，消息传递与消息调用的比较如表 2-1 所示。

表 2-1　消息传递与消息调用的比较

消 息 传 递	消 息 调 用
必须指明接收方	调用由参数决定
接收方为实体，可以保持状态	过程调用无此要求
异步调用，并发运行	串行

对象接收的消息可以分为报告消息、询问消息和操作消息 3 种类型。报告消息是指向对象提供自我更新信息的消息，通常通知对象现实世界已经发生的事情，也称推出消息。例如，王老师告诉张老师，他教的数据结构课程已经在 3 周前结束，成绩单已经出来。询问消息是请求一个对象显示自身当前一些信息的消息，也称拉进消息。例如，李老师问赵老师教的计算机体系结构课程现在正在讲第几章的内容。以上两类消息实际上不改变任何事情。操作消息是请求对象本身、另一个对象或系统环境执行某些具体的操作，也称动作消息。

消息的基本组成包括消息名、接收消息的对象名、调用操作名、输入信息和输出信息。消息是对象之间在交互中传送的通信信息；面向对象系统通过消息传递进行工作，可并发运行。

6）多态性（Polymorphism）

多态性是一种方法，该方法允许在多个类中定义同一个操作或属性，并在每个类中有不同的实现。多态性是指同一个消息被不同的对象接收时，可产生不同的动作或执行结果，即每个对象将根据自己所属类中定义的操作执行，即基类中定义的属性和操作由其子类继承后，可以具有不同的数据类型或表现出不同的动作。例如，系统向不同的对象发布同样的一个消息——“画”操作，当消息接收方是“矩形”对象时，在屏幕上将出现一个矩形图元，而当消息接收方是“圆形”对象时，则在屏幕上出现的是一个圆。多态性机制不但为软件的结构设计提供了灵活性、减少了信息冗余，而且显著提高了软件的可复用性和可扩充性。

多态性支持“同一接口，多种方法”的面向对象原则，使高层代码只写一次就可在低层多次复用。多态性是一种特性，它使一个属性在不同时间表示不同类的对象。动态绑定是一种多态性的方法。若程序在编译时就已经把过程调用和目标代码连接起来，就可以称为静态联编，也称静态绑定，也就是说，在程序执行以前就已经确定做什么动作。而只有在程序运行过程中才能完成连接的，称为动态联编，也称动态绑定，即在程序运行过程中，接收消息的对象根据该对象所属的类，动态地选定该类中定义的操作，将请求的操作与实现的方法进行连接，完成某个动作、在面向对象的程序设计语言 C++ 中采用以抽象类为基类的继承关系来完成动态绑定。由于面向对象支持多种多态性方法，如动态绑定、函数名重载和运算符重载等，大大提高了程序设计的灵活性和效率。

2. 面向对象开发方法的内涵

面向对象（Object Oriented）开发方法的形成最初是从面向对象程序设计语言开始的，随后才逐渐形成面向对象分析和设计方法。面向对象编程语言的出现以 20 世纪 60 年代末挪威奥斯陆大学和挪威计算机中心共同研制的 SIMULA 语言为标志。后来，一些著名的面向对象编程语言（如 Smalltalk、C++、Eiffel）的设计者都从 SIMULA 得到启发。20 世纪 80 年代，Xerox 研究中心推出了 Smalltalk 语言环境，使面向对象程序设计方法得到比较完善的实现，掀起了面向对象研究的高潮。到 20 世纪 80 年代中期，面向对象程序语言达到数十种。

随着面向对象程序设计的成熟和发展，面向对象的新技术很快被运用到系统分析和系统设计方法中。20 世纪 80 年代中期，面向对象分析的研究开始发展，进而延伸到面向对象设计。面向对象分析与设计的实质是一种系统建模的技术，但对象模型不仅受面向对象程序设计语言的影响，而且受许多其他因素的影响。其实，面向对象思想的实质并不是从功能方面或从出了问题的算法方面来考虑的，而是从系统的组成来进行分解的。例如，飞机可以理解为由舵、翼、调节风门等构成，这样对问题进行自然分割，利用类及对象作为基本构造单元，以更接近人类思维的方式建立问题域模型，可使设计出的软件尽可能地直接描述现实世界，构造出组件化的、可重用的、可维护性好的软件，并能控制软件的复杂性和降低开发维护成本。

面向对象开发方法的内涵可以简单地解释如下。

（1）客观事物都是由对象组成的，对象是在原事物基础上抽象的结果。任何复杂的事物都可以通过对象的某种组合结构组成。

（2）对象由属性和方法组成。属性反映了对象的信息特征，如特点、价值、状态等，而方法则是用来定义改变属性状态的各种操作。对象是一个被严格模块化了的实体，称为封装。这种封装了的对象满足软件工程的一切要求，而且可以直接被面向对象的程序语言所接受。

（3）对象之间的联系主要是通过传递消息来实现的。

（4）对象可按其属性进行归类。类有一定的结构，类上可以有超类（Superclass），类下可以有子类（Subclass）。这种对象或类之间的层次结构是靠继承关系（Inheritance）维系的。

综上，面向对象开发方法的基本观点阐述如下。

（1）现实客观世界是由对象组成的。任何客观的事物和实体都是对象，复杂对象可以由简单对象组成。

（2）具有相同的数据和操作的对象可归并为一个类，具有封装性，形成一个包装；对象是类的一个实例，一个类可以产生很多对象；类能够被开发、再使用或购买。

（3）类可以派生出子类，继承能避免共同行为的重复。

（4）对象之间通过传递消息进行联系。

3. 面向对象开发方法的开发过程

面向对象开发方法一般是先获得一组需求，用各种文字说明、图形和表格，以形式化或非形式化构造对象模型；识别与问题有关的类与类之间的联系，增加与技术实施方案相关的类（如界面等）；经对设计的类与关系进行调整后，对类进行编码及测试，得到结果。目前，许多面向对象开发方法已提出，比较著名的有 Coad/Yourdon 的方法、Wirtf Brock 等的 RDD 方法和 Rumbaugh 等的 OTM 方法；另外，还有 Shlear 和 Mellor 的 OSSA 方法、Waserman 的 OOSD 方法、Gibon 的 OBA 方法、Page Jones、Weiss 和 Buhr 的 Synthesis 方法等。至此，面向对象开发方法从理论走向了具体实现。一般来讲，使用面向对象开发方法开发一个系统分为 3 个阶段，面向对象开发方法的过程如图 2-3 所示。

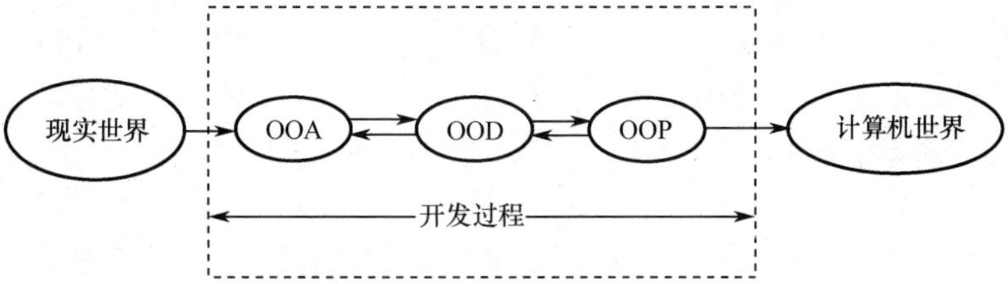

图 2-3　面向对象开发方法的过程

（1）分析问题的性质和求解的问题。对系统将要面临的具体管理问题及用户对系统开发的需求进行调查研究，即先弄清要干什么，在繁杂的问题中抽象地识别出对象及其行为、结构和方法等。这一阶段一般称为面向对象分析（Object-Oriented Analysis，OOA）。

（2）设计问题的技术解决方案。对分析结果做出进一步的抽象、归类和整理，并最终以技术解决的形式将它们确定下来。这一阶段一般被称为面向对象设计（Object-Oriented Design，OOD）。

（3）程序实现。程序实现即用面向对象的程序设计语言将上一步的设计结果直接映射（直接用程序语言来取代）为应用程序软件。这一阶段一般被称为面向对象的编程（Object-Oriented Programming，OOP）。

面向对象开发方法代表了从现实世界的问题到计算机上的可执行系统之间的道路，各种编程语言架起了通往计算机的桥梁。在面向对象编程语言解决现实世界与计算机之间的巨大差距的条件下，面向对象开发方法与现实世界之间存在巨大差距。因此，在人们需要更贴近现实的计算机应用时，面向对象技术有其优越性。但是，由于要开发的系统并不完全是客观世界的翻版，人们对客观世界的认识也有一定的局限性，所以在开发一个复杂系统时，面向对象开发方法并不如同理论描述得那么简单，需要花费更多的努力，并不断地积累经验。

4. 面向对象开发方法的优缺点

面向对象开发方法是一种把面向对象的思想应用于软件开发过程中，指导开发活动的系统方法，简称 OO 方法，它是建立在对象概念（对象、类、继承）基础上的方法。通过提供对象、对象间消息传递等语言机制，让分析人员在问题的解空间直接模拟问题空间中的对象及其行为，为需求建模活动提供了直观、自然的语言支持和方法学的指导。面向对象开发方法的出现很快受到计算机软件界的青睐，20 世纪 90 年代在国外就已经成为主流开发方法。面向对象开发方法继承了软件开发方法的基本准则，同时又有自己的技术特色。尽管面向对象开发方法不是一剂灵丹妙药，但对比其他的软件开发方法，主要有以下优点。

（1）与人类的思维方式一致，符合人们对客观世界的认识规律。面向对象开发方法使系统的描述及信息模型的表示与客观实体相对应，与人类使用现实世界的概念抽象地思考问题和解决问题的思维方式相一致。按照人类的自然思维方式，面对客观世界建立软件模型，有利于对问题的讨论和对系统的理解，有利于人们相互之间的交流。面向对象开发方法以客观世界中系统的实体为基础，将客观实体的属性及其操作封装成对象。在分析阶段，识别系统中的对象及它们之间的关系；在设计阶段仍然沿用分析的结果，并根据实现的需要增加、删除或合并某些对象，在某些对象中添加相关的属性和操作，同时设计实现这些操作的方法；在实现阶段则用程序设计语言来描述这些对象及它们之间的联系。因此，面向对象开发方法的分析、设计、实现的结果能直接映射到客观世界中系统的实体上。对象、类、封装、继承、消息等基本概念符合人类的自然思维方式，容易为人们所理解和接受。用面向对象的方法进行系统分析与设计，所获得的结果容易与用户达成共识。面向对象开发方法在系统分析、设计阶段采用同样的图形表示形式，分析、设计、实现都以对象为基础，因此面向对象开发的各阶段之间具有很好的无缝连接。

（2）适应性强，稳定性好。面向对象开发方法在应对需求变化方面有较好的弹性，当用户的需求有所改变时，由于客观世界的实体是不变的，实体之间的联系基本也是不变的，因此面向对象系统的总体结构也相对比较稳定，变化主要集中在对象的属性与操作上，以及对象之间的消息通信上。面向对象的封装机制使开发人员可以把最稳定的部分（对象）作为构筑系统的基本单位，而把容易发生变化的部分（属性和操作）封装在对象之内，对象之间通过接口联系，使需求变化的影响尽量限制在对象内部。面向对象的系统是基于问题域的模型，而不是以算法和应完成的功能的分解建立起来的，所以当对系统的功能需求发生变化时，并不会引起系统结构的整体变化。只要现实世界的实体是相对稳定的，以对象构造的系统也就是比较稳定的。总之，面向对象开发方法符合人们对客观世界的认识规律，所开发的系统相对稳定。

（3）支持软件复用，可重用性好。在面向对象开发方法中，对象所具有的封装、信息隐蔽等特性和继承机制，使它容易实现软件复用。在同一个应用系统中，不同类之间会有一些相同的属性和操作，利用类可以派生出新类，类可以产生实例对象的继承机制，可以实现公共属性和操作的复用。而在不同的应用系统中也会涉及很多相同或相似的实体，它们在不同的系统中有着各异的属性和操作；同时也有很多相同的属性和操作。把对象的属性和操作捆绑在一起，可提高对象的内聚性，并减少与其他对象的耦合。对象所固有的封装性和信息隐藏机理，使对象的内部实现与外部隔离，而由此具有较强的独立性。这为对象复用提供了可能性和方便性。在继承结构中，子类对父类的继承，本身就是对父类的属性和操作的复用。在开发一个新系统时，可以利用在其他系统开发时产生的已经经过实际运行检测的某些类（组件），作为新系统的组成部分，从而实现软件复用。另外，面向对象程序设计语言的开发环境一般都预定义了系统动态链接库，提供了大量的公用的程序代码，提高了系统开发的效率和质量。

（4）容易理解，可维护性好。面向对象系统由对象组成，对象包含了属性（数据）和操作（函数）两部分，是一个独立的单元。对象的封装性很好地体现了抽象和数据隐蔽的特征，对象之间通过消息进行联系，使用者只可通过接口访问对象，对象的具体细节对外是不可见的，系统是模块化的体系结构。由于面向对象的系统稳定性比较好，对象又具有较强的独立性，面向对象的软件技术与人类的思维方式相符，因此面向对象的系统比较容易理解，容易修改，也易于测试和调试。面向对象开发方法开发的软件系统易于维护，其体系结构易于理解、扩充和修改。这样的系统一旦出现错误，比较容易确定是哪个对象出现的问题，只要对这个对象进行修改就行了，而不至于牵一发而动全身。而且该方法适合团队开发，系统各个对象的接口确定后，分配给不同的开发人员负责具体开发、实现，最后按照规定的接口可以方便地组装成一个完整的系统。但是，面向对象开发方法也存在着明显的不足。首先，必须依靠一定的软件技术支持；其次，在大型项目的开发上具有一定的局限性，必须以结构化方法的自顶向下的整体性系统调查和分析作为基础，否则，同样会存在系统结构不合理、关系不协调的问题。

上述三种开发方法是当前比较流行的信息系统开发方法。当这些方法被合理地管理和应用时，将能够有效降低软件开发成本，减少软件开发时间，同时提高系统可扩展性、可维护性、可复用性、可理解性和完整性。

不同的系统开发方法在其具体的操作过程中是有所区别的。如果用结构化开发方法来开发系统，其思路应该是先对问题进行调查，然后从功能和流程的角度来分析、了解和优化问题，最后规划和开发系统。如果用原型法开发方法来开发系统，其思路应该是先请用户介绍问题，然后利用软件工具迅速地模拟出一个问题原型，接着与用户一起运行和评价这个原型，如果不满意则立刻修改，不断重复该过程，直到用户满意为止，最后优化和整理系统。如果用面向对象开发方法来开发系统，其思路应该是先对问题进行调查，然后从抽象对象和信息模拟的角度来分析问题，将问题按其性质和属性划分成各种不同的对象和类，弄清它们之间的信息联系，最后用面向对象的软件工具开发系统。

2.2　电子商务系统的开发方式

电子商务系统的开发方式主要有自主开发方式、委托开发方式、合作开发方式和购买商品化应用软件开发方式。

2.2.1　自主开发方式

自主开发方式是指用户依靠自己的力量独立完成系统开发的各项任务。

自主开发方式的主要优点：用户的需求可以得到充分满足；系统维护方便容易；可锻炼本企业计算机开发应用队伍；开发费用少；实现开发后的系统能够适应本单位的需求且满意度较高。

自主开发方式的主要缺点：系统开发周期一般较长；难以摆脱本企业习惯性的管理方式影响，不易开发出一个高水平的电子商务信息系统；企业内部开发费用高；由于不是专业开发队伍，容易受计算机水平的限制，系统优化不够，开发水平较低。

2.2.2　委托开发方式

委托开发方式是指用户（甲方）委托有丰富开发经验的机构或专业开发人员（乙方），由乙方按照甲方的需求承担系统开发的任务。

委托开发方式的主要优点：开发周期短；不必组织本企业的开发队伍；如果选择了好的开发单位，同时企业能密切配合系统开发管理工作，使之符合现代信息处理要求，则可开发出水平较高的系统；省时、省事，系统的技术水平较高。

委托开发方式的主要缺点：由于要由开发公司对企业的系统进行专门的开发，外部费用很高；当企业需求发生变化或扩展时，系统维护工作困难；系统的维护与扩展须依赖乙方开发单位的长期支持，开发费用高，不利于本单位的人才培养。

2.2.3 合作开发方式

合作开发方式是指用户（甲方）和有丰富系统开发经验的机构或专业开发人员（乙方）共同完成系统开发任务。

合作开发方式的主要优点：可发挥开发公司技术力量强、本企业人员对业务熟悉的优势，共同开发出具有较高技术水平且适用性强的系统；有利于企业计算机应用队伍的培养与提高，可以增强使用单位的技术力量，便于系统维护工作；相对于委托开发方式比较节约资金。

合作开发方式的主要缺点：双方在合作中需要协调和检查，及时达成共识。

2.2.4 购买商品化应用软件开发方式

购买商品化应用软件开发方式是根据用户的需求，在系统分析的基础上，选择并购买市场上符合要求的商品化应用软件。

购买商品化应用软件开发方式的主要优点：软件产品可靠性、稳定性高，反映了先进的企业经营管理思想；系统技术水平高，开发周期短，节省时间，系统开发费用比较低。

购买商品化应用软件开发方式的主要缺点：系统实施费用较高；系统维护困难；通用软件专用性较差，跟本企业的实际工作需求可能有一定的差距，有时可能需要做二次开发工作。因此，用户在选择通用软件时，不可只看开发商的宣传，还要经过多方详尽的考查后再决定。

以上四种开发方式各有优缺点，选择时需要根据企业的资金情况、技术力量、外部环境、管理水平和自身特点等各种因素来综合考虑。

2.3 电子商务系统的开发技术

2.3.1 基本开发技术

电子商务网站建设是电子商务系统开发过程中的一个重要环节。在一个电子商务系统中，主要的业务逻辑处理是在服务器端完成的。这部分工作对于大多数普通用户而言是不可见的。他们在使用电子商务系统的过程中直接接触的实际是电子商务网站所提供的用户界面。因此，经过精心设计、界面友好、操作方便的电子商务网站在整个电子商务系统中有着非常重要的地位。

开发电子商务网站的技术可分为客户端技术和服务器端技术两类。客户端技术主要包括HTML、JavaScript、Ajax、Java Applet，这些技术为电子商务网站开发提供了基本的网页制作功能及增强的交互式和动态效果。服务器端技术主要是数据库访问技术。

1. HTML

1）HTML 概述

WWW 上的信息大部分是通过 HTML 发布的。HTML 是 Hypertext Markup Language（超文本标记语言）的缩写，它是由 Web 页面的发明者 Timberners 和同事 Daniel W. Connolly 于 1990 年创立的一种新颖的表示网上信息的符号标记式语言，是 SGML 的应用。在 WWW 上，发布信息通常使用 HTML，它是 Web 页面的基础，任何一个 Web 页面都离不开 HTML，而且 HTML 也是 Web 应用开发的基础。对于基于 Web 的应用程序而言，Web 页面就相当于"包装"。HTML 是大多数浏览器都能识别的语言，使用 HTML 语法规则建立的文本可以运行在不同的操作系统平台上，而且被大多数用户所接受。使用 XML（Extensible Markup Language，可扩展标记语言）规则的严格的 XHTML 是 W3C 计划中 HTML 的接替者，但目前两者同时存在。W3C 目前建议使用 XHTML1.0、XHTML1.1 或 HTML4.0 进行网页设计。HTML 5 的第一份正式草案已于 2008 年 1 月 22 日公布，虽然仍处于完善之中，但大部分现代浏览器已经具备了某些 HTML5 支持。2013 年 5 月 6 日，HTML 5.1 正式草案公布。该规范定义了第五次重大版本，第一次要修订万维网的核心语言：超文本标记语言（HTML）。在这个版本中，新功能不断推出，以帮助 Web 应用程序的作者，努力提高新元素互操作性。

2）HTML 文档的结构

HTML 文件的扩展名是.html 或.htm，文档的基本结构为：

```
<HTML>
  <HEAD>
    头部信息
  </HEAD>
  <BODY>
    正文部分
  </BODY>
</HTML>
```

HTML 文件的开头、结尾分别由<HTML>和</HTML>来标记。所有 HTML 文件都可以分为两个部分：头部和正文，每部分用特定的标记标出。在 HTML 语言中规定用<HEAD>和</HEAD>标记头部，用来包含文件的基本信息；<BODY>和</BODY>标记正文部分，也就是整个文件的主体部分。

3）HTML 标记

HTML 定义了一系列标记，只要明白了各种标记的用法便懂得了 HTML。标记是由尖括号及其中独立的元素构成的，如<HTML>。按照格式特征可以把标记分为两类：成对标记和单标记。成对标记是由一个开始标记和一个结束标记构成的：<标记名>内容</标记名>，如<HTML>和</HTML>；单标记只有一个开始标记，如
、<IMAGE src=sky.gif>。成对标记和单标记均可以含有属性，但成对标记的属性应该放在开始标记中。

HTML 标记从功能上分为以下几种类型。

（1）结构性标记。它用于描述 HTML 文档中文本的意图，如<HTML>…</HTML>标记 HTML 内容的开始和结束，<h1>…</h1>标记以一级标题显示内容。

（2）外观性标记。它描述文字的外观，如<b>…</b>标记以粗体显示文字。

（3）超文本标记。它将文档的一部分关联到其他文档，如<a hef=" ">…</a>。

（4）注释标记。它将在文档中的一部分内容标记为注释，浏览器不解释。

（5）框架标记。它将整个网页描述为包括多个部分的框架，如<frameset>…</frameset>。

注意：接收用户输入并提交给服务器处理页面必须含有<form>…</form>标记。

4）HTML 编辑工具

任何一个文档编辑器都可以编辑 HTML 文档，只要在保存时把文件的扩展名设为.html 或.htm 即可。

专用的网页编辑器可以让设计师减少对标记的记忆，同时加快编辑工作。

流行的专用编辑器有 Dreamweaver、Firework、Flash、Editplus、Frontpage 等，它们一般都提供所见即所得的功能。各种编程语言的开发平台一般也都提供网页制作工具。

2. JavaScript

JavaScript 是一种基于对象的脚本语言。在电子商务系统开发中，它被用于开发客户端应用程序，以增强网页互动性。JavaScript 由 Netscape 公司开发，用于 Web 页面编程，与 Java 语言没什么关系。

1）JavaScript 的功能

（1）增强网页交互性，改善用户界面，提高用户操作的便利性。

（2）简化有规律地重复的内容，减少下载时间。

（3）进行客户端验证，节约带宽及服务端时间。

注意：对于涉及系统业务逻辑的部分，尽可能少用或不用客户端代码来实现。

2）JavaScript 的基本格式

JavaScript 的基本格式如下所示：

```
<script language=JavaScript>
<! --
  (JavaScript 代码)
//-->
</script>
```

第二行和第四行的作用是让不懂<script>标记的浏览器忽略 JavaScript 代码，一般可以省略，因为现在的浏览器基本上都能解释 JavaScript。第四行前边的双反斜杠“//”是 JavaScript 里的注释标号。

3）JavaScript 的基本语法

每一句 JavaScript 都有类似于以下的格式：

```
<语句>;
```

其中，分号“;”是 JavaScript 语言作为一个语句结束的标识符。虽然现在很多浏览器都允许用回车符号充当结束符号，但是培养用分号作为结束标志的习惯仍然是很好的。

语句块是用大括号“{ }”括起来的 1 个或 *n* 个语句。在大括号里边是几个语句，但是在大括号外边，语句块是被当作一个语句的。语句块是可以嵌套的，也就是说，一个语句块里可以再包含一个或多个语句块。

4）怎样插入 JavaScript

JavaScript 可以出现在 HTML 的任意地方。使用标记<script>…</script>可以在 HTML 文档的任意地方插入 JavaScript，甚至在<HTML>之前插入也可以。

不过如果要在声明框架的网页（框架网页）中插入，就一定要在<frameset>之前插入，否则不会运行。

另一种插入 JavaScript 的方法，是把 JavaScript 代码写到另一个文件当中（此文件通常应该用“.js”作扩展名），然后用格式为“<script src= " javascript.js " >…</script>”的标记把它嵌入文档中。注意，一定要用“</script>”标记。

<script>标记还有一个属性 language，说明脚本使用的语言。对于 JavaScript，请用“language= " JavaScript " ”。

相对于<script>标记，还有一个<server>标记。<server>标记所包含的是服务器端（Server Side）的脚本。

5）JavaScript 脚本的运行

Web 页面中 JavaScript 脚本在页面被浏览时由浏览器解释执行。如果想在浏览器的“地址”栏中执行 JavaScript 语句，用下面这样的格式：

```
javascript: <JavaScript 语句>
```

下面的格式也可以用在链接中：

```
<a href=" javascript: <JavaScript 语句> " >...</a>
```

6）JavaScript 的特点

（1）JavaScript 是脚本语言。这意味着用 JavaScript 编写的程序通常都是小程序，即脚本。用 JavaScript 编写的客户端脚本在 Web 页中与 HTML 混杂在一起，由浏览器解释执行。

（2）JavaScript 是基于对象的语言。基于对象一方面是指 JavaScript 语言本身包含一些已创建完成的对象，可以直接使用；另一方面是指用这种语言编写程序会力图把程序表达为一个个对象的组合体。

（3）JavaScript 是事件驱动的语言。这意味着用这种语言编写程序常常是在响应用户操作，用户操作产生事件。

（4）JavaScript 是安全的语言。用 JavaScript 编写的客户端脚本既不能改变服务器端的数据，也不能修改客户文件。

（5）JavaScript 是平台无关语言。只要浏览器支持 JavaScript，无论用户使用的软/硬件平台是什么，脚本都能执行。

7）JavaScript 的两大缺陷

（1）缺乏清晰而统一的编程模型。

JavaScript 用到了许多对象，但它没有关键字类，只有一个个的函数，这就使所有的代码难于以类的方式清晰界定；同时，它又不是结构化的（结构化编程的基本单元是函数）。一些 JavaScript 代码被放在函数之外，在解析 HTML 文档时直接执行，而另一部分放到函数中的代码，则多采用事件驱动的方式运行，这就带来了复杂的程序执行流程，远不如纯结构化编程中统一采用函数调用的编程方式简洁。这样看来，JavaScript 虽然兼具面向对象、结构化、非结构化三种编程方式的特点，但没有一个清晰而统一的编程模型，难于写出结构清晰且易于维护的代码。

（2）JavaScript 的另一硬伤是它的浏览器运行环境。由于历史的原因，不同的浏览器，甚至同一浏览器的不同版本，其编程模型都有或多或少的差别，因而不得不写代码检测浏览器类型。例如，需要为 IE 写一套代码，又需要为 firefox 写另一套。

上述这些问题，几乎是 B/S 架构系统“与生俱来”的“缺陷”。先天不足后天补，人们想出了许多招数来解决这些问题。Ajax 是众人看好的希望之星。

3. Ajax

Ajax（Asynchronous javascript and XML）是 Web 应用程序开发手段，它采用客户端脚本与 Web 服务器交换数据，所以，不必刷新整个页面，可动态地局部刷新 Web 页面，因而 Ajax 程序的实用性与可用性几乎接近于桌面应用程序。使用 Ajax 的主要原因有两个：一是通过适当的 Ajax 应用达到更好的用户体验；二是把以前的一些服务器负担的工作转嫁到客户端，利用客户端闲置的处理能力来处理，减轻服务器和带宽的负担，从而达到节约 ISP 的空间及降低带宽租用成本的目的。

1）定义

Ajax 概念的最早提出者 Adative Path 公司的 Jesse James Garrett 这样定义 Ajax：Ajax 并不是一门新的语言或技术，它实际上是几项技术按一定的方式组合在一起，相互协作并且发挥各自的作用。它包括：使用 XHTML 和 CSS 标准化呈现；使用 DOM 实现动态显示和交互；使用 XML 和 XSLT 进行数据交换与处理；使用 XMLHttpRequest 进行异步数据读取；最后用 JavaScript 绑定和处理所有数据。

2）Ajax 的工作原理

Ajax 的工作原理相当于在用户和服务器之间加了一个中间层，使用户操作与服务器响应异步化。并不是所有的用户请求都提交给服务器，像一些数据验证和数据处理等都交给 Ajax 引擎自己来做，只有确定需要从服务器读取新数据时再由 Ajax 引擎代为向服务器提交请求。

在旧的交互方式中，由用户触发一个 HTTP 请求到服务器，服务器对其进行处理后再返回一个新的 HTML 页到客户端，每当服务器处理客户端提交的请求时，客户都只能空闲等待，并且哪怕只是一次很小的交互，只需从服务器端得到很简单的一个数据，都要返回一个完整的 HTML 页，用户每次都要浪费时间和带宽去重新读取整个页面。而使用 Ajax 后，用户感觉几乎所有的操作都会很快响应，没有页面重载（白屏）的等待。

3）Ajax 的主要技术

Ajax 的主要技术包括 JavaScript、XMLHttpRequest、DOM 和 XML，其核心技术是 XMLHttpRequest。

（1）JavaScript。

JavaScript 是一种在浏览器中大量使用的编程语言，有着自己的标准并在各种浏览器中被广泛支持。Ajax 开发手段使用它作为编程语言。

（2）XMLHttpRequest。

Ajax 的一个最大的特点是无须刷新页面便可向服务器传输或读/写数据（又称无刷新更新页面），这一特点主要得益于 XMLHTTP 组件 XMLHttpRequest 对象。这样就可以模仿桌面应用程序，只同服务器进行数据层面的交换，而不用每次都刷新界面，也不用每次将数据处理的工作提交给服务器来做，这样既减轻了服务器的负担又加快了响应速度，缩短了用户等候时间。

最早应用 XMLHTTP 的是微软，IE（IE5 以上）通过允许开发人员在 Web 页面内部使用 XMLHTTP ActiveX 组件扩展自身的功能，开发人员不用从当前的 Web 页面导航而直接传输数据到服务器上或从服务器取数据。这个功能是很重要的，因为它帮助减轻了无状态连接的痛苦，它还可以排除下载冗余 HTML 的需要，从而提高进程的运行速度。Mozilla（Mozilla1.0 以上及 netscape7 以上）做出的回应是创建它自己的继承 XML 代理类：xmlhttprequest 类。Konqueror（和 Safari v1.2，同样也是基于 KHTML 的浏览器）也支持 xmlhttprequest 对象，而 Opera 也将在其 v7.6x+以后的版本中支持 xmlhttprequest 对象。对于大多数情况，xmlhttprequest 对象和 XMLHTTP 组件很相似，方法和属性也类似，只是有一小部分属性不支持。

（3）DOM。

DOM（Document Object Model，文档对象模型）是给 HTML 和 XML 文件使用的一组 API（Application Programming Interface，应用程序接口）。它提供了文件的结构表述，让用户可以改变其中的内容及可见物。其本质是建立网页与 Script 或程序语言沟通的桥梁。

所有 Web 开发人员可操作或建立文件的属性、方法及事件都以对象来展现（例如，document 就代表“文件本身”这个对象，table 对象则代表 HTML 的表格对象等）。这些对象可以由当今大多数的浏览器以 Script 来取用。

一个用 HTML 或 XHTML 构建的网页也可以看作一组结构化的数据，这些数据被封在 DOM 中，DOM 提供了网页中各个对象的读写的支持。

（4）XML。

可扩展的标记语言（Extensible Markup Language）具有一种开放的、可扩展的、可自描述的语言结构，它已经成为网上数据和文档传输的标准。它是用来描述数据结构的一种语言，正如它的名字一样。它使对某些结构化数据的定义更加容易，并且可以通过它和其他应用程序交换数据。

4）Ajax 的应用

Ajax 理念的出现，揭开了无刷新更新页面时代的序幕，并有代替传统 Web 开发中采用 form（表单）递交方式更新 Web 页面的趋势，可以算是一个里程碑。但 Ajax 不是适用于所有地方的，它的适用范围是由它的特性所决定的。

举个应用的例子，是关于级联菜单方面的 Ajax 应用。

以前对级联菜单的处理是这样的：为了避免每次对菜单的操作引起的重载页面，不采用每次调用后台的方式，而是一次性将级联菜单的所有数据全部读取出来并写入数组，然后根据用户的操作用 JavaScript 来控制它的子集项目的呈现，这样虽然解决了操作响应速度、不重载页面及避免向服务器频繁发送请求的问题，但是如果用户不对菜单进行操作或只对菜单中的一部分进行操作，那读取的数据中的一部分就会成为冗余数据而浪费用户的资源，特别是在菜单结构复杂、数据量大的情况下（如菜单有很多级，每一级菜单又有上百个项目），这种弊端就更为突出。

如果在此案中应用 Ajax，结果就会有所改观。

在初始化页面时只读出它的第一级的所有数据并显示，在用户操作一级菜单中的一项时，会通过 Ajax 向后台请求当前一级项目所属的二级子菜单的所有数据，如果再继续请求已经呈现的二级菜单中的一项，再向后台请求所操作二级菜单项对应的所有三级菜单的所有数据，以此类推……这样，用什么就取什么、用多少就取多少，就不会有数据的冗余和浪费，减少了数据下载总量，而且更新页面时不用重载全部内容，只更新需要更新的那部分即可，相对于后台处理并重载的方式缩短了用户等待时间，也把对资源的浪费降到最低。

此外，Ajax 由于可以调用外部数据，也可以实现数据聚合的功能（当然要有相应授权），如微软发布的在线 RSS 阅读器 BETA 版；还可以利于一些开放的数据，开发自己的一些应用程序，如利用 Amazon 的数据所做的一些新颖的图书搜索应用。

总之，Ajax 适用于交互较多、频繁读取数据、数据分类良好的 Web 应用。

5）Ajax 的优势

（1）减轻服务器的负担。

因为 Ajax 的根本理念是“按需取数据”，所以最大限度地减少了冗余请求和响应对服务器造成的负担；也可以把以前的一些服务器负担的工作转嫁到客户端，利用客户端闲置的处理能力来处理，减轻服务器和带宽的负担，节约空间并降低带宽租用成本。

（2）更好的用户体验，无刷新更新页面，减少用户实际和心理等待时间。

首先，“按需取数据”的模式减少了数据的实际读取量。打个很形象的比方，如果说重载的方式是从一个终点回到原点再到另一个终点，那么 Ajax 就是以一个终点为基点到达另一个终点；即使要读取比较大的数据，也不会像 RELOAD 一样出现白屏的情况，由于 Ajax 是用 XMLHTTP 发送请求得到服务端应答数据，在不重新载入整个页面的情况下用 JavaScript 操作 DOM 最终更新页面的，所以在读取数据的过程中，用户所面对的也不是白屏，而是原来的页面状态（或者可以加一个 LOADING 的提示框让用户了解数据读取的状态），只有当接收到全部数据后才更新相应部分的内容，而这种更新也是瞬间的，用户几乎感觉不到。总之，用户是很敏感的，虽然不太可能有立竿见影的效果，但会在用户的心中一点一滴地增加他们对网站的依赖。

（3）基于标准化的并被广泛支持的技术，并且不需要插件或下载小程序。

（4）Ajax 使 Web 中的界面与应用分离（也可以说是数据与呈现分离），Web 应用更易开发和维护。

6）Ajax 的问题

（1）一些手持设备（如手机、PDA 等）现在还不能很好地支持 Ajax。

（2）对于用 JavaScript 制作的 Ajax 引擎，JavaScript 的兼容性和 DeBug 都是让人头痛的事。

（3）Ajax 的无刷新重载，由于页面的变化没有刷新重载那么明显，所以容易给用户带来困扰——用户不太清楚现在的数据是新的还是已经更新过的。现有的解决方法：在相关位置提示、数据更新的区域设计得比较明显、数据更新后给用户提示等。

（4）对流媒体的支持没有 Flash、Java Applet 好。

4. Java Applet

Java Applet 是用 Java 语言编写的一些小应用程序，它们可以直接嵌入网页中，并能够产生特殊的效果。使用 Java Applet 可以实现图形绘制、网页字体和颜色控制、动画和声音的插入、人机交互及网络交流等功能。Applet 还提供了名为抽象窗口工具箱（Abstract Window Toolkit，AWT）的窗口环境开发工具。AWT 利用用户计算机的 GUI 元素，可以建立标准的图形用户界面，如窗口、按钮和滚动条等。

每个含有 Applet 的网页的 HTML 源代码中都带有<app1et>、</app1et>标记。当用户访问这样的网页时，Applet 被下载到用户的计算机上执行，但前提是用户使用的是支持 Java 的网络浏览器。由于 Applet 是在用户的计算机上执行的，因此它的执行速度不受网络带宽或 Modem 存取速度的限制，用户可以更好地欣赏网页上 Applet 产生的多媒体效果。

2.3.2　企业系统集成

大多数企业都在内部进行了一定程度的信息化建设，如内部网络基础设施和企业网站的构建，以及财务管理、生产自动化等应用系统的建设，都有过去遗留下来的系统、应用、商务流程，以及数据源构成的应用环境。应用环境的通信状况很混乱，只有很少的接口文档，并且维护成本也非常高。当企业向 B2B 电子商务协作方向迁移时，首先要做的是审视它们内部的系统、应用及业务流程。一些业务流程会横跨多个内部应用，在企业能够有效地和外部网络连接之前，这些应用必须能够实时动态地进行通信。随着如企业资源规划（Enterprise Resource Planning，ERP）、客户关系管理（Customer Relationship Management，CRM）、供应链管理（Supply Chain Management，SCM）及企业门户等多种商业应用的引入，激发了企业信息系统的应用分割。早期这些系统被设计成自包含的"黑盒"系统，只有很少或者根本没有方法来访问它内部的数据和商务流程。虽然现在许多这种应用都提供了更好的访问它们的内部数据和商业逻辑的方法，但很容易形成"信息孤岛"，因此需要把这些系统和企业里其他系统进行集成。企业系统集成就是这样一种将企业原有业务系统与 ERP、CRM、SCM 等进行系统集成的一种典型技术。

1. 企业应用集成的概念

企业应用集成（Enterprise Application Integration，EAI）是将企业的业务流程、应用软件、硬件和各种标准联合起来，在两个或更多的企业应用系统之间实现无缝集成的一种集成开发技术，通过企业系统集成使企业原有各系统像一个整体一样进行业务处理和信息共享。EAI 不仅包括企业内部的应用系统和组织集成，还包括企业与企业之间的集成，以实现企业与企业之间的信息交换、商务协同、过程集成和组建虚拟企业与动态联盟等。EAI 常常表现为对一个商业实体的信息系统进行业务应用集成，但当在多个企业系统之间进行商务交易的时候，EAI 也表现为不同公司实体之间的企业系统集成，如扩展的供应链管理、客户关系管理、虚拟企业和 Web Services 等。

2. 企业系统集成的分类

企业系统集成从不同的角度有不同的分类方法。从应用集成的对象划分，可以分为面向数据的集成和面向过程的集成；从应用集成所使用的工具和技术划分，可以分为平台集成、数据集成、组件集成、应用集成、过程集成和业务对业务的集成；从企业组织的角度划分，可以分为水平的组织内的集成、垂直的组织内的集成和不同组织间系统的集成。对于众多的分类方法，我们可以从广度和深度将其总括起来。从集成的深度上来说，从数据集成、应用系统的集成再到目前的面向过程的集成，集成的难度和能够取得的效益都是不同的；而从集成的广度上来讲，从最初的部门内集成到部门间集成，再到企业范围内和企业间的集成。不管如何分类，企业系统集成的目的都是实现在企业内外任何相连的应用系统和数据源间分享数据和业务的过程。

从集成的深度上来说，从易到难可以把企业系统集成分为以下 3 个种类。

（1）数据集成。为了完成应用集成和业务过程集成，必须首先解决数据和数据库的集成问题。在集成之前，必须首先对数据进行标识并编成目录，另外，还要确定元数据模型。以上步骤完成以后，数据才能在数据库系统中分布和共享。

（2）应用系统集成。也就是为两个应用中的数据和函数提供接近实时的集成。例如，在一些 B2B 集成中用来实现 CRM 系统与企业后端应用和 Web 的集成，构建能够充分利用多个应用系统资源的电子商务网站。

（3）业务流程集成。当对业务过程进行集成的时候，企业必须在各种业务系统中定义、授权和管理各种业务信息的交换，以便改进操作、降低成本、提高响应速度。业务流程集成包括业务管理、进程模拟，以及综合任务、流程、组织和进出信息的工作流，还包括业务处理中每一步都需要的工具。

从集成的广度上来看，从易到难可以把企业系统集成分为以下 5 个种类。

（1）部门内部的信息系统集成和人员结构的调整。

（2）部门之间的信息系统集成和关系的调整。

（3）企业级的信息系统集成和组织结构的调整。

（4）与有稳定关系的合作伙伴之间的信息系统实现面向业务过程的集成。

（5）与随机遇到的合作伙伴之间的信息系统实现面向业务过程的集成。

3. 企业系统集成的实现技术

为了实现应用系统间的集成，企业最初都是采取一种紧耦合的集成方法，这种集成方法不仅需要对应用系统做较大的改动，编写大量的代码，并且当又有一个新的系统需要集成时，系统还要重新设计。这种紧耦合的集成解决方案完全缺乏柔性，并且达不到预期的目的。

为了成功地实现多个应用系统的集成，包括对将来新的系统集成的开放性，实现一种松散耦合的集成，很多公司都在寻找一些新的技术，让其能够连接多个应用平台。为了避免繁重、昂贵且耗时的代码编写工作，很多公司也需要一个更加柔性的技术框架，在这个框架中新的跨越不同应用和系统的业务过程能够被迅速引入，并且节省开销。目前，实现应用系统开放式企业应用集成的最有希望的技术是消息中间件、应用服务器和基于组件的软件开发（Component-Based Development，CBD）技术。

消息中间件能够对企业现有系统和遗产系统实现整合，它具有消息代理和过程代理的功能。基于组件的软件开发技术可以使新的应用系统很容易地与基于消息的中间件技术的系统实现集成，CBD 能够连接更大的、功能更强的组件去定义一个新的业务过程，也能够实现业务过程的集成，把低水平的文件、数据、消息代理的集成能力延伸到能够使业务过程集成到系统中。应用服务器技术与消息代理在很多方面都有相同的功能，现在很多应用服务器厂商都把消息代理和应用服务器集成在自己的产品中，如 IBM 公司的中间件服务器 WebSphere.

EAI 使业务过程的不同方面完全或者部分实现自动化，使集成应用系统能够实现业务集成和信息交换。在此必须明确的一点是，EAI 不是中间件，不是工作流，也不是数据传输，每个上述产品都为业务问题的特定方面提供了一个解决方案。EAI 不仅是在上述产品中所使用的技术的组合，还是企业的管理和组织结构的创新。

2.3.3　数据库访问技术

1. JDBC 简介

Java 语言提供了一套访问关系数据库的应用程序接口，即 JDBC API。JDBC 是 Java Database Connectivity 首字母的缩写，其含义为 Java 数据库互连。它包含一组与访问数据库有关的 Java 类和接口，是 Java 程序访问数据的基础。只要应用程序利用 JDBC 就可以用统一的形式访问各种不同的关系数据库。

JDBC 是 Java 与许多数据库实现数据库连接的工业标准，为基于 SQL 数据库访问提供调用级用户编程接口。与当前存在的多种数据库访问技术相比，JDBC 具有平台无关性和数据库访问一致性两大优点。JDBC 与 ODBC 结构相似，同属于 SQL 调用级接口，其核心在于执行基本的 SQL 命令并取回结果。JDBC 接口分为以下两个层次。

（1）面向程序开发人员的 JDBC API。

（2）底层的 JDBC Driver API。

前者是开发人员用来编写前端应用程序的，后者由数据库厂商开发。无论访问什么数据库，提供给用户的应用程序接口 JDBC API 都是一样的，用户可以使用标准的 SQL 查询语句进行查询，而不用考虑数据库之间的差别。这些查询语句经驱动程序管理器处理，变成适应于某一种数据库的查询语言，然后向下传递给响应的驱动程序，再由驱动程序与数据库管理系统进行通信，实现数据库的读取和操作。

JDBC 是用于执行 SQL 语句的 Java 应用程序接口，由一组 Java 语言编写的类与接口组成，在 JSP 中也可以使用 JDBC 来访问数据库。JDBC 是一种规范，它让各数据库厂商为 Java 程序员提供标准的数据库访问类和接口，这样就使独立于 DBMS 的 Java 应用程序的开发工具和产品成为可能。

JDBC API 对于基本的 SQL 抽象和概念是一种自然的 Java 接口。它建立在 ODBC 上，因此熟悉 ODBC 的程序员将发现 JDBC 很容易使用。JDBC 保留了 ODBC 的基本实际特征。事实上，两种接口都基于 X /OpenSQL CLI（调用级接口）。它们之间最大的区别在于：JDBC 以 Java 风格与优点为基础并进行优化，因此更加易于使用。

Javasoft 的 JDBC-ODBC 桥产品利用 ODBC 驱动程序提供 JDBC 访问。一般的 Java 开发工具都带有 JDBC-ODBC 桥驱动程序。这样一来，只要是能够使用 ODBC 访问的数据库系统，就能使用 JDBC 访问。

JDBC 框架结构如图 2-4 所示。

2. JDBC 访问数据库的应用模型

通过 JDBC 访问数据库有两种应用模型：一种是两层结构的应用模型；另一种是三层结构的应用模型，JDBC 访问数据库的应用模型如图 2-5 所示。

在两层模型中，Java Applet 或应用程序将直接与数据库进行对话。这将需要一个 JDBC

驱动程序来与所访问的特定数据库管理系统进行通信。用户的 SQL 语句被送往数据库中，而其结果将被送回给用户。数据库可以位于另一台计算机上，用户通过网络连接到上面。这就是客户端/服务器配置，其中用户的计算机为客户端，提供数据库的计算机为服务器。

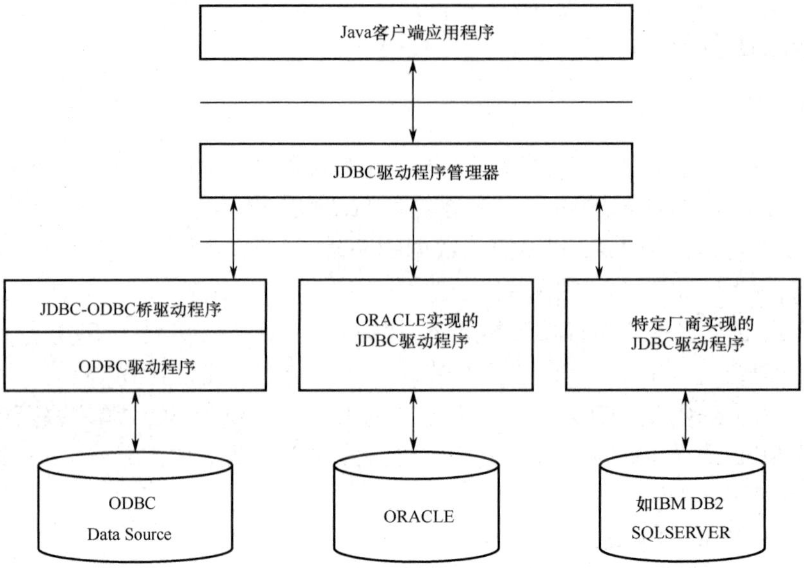

图 2-4　JDBC 框架结构

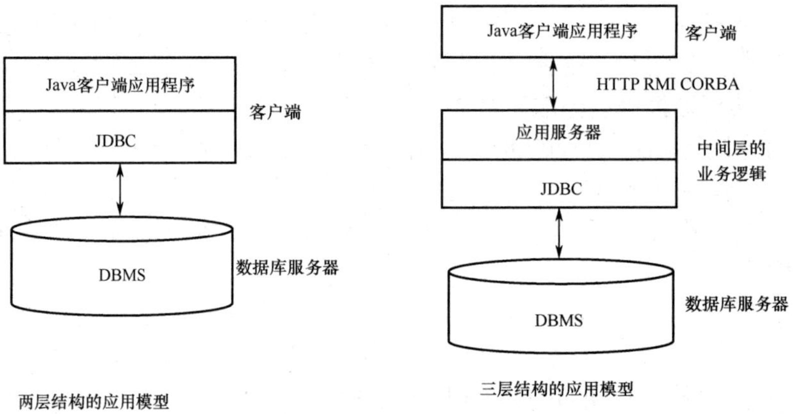

图 2-5　JDBC 访问数据库的应用模型

在三层结构的应用模型中，命令先被发送到服务的“中间层”，然后由它将 SQL 语句发送给数据库。数据库对 SQL 语句进行处理并将结果送回到中间层，中间层再将结果送回给用户。

3. JDBC 访问数据库的基本步骤

JDBC 所有的类和接口都集中在 java.sql 和 javax.sql 这两个包中。java.sql 包中包含的类和接口采用的是传统的 C/S 体系结构。其功能主要针对的是基本数据库编程服务，如生成连接、执行语句，以及准备语句和运行批处理查询，也有一些其他的高级功能。

一般编写 JDBC 程序与编写 ODBC 程序类似，编写 JDBC 程序的模型如图 2-6 所示。

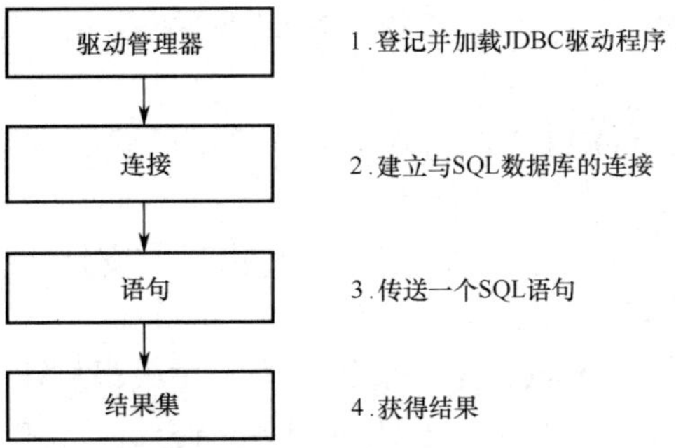

图 2-6　编写 JDBC 程序的模型

2.3.4　主流开发技术

1. Microsoft.NEt 平台技术及结构

Microsoft.NET 平台是一个建立在开放互联网络协议标准之上，采用新的工具和服务来满足人们的计算和通信需求的革命性的新型 XML Web 智能计算服务平台。它允许应用程序在因特网上方便、快捷地互相通信，而不必关心使用何种操作系统和编程语言。从技术层面来说，Microsoft.NET 平台主要包括两个内核，即通用语言运行时（Common Language Runtime，CLR）和 Microsoft.NET 框架类库，它们为 Microsoft.NET 平台的实现提供底层技术支持。

1）通用语言运行时（CLR）

通用语言运行时是整个 Microsoft.NET 框架赖以建构的基础，它为 Microsoft.NET 应用程序提供了一个托管代码的执行环境，它实际上是驻留在内存里的一段代理代码，负责应用程序在整个执行期间的代码管理工作，主要包括内存管理、线程管理、安全管理、远程管理、即时编译、代码强制安全类型检查等。

CLR 的设计目的是直接在应用程序运行环境中为基于组件的编程提供支持。CLR 直接支持组件（包括属性和事件）、对象、继承性、多态性和接口。对属性和事件的直接支持使基于组件的编程变得更简单，而不需要特殊的接口和适配设计模式。在组件运行时 CLR 负责管理内存分配、启动和中小线程和讲程、强化安全系数，同时还调整任何该组件涉及的其他组件的附属配置。组件代码是与处理器无关的、易于验证的中间语言（Intermediate Language，IL），而不是某一种特定的机器语言，这意味着组件不但可以在多种计算机上运行，而且可以确保组件不会覆盖它们不使用的内存，也不会潜在地导致系统崩溃。值得指出的是 CLR 通常包括在其他高性能的服务器应用程序中，如因特网信息服务器、Microsoft SQL Server。我们可以充分利用 CLR 诸多安全、高效的优点来部署自己的商业逻辑。

2）Microsoft.NET 框架类库

Microsoft.NET 框架类库是一组广泛的、面向对象的可重用类的集合，为应用程序提供各种高级的组件和服务，使程序员专注于程序的商业逻辑，为应用程序提供各种开发支持——不管是传统的命令行程序还是 Windows 图形界面程序，或是面向下一代因特网分布式计算平台的 ASP.NET 或 XMLWeb 服务。具体组件和服务如下。

（1）系统框架服务。服务框架包括一套开发人员希望在标准语言库中存在的基类库，基类库提供访问操作系统服务，如图像、网络、线程、全球化和加密的类，服务框架也包括数据访问类库和开发工具。

（2）ADO.NET 组件。ADO.NET 为基于网络的可扩展的应用程序和服务提供数据访问服务。

（3）XML 数据组件。系统框架对 XML 数据提供操作支持，系统也支持 ADO.NET 数据与 XML 数据之间的通用转换。

（4）Windows 表单组件。Windows 表单组件为开发人员提供了强大的 Windows 应用程序模型和丰富的 Windows 用户接口，包括传统的 ActiveX 控件和 Windows XP 的新界面，如透明的、分层的、浮动的窗口。

（5）ASP.NET 应用服务。ASP.NET 的核心是高性能的用于处理基于低级结构的 HTTT 请求的运行语言。ASP.NET 支持应用程序的实时更新，提供高速缓冲服务改善性能。

（6）XML Web 服务。ASP.NET 应用服务体系架构为用 ASP.NET 建立 XML Web 服务提供了一个高级的可编程模板，它提供的许多特点简化了开发过程。ASP.NET 的 XMLWeb 服务为在 Internet 上绑定应用程序提供了一个利用现存体系驱构和应用程序的简率的、灵活的、基于产业标准的模型。

2. J2EE 平台技术及其组成

为降低成本、快速实现企业应用的设计和开发，J2EE 平台技术为企业应用的设计、开发、集成及部署提供了一条基于组件的实现途径。J2EE 平台提供了一个事量改分布式应用设计模式、重用组件的能力、统一的安全模式、灵活的交易控制。不仅可以把全新的客户解决方案快速推向市场，而且平台独立、基于 J2EE 组件的解决方案将使产品不绑定在任何一个厂商的产品和 API 上。

1）分布式的多层次应用

J2EE 平台采用一种多层次分布式的应用模式。这意味着应用逻辑根据功能被划分成组件，组成 J2EE 应用的不同应用组件安装在不同的服务器上，这种划分是根据应用组件属于多层次 J2EE 环境中的哪个层次来决定的。J2EE 应用可以由 3 个或 4 个层次组成，J2EE 多层次应用一般被认为是三层应用，因为它们被分布在 3 个不同的地点：客户端机器、J2EE 服务器和数据库或后端的传统系统服务器。三层架构应用是对标准的客户端/服务器应用架构的一种扩展，即在客户端应用和后台存储之间增加一个多线程应用服务器。

2）J2EE 应用组件

J2EE 应用是由组件组成的。J2EE 组件是一个自我封装的功能软件单元，它将通过相关的类、文件和与其他组件的通信，被集成进 J2EE 应用。J2EE 规范定义了以下 J2EE 组件：一是应用（Appication）客户端和小程序（Applet），即客户端组件；二是 Java Servlet 和 Java Server Pages 技术组件，即 Web 组件；三是 Enterprise JavaBeans （EJB）组件，即业务组件。J2EE 组件是使用 Java 编程语言编写的，也像任何 Java 编程语言程序一样被编译。使用 J2EE 平台的不同之处是，J2EE 组件是被集成到 J2EE 应用中的，是经过格式化的并经过 J2EE 规范兼容性验证的，而且在部署和正式运行时，是运行在 J2EB 服务器上，并且是在 J2EE 服务器的管理下运行的。

（1）客户端组件。一个 J2EE 应用可以是基于 Web 的或不基于 Web 的。对于不基于 Web

的 J2EE 应用，应用客户端软件将运行在客户端机器上，而对于基于 Web 的 J2EE 应用，浏览器会下载 Web 页面和小程序到客户端机器上。

（2）应用客户端。运行在客户端机器上的应用客户端软件，为用户提供一个途径，使用 J2EE 系统或应用管理这样的工作。它通常有一个用 Swing 或 AWTAPI 开发的图形用户界面，但是也可以使用命令行接口。应用客户端软件直接访问运行在业务层的企业 Bean。当然，如果 J2EE 应用客户端允许，应用客户端也可以建立 HTTP 连接，与运行在 Web 层的 Servlet 进行通信。

（3）Web 浏览器。用户端的 Web 浏览器从 Web 层下载 HTML/WML/XML 等静态或动态 Web 页面，动态页面是由运行在 Web 层的 Servlet 或 JSP 页面生成的。

（4）Applet。一个从 Web 层下载的 Web 页面可以包含嵌入的 Applet。一个 Applet 是一个用 Java 编程语言编写的小客户端应用程序，通过安装在 Web 浏览器上的 Java 虚拟机拟和安全策略文件。ISP 页面是推荐的创建基于 Web 的客户端程序的 API，因为在客户端无须插件和安全策略文件，而且，JSP 页面支持清晰的、多模块应用设计，因为它提供一个途径，使应用和程序编程与 Web 页面设计分离。这意味着参与 Web 页面设计的人员所要做的工作，不需要了解 Java 编程语言语法。运行在基于网络的系统，例如，手持设备、汽车电话等通信工具上的 Applet，可以执行运行在 J2EE 服务器上的 JSP 页面或 Servlet 生成的 WML 页面。WML 页面是通过无线应用协议（Wireless Application Protocol，WAP）传送的，网络配置需要一个网关，把 WAP 转换成 HTTP，然后转换回来。网关把手持设备上的 WAP 请求转换成 J2EE 服务器的 HTTP 请求，再把 HTTP 服务器的响应和 WML 页面转换成一个 WAP 服务器响应和 WML 页面显示在手持设备上。

（5）JavaBeans 组件架构。客户层也有一个基于 JavaBeans 组件架构的组件，用于管理应用客户端或 Applet 与运行在 J2EE 服务器上的组件之间的数据流。JavaBeans 组件不是在 J2EE 规范中的组件。为 J2EE 平台而写的 JavaBeans 组件，包含实例变量，以及为访问实例变量的读取和设置方法。以这种方式使用的 JavaBeans 组件一般设计和实现起来非常简单，但是要遵循 JavaBeans 组件架构中的命名和设计规范。

3）企业信息系统层

企业信息系统层处理企业信息系统软件，包括企业体系结构系统，如企业资源规划、大型机交易处理、数据库系统和传统信息系统。J2EE 应用组件需要访问企业信息系统，如建立数据库连接等。

4）J2EE 架构

通常，瘦客户端多层次应用是很难编写的，因为它包括很多行非常难以理解的代码，以处理交易和状态管理、多线程、资源池管理，以及其他复杂的低层次细节问题。基于组件的、与平台无关的 J2EE 应用的开发是很容易的，因为业务逻辑被组织成可重复使用的组件，而且 J2EE 服务器以容器的形式为每种类型的组件提供后台支持。

5）容器（Container）和服务

组件在部署时被安装在容器之中，是组件和特定平台底层功能之间的接口支持着组件。在应用客户端组件能够被执行以前，它必须被组装到 J2EE 应用里，并且被部署到它的容器里。组装流程包括设定 J2EE 应用中的每个组件，以及 J2EE 应用本身在容器之中的设置。容器的设置让 J2EE 服务器对每个组件的后台支持个性化了，包括像安全性、交易管理、Java

命名和目录接口查询，以及远程连接等。容器还管理着不可配置服务，如企业 Bean 和 Servlet 的生命周期，数据库连接资源池，数据持续性（Persistence），以及 J2EE API 中描述的访问 J2EE 平台的 API。尽管数据持续性机制是一个不可配置服务，但 J2EE 构架允许在需要比默认的容器管理的持续机制更多的控制时，用企业 Bean 实现中相应的代码覆盖原有的容器管理的持续机制。例如，可以使用 Bean 管理的持续性机制来实现自己的搜索方法，或创建个性化的数据库缓存。

3. 中间件技术

随着计算机技术的飞速发展，各种各样的应用软件需要在各种平台之间进行移植，或一个平台需要支持多种应用软件和管理多种应用系统，软、硬件平台和应用系统之间需要可靠和高的数据传递或转换，使系统的协同性得以保证。这些都需要一种构筑于软、硬件平台之上，同时对更上层的应用软件提供支持的软件系统，而中间件正是在这个环境下产生的。

1）中间件的定义

由于中间件技术正处于发展过程之中，因此目前尚不能对它进行精确的定义。人们普遍接受的是 IDC 对中间件定义的描述：中间件是一种独立的系统软件或服务程序，分布式应用软件借助这种软件在不同的技术之间共享资源，中间件位于客户机服务器的操作系统之上，管理计算资源和网络通信。

IDC 对中间件的定义表明：中间件是一类软件，而非一种软件；中间件不仅要实现互连，还要实现应用之间的互操作；中间件是基于分布式处理的软件，最突出的特点是其网络通信功能。人们在使用中间件时，往往是一组中间件集成在一起，构成一个平台（包括开发平台和运行平台），但在这组中间件中必须有一个通信中间件，即中间件 = 平台 + 通信，该定义也限定了只有用于分布式系统中才能称为中间件，同时还可以把它与支撑软件和应用软件区分开来。

2）中间件的特点及作用

中间件抽象了典型的应用模式，并基于标准的形式进行开发，从而使应用软件制造者可以更多地将思路放在业务逻辑中。中间件本质上是对分布式应用的抽象，因而抛开了与应用相关的业务逻辑的细节，保留了典型的分布交互模式的关键特征。经过抽象，将纷繁复杂的分布式系统经过提炼和必要的隔离后，以统一的界面形式呈现给应用。应用在中间件提供的环境中可以更好地集中在业务逻辑上，并最终在异构环境中实现良好的协同工作。中间件具有如下特点。

（1）易于集成。中间件能无缝地连入应用开发环境中，应用程序可以很容易地定位和共享中间件提供的应用逻辑和数据。

（2）易于移植。中间件与平台有关的细节对于应用程序透明，因此可以在不改变应用程序代码的情况下改换计算机底层硬件、操作系统或通信协议。

（3）易于演进。中间件实现的功能对应用程序透明，所以可以对局部进行改进而不影响系统的其他部分。

（4）高可靠性。中间件是可靠的，提供接管和恢复功能，保证事务及关键性业务不被丢失。

（5）易于使用。中间件能和同构或异构环境下的多种数据源通信，同时能管理数据间的公共逻辑约束。

中间件的主要作用：缩短应用的开发周期；节约应用的开发成本；减少系统初期的建设成本；降低应用开发的失败率；保护已有的投资；简化应用集成，减少维护费用；提高应用的开发质量；保证技术进步的连续性；增强应用的生命力。

3）中间件的分类

目前比较流行的中间件有以下 8 类。

（1）终端仿真/屏幕转换中间件。终端仿真/屏幕转换中间件用以实现客户机图形用户接口与已有的字符接口方式的服务器应用程序之间的互操作。

（2）数据访问中间件。数据访问中间件是为了建立数据应用资源互操作的模式，对异构环境下的数据库或文件系统实现连接的中间件。数据访问中间件允许应用程序同本地或异地的数据库进行通信，它提供了一系列应用程序接口，通过中间层而不考虑操作系统及网络来访问数据库。在很多情况下，API 被隐藏在开发工具之中而不被开发者了解。ODBC、JDBC 都是基于数据库的中间件标准。

（3）远程过程调用中间件。通过这种远程过程调用机制，程序员只需编写客户方的应用，需要时可以调用位于远端服务器上的过程。远程过程调用机制比较适合小型的、简单的、不需要采用异步通信方式的应用，但对大型复杂的应用不太适合，因为它需要程序员考虑网络或系统的故障，处理多个网络连接、可移植性、缓冲及流量控制和进程之间的同步等多种问题。

（4）消息中间件。消息中间件用来屏蔽各种平台及协议之间的特性，以实现在不同平台之间通信，实现分布式系统中可靠的、高效的、实时的跨平台数据传输，实现应用程序之间的协同。这是中间件中唯一不可缺少的，销售额最大的中间件产品，主要产品有 BEA 公司的 BEA eLink、IBM 公司的 MQSeries 等，在 Windows 2000 操作系统及以上版本中已包含了部分功能。

（5）交易中间件。交易中间件是在分布、异构环境下提供保证交易完整性和数据完整性的一种环境平台。在分布式事务处理系统中经常要处理大量事务。在联机事务处理系统中，每笔事务常常要多台服务器上的程序顺序地协调完成，一旦中间发生某种故障时，不但要完成恢复工作，而且要自动切换系统，达到系统永不停机，实现高可靠性运行；同时要使大量事务在多台应用服务器上能够实时并发运行，并进行负载平衡的调度，这就要求系统必须具有监视和调度整个系统的功能。

（6）对象中间件。在分布、异构的网络计算环境中，对象中间件可以将各种分布对象有机地结合在一起，完成系统的快速集成，实现对象重用，在这个方面遵循的标准是 CORBA。对象中间件将是未来的主流，目前产品有 Inprise 公司的 Borland Application Server。

（7）Web 服务器中间件。浏览器图形用户界面已成为公认规范，然而它存在会话能力差、不能做数据写入、受 HTTP 协议的限制等问题，因此必须进行修改和扩充，形成 Web 服务器中间件，如 Silver Stream 公司的产品，BEA 公司的 BEA WebLogic。

（8）安全中间件。一些军事、政府和商务部门上网的最大障碍是安全保密问题，产生不安全因素是由操作系统引起的，必须用中间件去解决，以适应灵活多变的要求。目前国内的此类产品有东方通公司的 Tong SEC。

2.4 电子商务系统开发模式

2.4.1 基本开发模式

企业在建设电子商务系统时，首先应该考虑系统的开发模式，然后考虑具体的开发方法，接着确定开发环境，最后选用合适的开发工具。目前，主流的电子商务系统开发模式是 C/S 模式和 B/S 模式。

1. C/S 模式

C/S 模式是 20 世纪 80 年代逐渐形成的一种模式。在这种结构中，网络中的计算机分为两个有机联系起来的部分：客户机和服务器。因为网络中资源分布具有不均匀性，包括硬件、软件和数据三方面的不均匀性。C/S 模式可以让服务器由功能较强大、资源丰富的主机来充当，而客户机由功能一般的微机来担任，它可以使用服务器中的资源。

C/S 模式与文件服务器模式在硬件组成、网络拓扑、通信连接等方面基本相同，最大的区别在于 C/S 模式中服务器管理数据能力由文件管理方式上升到数据库方式。这样，原来文件服务器模式下由工作站担任的数据加工任务，改为由服务器担任，从而提高了整个系统的性能。

在 C/S 模式下，对于客户的请求，如果客户机能满足就直接给出结果；反之则需要提交给服务器来处理，如调用存放在服务器上的公用数据等，服务器对这些数据进行一些对客户透明的处理后返还给客户，即客户不需要了解数据的具体处理过程。此模式可以合理均衡事务的处理，充分保证数据的完整性和一致性。

客户方应用软件一般包括用户界面和本地数据库等。当用户调用服务器资源时，客户机将请求传送给服务器，并根据服务器的处理结果进行分析，然后显示给客户。C/S 模式结构图如图 2-7 所示。

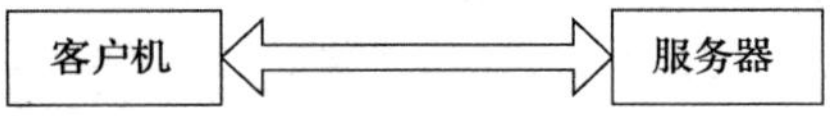

图 2-7 C/S 模式结构图

但是，随着 Internet 技术的发展，以及企业对信息系统的总体拥有成本的考虑（不但要考虑开发成本，还要考虑维护和升级成本；不但要考虑硬件成本，还要考虑软件成本），这种模式也逐渐暴露出很多问题，主要体现在以下几点：一是开发成本较高，C/S 模式对客户端软件和硬件要求较高，尤其是软件的不断升级，对硬件的要求不断提高，增加了整个系统的成本；二是移植困难，不同开发工具开发的应用程序，一般来说互不兼容，不能搬到其他平台上运行；三是不同客户机安装不同的子系统软件，用户界面风格不一，使用繁杂，不利于推广使用；四是由于每个客户机都安装了相应的应用程序，所以维护复杂，升级麻烦，如若升级则每个客户机的软件都需要更新。

2. B/S 模式

随着 Internet 席卷全球，以 Web 技术为基础的 B/S 模式正日益显现其先进性，当今世界上很多基于大型数据库的信息系统都在使用这种全新的技术模式。

B/S 模式由浏览器、Web 服务器、数据库服务器 3 个层次组成。在这种模式下，客户端使用一个通用的浏览器，代替了形形色色的各种应用软件，用户的所有操作都是通过浏览器进行的。该结构的核心部分是 Web 服务器，它负责接受远程（或本地）的 HTTP 查询请求，然后根据查询的条件到数据库获取相关数据，再将结果翻译成 HTML 和各种页面描述语言，传送回提出查询的浏览器。同样，浏览器也会将更改、删除、新增数据记录的请求申请至 Web 服务器，由后者与数据库联系完成这些工作，B/S 模式结构图如图 2-8 所示。

图 2-8　B/S 模式结构图

B/S 模式具有以下优点。

（1）使用简单。由于用户使用单一的 Brower 软件，基本上无须培训即可使用。

（2）易于维护。由于应用程序都放在 Web 服务器上，软件的开发、升级和维护只在服务器进行，减轻了开发与维护的工作量。

（3）保护企业原有投资。B/S 模式采用标准的 TCP/IP、HTTP 协议，可以与企业现有网络很好地结合。

（4）对客户端硬件要求低。客户机只需要安装一种 Web 的浏览器软件。

（5）信息资源的共享程度高。由于 Intranet 的建立，Intranet 上的用户可以方便地访问系统外资源，Intranet 外用户也可以访问 Intranet 内资源。

（6）扩展性好。B/S 模式可直接连入 Internet，具有良好的扩展性。

3. C/S 与 B/S 混合模式

还可以将以上两种模式的优势结合起来，形成 C/S 与 B/S 混合模式，B/S 与 C/S 混合模式结构图如图 2-9 所示。

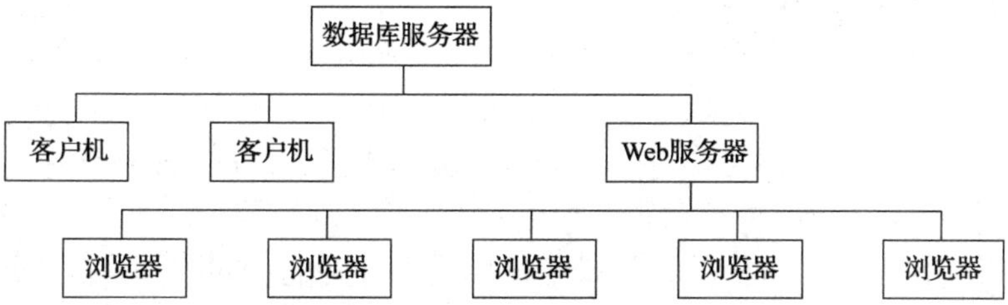

图 2-9　B/S 与 C/S 混合模式结构图

对于面向大量用户作用的模块采用三层 B/S 模式，在客户端计算机上安装运行浏览器软件，基础数据集中放在较高性能的数据库服务器上，中间建立一个 Web 服务器作为数据库服务器和客户机浏览器交互的连接通道。而对于在系统模块安全性要求高、交互性强、处理数据量大、数据查询灵活的地点则使用 C/S 模式，这样能充分发挥各自的长处，开发出安全可靠、灵活方便、效率高的软件系统。

2.4.2　基于 Java 的开发模式

随着 Web 应用的规模和复杂度日益增加，Web 已经成为各种应用，特别是电子商务应用的主要平台。传统软件工程方法和技术应用到基于 Web 的系统开发中显得力不从心，迫切需要严格的步骤和新方法、新工具。

在使用 Java 语言开发基于 Web 的电子商务系统时，常用的开发模式有模式Ⅰ（Model1）和模式Ⅱ（Model 2），以及基于以上两种基本模式的 Struts 开发模式。

1. 模式Ⅰ

模式Ⅰ的基础是 JSP 文件。在模式Ⅰ下，客户端向服务器发送请求，服务器把所有请求，包括验证数据的合法性和处理业务的逻辑等交给 JSP 或 Servlet 处理，最后服务器把生成结果返回给客户端。模式Ⅰ的结构示意图如图 2-10 所示。

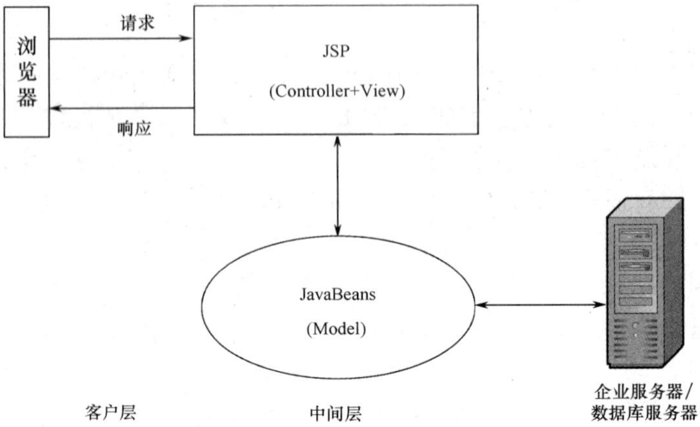

图 2-10 模式Ⅰ的结构示意图

从图 2-10 中可以看出，模式Ⅰ架构中的 Web 浏览器直接访问位于 Web 服务器上的 JSP 页面，然后由 JSP 页面去访问 JavaBeans。这些 JavaBeans 实际上就是可重用 Java 组件，它们实现了主要的应用模型和业务逻辑。在用户提交的请求完成后，接下来要显示的页面由用户点击的超链接或请求参数决定。这意味着当前正在显示的页面决定了将要显示的页面，因此模式Ⅰ对于整个应用程序的控制是非集中式的。另外，在模式Ⅰ中，每个 JSP 页面或 Servlet 处理各自接受的客户请求，并且有时候还会通过脚本代码（JavaScript 脚本）来决定下一个将要显示的页面，这被认为是一种不好的形式。

虽然模式Ⅰ在概念上比较简单，但是在该模式下开发的 Web 应用中，应用模型和业务逻辑代码与用于页面显示的 HTML 代码混杂在一起，使得原本应该十分完整的 Java 代码被分割在页面多处，并且可能在整个系统的多个页面中反复出现，这一方面导致重复代码，另一方面也为维护代码的一致性带来了困难，因此该架构模式并不适用大型的 Web 应用软件的开发。另外，模式Ⅰ没有把系统的业务逻辑和表示逻辑联系在一起，这种做法使得当页面布局发生变化时，常常会影响到系统的业务实现。例如，在一个已有的电子商务系统中，已经采用模式Ⅰ的架构开发了整个系统，该系统中业务逻辑代码和表示界面的 HTML 代码混杂在一起。现在，需要为无线用户增加用无线标记语言（Wireless Markup Language，WML）开发新的界面。在这种情况下，由于使用了模式Ⅰ，因此必须在新的界面中编写重复的代码，实现重复的业务逻辑功能。

总之，模式Ⅰ的优点是简单、容易学习和掌握，但是它把业务逻辑和表现形式混在一起编码，这对于大型应用来说是个难以接受的缺点。

2. 模式 Ⅱ

体系结构和模式的选择直接关系到目标电子商务系统是否可能具有良好的功能和性能，而模式 I 最大的缺点就是把应用逻辑、处理过程和显示逻辑的代码混杂在一起，导致 Web 应用难以开发和维护，不能适应构建复杂的 Web 应用。

解决这个问题的方法之一是 MVC（Model-View-Controller）架构。模型代表业务处理或数据库访问部分（通过 JavaBeans、EJB 组件实现），视图代表页面表示部分（由 JSP 页面产生），控制器提供应用的处理过程控制（一般是一个 Servlet）。这种设计模型把应用逻辑、处理过程和显示逻辑分成不同的组件实现，可以进行交互和重用，从而弥补了模式 I 的不足，这种模式即模式 II。

模式 Ⅱ 在浏览器和 JSP 页面之间引入了一个控制器（Controller），它在整个 Web 应用中起到了集中控制的作用。控制器根据发起请求的 URL、客户端提交的参数，还有应用程序的状态来决定应该把客户端的请求交给系统的哪一部分去处理。控制器还可以决定什么时候显示什么页面，这使得 JSP 页面和业务逻辑在最大程度上分离。由于模式 Ⅱ 架构的页面表示和业务逻辑之间的耦合度很低，因此采用该模式开发的 Web 应用程序易于维护及扩展。模式 Ⅱ 的结构示意图如图 2-11 所示。

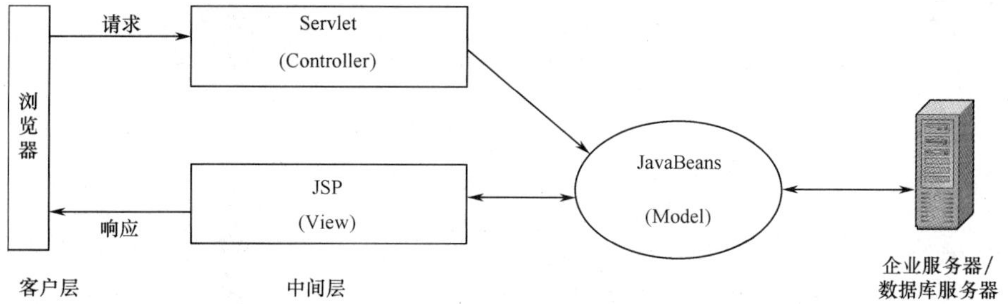

图 2-11　模式 Ⅱ 的结构示意图

从图 2-11 中可以看出，模式 Ⅱ 中作为控制器的 Servlet 为整个应用系统的安全、日志提供了集中控制。在实际应用中，控制器还常常把来自客户端的数据封装成合适的形式供后台的业务逻辑对象使用。

模式 Ⅱ 具有的组件化的优点使得它更易于实现对大规模系统的开发和管理，但是开发基于模式 II 的 Web 应用系统比开发简单的模式 I 系统要复杂得多，需要更多的时间学习和掌握。总之，越复杂的 Web 应用系统就越适合使用模式 Ⅱ 结构，因此在开发电子商务应用的时候，模式 Ⅱ 是首选的开发模式。

3. Struts 开发模式

模式 I 和模式 Ⅱ 分别适用于不同类型的 Web 应用系统的开发。模式 Ⅱ 作为开发电子商务系统的首选模式，不同的开发人员有着不同的实现方式。采用 MVC 应用程序框架可以极大地简化基于模式 Ⅱ 的 Web 应用的实现。Struts 就是一种得到广泛应用的 Web 应用程序开发框架，深入理解 Struts 开发框架可以为开发出高质量的电子商务应用提供保证。

Apachestruts 是一个由著名的软件组织 Apache 提供的开放源代码的，用于帮助开发人员创建基于 Java 的 Web 应用程序的开发框架。它实现了 MVC 架构，在电子商务系统的开发中已经得到广泛的应用。目前，Apache 的 Struts 项目提供了两种不同版本的 Struts 框架：Struts 1 和 Struts 2。Struts 2.x 框架适合需要用一种优良的风格来解决复杂问题的开发团队，下面简单介绍 Struts 2。

Struts 2 结构如图 2-12 所示，包含了模型、视图和控制器。

控制器是通过 Struts2 分派 Servlet 过滤器和拦截器实现的，模型是通过 Actions 实现的，视图则由结果类型和结果组成。值栈和 ONGL 提供了一个通用的路线，连接和集成其他组件。

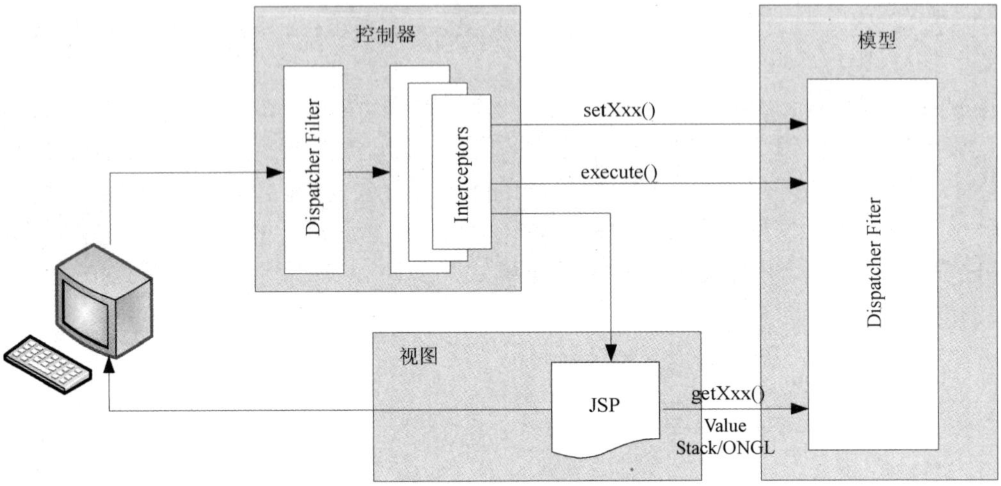

图 2-12　Struts 2 结构

由于 Struts 已经为开发人员提供了一个非常好的 MVC 框架，利用 Struts 开发电子商务系统时可以大大加快开发速度。在开发时可以采用下面的开发流程。

（1）收集和定义应用需求。

（2）为每个“用户显示界面”定义访问路径。

（3）定义 Interceptor，建立应用业务逻辑之间的联系。

（4）开发满足“用户显示界面”需求的所有视图对象（JSP 页面）。

（5）开发应用业务逻辑对象（Action 对象）。

（6）建立合适的配置文件 Web、XML 和 Struts.xml。

（7）测试和部署开发好的应用系统。

在具体使用 Struts 开发框架时，对应各个部分的开发工作主要包括以下几项。

第一项，模型部分：采用 JavaBeans 或 EJB 组件，设计和实现系统的业务逻辑，根据不同的请求从 ActionSupport 类派生出具体的 Action 处理对象；调用由 JavaBeans 构成的业务组件以完成“做什么”的任务。

第二项，控制器部分：Struts 提供了核心控制部分的实现，因此开发人员只需要配置 web.xm1 和 struts.xml，通过它们来配置基于 Struts 的 Web 应用系统中的各个模块之间的交互。

第三项，视图部分：为了使用模型中的 Action，必须用 Struts 提供的自定义标记创建 HTML 表单，利用 Struts 提供的自定义标记库编写用户界面，把应用逻辑和显示逻辑分离。Struts 框架通过这些自定义标记建立了视图和模型之间的联系。

本章小结

本章主要介绍了电子商务系统的开发方法、开发方式、开发技术和开发模式。

企业对信息技术的利用经历了四个比较明显的阶段：手工处理阶段、初级管理信息系统阶段、高级管理信息系统阶段、电子商务系统阶段。电子商务系统的开发有三种最为常见的方法，即结构化系统开发方法、原型法开发方法和面向对象开发方法。结构化系统开发方法是迄今最传统、应用最广泛的一种系统开发方法，它将整个开发过程划分为系统规划、系统分析、系统设计、系统实施、系统运行 5 个首尾相连的阶段；原型法开发方法的一般工作流程是：用户提出开发要求，开发人员识别和归纳用户要求；根据识别归纳的结果进行快速设计；构造出一个原型（程序模块）；同用户一起评价这个原型；如果不行，需要返回去重新构造原型，如果不满意，则修改原型，直到用户满意为止，形成软件产品；面向对象开发方法的开发过程包括分析问题的性质和求解的问题、设计问题的技术解决方案、程序实现三个阶段；系统的开发方式主要有自主开发、委托开发、合作开发和购买商品化应用软件等；电子商务系统开发技术主要介绍了一般开发技术、集成开发技术和主流开发技术。一般开发技术分为客户端技术和服务器端技术两类；客户端技术主要包括 HTML、javascript、Ajax、Java Applet，这些技术为电子商务网站开发提供了基本的网页制作功能及增强的交互式和动态效果；服务器端技术主要是数据库访问技术。集成开发技术主要介绍了企业系统集成技术。主流开发技术主要介绍了.NET 技术、J2EE 技术和中间件技术。电子商务系统主流开发模式主要有 C/S 模式和 B/S 模式两类。

思考题

实践环节

第 3 章 电子商务系统开发项目管理

本章教学目标

（1）掌握项目和项目管理的基本概念；
（2）掌握电子商务系统项目过程管理的主要方法；
（3）熟悉电子商务系统项目进度计划与工具；
（4）掌握电子商务系统项目进度控制与优化；
（5）熟悉电子商务系统项目资源计划与均衡；
（6）了解电子商务系统开发项目费用和风险管理；
（7）了解电子商务系统开发项目人力资源管理。

3.1 项目管理概述

3.1.1 项目

项目在人们的生活和工作中随处可见。小到一次商务聚餐活动，大到一项新品开发等，都属于项目。项目就是指一系列独特的、复杂的并相互关联的活动，这些活动有着一个明确的目标或目的，且必须在特定的时间、预算、资源限定内，依据规范完成。项目参数包括项目范围、质量、成本、时间及资源。

1. 项目定义

项目并没有一个统一的定义，人们从不同的角度给出了许多不同的定义。例如，许多项目管理组织对项目就有各自的理解和定义，其中有代表性的有以下几种。

美国项目管理协会（Project Management Institute，PMI）对项目的定义：项目是创造独特产品，提供独特服务，达到独特结果的临时性工作。英国项目管理协会（Association for Project Management，APM）对项目的定义：项目是为了在规定的时间、费用和性能参数下满足特定目标而由个人或组织实施的具有规定的开始和结束时期、相互协调的独特的活动集合。

对于项目定义的理解，主要包括以下三个方面。

（1）一次性。项目是一个特定的、不可逆的过程，且与时间紧密相关，具有明确的开始和结束时间。

（2）特定的产品或服务。特定性表现在两个方面：任何项目都具有自身特定的目标和限制条件；任何产品或服务总以一些显著的方式区别于其他任何类似的产品或服务，不存在两个完全相同的项目。

（3）努力。项目目标的实现往往都是有难度的、复杂的，因此可能需要多个组织共同参与和努力。以建设工程项目为例，由于各参与单位的工作性质、工作任务和利益不同，不同的项目参与方需要协调和控制，因此为了实现项目的目标，必须进行项目管理。

综上所述，项目是一个组织为实现自己既定的目标，在一定的时间、人员和资源约束条件下所开展的一种具有一定独特性的一次性工作。项目是人类社会特有的一类经济、社会活动形式，是为创造特定的产品或服务而开展的一次性活动。因此，凡是人类创造特定产品或服务的活动都属于项目的范畴。项目的目标就是满足客户、管理层和供应商在时间、费用和性能（质量）上的不同要求。

2. 项目类型

世界上没有两个完全相同的项目，即便一个重复进行的项目，也会在商业、管理或物质方面有一点或几点与原来的项目不同。从可行和方便的角度，将项目分为以下 4 种类型。

（1）土木工程、建筑、石化、矿业开采项目。

当人们说起工程项目时，脑海中总会想到这类项目。这类项目的一个特点就是项目的整个施工阶段都有一个特定地点、需要重新成立组织机构、需要大量资金的投入，同时还需要对项目进度、资金及质量进行严格的管理。例如，对于特大型工业项目来说，它所需要的资金和资源数量可观，伴随的风险也大，该类项目通常是由多个不同行业的专家和承包商共同参与完成的，因此项目组织机构复杂，沟通困难。

（2）制造业项目。

制造业项目是指那些能够生产出一系列诸如机器设备、轮船、飞机、陆地交通工具和其他专门产品的项目。该类项目生产出的产品是按特定顾客的要求而制造的，也可能是为了日后在市场上大批量生产和销售而出资在公司内部研发的。制造业项目通常是在一个工厂或家族式企业中实施的，这样便于公司进行现场管理并且给加工产品提供最适宜的环境。对于那些复杂的制造项目（如飞机制造），一般是由多家公司进行联营而实施的，而且很可能是一种跨国界的项目。因此，这类项目在风险、合同签订、联络沟通、协调控制等方面都会存在许多问题。

（3）管理类项目。

管理类项目有许多来源，如公司要开发和引进一套新的计算机系统，撰写可行性研究报告或其他研究报告，调整组织结构等。可以说，任何一个需要管理及协调才生产出最终产品的活动都可能是管理类项目的来源。管理类项目不像硬件生产及建筑项目那样有明显的外部特征，其许多特征很难被明确定义。管理类项目可能是第一类和第二类项目的合成。例如，一家公司决定搬迁，要去重新建造办公大楼，搬迁项目本身是一个管理项目，但它的成功也依赖土建项目的完成。因此，不同类型的项目可能共存于公司的项目集或项目组合中。

（4）研究型项目。

纯粹的研究型项目需要耗费大量的时间与金钱，产生的价值回报也难以确定。研究型项目的风险性在所有项目种类中风险是最高的，因为此类项目的目标是对人类现有知识领域的拓展。但与其他项目不同的是，人们往往很难或者根本不可能对研究型项目的最终目标给出一个确切的定义，那些通常应用于工业项目或者管理项目之中的项目管理方法对于研究型项目而言也常常难以奏效。研究型项目本身不是项目计划和控制方法所能左右的，但是，那些为研究提供的必要的工作场所、通信设施、仪器装备和研究材料等却可以构成一个资本性投资项目。

3. 项目的基本特性

无论何种类型的项目，它们都有一些基本特性。

（1）目的性：项目都有一个明确界定的目标（Obiective），目标由成果性目标和约束性目标组成。成果性目标是指项目实际的一个期望的结果或产品，是项目全过程的主导目标。约束性目标又称限制条件，是指限制项目实施的客观条件和人为约束，因此是项目实施过程管理的主要目标。

（2）一次性：任何项目都有明确的开始和结束时间，没有可以完全照搬的先例，将来也不会再有完全的重复。当项目的目标已经实现，或者由于某种原因项目的目标无法实现而需要终止时，就意味着项目的结束。

（3）独特性：大部分情况下，项目是从零开始的开创性工作，项目自身有具体时间期限、费用和性能质量等方面的要求。项目的独特性体现在其目标、资源需求、客户、项目实施人、实施地点都不尽相同。

（4）不确定性：项目是基于一套独特的任务及每项任务将要耗用的时间估计，各种资源及其可得性的假设，以及与其相关的成本假定，这种估计和假定结合在一起就产生了一定程度的不确定性，它将影响项目目标的成功实现。一个项目开始前，应当在一定的估计和假定的基础上准备一份计划。

（5）不可挽回性：任何项目在明确开始后，直至项目结束，它的过程是渐进的，潜伏着各种风险，项目执行中存在各种不确定性，项目的结果也就具有不可挽回性。因此，项目要求有精心的设计、精心的制作和精心的控制，以达到预期的目标。

（6）组织的临时性和开放性：项目开始时要组建项目班子，参与项目的组织往往有多个，它们通过合同、协议及其他的社会联系组合在一起。项目执行过程中班子的成员和职能都在不断地变化，项目结束时项目班子要解散。

从项目的基本特性来看，做项目是一个过程，从它的开始到结束会有若干个阶段，如项目的启动、计划、执行和收尾等。一般项目还有一个或多个关键时间或“里程碑”，因此从项目开始日期到结束日期的这一时期通常被称为项目的生命周期。项目的生命周期一般被划分为四个阶段，即总体构想阶段、计划阶段、执行与控制阶段、检查验收阶段，每个阶段都有不同的任务。项目内部各项工作之间相互依赖和制约关系的复杂性，外部环境对项目各要素的影响和制约，以及项目实施过程中各部门分工与协作关系，都要求项目管理必须统一指挥和协调。

3.1.2　项目管理

自从人类社会出现以来，人们就在规划和管理项目，只不过那时的人类还没有项目及项目管理的意识。古时候虽然没有像如今这样成熟的理论，以及先进的工具、技术和方法，但在实施各种项目时，人们会安排时间、找到材料和资源、权衡其中的风险。久而久之，人们明白了：费用控制、时间安排、资源获取、风险管理等技术均可应用到更多的项目上去。

1. 项目管理的定义

美国项目管理协会的广义项目管理理论认为，项目管理是一种将知识、技能、工具和技术投入项目活动中的综合应用过程，目的是满足或超越项目所有者对项目的需求和期望。其中，项目所有者对项目的需求和期望由彼此之间相互竞争又保持动态均衡的因素构成：项目的范围、时间、成本和项目品质；对项目持有不同需求和期望的项目所有者；对项目明确的要求（需求）及不明确的要求（期望）。因此，项目管理可以定义为从项目开始至项目完成，通过项目计划和项目控制，项目质量目标、费用目标和进度目标尽可能好地实现的过程。

项目管理的目的是确保项目的成功，即保证项目在既定时间和既定成本内完成，并达到预定的质量标准。为了实现这一目的，需要对整个项目做周密的计划安排，并在实施过程中进行动态控制。一般来说，一个项目有四个基本要素，即时间要素（进度的安排和控制）、成本要素（成本的预算和控制）、资源要素（资源的协调与供应）和质量要素。这些项目要素之间往往存在不同程度和不同形式的相悖性，如缩短工期、降低成本及节约资源同提高质量之间经常存在相悖关系。项目管理的任务就是寻找并实现这些项目要素间的最佳组合。项目管理是一种科学的管理方式，贯穿项目实施的全过程。项目管理的关键内容是进度、费用和质量的相互协调、相互制约及相互适应。

2. 项目管理的内容

不同项目由于实现目标和工作内容不同，管理的侧重点和工作的复杂性及存续时间也各不相同，这决定了项目管理首先是一项复杂的综合性工作。项目管理一般由多个部分组成，工作跨越多个部门，需要运用多种学科的知识来解决问题。项目管理的执行中又有许多未知因素，这些因素都决定了项目管理是一项很复杂的工作。同时，项目管理工作又是由计划、组织、协调、控制等环节相互影响、相互制约而构成的综合性有机整体。其次，项目管理具有创造性。由于每个项目的目标与具体的影响因素有较大差异，具有一次性特征，因此要实现项目的目标就必须充分发挥其创造性。创造总是带有探索性的，会有较高的失败概率。

项目管理内容一般包括以下几点。

（1）对项目进行前期调查、收集整理相关资料，制定初步的项目可行性研究报告，为决策层提供建议；协同配合制定和申报立项报告材料。

（2）对项目进行分析和需求策划，对项目的组成部分或模块进行完整系统设计。

（3）制订项目计划及项目目标、项目进度表；制订项目执行和控制的基本计划。

（4）建立项目管理的信息系统；对项目进程控制、跟踪和分析成本、记录并向相关管理部门传达项目实施状况、存在的问题、风险和变化。

（5）项目团队建设；各部门、各项目组之间的协调并组织项目培训工作，确定项目考核机制。

3. 项目管理的原则

项目管理是一种系统的、科学的管理方法，因此在管理过程中应遵循以下基本原则。

（1）采用现代设计技术。项目是由许多工作组成的，这些工作之间往往具有逻辑关系。同时，项目在进行过程中又常会受到资源、技术或外部某些因素的制约，为了保证整个项目能按时、按质完成，就必须对该项目进行合理的工作分解，并借助计算机等现代工具和技术对整个工作过程进行程序设计，以保证关键工作和整体工作按时完成。

（2）用分阶段的计划严格管理。项目管理是对复杂活动的系统管理，在整个过程中又会分为不同的工作阶段，每个阶段都有具体的计划，以此来指导各阶段工作的开展。因此，在项目管理过程中应依照阶段计划加强管理与控制工作。

（3）坚持进行阶段评审。项目管理过程中每个阶段的工作状况会对下个阶段工作的进行产生影响，因此要加强每个阶段的评审工作，以利于对下个阶段工作的安排与调整。

（4）实行严格的动态控制。为保证整项工作能按计划进行，并实现资源的合理利用，应加强整个过程中的动态控制工作，每项工作的结果应能清楚地预测和审查。

（5）建立高效的项目团队。项目工作组的人员应少而精，考核标准清晰可行。

4. 项目管理的知识领域

传统的项目和项目管理的概念，主要起源于建筑行业，这是由于在传统的实践中建筑项目相对于其他项目来说，组织实施过程表现得更为复杂。随着社会进步和现代科技的发展，项目管理也在不断地完善，同时项目管理的应用领域也在不断地扩充。

现代项目管理的内容可以从两个已有的项目管理知识体系中发现。目前，国际上两大项目管理知识体系是以欧洲国家为主的体系——国际项目管理协会（International Project Management Association，IPMA）和以美国为主的体系——美国项目管理协会（Project Management Institute，PMI）。在过去的 30 多年中，两大项目管理知识体系都做出了卓有成效的工作，为推动现代项目管理发挥了积极作用。

成立于 1969 年的美国项目管理协会是全球较大的由研究人员、学者、咨询人员和管理人员组成的项目管理专业组织。它的贡献是编写了《项目管理知识体系》（Project Management Body Of Knowledge，PMBOK）。在最新修订的 PMBOK（2017 年第 6 版）中，项目管理划分为十大知识领域，即项目整合管理、项目范围管理、项目时间管理、项目成本管理、项目质量管理、项目人力资源管理、项目沟通管理、项目风险管理、项目采购管理、项目相关方管理。

（1）项目整合管理：是指为确保项目各项工作能够有机协调和配合所展开的综合性和全局性的项目管理工作和过程。它包括制订项目章程、制订项目管理计划、指导与管理项目工作、管理项目知识、监控项目工作、实施整体变更控制和结束项目或阶段。

（2）项目范围管理：是为了实现项目的目标，对项目的工作内容进行控制的管理过程。它包括规划范围管理、收集需求、定义范围、创建工作分解结构、确认范围和控制范围。

（3）项目时间管理：是为了确保项目最终按时完成的一系列管理过程，包括规划进度管理、定义活动、排列活动顺序、估算活动持续时间、制订进度计划和控制进度。

（4）项目成本管理：是为了保证完成项目的实际成本、费用不超过预算成本、费用的管理过程。它包括规划成本管理、估算成本、制定预算和控制成本。

（5）项目质量管理：是为了确保项目达到客户所规定的质量要求所实施的一系列管理过程。它包括规划质量管理、管理质量和控制质量。

（6）项目人力资源管理：是为了保证所有项目关系人的能力和积极性都得到最有效地发挥和利用的一系列管理措施。它包括规划资源管理、估算活动资源、获取资源、建设团队、管理团队和控制资源。

（7）项目沟通管理：是为了确保项目信息的合理收集和传输所需要实施的一系列措施。它包括规划沟通管理、管理沟通和监督沟通。

（8）项目风险管理：涉及项目可能遇到的各种不确定因素。它包括规划风险管理、识别风险、实施定性风险分析、实施定量风险分析、规划风险应对、实施风险应对和监督风险。

（9）项目采购管理：是为了从项目实施组织之外获得所需资源或服务所采取的一系列管理措施。它包括规划采购管理、实施采购和控制采购。

（10）项目相关方管理：每个项目都有相关方，他们会受项目的积极或消极影响，能对项目施加积极或消极的影响。它包括识别相关方、规划相关方参与、管理相关方参与和监督相关方参与。

全球性竞争日益加剧，项目活动日益扩大且更为复杂，项目数量的急剧增加、项目团队规模的不断扩大、项目相关利益者的冲突不断增加、降低项目成本的压力不断上升等情况的出现，迫使作为项目业主的一些政府部门和企业，以及那些作为项目实施者的政府机构和企业先后投入大量的人力和物力，去研究和认识项目管理的基本原理、开发和使用项目管理的具体方法，并结合现代计算机和网络技术，最终使现代项目管理的方法、能力和效率也有了很大提高，现代项目管理逐渐形成了自己的理论和方法体系。

3.2　电子商务系统开发项目过程管理

3.2.1　项目过程管理的主要方法

1. 甘特图（Gant）

Gant 是查看项目进程最常用的工具图，也叫线条图或横道图，由二维坐标构成，其横坐标表示时间，纵坐标表示任务。将项目执行期内的各项任务分解，每项任务用一条横线表示，其长度表示完成该任务所需的时间，起点和终点分别表示任务的开始时间和结束时间。

2. 计划评审技术（Program Evaluation and Review Technique，PERT）

PERT 是以网络图为基础的计划模型，其最基本的优点就是能直观地反映工作项目之间的相互关系，为实现计划的定量分析奠定基础。同时，从数学的角度运用最优化原理，去揭示整个计划的关键工作，以及巧妙地安排计划中的各项工作，从而使计划管理人员依照执行的情况，有科学根据地对未来做出预测，使计划自始至终在人们的监督和控制之中，达到以最短的工期、最少的资源、最好的流程、最低的成本来完成所控制的项目。

3. 关键路径法（Critical Path Method，CPM）

CPM 是项目过程管理的一个常用方法。项目是由各个任务构成的，每个任务都有一个最早、最迟的开始时间和结束时间。如果一个任务的最早和最迟时间相同，则表示其为关键任务，一系列不同任务链条上的关键任务链接成为项目的关键路径。关键路径是整个项目的主要矛盾，是确保项目能否按时完成的关键。

CPM 是美国杜邦公司和兰德公司于 1957 年联合研究提出的，PERT 则是在 1958 年由美国海军特种计划局和洛克希德航空公司在规划和研究在核潜艇上发射“北极星”导弹的计划中首先提出的。两者在初级发展阶段的主要区别如下。

（1）CPM 假设每项活动的作业时间是确定值；PERT 假设的作业时间是不确定的，是用概率方法进行估计的估算值。

（2）CPM 不仅考虑时间，还考虑费用，重点在于费用和成本的控制；PERT 用于含有大量不确定因素的大规模开发研究项目，重点在于时间控制。

不过，后来两者有发展一致的趋势，常常被结合使用，以求得时间和费用的最佳控制。

CPM 把完成任务需要进行的工作进行分解，估计每个任务的工期，然后在任务间建立相关性，形成一个“网络”，通过网络计算，找到最长的路径（主要矛盾），再进行优化。CPM 的主要内容包括项目目标确定与时间、成本、资源的综合权衡；工作分解结构建立；工期估算影响因素；正向计算；反向计算；时差计算等。

4. 工作分解结构（Work Breakdown Structure，WBS）

1）WBS 分解的步骤

WBS 是为了管理和控制的目的而将项目分解的技术。它是按层次把项目分解成子项目，子项目再分解成更小的、更易管理的工作单元（或称工作包），直至具体的活动（或称工序）的方法。分解涉及以下几个主要步骤。

（1）确定项目的主要组成部分，通常是项目可交付成果和项目管理活动。

（2）确定在每个细化了的组成部分的层次上能否进行费用和持续时间的恰当估算。

（3）确定可交付成果的组成部分，这些部分应是切实的、可验证的，以便于执行情况的测量。

（4）核实分解的正确性，即最底层的组成部分对项目分解是否必需、充分，每个组成部分的定义是否清晰、完整，是否都能确定它们的进度和预算。

2）WBS 设计的基本要素

WBS 应该描述可交付成果和工作内容，在技术上的完成程度应该能够被验证和测量，同时也要为项目的整体计划和控制提供一个完整的框架。对信息系统而言，WBS 设计有三个基本要素：结构设计、代码设计和报告设计。

（1）结构设计。WBS 结构的总体设计对于一个有效的工作系统来说是个关键。结构应以等级状或树状来构成，底层代表详细的信息，其范围很大，且逐层向上。WBS 的结构底层是管理项目所需的最低层次的信息，在这一层次上，能够满足用户对交流或监控的需要，这是项目经理、工程和建设人员管理项目所要求的最低水平；结构上的第二层次将比第一层次要窄，而且向第三层次的用户提供信息，以后以此类推。

结构设计的原则是必须有效和分等级，但不必在结构内建立太多的层次，因为层次太多不易进行有效管理。对一个大项目来说，四到六个层次就足够了。在某些情况下，可以用两组。例如，每组五个层次，一组详细搜集直到一个合同层次或一个主要设施层次的数据，而另一组作为与较大的合同或设施较大的组成部分结合在一起的上层部分或综合部分。这种双层次结构的 WBS 只要设计得当也可以工作得很好，而且不限制 WBS 的发展。

在设计结构的每个层次中，必须考虑信息如何向上流入第二层次。原则上从一个层次到另一个层次的转移应当以自然状态发生。此外，还应考虑到使结构具有能够增加的灵活性，并从一开始就注意当结构被译成代码时对于用户来说是易于理解的。

（2）代码设计。代码设计对作为项目控制系统应用手段的 WBS 来说是个关键。不管用户是现场会计，还是现场其他职员或高级管理人员，代码对所有的人来说应当有共同的意义。在设计代码时，对收集的信息及收集信息所用的方法必须仔细考虑，使信息能自然地通过 WBS 代码进入应用记录系统。

代码设计与结构设计是有对应关系的。结构的每个层次代表代码的某一位数，有一个分配给它的特定代码数字。在最高层次，项目不需要代码。在第二层次，要管理的关键活动用代码的第一位数来编。如果要管理的关键活动数目小于 9，假设只用数字编码，则代码是一个典型的一位数代码；假设用字母加数字编码，此层次可能有 35 个。下一个层次代表上述每项关键活动所包含的主要任务，这个层次将是一个典型的两位数代码，其灵活性范围为 99 以内，如果再加上字母，则大于 99，依次类推。如果结构有 26 个层次，需要的代码至少有 20 位，那就未免太长了，这也是结构层次不宜过多的原因之一。

在一个既定的层次上，应尽量使同一代码适用于类似的信息，这样可以使代码更容易被理解。此外，设计代码时还应考虑到用户，使代码以用户易于理解的方式出现。例如，在有的 WBS 设计中，用代码的第一个字母简单地给出其所代表的意义，如用 M 代表人力、用 E 代表设备等。

（3）报告设计。报告设计的基本要求是以项目活动为基础产生所需的实用管理信息，而不是为职能部门产生其所需的职能管理信息或组织的职能报告。报告的目的是要反映项目到目前为止的进展情况，通过这个报告，管理部门能够判断和评价项目各个方面是否偏离目标，以及偏离多少。

5. 进度控制

进度控制主要监督进度的执行状况，及时发现和纠正偏差、错误。在进度控制中要考虑影响项目进度变化的因素、项目进度变更对其他部分的影响因素、项目进度表变更时应采取的实际措施等。简单地说，进度控制就是比较实际状态和计划之间的差异，并做出必要的调整使项目朝有利的方向发展，

在项目执行过程中为了保障项目在预期的目标（进度、质量/范围、成本）范围内完成，必须严格执行项目计划，尽量避免项目需求变更和人员变更。如果出现不可预知的因素导致项目变更，必须及时调整项目目标、项目计划，并通知对方，由对方签字确认。

项目进度控制，按不同管理层次对进度控制的要求可以分为三类：项目进度总控制、项目主进度控制、项目详细进度控制。项目总进度由项目经理负责，项目主进度由各项目部门负责，项目详细进度由各作业单位负责。在项目出现进度变更时，要及时提交变更报告。变更报告包括变更对进度安排的影响和要求。

作为项目经理应根据项目计划的关键路径图，在项目执行过程关注关键路径的执行情况。针对项目变更，通常采用补救、更新计划等处理方式，

进度控制可以分成四个步骤，即计划（Plan）、执行（Do）、检查（Check）和行动（Action），统称 PDCA。项目计划制订后，在开始执行前还有重要一环：任务的委派。

委派在进度的控制中占有非常重要的地位，很多时候计划失控并非因为某个人不努力，而仅仅是因为没有弄清要求。正确的委派活动要控制好三个关键点：时间点、交付物、责任人。时间点是指任务明确的开始和结束时间，同时交代清楚工作上下游的关系；交付物是指任务的结果，一般是工作产品，应明确指明具体要求；责任人是指“出了问题应该找的那个人”，如果需要几个人协作完成任务，一定要明确由谁负责，不能为了达到平衡而让他们共担责任，这可能造成谁都不担责任。任务的委派最好有文字记录，如果任务比较简单，可以用责任矩阵描述，而复杂的任务可以给每个人任务书。无论采用哪种方式，委派时最好当面沟通和确认，并得到责任人的承诺，任务委派完成后就是执行了。执行过程中项目经理要及时沟通情况和交流进展，调度和协调资源，处理变更和应付意外。

检查可以在执行过程中的检查点进行，也可以在特定的时间点进行。检查的目的是比较实际情况与计划的差异，以确定当前的状态。比较正式的检查方式有例会、周报、汇报；非正式的检查方式有口头询问、非工作时间的交流。在正式的检查方法中，例会是一种非常简单有效的方式。召开例会应注意以下几点。

（1）例会以检查和确认为主，如检查任务完成了吗、没完成的原因是什么、需要多长时间才能完成。

（2）在确认当前状态后，再讨论该如何调整工作或计划，并一定要落实到具体的行动方案上。

（3）对于需要确认的问题，可以安排一系列只由相关人员参加的专题讨论，而不必让所有的人在一起讨论一些局部的话题。

（4）例会的结果要形成会议纪要或填写周报。这些文件应该保存，并可能作为下次会议的前提和依据，检查后如果发现“变化”就要行动，如果项目出现延期的情况，常用的调整措施包括以下三类。①增加投入：增加人力、让员工加班，或指派更有经验的人，这一般会带来成本的上升；②减少产出：减少工作范围或降低要求，当然这需要征得客户的同意；③新的方法：采用新的方法和技术，但这可能带来新的风险。

无论采取什么措施，在调整的过程中一定要注意以下三个基本原则：一要及时调整，即优先调整近期开始的任务，不要让风险后移；二要优先调整工期长的任务，因为压缩同样的百分比，工期长的任务节省的时间多；三要全面评估对时间、质量、成本和风险等方面的影响，避免“拆东墙、补西墙”。进行调整后可能形成新的工作计划，这个计划应该及时通知相关各方，至此项目又会进入新一轮的 PDCA 过程。

3.2.2 项目进度计划

项目实施过程中所涉及的进度、费用与质量是项目实施的三项关键内容，它们之间在项目实施过程中存在相互协调、相互制约、相互适应的问题。因此，项目的进度管理、费用管理、质量管理及其相互间的有机关系就构成了项目的三坐标管理体系。其中，项目的进度管理是项目能否按期完成的基本保证。项目的进度管理可分为项目进度计划和项目进度控制两

个环节，两个环节相互依存，不可偏废。

项目进度计划的编制一般包括项目描述、项目分解、工作描述、工作责任分配表制定、确定工作先后关系、工作时间估计、绘制项目网络图和进度安排。

所谓项目描述就是用表格的形式列出项目目标、项目范围、项目如何执行、项目完成计划等内容。项目描述是对项目的总体要求做一个概要性的说明，其依据是项目的立项规划书、已经通过的初步设计方案和批准后的可行性报告。项目描述的主要内容有项目名称、项目目标、交付物、交付物完成准则、工作描述、工作规范、所需资源估计、重大里程碑等。

项目分解就是先把复杂的项目逐步分解成一层一层的要素（工作），直到具体明确为止。要制订出完善的项目进度计划，就必须对项目进行分解，以明确项目所包含的各项工作，项目分解是编制项目进度计划和进行项目进度控制的基础。在项目分解的基础上，为了更明确地描述项目包含的各项工作的具体内容和要求，需要对工作进行描述，便于在实施过程中更清晰地领会各项工作的内容。

工作责任分配表就是以工作责任分配矩阵（表）的形式，明确项目的每项工作的责任者和责任单位，便于项目管理部门在项目实施过程中协调管理。工作责任分配以工作分解结构图表和项目组织结构图表为依据，工作责任分配的结果形成工作责任分配矩阵（表）。

任何工作的执行必须依赖一部分工作的完成，也就是说，它的执行必须在某些工作完成之后，这就是工作的先后依赖关系。工作的先后依赖关系有两种：一种是工作之间本身存在的、无法改变的逻辑关系；另一种是人为组织确定的，两项工作可先可后的组织关系。例如，生产和设计的关系是逻辑关系，生产 A 产品和生产 B 产品是组织关系。确定工作先后关系的原则是从逻辑关系到组织关系。确定工作相互关系的最终结果是要得到一张描述项目各工作相互关系的项目网络图，各项工作的详细关系和估计工作所需时间可以列表表示或在项目网络图中表示。在完成以上工作后就可以安排项目的时间进度。进度安排的目标是制订项目的详细安排计划，明确每项工作的起始和终止时间，作为项目控制的有效手段，其依据是项目内容的分解、各组成要素的先后顺序，工作延续时间的估计结果。安排时间进度时，项目主管需要组织相关职能部门参加，明确对各部门的要求，各职能部门可据此拟订本部门的项目进度计划。项目的进度计划目前多采用网络计划技术的形式，其有助于明确反映项目各工作单元之间的相互关系，有利于项目执行过程中各工作之间的协调与控制。

3.2.3　项目进度控制与优化

项目进度控制是指在项目实施过程中，监控项目实施进程，并将实施情况与计划进行对比分析，采取必要的措施，使项目按预定的进度目标进行，以使预定目标按时实现。按照不同管理层次（如项目总进度控制、项目主进度控制、项目详细进度控制）对进度控制的要求，严格监控项目实施进程，分析影响项目进度的关键因素，及时进行合理有效的调整，保障项目按照进度如期完成。由于在编制计划时难以预见的问题很多，在计划执行过程中往往会发生或大或小的偏差，这就要求项目经理及其他管理人员对计划适时调整，消除偏差。

1. 项目进度控制的原则

项目进度控制根据管理层次的不同，控制的视角和内容也会有所不同。项目经理和高层次管理部门，对项目控制的关注点是各里程碑事件的进度控制，也称为项目总进度控制。项目部门的关注点是项目中各主要事件的进度控制，在多级项目中，这些事件可能就是各个分项目，通过控制项目主要事件的进度，可促使其按计划进行，保证总进度的完成，此类控制称为项目主进度控制。各作业部门的焦点是对各个作业进度计划进行有效控制，这是进度控制的基础，此类控制称为项目详细进度控制。各层次进度控制都应遵循以下原则。

（1）动态控制。项目进度控制是一个动态的过程。从项目开始实施，项目计划就进入了执行的轨道。实时观测项目进度是否按计划进行，及时发现偏差，分析偏差产生的原因，采取有效调整措施，是一个动态持续的过程。

（2）系统全面。编制全面的项目计划包括进度计划、资源计划、费用计划等。计划的对象由上而下，内容从粗到细，形成系统性的项目计划。项目涉及各个相关主体及责任人，需要建立一个完整的项目实施组织系统；对项目的检查、统计、分析、调整等工作，应责任到人，分工协作。无论是控制对象还是控制主体，无论是进度计划还是控制工作，都是一个完整的系统。

（3）封闭循环。项目进度控制是一个循环性的例行工作，从编制计划、实施计划、检查、比较与分析、确定调整措施到修改计划等，是一个不断监测、反馈的过程，最后自然形成一个封闭的循环系统。

（4）信息通畅。信息是项目进度控制的依据，项目进度计划和实施中的信息，应做到上通下达，保证信息传递和反馈的时效性和有效性，使项目各环节了解项目计划目标和实际进度信息，以便分析、决策和调整，使项目进度计划仍能符合预定工期目标。

（5）弹性机制。对于大型项目，一般工期长且影响因素多，这就要求计划编制人员能根据统计经验，预估各种因素对项目进度的影响，将风险因素纳入项目进度计划的方案设计中，并建立风险防范预案，使项目进度计划留有余地，形成项目进度控制的弹性机制。

（6）应用网络计划技术。网络计划技术不仅可以用于编制项目进度计划，还可以用于计划的优化、管理和控制。网络计划技术是科学实施项目进度控制的理论基础和工具。

2. 项目进度的监测

在项目实施过程中，为了收集反映项目进度实际状况的信息，掌握项目进展动态，应对项目进展状态进行观测，这一过程称为项目进度动态监测。对于项目进展状态的观测，通常采用日常监测和定期监测的方法，并将监测的结果用项目进展报告的形式加以描述。

在日常监测中，一般注意观测项目进度计划中各工作的实际开始时间、实际完成时间、实际持续时间、目前状况等内容，并加以记录，以此作为项目进度控制的依据。记录的方法有图示记录法、报告表法、进度动态曲线等。

在定期监测中，可以确定一个间隔时间，每隔一段时间对项目进度计划执行情况进行一次较为全面、系统的观测、检查。间隔时间因项目的类型、规模、特点和对项目进度计划执行要求程度的不同而不同，可以按日、周、月、季等作为一个观测周期。观测的主要内容：观测、检查关键工作的进度和关键路径的变化情况；观测、检查非关键工作的进度，以便发掘潜力，调整或优化资源，保证关键工作按计划实施；检查工作之间的逻辑关系变化情况，以便适时进行调整；了解有关项目范围、进度计划和预算变更的信息。

定期观测、检查的结果应加以记录，信息记录的方式可以是图或表。如果项目进度计划用甘特图表示，则可在图中用不同的线条分别表示计划进度和实际进度。此外，还可绘制实际进度网络图，标注各工作实际开工、完工时间，并标注项目进展中出现的问题、影响因素等，明确表达实际与计划不相符合的情况，有助于计划工作的总结和资料的积累。

项目运作的过程也是项目信息流动的过程。项目工作中的信息载体丰富多样，信息的收集同样存在多种方式。一般项目信息的采集可采用以下方法：发生频率统计法，即对某一事件发生的次数进行记录，并以频率或百分比的形式进行报告；原始数据记录法，即对项目运行中实际资源投入量和项目产出技术指标进行统计；经验法，即根据经验统计并确定监测中的某些数据；指标法，即对一些信息较难获得甚至无法直接获得的对象，可以寻找一种间接的度量或指标；口头测定法，常用于测定队员的合作质量、项目组和业主间的合作程度等。

项目定期检查及记录后，应形成项目进展报告。项目进展报告根据报告的对象不同，其内容也不尽相同。一般的项目进展报告分为项目概要及进度控制报告、项目管理及进度控制报告、业务管理及进度控制报告。项目概要及进度控制报告是以整个项目为对象说明进度计划执行情况的报告；项目管理及进度控制报告是以分项目为对象说明进度计划执行情况的报告；业务管理及进度控制报告是以某重点部位或重点问题为对象所编写的报告。

项目进展报告一般包括项目进展简介、项目近期走势、预算情况、经费使用情况、困难与危机事件等。项目进展报告的形式可分为日常报告、例外报告和特别分析报告。日常报告用来报告有规律的信息；例外报告一般适用于两种情况，一是为项目管理决策提供信息的报告，二是公布决策并为之做出解释的报告；特别分析报告常用于宣传项目特别研究成果或对项目实施中发生的一些问题进行评述。

项目进展报告除用文字表达外，图表亦是传送信息的重要工具。常见的项目进展报告有四种：项目关键点检查报告，是对项目关键点的监测、检查的结果加以分析、归纳所形成的报告；项目执行状态或工作完成报告，主要反映已完成工作或实施中工作的基本情况；重大突发性事件的报告，是就某一重大突发性事件的基本情况及其对项目的影响等有关问题所形成的特别分析报告；项目变更申请报告，主要反映项目变更的状况及其对项目产生的影响。

项目进展报告应注意频次的把握。与项目有关的不同组织、不同部门和不同层次的人员，由于应提供项目进展报告的广度、深度、内容细节不同，提供项目进展报告的频次也不同。项目进展报告与项目行动计划和 WBS 的关系是确定项目进展报告内容和频次的关键。项目进展报告应和计划、预算、进度系统的逻辑相一致，主要目的是控制实现项目计划，项目进展报告的频次应达到在计划完成期间满足控制所需信息的要求。原则上项目进展报告应及时给出，以便实时控制。项目进展报告的时间一般对应项目里程碑时间。对于高层管理者来说，一个项目可能只有几个里程碑；而对于基层管理者来说，在项目计划的实施过程中存在许多关键点，一般这些关键点就是基层项目的里程碑，里程碑数量越多，所要求项目进展报告的信息内容就越详细、项目进展报告次数也就越多。一般来说，项目进展报告期越短，早发现问题并采取纠正措施的机会就越多。

3. 项目进度控制的实施

项目进度控制的实施在保证项目按预期实现中起着十分重要的作用。在项目进展中，工作会按时完成，也会提前完成或延期完成，这都会对项目的未完成部分产生影响。对项目的实际进展状况进行有效控制，核心就是根据项目的实际进展情况，不断进行项目进度计划的优化和更新。项目进度计划的更新是项目进度控制的结果。项目进度控制中最简单的方法是比较与分析法：将项目的实际进度与计划进度进行比较分析，确定进度偏差原因后寻找对策。

项目进度控制的核心是项目进度更新。根据项目的实际进度与计划进度的比较分析结果，做出有效对策，进行项目进度更新，在保持项目工期不变的情况下，保证项目质量和所耗费用最少是项目进度控制和管理的宗旨。项目进度更新主要包括两方面工作，即分析进度偏差的影响和进行项目进度计划的调整。分析进度偏差的影响，就是当出现进度偏差时，应分析该偏差对后续工作及总工期的影响。若出现偏差的工作是关键工作，必须进行项目进度计划更新；若出现偏差的工作为非关键工作，则需根据进度偏差与总时差和自由时差的大小关系，确定其对后续工作和总工期的影响程度。若工作的进度偏差大于该工作的总时差，应采取相应的调整措施；若工作的进度偏差小于或等于该工作的总时差，但大于该工作的自由时差，则会对后续工作产生影响，应根据后续工作允许影响的程度进行调整；若工作的进度偏差小于或等于该工作的总时差，同时小于或等于该工作的自由时差，则对后续工作无影响，进度计划可不用调整更新。

按照项目进度更新的要求进行项目进度计划的调整。项目进度计划的调整一般有以下几种方法。①关键工作的调整。由于关键工作无机动时间，其工作的调整是项目进度更新的重点。若关键工作的实际进度较计划进度提前，项目无工期提前要求，则可选择后续关键工作中资源消耗量大或直接费用高的予以适当延长，降低资源强度及费用，延长的时间不应超过已完成的关键工作提前的量；若要求缩短工期，则应将计划的未完成部分重新计算与调整，制订新的执行计划。若关键工作的实际进度较计划进度落后，应尽可能缩短后续关键工作的持续时间。②改变某些工作的逻辑关系。若实际进度产生的偏差影响了总工期，则在工作之间的逻辑关系允许改变的条件下，改变关键路径和超过计划工期的非关键路径上有关工作之间的逻辑关系，以达到缩短工期的目的。例如，将串行工作变为平行或互相搭接的关系，以缩短工期。③重新编制计划。当采用其他方法仍不能奏效时，则应根据工期的要求，将剩余工作重新编制网络计划，使其满足工期要求。④非关键工作的调整。非关键工作的调整方法有三种：一是在总时差范围内延长非关键工作的持续时间；二是缩短非关键工作的持续时间；三是调整非关键工作的开始或完成时间。⑤增减工作。若编制计划时考虑不周或出于某些原因需要增加或取消某些工作，则需重新调整网络计划，计算网络参数。增减工作只能改变局部的逻辑关系，不应影响原计划总的逻辑关系。增减工作后，应重新计算网络时间参数，以分析此项调整是否对原计划工期产生影响，若有影响，应采取措施使之保持不变。⑥资源调整。若资源供应发生异常，应进行资源调整。资源供应发生异常是指因供应满足不了需要，如资源强度降低或中断，影响计划工期的实现。资源调整的前提是保证工期不变或使工期更加合理。资源调整的方法是进行资源优化。

4. 项目进度优化方法

1）时间—成本平衡法

时间—成本平衡法的目标是在总成本增加最少的条件下压缩工期，使项目在最短时间内完成。每项工作的工期从正常时间缩短至应急时间都有自己的单位时间和成本。正常时间是在正常条件下完成工作需要的估计时间长度；正常成本是在正常时间内完成工作的预计成本。应急时间是完成工作的最短估计时间长度；应急成本是在应急时间内完成工作的预计成本。缩短工期的单位时间和成本=（应急成本-正常成本）/（正常时间-应急时间）。

时间—成本平衡法的假设前提：每项工作都有正常和应急的时间和成本；可以通过增加资源来加速工作进程；时间和成本之间的关系是线性的。

2）时间优化法

时间优化法是利用非关键工作的时差（机动时间）进行合理资源调配，增加关键工作的资源投入，提高工作效率，缩短工期。因此，时间优化法基于网络计划计算工期，通过不断压缩关键路径上的关键工作的持续时间，实现缩短工期、满足要求工期的目的。缩短工期的方法主要有强制缩短法、调整工作关系、利用时差缩短工期。

（1）强制缩短法是采取措施使网络计划中的某些关键工作的持续时间尽可能缩短，常用的方法有三种。①顺序法，即按关键工作开始时间确定，先开始的工作先压缩。②加权平均法，即按关键工作持续时间长短的百分比进行压缩。③选择法，即计划编制者有目的地选择某些关键工作进行持续时间的压缩。

（2）调整工作关系是指将项目中的工作关系进行适当调整，以达到压缩工期的目标，如将串行工作关系转换为并行工作关系。例如，一个电子商务系统开发项目，假设有软硬件条件准备、概要设计、详细设计、编程、测试等环节，编制进度计划时按照串行方式安排，客户由于某种原因要求提前完成。此时，可以将软硬件准备和概要设计并行实施，将编程和测试交替实施，以达到压缩工期的目标。

（3）利用时差缩短工期指利用非关键工作的时差，用其中的部分资源加强关键工作，以缩短关键工作的持续时间，使工期缩短。采用这一措施，关键路径可能不断地发生转移。①对于关键路径，其上任何工作的作业时间变化，都会引起后续各工作的最早开始时间、最迟开始时间及时差的变化，并有可能出现关键路径转移。②对于非关键路径，若其上某些工作的作业时间延长，但不超过时差范围时，则不会影响整个项目进度，计划也就不必调整；若其上某些工作的作业时间延长而且超过了时差范围，则势必带来整个项目进度的变化，关键路径就会转移。

3.2.4 项目资源计划与均衡

项目的实施必然有资源的需求。项目资源涉及材料、设备、人力、能源、运输工具等，是广泛的。项目实施中对资源的要求首先是总量上应能够满足项目需求，其次应根据不同阶段工作对资源需求的特性进行合理计划和动态平衡。

1. 资源计划

资源计划是指采用什么样的资源（人、设备、材料），以及将多少资源用于项目的每项工作的执行过程之中。资源计划的依据有以下几点。

（1）工作分解结构。利用 WBS 的工作划分，对所需资源种类和数量进行预估工作划分，越具体越容易估计。工作分解自上而下逐级展开，各类资源需要量可以自下而上逐级累加，便能得到整个项目对各类资源的需要量。

（2）项目工作进度计划。资源计划必须服务于工作进度计划，项目工作进度计划是其他计划（如质量计划、资金使用计划、资源计划）的基础，什么时候需要何种资源是围绕工作进度计划的需要而确定的。

（3）历史信息及范围陈述。历史信息记录了先前类似工作使用资源的需求情况，范围陈述包括了项目工作的说明和项目目标，这些是项目资源计划的重要参考数据和依据之一。

（4）资源安排及组织策略。描述什么资源是项目资源计划所必须掌握的，以及其可获得性。特别的数量和资源水平描述是特别重要的资源安排描述，如项目执行阶段可能需要技术人员的层次和数量。另外，还必须考虑人事组织安排，所提供设备的租赁和购买策略等。

2. 资源计划方法与工具

对于项目所需求资源的梳理、内容选择、数量确定和准备，决定着项目能否按照进程要求顺利实施，对项目过程控制起着重要作用。资源计划的方法主要有以下几种。

（1）专家判断法。在得不到更多专业信息的情况下，借助专家知识制订资源计划，该方法简单有效，常常被决策者广泛采用。专家可以是任何具有特殊知识或经过特别培训的组织和个人。

（2）选择确认法。运用一定方法，制订多种资源计划安排，由专家选择。最常用的方法是头脑风暴法。头脑风暴法：当讨论某个问题时，由一个协助的记录人员在翻动记录卡或黑板前做记录，参与的成员逐一说出主意，相互启发，循环持续进行直到没有新意见或限定时间已到，过程结束。该方法主要遵循的规则：不进行讨论，不进行判断性评论，参加人员不要使用肢体语言。

（3）数学模型法。为了使编制的资源计划具有科学性、可行性，在资源计划的编制过程中，往往借助于某些数学模型，如资源分配模型和资源均衡模型等。

而完成资源计划的工具一般有以下几种。

（1）资源矩阵。用以说明完成项目中的工作需要用到的各种资源的情况。

（2）资源数据表。用以说明各种资源在项目周期内各时间段上数量的需求情况。

（3）资源甘特图。用以反映各种资源在项目周期内各个阶段用于完成哪些工作的情况。

（4）人力资源负荷图。给出在项目周期内的各个阶段所需要的人力资源。

资源计划的结果是制订资源的需求计划，对各种资源需求及需求计划加以描述，并以图表的形式予以反映。

3. 资源均衡与优化

可以说任何项目的进展都伴随着资源的均衡和优化，每个项目在制订项目资源计划时不可能和项目过程的需求完全一致。资源均衡就是在项目的资源需求分布中，为使各工作的资源需求均衡，波动量最小，对总时差或自由时差进行的再次分配。资源均衡是以比较均衡稳定的资源使用率能够导致比较低的资源成本这一假设为前提的。

资源均衡的一般步骤是首先以最早开始进度计划和非关键工作为依据，从具有最大自由时差的工作开始，逐步推迟某个工作的开始时间，分别计算资源需求量的分布状况，选择资源变动量最小的进度计划作为资源均衡结果。

除上述的资源均衡外，许多项目都存在资源不足或工期被要求提前结束，此时都会发生资源的需求超过可以实际利用的情况，这就是资源约束。在资源约束的条件下，如何按照计划完成项目目标，这也需要资源均衡和优化。一般可以采取以下几种技术。①用较低的资源使用量完成工作。对项目中有工期可以延长的工作，可以采用较少的资源就能完成的工作有效。②分解工作。对于项目中含有可以将工作继续分解为子工作，且分解工作对项目整体逻辑关系不产生影响的，可以采用该方法优化资源需求量。③调整网络。当项目管理人员在保障项目计划前提下调整网络逻辑关系，如进行工作分解、非并行关系调整等，来模拟和分析约束条件，选择恰当方案，解决约束条件下的资源均衡和优化。④其他。例如，可以使用替代资源解决资源短缺问题。有时，在正常资源约束集下，无论如何调整也不可能按照要求完成项目任务，此时必须增加经费投入或拖延工期，这时需要比较增加费用和项目工期延长导致的成本增加量来选择合适的资源调整方案。在资源优化中，资源使用率也是一个重要的测量指标。资源使用率是指资源的使用时间的比率。例如，某项目的工期为 22 周，每周可以使用 12 个工日，则总共有 12（工日/周）×22（周）=264 个工日，由于在 22 周内，用于完成该项目所有工作的资源只有 196 个工日，其资源的使用率：196/264 ≈ 0.74。对于所有的项目和资源来说，运用资源均衡和资源优化分配技术，可以获得较高的资源使用率。

在项目中，进行资源分配的一般途径是先假设没有资源使用方面的限制，并从一条简单的关键路径着手进行分析，然后检查分配结果是否是可行的。在资源优化和分配的过程中，经常会出现资源的需求量超过可供利用的资源量的情况。此时应根据资源分配的优先原则进行资源调整。常见的优先顺序：①具有最小时差的工作；②最迟完成时间最少的工作；③需要资源量最多或最少的工作；④工期较短或工期较长的工作。

3.3　电子商务系统开发项目费用和风险管理

3.3.1　项目费用管理

由项目的定义可知，项目是在资源和时间约束下，为完成某一独特的产品或服务所做的一次性努力。项目的资源约束，决定了要完成项目的可交付成果，在项目执行过程中必须对资源消耗（费用）进行严格管理，也就是在费用估算的基础上进行项目费用的计划和控制。因此，项目费用管理的内容包括项目费用估算、项目费用计划和项目费用控制。

1. 项目费用估算

项目费用估算是项目费用管理的基础工作内容，就是估计未完成项目的各个工作所必需的资源费用的近似值。资源包括要获得项目目标所需要的各种资源或需要支出的各种费用，如人力资源（劳动力或程序员等）、原材料、管理费用等。在进行费用估算时，要考虑经济环境（如通货膨胀、税率、利息率和汇率等）的影响，并以此为基准对估算结果进行适当的修正。当费用估算涉及重大的不确定因素时，应设法降低风险，并对余留的风险考虑适当的应急备用金。费用估算有时还要对各个备选方案的费用进行估算，并将结果作为方案选择的依据。费用估算的依据包括工作分解结构、资源要求、资源单价、活动历时估算、历史信息及账目表；在费用估算中使用的工具和技术包括类比估算法、参数模型法、自下而上估算法及相应的计算机辅助工具；项目费用估算的结果是确定项目费用估算值、详细依据及费用管理计划。

2. 项目费用计划

项目费用计划，也称项目预算，是在项目计划阶段要做的工作，其内容包括确保在限定的预算内完成项目的资源计划过程、成本估计过程、成本预算过程。项目费用计划的目的是在费用估算的基础上，将估算的项目费用基于 WBS 分配到每一项具体的工作上，作为衡量项目执行情况和控制费用的基准。项目费用预算的依据包括费用估算的结果、工作分解结构和项目进度计划，项目预算中使用的工具和技术主要是费用估算的工具和技术，项目预算的结果是费用基准计划。所谓费用基准计划就是按时间分段的预算，它是按项目进度计划将各工作单元的预算费用累加而得到的。在项目的生命周期内，项目的各项工作根据项目进度计划开始、执行和完成，所发生的累计预算费用形成了一条 S 形曲线，该曲线是在项目执行过程中基于预算来考核项目执行进度偏差和实际费用偏差的依据，所以也称为项目的费用基准计划或预算基线。项目预算过程实际上包括两个步骤：第一步，根据项目的费用估算将其分摊到项目 WBS 中的各个工作包；第二步，在整个工作包期间进行每个工作包的预算分配，这样就可以在任何地点和时间准确地确定预算支出。

项目费用计划是项目管理的一个重要方面。在传统的项目管理中，费用管理和进度（时间）管理、质量管理并重。在现代的项目管理中，项目费用计划仍然是项目管理中的一个主要的要素：项目费用计划是项目费用控制的基础，因此项目费用计划的质量，直接影响项目进行的质量，项目费用计划的执行情况也是考察项目经理绩效的主要指标之一。

3. 项目费用控制

项目费用控制则是在项目执行过程中要做的工作，包括成本变更控制、绩效测量、挣得值分析、补充计划编制、修正成本估算、更新预算、采取纠偏措施和完工估算等。项目费用控制的依据包括费用基准计划、绩效报告、变更请求及费用管理计划。项目费用控制的方法和工具包括费用变更控制体系、费用绩效测量方法、挣得值分析法、附加计划法及项目管理软件工具。项目费用控制的结果包括费用估算更新文件、费用预算更新文件、项目活动改进文件及相应的经验教训总结。

3.3.2 项目风险管理

项目风险一般是指影响项目目标实现的不确定因素的集合。项目不确定因素的来源有两方面。一方面是技术、性能和质量风险，如采用新技术或技术创新是提高项目绩效的重要手段，但许多新技术未经证实或并未被充分掌握，可能影响项目的成功，从而产生风险。另一方面是项目管理中存在的风险，如项目计划的时间、资源分配等，管理活动中产生的错误或失误，也可能给项目带来损失；另外还有项目组织过程中所产生的风险、各类信用风险及项目外部风险等，都是项目产生风险的因素。

项目风险管理是对项目风险进行规划、识别、分析和应对的系统的过程。项目风险管理是用系统的、动态的方法进行风险控制，以减少项目实行过程中的不确定性。它不仅使各层次的项目管理者建立风险意识，重视风险问题，防患于未然，而且在各个阶段、各个方面实施有效的风险控制，形成一个前后连贯的管理过程。项目风险管理有四个方面的含义：一是项目全过程的风险管理，从项目的立项到项目的结束，都必须进行风险的研究与预测、过程控制及风险评价，实行全过程的有效控制，以及积累经验和教训；二是对全部类型风险的管理；三是全方位的管理；四是全面的组织措施。项目风险管理的目标：①使项目获得成功；②为项目实施创造安全的环境；③降低成本，提高利润；④保证项目质量；⑤保证项目按计划、有节奏地进行，使项目实施始终处于良好的受控状态；⑥使竣工的项目效益稳定；⑦树立信誉，扩大影响；⑧应付特殊变故。项目风险管理普遍适用于军事、工业、高新技术、建筑等不同领域。对于研发项目、现代大型工程项目、国际承包工程项目等风险较大的项目，要特别注意对其进行风险管理，以提高项目成功的概率。

项目风险管理的过程是针对有预警信息的风险，收集这类信息去识别和预测项目风险，并通过跟踪其发生和变化来采取各种措施进行控制。项目风险管理的过程可分为风险规划、风险识别、风险分析、风险应对和风险监控五个过程。

风险规划是指制订项目风险管理的一整套计划。它主要包括在项目整个生命周期中，如何构架和执行风险管理的识别、分析、应对、监控等各个过程，如选择合适的风险管理方法、确定风险判断的依据等。

风险识别是指运用一定的方法判断在项目周期中已面临的和潜在的风险。识别风险可以通过感性认识和经验，更重要的是通过运用会计、统计、项目执行情况和风险记录进行分析、归纳和整理项目风险的识别过程。风险识别是项目风险管理的重要步骤，对项目进行风险识别的方法有很多，如系统分解法、德尔菲法（又称专家调查法）、头脑风暴法、情景分析法等。

风险分析的目的是确定每个风险对项目影响的大小，可以采取定量分析或定性分析的方法。定量分析方法对已经识别出来的项目风险进行量化估计，定量分析技术在很大程度上取决于统计方法，如蒙特卡洛模拟法是随机地从每个不确定风险因素中抽取样本，之后进行一次整个项目计算，重复进行成百上千次，模拟各种各样的不确定性组合，获得各种风险组合下的结果，并使用统计方法处理这些结果数据，找出其中的规律。定性分析方法主要依赖于主观判断，如主观评分法、层次分析法等。项目风险的定性识别最简单的办法就是把识别出的风险列在一个表中，最严重的放在最上面，其余的按照造成后果的严重程度由大到小依次排列，如主观评分法是在识别出每个风险之后，对每个风险赋予一个权值，事先设定一个风险评价基准，将各个风险的权值相加，再与风险评价基准进行比较。超过评价基准的风险予以保留，小于的则从风险表中删除。

风险应对是指对项目风险提出处理的意见和办法。通过对项目风险的识别和分析，先得到项目风险发生的概率和损失严重程度的排列，再综合考虑项目的目标、内外部环境等因素，与公认的安全指标相比较，就可以得出项目的危险等级。如果项目的危险等级过高，超过了可以接受的限度，那么可以停止项目。如果项目的危险等级在可接受的范围内，就需要针对项目存在的风险因素，采取措施来消除风险因素或减少风险因素的危险性，即制订风险应对计划。一般来说，处理风险的措施有避免风险、预防风险、转移风险、自留风险和制订应急措施等。避免风险是指当项目风险潜在威胁发生可能性太大，采取主动放弃或改变项目活动的方式，以避免与该项目活动相联系的风险的一种策略。预防风险是指事先采取一定的措施来防止风险因素出现或减少已存在的风险因素。转移风险措施多数是用在概率小，但是损失大，或者项目组织者很难控制的风险。这类风险可以通过签订合同或购买保险等方式来将其转移给分包商或保险商。自留风险是自己将风险事件的不利后果承担下来。风险自留可以是主动的，也可以是被动的。主动承担是指在风险规划时对一些风险已有了准备，当事件发生时马上执行应急计划；被动承担是指事先并没有认识到某些风险的存在，当风险发生，造成的损失不大或不影响项目大局时，通过内部融资，以弥补遭受的损失。自留风险是最简单的风险应对方法，当采取其他方法的费用超过风险事件造成的损失时，就可以采取自留风险的方法。制订应急措施就是对已识别的风险事件确定发生时的行动步骤，包括施救方案和应该采取的措施、实施步骤、相关人员的职责等。

在项目实施过程中，应随时注意风险监控，这包括两个层面的工作：一是跟踪已识别风险的发展变化情况，包括在整个项目周期内，风险产生的条件和导致的后果变化，衡量风险减缓计划需求；二是根据风险的变化情况及时调整风险应对计划，并对已发生的风险及其产生的遗留风险和新增风险及时识别、分析，并采取适当的应对措施。

3.4 电子商务系统开发项目人力资源管理

3.4.1 开发人员的组织

大型软件项目需要很多人的合作，花费一年或数年的时间才能完成。为了提高工作效率，保证工作质量，软件开发人员的组织、分工与管理是一项十分重要和复杂的工作，它直接影响到软件项目的成功与失败。首先，由于软件开发人员的个人素质有很大差异，因此对软件开发人员的选择、分工十分关键。其次，因为软件产品不易理解、不易维护，因此软件人员的组织方式十分关键。一个重要的原则是，软件开发人员的组织结构与软件项目开发模式和软件产品的结构相对应，这样可以达到软件开发的方法、工具与人的统一，从而降低管理系统的复杂性，有利于软件开发过程的管理与质量控制。如何构建软件开发团队取决于可供选择的人员、项目的需求及组织的需求。

有效的软件项目团队由担当各种角色的人员所组成，每位成员扮演一个或多个角色。例如，可能一个人专门负责项目管理，而另一些人则积极参与系统的设计与实现。常见的一些项目角色包括分析师、策划师、数据库管理员、设计师、操作/支持工程师、程序员、项目经理、项目赞助者、质量保证工程师、需求分析师、主题专家（用户）、测试人员。

项目团队的组织可采用水平方案、垂直方案或者混合方案。以水平方案组织的团队由专家组成，每个成员充当一到两个角色；以垂直方案组织的团队由多面手组成，每个成员都充当多重角色；以混合方案组织的团队既包括专家又包括多面手。

1. 水平团队组织

水平团队由专家组成，团队同时处理多个用例（用例是能产生有用的结果并由系统最终用户执行的单个任务），每个成员都从事用例中有关自身的方面。其优点如下：一是能高质量地完成项目各个方面（需求、设计等）的工作；二是一些外部小组，如用户或操作人员，只需要与了解他们确切要求的一小部分专家进行交互。其缺点如下：一是专家们通常无法意识到其他专业的重要性，导致项目之间缺乏联系；二是“后端”人员所需的信息可能无法由“前端”人员来收集；三是由于专家们的优先权、看法和需求互不相同，所以项目管理更为困难。

水平团队成功的关键因素如下：一是团队成员之间需要有良好的沟通，这样他们才能彼此了解各自的职责；二是需要制定专家们必须遵循的工作流程和质量标准，从而提高移交给其他专家的效率。

2. 垂直团队组织

所谓垂直团队，其组织形式是建立在软件民主开发小组的基础上的。垂直团队由多面手组成。用例分配给了个人或小组，然后由他们从头至尾地实现用例。其优点如下：一是以单个用例为基础实现平滑的端到端开发；二是有利于集思广益，组内人员取长补短，开发人员能够掌握更广泛的技能。其缺点如下：一是多面手通常是一些要价很高并且很难找到的顾问；二是多面手通常不具备快速解决具体问题所需的特定技术专长；三是主题专家可能不得不和若干开发人员一起工作，从而增加了他们的负担；四是多面手的水平各不相同。

垂直团队成功的关键因素如下：一是每个成员都需要按照一套共同的标准与准则工作；

二是开发人员之间需要进行良好的沟通，以避免重复劳动；三是公共和达成共识的体系结构需要尽早在项目中确立。

3. 混合团队组织

混合团队由专家和多面手共同组成。多面手继续操作一个用例的整个开发过程，支持多个用例中的专家们一起工作。其优点如下：一是拥有前两种组织的优点；二是外部小组只需要与一小部分专家进行交互；三是专家们可集中精力从事他们所擅长的工作；四是各个用例的实现都保持一致。其缺点如下：一是会有前两种组织的缺点；二是专家们仍然不能认识到其他专家的工作并且无法很好地协作，尽管这应该由多面手来调节；三是项目管理仍然很困难。

混合团队组织成功的关键因素如下：一是项目团队成员需要良好的沟通；二是需要确定公共体系结构；三是必须适当地定义公共流程、标准和准则。

应当指出，不管采用哪种组织形式，项目团队的士气是项目成功的一个因素。大部分项目对于成功的定义是项目按时完成，在预算内，满足用户的需要。除此之外，项目成功的定义还应当包括项目团队的士气。在项目结束之际，项目团队的各个成员是否觉得他们从中学到了一些知识，是否愿意参与这次项目，以及是否希望参与组织的下一个项目，这些都是非常重要的。

3.4.2 开发人员的计划与管理

电子商务系统建设是智力密集、劳动密集型项目，受人力资源影响非常大，项目成员的结构责任心、能力和稳定性对项目的质量，以及是否成功有着决定性的影响。人在电子商务系统项目中既是成本，又是资本。一般来说，人力成本占电子商务系统项目成本构成的主要部分，这就要求从成本角度去衡量人力资源，尽量使人力资源的投入最小、产出最大。

制订电子商务系统项目的人力计划，主要基于工作量和进度预估。一般来讲，工作量与项目总时间的比值就是理论上所需的人力数。但选取和分配人力有许多值得研究的问题。许多学者从软件工程的角度提供了一些思路，如“人员—进度权衡定律”，电子商务系统项目可以此为参照，从项目管理的角度分析人力资源的平衡情况。

1. 人员—进度权衡定律

著名学者 Putnam 在估算软件开发工作量时从得出公式发现，软件开发项目的工作量（E）与交付时间（t_d）的 4 次方成反比。显然，软件开发过程中人员与时间的折中是十分重要的问题。Putnam 将这一结论称为“软件开发的权衡定律”。

一般而言，电子商务系统项目的建设时间主要取决于应用软件的开发时间，这种人员与进度之间的非线性替代关系称为“人员—进度权衡定律”。

2. Brooks 定律

曾担任 IBM 公司操作系统项目经理的 F.Brooks，从大量的软件开发实践中得出了另一条结论：“向一个已经拖延的项目追加开发人员，可能使它完成得更晚。”鉴于这一发现的重要性，许多文献称之为 Brooks 定律。在这里，Brooks 从另一个角度说明了时间与人员不能线性互换这一原则。

对上述两个定律的合理解释是，当开发人员以算术级数增长时，人员之间的通信将以几何级数增长，从而可能导致得不偿失的结果。一般说来，由 N 个开发人员组成的小组要完成既定的工作，相互之间的通信路径总数 C=N（N-1）/2，而通信是需要时间的。所以，当新的开发人员加入项目组之后，原有的开发人员必须向新来的成员详细讲解某个活动或某项工作的来龙去脉。由于信息系统开发具有较强的个人风格，所以交流沟通的时间更容易拉长，而后来者还不一定能达到原来开发人员的工作质量。

3. 一般信息系统项目不同开发阶段的人力分配经验模型

一般信息系统项目不同开发阶段的人力分配经验模型如图 3-1 所示。图 3-1 中横坐标表示距开发起点的时间，纵坐标代表在不同时间点需要的人力，虚线框与人力计划曲线相交所形成的区域显示了平均使用人力所造成的的问题：开始阶段人力过剩，造成浪费（①），到并发后期需要人力时，又人手不足（②），之后再来补偿，已为时过晚（③），甚至可能如 Brooks 定律所说，得到越帮越忙的结果。

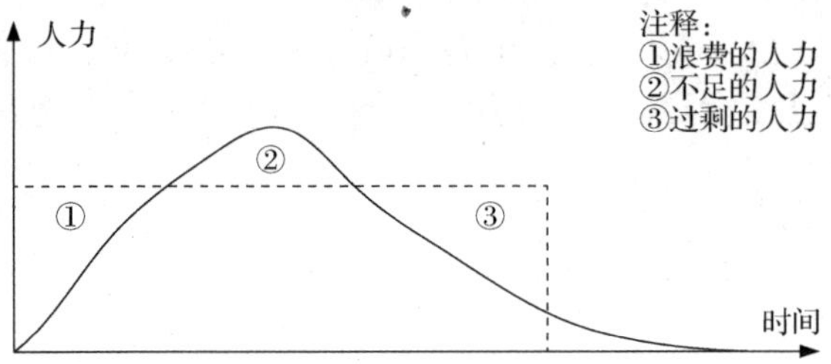

图 3-1　一般信息系统项目不同开发阶段的人力分配经验模型

4. 人力资源计划的平衡

电子商务系统项目的人力分配大致符合 Rayleigh-Norden 曲线分布，呈现出前后用人少、中间用人多的状况。然而，电子商务系统开发人员并不是想找就能找到的。因此，在制订人力资源计划时，要在基本按照上述曲线配备人力的同时，尽量使某个阶段的人力稳定，并确保整个项目期人员的波动不要太大，这一过程被称为人力资源计划的平衡。

本章小结

本章以项目管理及计划控制为核心，首先介绍了项目和项目管理的基本概念，以及项目管理的内容和现代项目管理的内涵，然后介绍了项目过程管理，包括项目过程管理的主要方法、项目进度计划、项目进度控制与优化和项目资源计划与均衡，最后简要介绍了项目费用管理、风险管理和项目人力资源管理的基本概念。其中，重点介绍了项目进度计划和控制的概念，工作分解结构图的概念和用法，网络计划调整与优化的基本概念和方法、进度控制及计划优化的基本内涵，介绍了时间成本平衡法和时间优化法的目标，简要介绍了资源计划的基本概念，介绍了资源计划的方法和基本工具，并对项目费用计划与控制的基本概念和内涵、项目风险管理和项目人力资源管理的基本概念进行了简要介绍。

思考题

实践环节

第 4 章 统一建模语言 UML

本章教学目标

（1）了解 UML 的发展历程、定义、内容和建模工具；

（2）熟悉 UML 建模的基本过程；

（3）掌握用例图、类图、对象图、包图、状态图、活动图、顺序图、协作图、组件图、部署图等 UML 模型图的构成元素、图例和绘制；

（4）了解 UML 的扩展机制。

4.1 UML 简介

统一建模语言（Unified Modeling Language，UML）是当今世界上面向对象系统开发领域中最激动人心的工具之一。在系统开发的每个步骤，从需求分析到技术规范，再到结构设计及配置要求，UML 都提供了模型化和可视化的支持。UML 是一种可视化建模语言，它也是一种完全的面向对象的软件开发方法，能让系统构造者用标准的、易于理解的方式表达出系统蓝图，便于用户、开发者之间进行交流设计结果。对大多数应用能够使用核心概念而不是扩展概念来建模，可以增加核心概念没有包括的新概念和表示法，当没有清晰一致的概念时，可在现有的概念中选择不同的解释，为特殊的应用领域制定概念、表示法和限制条件。

4.1.1 UML 的发展历程

在 UML 产生之前，主流的面向对象分析和设计方法主要有 Booch、Rumbaugh（OMT）和 Jacobson（OOSE），每种方法都各有优缺点及其表示符号，没有共同的标准，因此常常给软件开发工作者带来困惑。

1994 年，James Rumbaugh 加入 Grady Booch 所在的 Rational 公司，开始统一 Booch-93 和 OMT-2。

1995 年，OOSE 的创始人 Ivar Jacobson 加盟 Rational 公司，三位大师开始合作，整合 Booch、OMT 和 OOSE 等方法的概念，从其他大师的方法中吸取最好的想法，并纳入企业最好的实务经验，并于当年 10 月发布了第 1 个公开版本，称之为统一方法 UM0.8（Unified Method）。

经过不断补充和完善，1996 年 6 月和 10 月分别发布了两个新的版本，即 UML0.9 和 UML0.91，并将 UM 重新命名为 UML。

1996 年，成立了 UML 成员协会，主要负责完善、加强和促进 UML 的定义工作。该机构对 UML1.0（1997 年 1 月）及 UML1.1（1997 年 11 月）的定义和发布起了重要的促进作用。

1997 年年初，一些合作机构根据 OMG（Object Management Group，对象管理组）的提议，建立了一种通用的元模型来描述密集型软件系统。1997 年 11 月，UML 被 OMG 全体成员一致通过，并被采纳为标准。OMG 承担了进一步完善 UML 标准的工作。

2003 年发布了 UML1.5，2005 年发布了 UML2.0，2017 年 12 月发布了 UML2.5.1。

UML 的发展历程如图 4-1 所示。

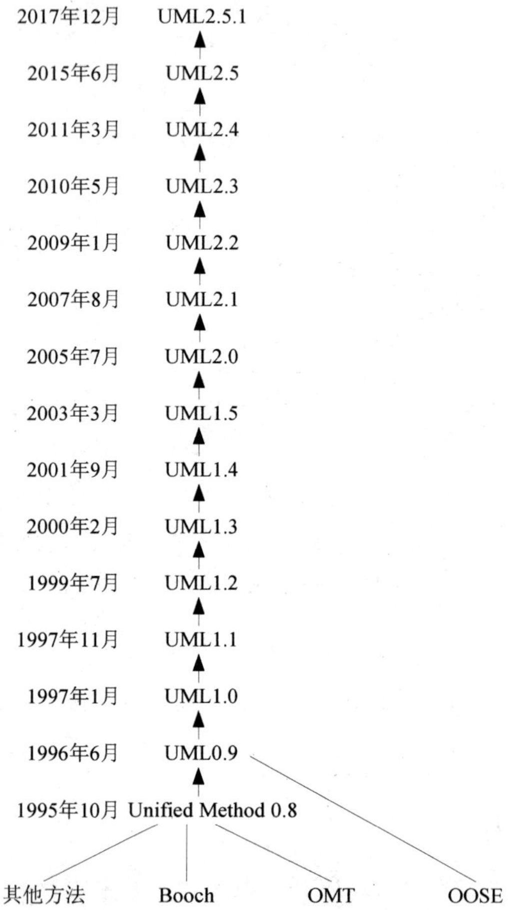

图 4-1　UML 的发展历程

UML 独立于特定开发语言和开发过程，为了解建模语言提供了一个基本手段，它推动了面向对象工具市场的成长，并支持更高层开发概念，如协同、框架、模式和组件，是最佳实践经验的集成。

UML 还吸纳新技术，如网络上分布式运算技术、样式，以及现在很流行的组件、组件软件等。保持语言尽可能简单，目标是所有方法使用一个共享模型语言——在一个标准化的环境里进行统筹处理，达到普通化；虽然模型不同，但有共通的标准能够沟通。

4.1.2　UML 的定义和内容

1. UML 的定义

作为一种建模语言，UML 的定义包括 UML 语义和 UML 表示法两部分。

1）UML 语义

描述基于 UML 的精确元模型定义。元模型为 UML 的所有元素在语法和语义上提供了简单、一致、通用的定义性说明，使开发者能在语义上取得一致，消除了因人而异的最佳表达方法所造成的影响。此外，UML 还支持对元模型的扩展定义。

2）UML 表示法

定义 UML 符号的表示法，为开发者或开发工具使用这些图形符号和文本语法为系统建模提供了标准。这些图形符号和文字所表达的是应用级的模型，在语义上是 UML 元模型的实例。

2. UML 的内容

UML 的重要内容可由下列五类图（共 10 种图形）来定义。

（1）用例图（Use Case Diagram），从用户角度描述系统功能，并指出各功能的操作者。

（2）静态图（Static Diagram），包括类图、对象图和包图。其中，类图描述系统中类的静态结构。不仅定义系统中的类，表示类之间的关系，如关联、依赖、聚集等，也包括类的内部结构（类的属性和操作）。类图描述的是一种静态关系，在系统的整个生命周期都是有效的。对象图是类图的实例，几乎使用与类图完全相同的标识。它们的不同点在于对象图显示类的多个对象实例，而不是实际的类。一个对象图是类图的一个实例。由于对象存在生命周期，因此对象图只能在系统某一时间段存在。包图由包或类组成，表示包与包之间的关系。包图用于描述系统的分层结构。

（3）行为图（Behavior Diagram），描述系统的动态模型和组成对象间的交互关系，包括状态图和活动图。其中，状态图描述类的对象所有可能的状态及事件发生时状态的转移条件。通常，状态图是对类图的补充。在实用上并不需要为所有的类画状态图，仅为那些有多个状态的行为受外界环境的影响并且发生改变的类画状态图。而活动图描述满足用例要求所要进行的活动及活动间的约束关系，有利于识别并行活动。

（4）交互图（Interactive Diagram），描述对象间的交互关系，包括顺序图和协作图。其中，顺序图显示对象之间的动态合作关系，它强调对象之间消息发送的顺序，同时显示对象之间的交互。协作图描述对象间的协作关系，协作图和顺序图相似，显示对象间的动态合作关系。除显示信息交换外，协作图还显示对象及它们之间的关系。如果强调时间和顺序，则使用顺序图；如果强调上下级关系，则选择协作图。这两种图合称为交互图。

（5）实现图（Implementation Diagram），包括组件图和部署图。其中，组件图描述代码组件的物理结构及各组件之间的依赖关系。一个组件可能是一个资源代码组件、一个二进制组件或一个可执行组件。它包含逻辑类或实现类的有关信息。组件图有助于分析和理解组件之间的相互影响程度。部署图定义系统中软/硬件的物理体系结构。它可以显示实际的计算机和设备（用节点表示）及它们之间的连接关系，也可以显示连接的类型及组件之间的依赖性。在节点内部，放置可执行组件和对象以显示节点与可执行软件单元的对应关系。

4.1.3 UML 建模过程

采用面向对象技术设计系统时，通常首先建立系统的逻辑模型，然后建立相应的物理模型。

建立系统逻辑模型的过程大致分为以下 3 步。

第 1 步描述需求。

第 2 步根据需求建立系统的静态结构。

第 3 步描述系统的行为。

其中，在第 1 步与第 2 步中所建立的模型都是静态的，可以用用例图、类图、包图和对象图等来描述，属于 UML 的静态建模机制；而第 3 步中所建立的模型是动态的，可以用 4 种图来描述，即顺序图、协作图、状态图和活动图，属于 UML 的行为建模机制。

这样可以将 UML 建模分为静态建模和动态建模两部分。静态建模包括对系统的对象、职责、抽象关系、接口、机制和框架建模，还包括描述需求的用例图、描述系统逻辑静态结构的静态图（类图、对象图和包图）和描述系统物理静态结构的实现图（组件图和部署图），静态图和实现图统称为静态模型图。动态建模包括对系统的控制流、工作流和交互过程建模，还包括描述系统中对象间动态交互的交互图（顺序图、协作图）和描述系统中对象间动态行为的行为图（状态图、活动图），行为图和交互图统称为动态模型图。UML 建模机制如图 4-2 所示。

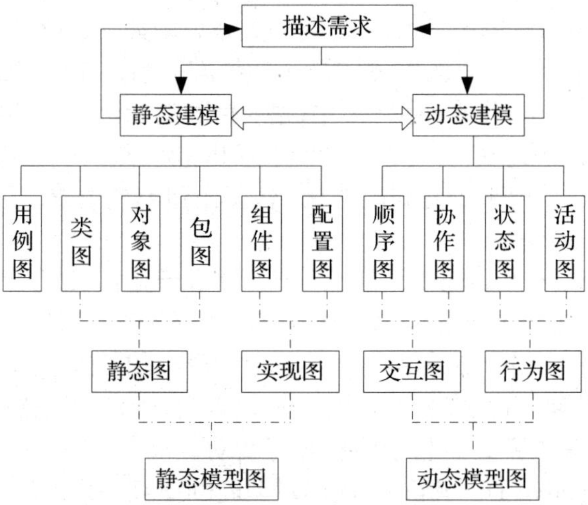

图 4-2 UML 建模机制

4.1.4 UML 建模工具

1. Rational Rose

在面向对象应用程序开发领域，Rational Rose 是影响其发展的一个重要因素。Rational Rose 自推出以来就受到了业界的瞩目，并一直引领着可视化建模工具的发展。越来越多的软件公司和开发团队开始或已经采用 Rational Rose，用于大型项目开发的分析、建模与设计等。Rational Rose 并不是单纯的绘图工具，而是专门支持 UML 的建模工具，有很强的校验功能，能检查出模型中的许多逻辑错误，还支持多种语言的双向工程（将模型转换成指定编程语言的代码，或者将代码转换成模型）。

Rational Rose 具有多个版本，包括 Rose Modeler、Rose Professional 系列和 Professional Enterprise 系列。

2. Microsoft Visio

Microsoft Visio 是微软公司生产的一款功能强大的图形设计软件，专门用于绘制数据库设计图、流程示意图、系统结构图等。Visio 是 Office 系列软件之一，有着强大的功能，在程序和工程设计中被广泛应用。

目前最新的版本是 Visio 2021，包括 Microsoft Office Visio Standard 2021 和 Microsoft Office Visio Professional 2021。

3. MagicDraw UML

MagicDraw UML 是跨平台的商业 UML 工具，基于 Java 语言并兼容最新的 UML 标准，适合商业分析师、软件分析员、程序员、质量评估工程师、文档编制者及企业管理者使用，支持团队开发的 UML 建模和 CASE 工具。MagicDraW UML 可以在官方网站下载免费的社区版本。

MagicDraw UML 支持 J2EE、C++、CORBA IDL、.NET、XML Schema、WSDL、数据库建模、DDL 生成和逆向工程。

4.2 用例图

4.2.1 用例图概述

用例图也称为用户模型图，是由软件需求分析到最终实现的第 1 步，它从用户的角度来描述系统功能，描述人们希望如何使用一个系统。用例图显示谁将是相关的用户，用户希望系统提供什么服务，以及用户需要为系统提供的服务。用例图在各种开发活动中被广泛应用，常被用来描述系统及子系统。

用例图将系统划分成对参与者（系统的理想用户）有用的需求，而交互部分被称为用例。用例使用系统与一个或多个参与者之间的一系列消息来描述系统中的交互。用例图的作用主要有以下几点：①获取需求；②指导测试；③对整个过程中的其他工作流起指导作用。

用例图是有关系统细节的最高形式。由开发人员与客户经过多次讨论共同完成，能准确地说明客户期望开发的应用程序有什么样的功能。事实上，用例图仅仅站在外部观察系统功能，即从参与者使用系统的角度描述系统中的信息，它并不描述这些功能在系统内部是如何实现的。

用例图包含多个元素，如系统、参与者和用例。并且，用例图也表示这些元素之间存在的各种关系，包括泛化关系、关联关系和依赖关系。网络购物系统中顾客的用例图如图 4-3 所示。

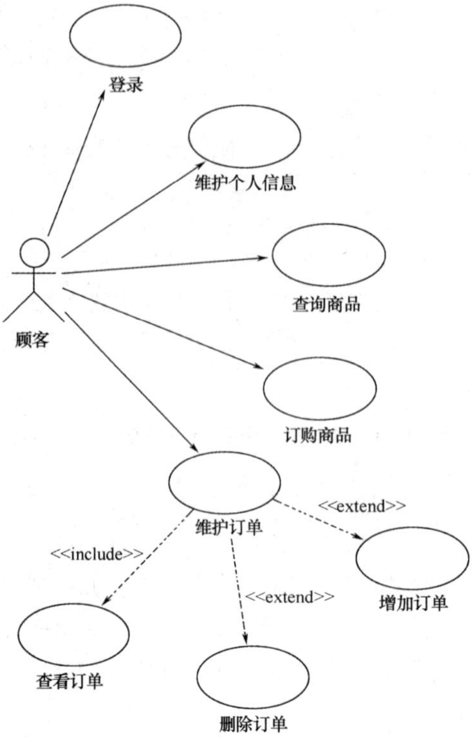

图 4-3　网络购物系统中顾客的用例图

用例内容的实际描述通常是以纯文本的方式给出的。描述中包含系统实际需求和功能的重要信息。有些开发工具提供描述文本的管理功能，如将用例链接到数据库。除了用文本，用户还可以绘制活动图来描述用例。活动图将在 4.4.2 节进行详细介绍。

4.2.2　构成元素

用例图包含 4 个基本元素，即参与者、用例、关系和系统。

1. 参与者

参与者是指与系统进行交互的人、部门或其他系统。换句话说，参与者就是使用该系统的人或事物。参与者通过向系统输入或请求系统输入某些事件来触发系统的执行，因此参与者可以是人，也可以是事物，还可以是时间、气压、温度等环境因素或其他系统等。它在系统之外，与系统直接交互。

图 4-4　参与者示例

在 UML 中，参与者用人形图标表示，参与者的名字写在图标下面，参与者示例如图 4-4 所示。

参与者代表的是一个角色，而不是系统的单个用户。因此，参与者的命名要有一个群体的概念，能够反映该参与者的身份和行为，如客户、管理员等。

参与者与系统之间的通信是通过相互发送和接收消息来实现的。用例总是由某个参与者发送消息而启动，这种参与者被称为主动参与者；永远不会主动启动用例，仅参与系统中的一个或多个用例的参与者被称为被动参与者。

2. 用例

用例代表系统的某项完整的功能，是动作步骤的集合。UML 中对用例的定义是系统执行的一组动作序列，这些动作可以对系统的参与者产生有一定价值的可观察到的结果。系统的功能是通过参与者使用用例来实现的。

在 UML 中，用例用一个椭圆来表示，用例的名称写在椭圆的下方，用例示例如图 4-5 所示。

用例通过关联与参与者相连，这种关联也称为通信关系，表示该用例与哪些参与者进行通信。

用例是根据所执行的实例来命名的，通常情况下，用例名是一个动宾短语，如浏览账户、登录系统等。用例从用户的角度来描绘系统的功能，因此用例命名的基本原则有以下几种。

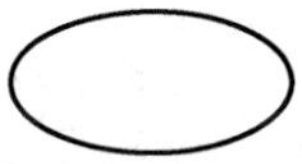

图 4-5　用例示例

（1）从参与者的角度出发，如使用“登录”，而不使用“身份验证”。

（2）使用动词加宾语的结构。

（3）尽量使用行业术语，如使用“报销”“预支”，而不使用“交钱”。

3. 关系

用例图中的关系主要包括用例和参与者之间、参与者之间和用例之间的关系。用例和参与者之间的关系即关联关系，参与者之间只有一种泛化关系，用例之间有泛化、包含和扩展三种关系。

（1）泛化关系：一种从子用例到父用例的关系，明确指出了子用例怎样才能实例化父用例的所有行为和特征。

（2）包含关系：指一个用例包括另一个用例中定义的行为。

（3）扩展关系：指一个用例的行为可能是由另一个用例进行扩展的。

应用这些关系的目的是降低冗余度、增强可扩展性，从而构建较简单的用例模型。

4. 系统

系统指一个软件系统、一项业务、一个商务活动、一台机器等。系统的功能通过用例来实现，即所有用例共同构成了整个系统。在 UML 中，系统可以用矩形框来表示，通常也可以将矩形框省略。

定义系统的边界和全部职责并不是一件容易的事情，原因是对一个系统来说，哪个任务最好使用自动化处理，哪个任务最好使用手工或其他系统来处理，并不是显而易见的，需要人们经过仔细分析才能确定。

比较好的做法是确定系统的基本功能，并且集中精力定义一个稳定和明确的系统结构，以便在系统将来的新版本中可以添加更多的功能。在实际建模时，可以先定义一些一般用例，以后再详细地处理它们。

4.2.3　用例之间的关系

用例之间存在三种关系，即泛化关系、包含关系和扩展关系。

1. 泛化关系

用例与用例之间存在着泛化关系，通常用于表示同一业务目的（父用例）的不同技术实现（各个子用例）。在 UML 中，用例泛化关系与参与者泛化关系的表示法相同，即用一个空心三角箭头从子用例指向父用例。

例如，某购物网站为用户提供不同的支付方式，那么“支付”这个复杂用例就可以用泛化关系表示，用例之间的泛化关系如图 4-6 所示。

2. 包含关系

一个用例可以包含其他用例具有的行为，并将所包含的用例行为作为自身行为的一部分，这样的关系称作包含关系。在UML中，包含关系表示为虚线箭头加上构造型<<include>>。箭头指向被包含的用例。

例如，在在线销售后台系统的产品管理中，有添加商品、修改商品信息、删除商品、更新数据库 4 个用例，无论是添加、修改还是删除商品，都需要更新数据库信息，这时“更新数据库”就是一个公共的功能模块，可以用包含关系表示，用例之间的包含关系如图 4-7 所示。

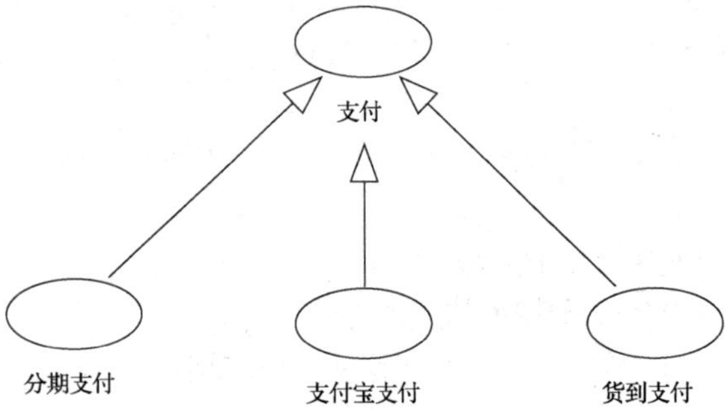

图 4-6　用例之间的泛化关系

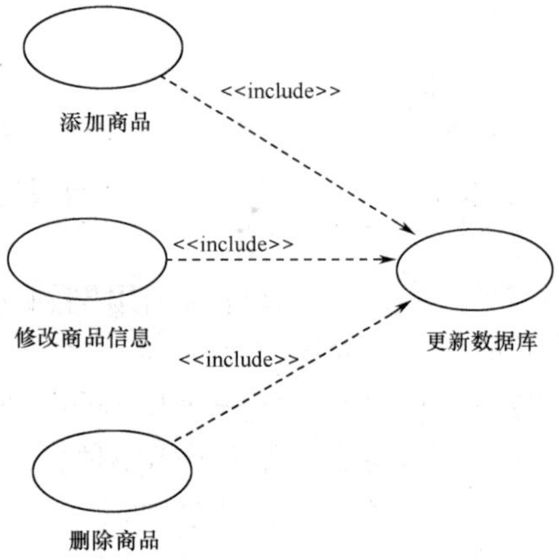

图 4-7　用例之间的包含关系

下面三种情况下可以使用包含关系。

（1）如果有多个用例，并且这些用例包含大量类似的行为，应该考虑将这些类似的行为通过包含关系包含到用例中。

（2）用两个或多个互相独立的用例建模时做了重复的工作，可以通过包含关系包含这些重复的工作。

（3）如果某个行为可能导致冗余，或者当行为发生变化时可能导致不一致，这时应该对这种行为进行独立建模并将它包含到用例中。

3. 扩展关系

与包含关系极为相似的是扩展关系，如果在完成某个功能的时候偶尔会执行另一个功能，则用扩展关系来表示。在 UML 中，扩展关系表示为虚线箭头加上构造型<<extend>>，箭头指向被扩展的用例。

例如，顾客在查询交易信息时可能需要将该信息导出保存，用例之间的扩展关系如图 4-8 所示。

在通常情况下，基用例的执行不会涉及扩展用例，只有在特定的条件发生时，扩展用例才会被执行。因此，在系统模型架构时，基用例的异常处理功能通常用扩展用例来表示。

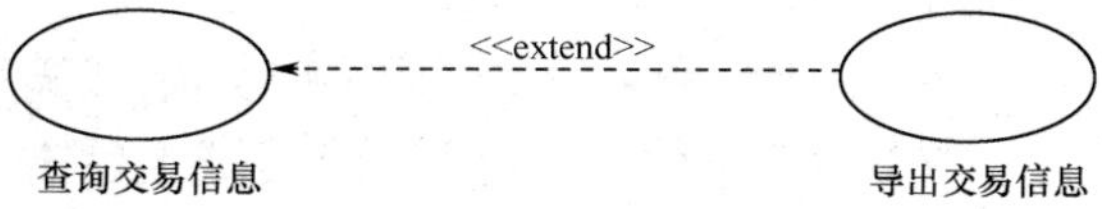

图 4-8　用例之间的扩展关系

4. 用例之间的关系比较

用例之间的关系比较如表 4-1 所示。其中，扩展关系中的扩展用例在基用例的一个实例中增加了新的行为，泛化关系中的子用例的实例增加了父用例中没有的新行为，但父用例不受子用例的影响。

表 4-1　用例之间的关系比较

特　性	泛　化	扩　展	包　含
基行为	父用例	基用例	基用例
附加行为	子用例	扩展用例	包含用例
引用方向	子用例引用父用例	扩展用例引用基用例	基用例引用包含用例
基行为是否被附加行为所修改	父用例的执行效果不受子用例的影响。要得到附加行为的效果，子用例而不是父用例，必须实例化	扩展用例隐式地修改用例的行为，除非基用例没有扩展。扩展用例一旦存在，基用例的实例将会执行扩展用例	包含用例显式地修改用例的行为，基用例可以有或没有包含用例，但基用例的实例执行包含用例
附加行为是否实例化	子用例无须是可执行的，可以是抽象的	扩展用例无须是可实例化的，可以是框架的	包含用例无须是可实例化的，可以是框架的
附加行为是否访问基行为	子用例可以访问并修改基用例的状态（通过继承机制）	扩展用例可以访问并修改基用例的状态	包含用例可以访问基用例的状态，基用例必须为包含用例提供相应的属性
基行为是否看到增加的行为	父用例不能看到子用例，在没有子用例时，必须是结构完整的	基用例不能看到扩展用例，在没有扩展用例时必须是结构完整的	基用例可以看到包含用例，可以依赖于它的结果，但是不能访问它的属性
重复	只控制自己的执行	取决于条件	只重复一次

4.2.4　用例描述

用例图不足以表达更多的细节，对于系统中的每个用例，还需要了解详细的执行情况，以便完整地理解创建系统时的设计任务。下面列出了用例描述的组成部分。

（1）名称：表明用户的意图或用例的用途，如“维护订单”。

（2）标识符：用例的唯一标识符，如“UC1701”，在项目的其他模型中可用它来引用此用例。该项为可选项。

（3）说明：描述用例的概述性的语句。

（4）参与者：与此用例相关的参与者列表。尽管这则信息包含在用例中，但在没有用例图时，它有助于增加对该用例的理解。该项为可选项。

（5）状态：指用例的状态。通常包括进行中、等待审查、通过审查、未通过审查几种。该项为可选项。

（6）前置条件：在访问用例之前需要满足的条件列表。

（7）后置条件：在用例成功完成之后需要满足的条件列表。

（8）被扩展的用例：此用例所扩展的用例。该项为可选项。

（9）被包含的用例：此用例所包含的用例。该项为可选项。

（10）基本操作流程：参与者在用例中所遵循的主逻辑路径。

（11）可选操作流程：用例中很少使用的逻辑路径，那些在变更工作方式、出现异常或发生错误的情况下所遵循的路径。

（12）修改历史记录：指用例的修改时间、修改原因和修改人的详细信息等。该项为可选项。

在描述用例时，应该注意用例描述是针对系统外在参与者来说的，它只是确定系统提供的功能，并不关心该系统内部是如何实现这些功能的。描述语句应清晰并且全文一致，尽量避免使用难以理解的复杂语句，以便于客户理解及确认。

另外，用例也可以使用活动图来描述。

4.3 静态模型图

系统的静态模型描述了数据是如何封装到对象中的，对象是如何分类的，以及对象之间存在什么样的关系。静态模型图包括类图、对象图、包图、组件图和部署图。

类图描述系统中类的静态结构，它不仅定义系统中的类，还描述类之间的关系（如关联、依赖），包括类的内部结构（类的属性和操作）。类图描述的是一种静态关系，在系统的整个生命周期中都是有效的。

对象图是类的实例，具有与类完全相同的标识。对象图与类图的不同就在于对象图显示类图的多个对象实例，而不是实际的类。由于对象存在生命周期，因此对象图只能在系统的某一时间段内存在。

所有复杂的系统都必须分成几个小的单元，以便人们可以一次处理有限的信息，并且在分别处理这些信息时不会互相干扰。在 UML 中，包用来对元素进行分组，并为这些元素提供一个命名空间。

组件图和部署图涉及程序的物理实现，将在 4.4 节中介绍。

4.3.1 类图

1. 概述

类图（Class Diagram）是面向对象系统建模中最常用的图，是定义其他图的基础。在类图的基础上可以使用状态图、协作图、组件图和部署图等进一步描述系统其他方面的特性。类图主要是用来显示系统中的类、接口，以及它们之间的静态结构和关系的一种静态模型。

通常，类图包含的主要元素有类、接口和关系。其中，关系有泛化关系、依赖关系、实现关系和关联关系。与 UML 中的其他图相同，类图不仅可以包含注释和约束，还可以包含包或子系统。类图模型如图 4-9 所示。

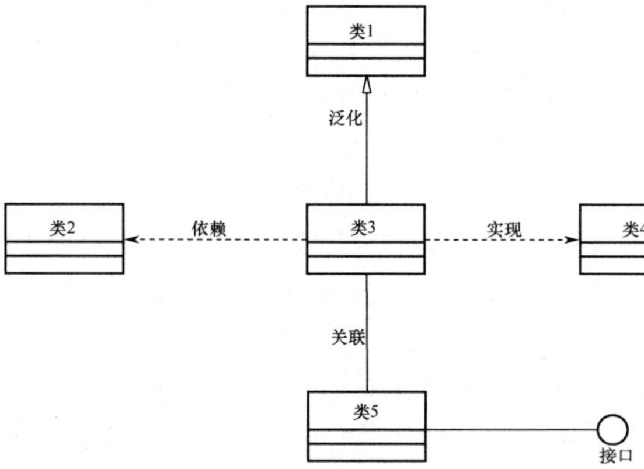

图 4-9　类图模型

使用类图对系统的静态模型建模时，可以从以下三个方面来考虑。

（1）对系统的静态对象建模。例如，书店借书系统的 Book 类、在线销售系统的 Customer 类等。

（2）对简单的协作建模。协作是一些共同行为的类、接口和其他元素的群体。例如，数据库连接类、用户验证类和过滤字符串类等。

（3）对逻辑数据库模式建模。在很多领域中，都需要在关系数据库或面向对象数据库中存储永久信息，系统分析者可以用类图对这些需要永久化的实体建模。

2. 类

1）类的表示法

类是类图的主要构成要素，由三部分组成，即类名、属性及操作。在 UML 中，类用矩形来表示，顶端部分存放类的名称，中间部分存放类的属性、属性的类型及值，底部部分存放类的操作、操作的参数和返回类型。

类图示例——User 类的类图如图 4-10 所示。描述 User 类具有两个属性，即 Username 和 Password，数据类型都是 String 类型，User 类还包含一个方法 ValidateLogin，返回类型为 Boolean。

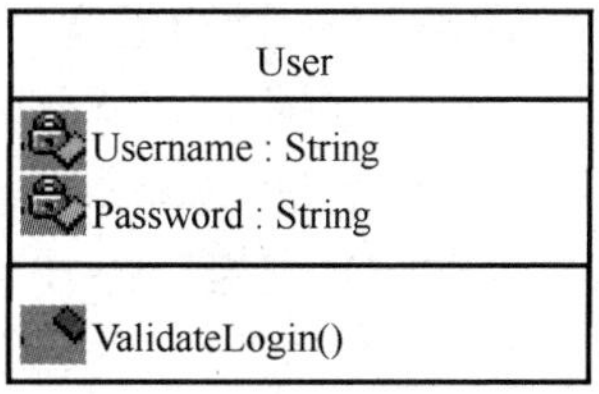

图 4-10　类图示例——User 类的类图

在 UML 中，可以根据实际情况来选择隐藏属性部分或者操作部分，或者两者都隐藏。

2）类名

按照 UML 的规定，类名的首字母需要大写。如果类名由多个单词组成，则将这些单词合并，并且每个单词首字母需要大写。

类是对一类对象的抽象，命名是否恰当对系统可理解性的影响相当大，类名应该是富于描述性的、简洁且无二义性的。命名时应该遵守以下几条准则。

（1）使用标准术语。

（2）使用具有确切含义的名词。

（3）必要时用名词短语作名字。

3）属性

类的属性用于描述对象的特征，是类的一个组成部分。类可以有任意数目的属性，也可以没有属性。

属性可以具有不同的可见性。可见性表示属性是否对其他类可见，以及是否可以被其他类引用。

（1）如果类的某个属性是公有的，那么可以在该类的外部使用和查看该属性。

（2）如果类的某个属性是私有的，那么不可以从其他类访问该属性。

（3）如果类的某个属性是受保护的，那么这个属性是该类私有的，但通过泛化关系可以使得该类的子类访问该属性。

在 UML 类中，公有类型用一个加号（+）表示，私有类型用一个减号（-）表示，保护类型则用一个井号（#）表示。如果没有显示任何符号，那么表示没有定义该类的属性的可见性（没有默认的可见性）。UML 的各个工具开发商通常使用自己的符号表示不同的可见性类型。

属性也可以被当作一个类属性（静态属性，也称为类变量）。这就意味着这个属性由该类的所有对象共享。通常情况下，在类图中显示时，类属性带有一条下画线。

4）操作

操作用于操纵属性或执行其他动作。通常把操作称为函数，但操作只适用于该类的对象。操作由操作名称、返回类型和参数组成。操作名称、返回类型和参数一起被称为操作签名。操作签名描述使用操作时所必需的所有信息。

类的操作描述该类能够做什么，即该类提供哪些服务，因此可以把类的操作看作类的接口。与属性相同，类的操作也有可见性和范围。

3. 接口

1）接口的表示法

接口是在没有给出对象的实现和状态的情况下对对象行为的描述。接口包含操作而不包含属性，没有对外界可见的关联。一个类可以实现一个或多个接口，并且所有的类都可以实现接口中的操作。

在 UML 中，接口是用一个带有名称的圆圈来表示的，并且通过一条实线与它的模型元素相连，接口的棒糖式表示法如图 4-11 所示。

有时接口也使用普通类的矩形符号表示，接口的类图表示法如图 4-12 所示，它是一个名称为 Callback 的接口，并且该接口具有 Callback(p:int)的方法。

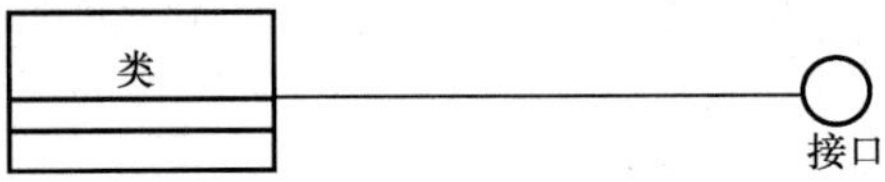

图 4-11　接口的棒糖式表示法

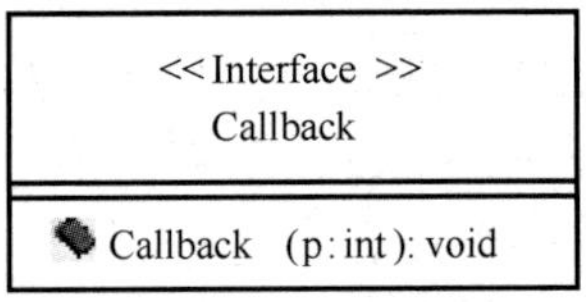

图 4-12　接口的类图表示法

2）实现接口

当一个接口在某个特定的类中实现时，使用该接口的类通过一个依赖关系（一条带箭头的虚线）与该接口的圆圈相连。这时，依赖类仅依赖于指定接口中的操作，而不依赖于接口实现类的其他部分。如果依赖于这个类，那么依赖关系的箭头应该指向表示该类的类符号，接口类如图 4-13 所示。

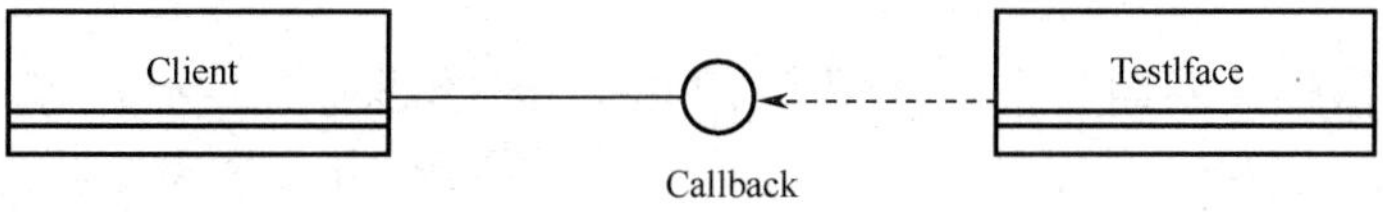

图 4-13　接口类

从图 4-13 中可以看出，定义了 Callback 接口，Client 类实现了 Callback 接口，Testlface 类调用了 Callback 接口的某个方法。

4. 关系

面向对象的系统中有各种不同的对象，它们相互协作完成各种不同的任务。与之对应的类之间也存在着多种关系，常见的有泛化关系、实现关系、依赖关系和关联关系。此外，还有一种特殊的关系，聚集关系。

1）泛化关系

在 UML 中，泛化的定义是一种存在于一般类别和特殊类别之间的分类关系。特殊类别的每个实例也是一般类别的一个实例。因此，特殊类别间接地具备了一般类别的各种特征。

在编程语言中，通过从一般类（称为父类）到特殊类（称为子类）的继承来实现泛化。

泛化关系只适用于类别或类型，不适用于特定的实例，即一个类可以继承另一个类，但一个对象不能继承另一个对象。泛化关系有时称为“is a kind of ”关系，如汽车是一种交通工具、马是一种哺乳动物。

在 UML 中，泛化关系是用来表示类与类、接口与接口之间的继承关系。关系中的实线空心封闭箭头由子类指向父类，类之间的泛化关系如图 4-14 所示。

类名“*Shape*”使用斜体，表示 Shape 类是一个抽象类，而 draw()方法是抽象方法。Triangle 和 Circle 两个子类重写了该方法。

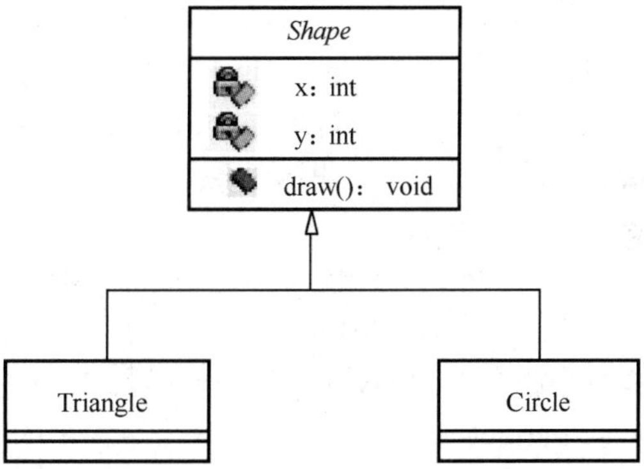

图 4-14　类之间的泛化关系

泛化关系说明子类继承了父类中所有的内容，父类成员的可见性在子类中的访问情况如下。

（1）父类中的可见性为公有的属性和操作，在子类中仍是公有类型。

（2）父类中的可见性为私有的属性和操作，被子类所继承，但在子类中不能访问。

（3）父类中的可见性为保护的成员，不能被其他类所访问，只能由该类本身及它的所有子类访问。

2）实现关系

实现关系指定两个实体之间的一个合同，即一个实体定义一个合同，而另一个实体保证履行该合同。关系中的箭头由实现接口的类指向被实现的接口。

3）依赖关系

依赖关系表示一个模型元素（客户方）需要另一个模型元素（供应方）来达到某种目的，

供应方的修改会影响客户方的执行结果。依赖关系暗示着一个客户方如果没有供应方的支持是不完整的。例如，一个类使用另一个类的一个对象作为参数，或者一个类访问另一个类的一个全局对象。

在 UML 中，依赖关系用一个从使用者指向提供者的虚箭头表示，用一个构造类型来区分它的种类。例如，当给一个雇员计算工资的时候，需要使用计算器，类之间的依赖关系如图 4-15 所示。

4）关联关系

（1）表示。

关联关系是一种结构关系，指明一个事物的对象与另一个事物的对象之间的联系。关联关系反映了对象之间相互依赖、相互作用的关系。例如，队员和球队之间的关联可以使用一个短语“队员为球队效力（Plays on）”来刻画。

关联的可视化表示方法是用一条线连接两个类，并把关联名字，如 Plays on 放到连接线上，关联的方向用箭头来指明。

当一个类和另一个类发生关联关系时，每个类通常在关联中都扮演着某种角色。可以在图中标明每个类的角色。例如，在队员和球队的关联中，如果球队是职业球队，那么该球队就是队员的雇主（Employer），队员就是球队的雇员（Employee）。队员与球队之间的关联关系及角色如图 4-16 所示，其指明了如何可视化表示队员和球队之间的 Plays on 关联，以及如何表示出这些角色。也可以将几个类连接到同一个类。

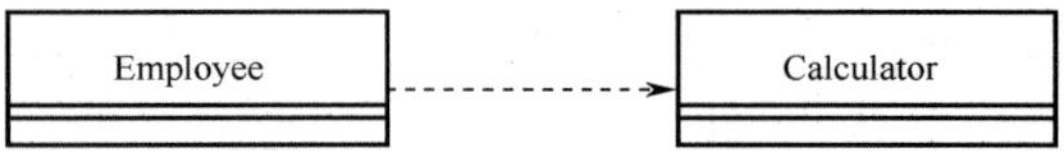

图 4-15　类之间的依赖关系

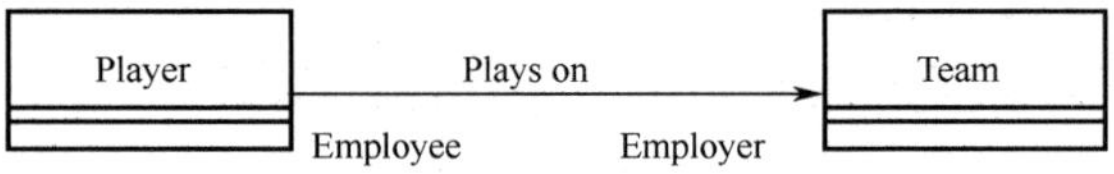

图 4-16　队员与球队之间的关联关系及角色

（2）约束。

有时两个类之间关联后有一个规则，可以通过在关联线附近加注一个约束来说明。例如，一个银行出纳员（Bank Teller）为一个顾客（Customer）服务（Server），但服务的顺序要按照顾客排队的次序进行。在 UML 图中，可以通过在顾客类附近加上一个用大括号括起来的“ordered”（有序）说明这个规则，即指明约束。为关联添加约束如图 4-17 所示。

（3）关联类。

与类一样，关联也可以有自己的属性和操作。此时，这些关联实际上是个关联类。关联类的表示方法与一般类相同，但要用一条虚线把关联类和对应的关联连接起来。关联也可以与其他类关联。Player 类和 Team 类之间的 Plays on 关联对应的关联类如图 4-18 所示，即契约（Contract）关联类。

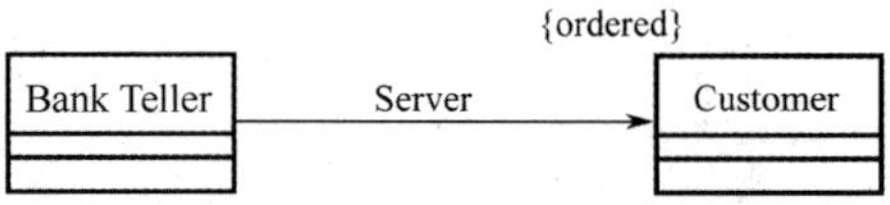

图 4-17　为关联添加约束

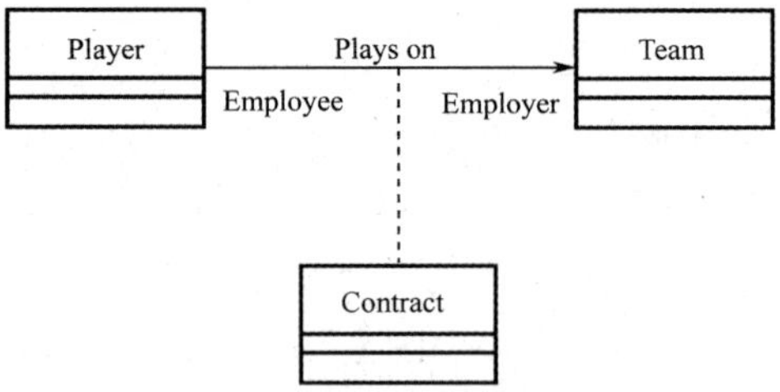

图 4-18　关联类

（4）多重性。

多重性就是某个类有多个对象可以和另一个类的单个对象关联。例如，一支球队有多名队员，1 名老师教 20 名学生。UML 中表示多重性的方法是在关联线上注明多重性的数值，多重性如图 4-19 所示。

在实际建模的过程中，可能存在着各种可能的多重性。多重性的表示方法及含义如表 4-2 所示。

表 4-2　多重性的表示方法及含义

表示法	含义	表示法	含义
0	0 个对象	0...n	0 到 *n* 个对象
1	1 个对象	1...n	1 到 *n* 个对象
0...1	0 或 1 个对象	n	*n* 个对象
2...8	2～8 个对象	*	许多对象

1 名教师教 1～*n* 名学生，1 名学生也有 1～*n* 名教师教的多重关联关系如图 4-20 所示。

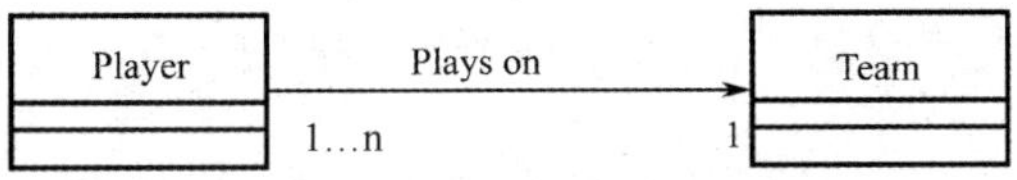

图 4-19　多重性

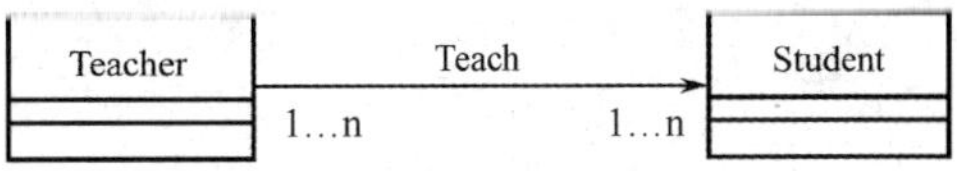

图 4-20　多重关联关系

5）聚集关系

聚集是一种特殊的关系。聚集关系表示一个类是由几部分类组成的。部分类和由它们组成的类之间是一种整体与部分的关系。这种关系类似于一台计算机是由主机箱、CPU、键盘、鼠标、显示器和硬盘等部件组成的。

聚集关系构成了一个层次结构。“整体”类位于层次的顶部，以下依次是各个“部分”类。

聚集中的每个部分体都可以成为其他聚集的部分体，这种聚集关系称为共享聚集。共享聚集用空心菱形箭头的连线表示，箭头指向整体。聚集可以有名称，也可以标注多重数。共享聚集和组合聚集如图 4-21 所示。其中，图 4-21（a）描述了一个团队（Team 类）由多名成员（Person 类）组成，一名成员也可以是多个团队的成员，Person 类就是被共享的部分。共享聚集通过多重性来表示。如果整体方的多重性不是 1，那么该聚集就是一个共享聚集。

组合聚集是一种强类型的聚集，强调每个部分只能属于一个整体。例如，书桌（Desk）是一个组成体，它由桌面（Tabletop）和桌腿（Leg）组成。在 UML 中，组合聚集用实心菱形箭头表示，如图 4-21（b）所示。

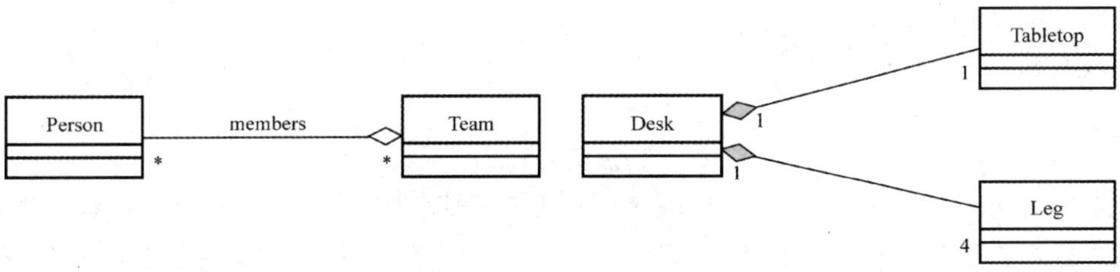

（a）　　（b）

图 4-21　共享聚集和组合聚集

4.3.2 对象图

1. 概念

对象图（Object Diagram）描述的是参与交互的各个对象在交互过程中某一时刻的状态。对象图可以被看作类图在某一时刻的实例。

在 UML 中，对象图使用的是与类图相似的符号和关系。对象图表示方法如图 4-22 所示。对象名首字母小写，后面跟一个冒号，冒号后面是该对象所属的类名，并且整个名字要带下画线。

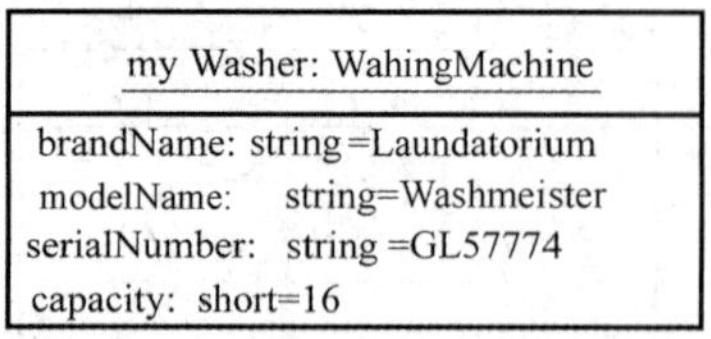

图 4-22 对象图表示方法

图 4-22 建立了一个洗衣机（WashingMachine）类的对象，对象名为 my Washer。该对象具有如下属性值。

（1）品牌名称：Laundatorium。

（2）型号名称：Washmeister。

（3）产品编号：GL57774。

（4）容量：16。

2. 链

关联也有实例，与对象是类的实例一样。如果想要一个特定的队员效力一个特定的球队，那么两者之间的 Plays on 关系就叫作一个链，可以使用对象之间的连线来表示。与对象的名字要加下画线相同，链的名字也要加下画线，链如图 4-23 所示。

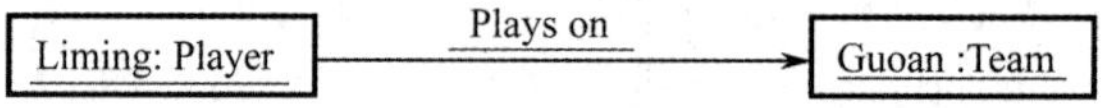

图 4-23 链

3. 类图与对象图的区别

类图与对象图的区别如下。

（1）类图：类具有三个分栏（类名、属性及操作）；在类的类名分栏中只有类名；类的属性分栏定义了所有属性的特征；类中列出了操作；类使用关联连接，关联使用名称、角色、多重性及约束等特征定义。

（2）对象图：对象只有两个分栏（名称及属性）；对象的名称形式为“对象名：类名”；匿名对象的名称形式为“：类名”；对象只定义了属性的当前值；对象图中不包含操作；对象使用链连接，链拥有名称和角色，但是没有多重性。

4.3.3 包图

1. 概述

包图（Package Diagram）是维护和控制系统总体结构的重要建模工具。在 UML1.4 版本中就已经包含了包图。在 UML2.0 版本中重新规范了包图，促进了包的应用。包不再被认为只是一种组织图元素的方法，而是有了自己专用的图。

包图由包和包之间的关系组成。包的图标如同一个带标签的文件夹。包图如图 4-24 所示，描述了具有一定关系的两个包。

2. 包

包提供了一种用于组织各种元素的分组机制。在 UML 中，包用来对元素进行分组，并为这些元素提供命名空间。包所拥有的或引用的所有元素都称为包的内容，包没有实例。包含 3 个类的包图如图 4-25 所示。

包可以拥有除类以外的其他元素，如接口、组件、用例和协作等，也可以包含其他包。当一个模型元素被声明在包中时，该元素就不能被其他包所拥有。如果包被删除了，其中的元素也将不存在。

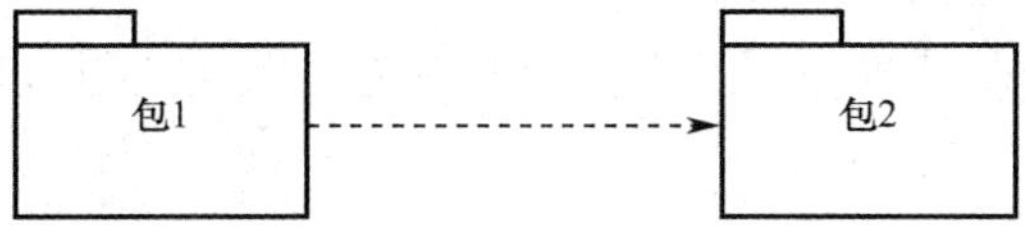

图 4-24　包图

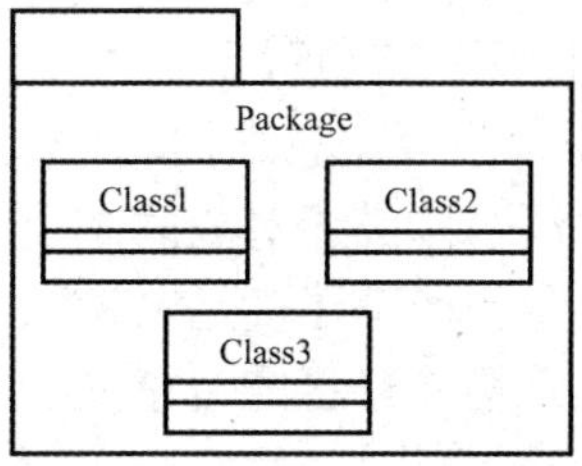

图 4-25　包含 3 个类的包图

引用包中的内容，可以使用“包名：：元素名”的形式。如果要使用图 4-25 中的 Class1，则应该写成 Package：：Class1，这种形式称为全限定名。

与类中的属性、操作的可见性一样，包中的元素也具有可见性。包的可见性用来控制包外界的元素对包内元素的可访问权限。包的可见性有 3 种，如表 4-3 所示。

表 4-3　包的可见性

可　见　性	说　　明	符　　号
公有（public）	包内的模型元素可以被任何引入了此包的其他包的内含元素访问	+
私有（private）	只能被属于同一包的内含元素访问	-
受保护（protected）	能被该包的子包内所含元素访问	#

3. 包之间的关系

包之间的关系有 3 种，即泛化、依赖和细化关系。包的泛化和依赖关系可以参照类的泛化和依赖关系。包的泛化和依赖关系如图 4-26 所示。

细化关系与细节有关。只有当一个包和另一个包包含相同元素，但带有更多细节的时候，前者才是后者的细化，使用带有箭头的虚线和构造型<<refine>>表示。例如，一位作者开始写一本书，总是从一个简短的提纲开始入手。假设每一章的提纲都是 P 的包的元素，而每章的细节内容都放到了 Q 包中，那么 Q 包就是 P 包的细化，包的细化关系如图 4-27 所示。

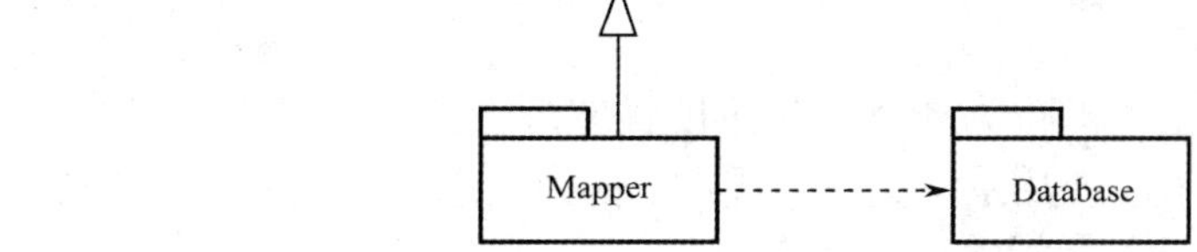

图 4-26　包的泛化和依赖关系

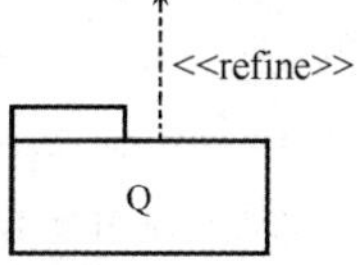

图 4-27　包的细化关系

4.4 动态模型图

系统中的对象能够互相通信。通信是通过调用这些对象的方法来实现的。对象间的通信和传递信息的方式称为系统的动态特征。系统中对象的相互作用也可以理解为系统中动态实体之间的通信，可以使用 UML 中的 4 种图来描述，具体内容如下。

（1）状态图：描述某一特定对象所有可能的状态及状态间的转移，是对类图的补充。

（2）活动图：着重强调对象之间发生的活动，着重体现对象所做的工作及发生的顺序。

（3）顺序图：描述对象间的动态交互关系，着重体现对象间消息传递的时间顺序。

（4）协作图：描述对象间的交互关系，着重体现对象间的静态关联关系。

静态建模和动态建模是紧密联系在一起的两个建模过程，它们相互补充、相互利用，对保证系统的完整性有着重要意义。

4.4.1 状态图

状态图（Statechart Diagram）是系统分析的一种常用工具，通过建立对象的生存周期模型来描述对象随时间变化的动态行为。系统分析员在对系统建模时，最先考虑的不是基于活动之间的控制流，而是基于状态之间的控制流，因为系统中对象的状态变化最易被发现和理解。

1. 状态机

状态机是展示状态与状态转换的图。UML 用状态机对软件系统的动态特征建模。通常一个状态机依附于一个类，并且描述一个类的实例（对象）。状态机包含一个类的对象在其生命期间所有状态的序列及对象对接收到的事件所产生的反应。

利用状态机可以精确地描述对象的行为，从对象的初始状态起，开始响应事件并执行某些动作，这些事件引起状态的转换；对象在新的状态下又开始响应和执行动作，如此连续进行直到终结状态。

状态机由状态、转换、事件、活动和动作五部分组成。

（1）状态表示一个模型在其生存周期内的状况，如满足某些条件、执行某些操作或等待某些事件。一个状态的生存周期是一个有限的时间段。

（2）转换表示两个不同状态之间的联系，事件可以触发状态之间的转换。

（3）事件是某个时间产生的，可以触发状态转换的部分，如信号、对象的创建和销毁、超时和条件的改变等。

（4）活动是在状态机中进行的一个非原子的执行，由一系列动作组成。

（5）动作是一个可执行的原子计算，导致状态的变更或返回值。

状态机不仅可以描述类的行为，还可以描述用例、协作和方法，甚至描述整个系统的动态行为。

UML 2.0 中定义了两种状态机，即行为状态机和协议状态机。

行为状态机可以捕获对象、子系统及系统的生命周期。行为状态机可以显示一个对象可以拥有的状态，也可以显示事件是怎样影响这些状态的。

协议状态机从较高抽象层来研究某个类的状态，能够显示一个实例在响应外部事件时所具有的可能存在的生命周期。协议状态机提供了状态转换的规则，但不定义状态内的细节行为。

2. 状态图的组成元素

一个状态图表示一个状态机，主要用于表现从一个状态到另一个状态的控制流。状态图不仅可以表现一个对象拥有的状态，还可以说明事件（如消息的接收、错误、条件变更等）如何随着时间的推移来影响这些状态。

状态图由表示状态的节点和表示状态之间转换的带箭头的直线组成。地铁十字转门的状态图如图 4-28 所示。

当前处于 Locked 状态，如果发生 coin 事件，则变迁到 Unlocked 状态，调用 Unlock()方法。

当前处于 Unlocked 状态，如果发生 pass 事件，则变迁到 Locked 状态，调用 Lock()方法。

当前处于 Unlocked 状态，如果发生 coin 事件，则继续停留在 Unlocked 状态，调用 Thankyou() 方法。

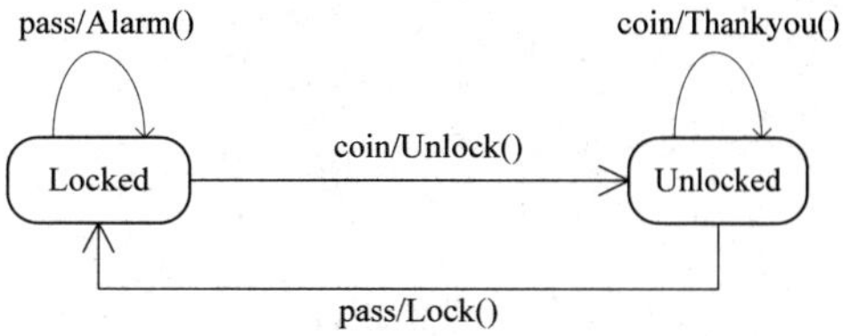

图 4-28　地铁十字转门的状态图

当前处于 Locked 状态，如果发生 pass 事件，则继续停留在 Locked 状态，调用 Alarm() 方法。

状态图由 8 个基本要素组成，其基本图标如图 4-29 所示。

（1）状态。

状态用一个带圆角的矩形表示，如图 4-29（a）所示。

状态名称表示状态的名字。一个状态的名称在状态图所在的上下文中应该是唯一的，状态允许匿名。

（2）转换。

转换用带箭头的直线表示，如图 4-29（b）所示。状态的转换如图 4-30 所示，一端连接源状态，另一端连接目标状态。

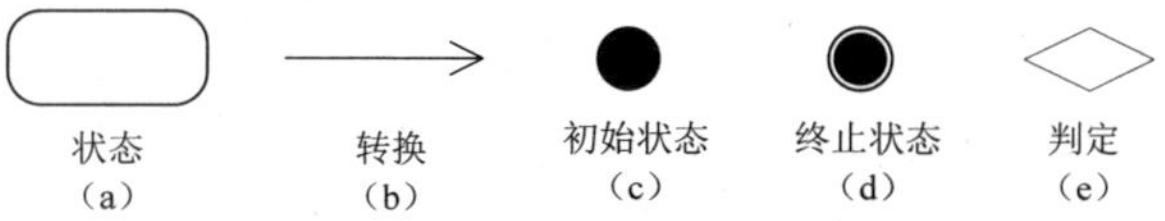

图 4-29　状态图的基本图标

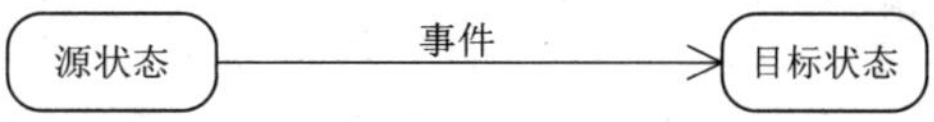

图 4-30　状态的转换

从图 4-30 中可以看出，当源状态接收到一个事件后，执行相应的动作，转换到目标状态。如果转换上没有标注事件，则表示此转换为自动进行。

（3）初始状态。

每个状态图都应该有一个初始状态，此状态代表状态图的起始位置。初始状态只能作为转换的源，不能作为转换的目标，并且在一个状态图中只允许有一个初始状态。初始状态用一个实心圆表示，如图 4-29（c）所示。

（4）终止状态。

终止状态是模型元素的最后状态，是一个状态图的终止点。终止状态只能作为转换的目标，而不能作为转换的源。终止状态在一个状态图中可以有多个。终止状态用内嵌一个实心圆的圆表示，如图 4-29（d）所示。

（5）判定。

当工作流按监护条件的取值而发生分支时就要使用判定。判定用空心菱形表示，如图 4-29（e）所示。

监护条件的真假可以触发不同的分支转换，判定的示例如图 4-31 所示。

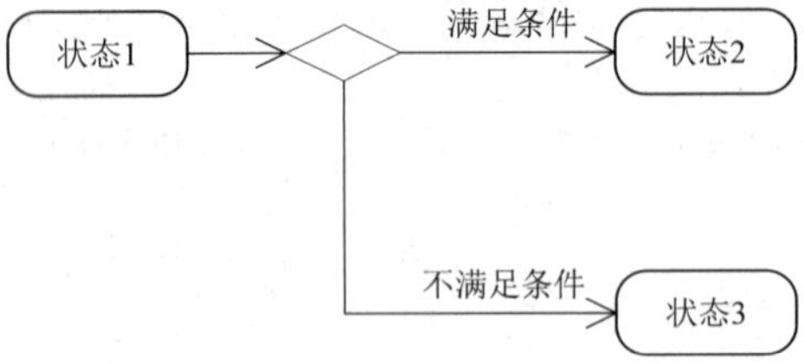

图 4-31　判定的示例

（6）简单状态。

简单状态是指不包含其他状态的状态。简单状态可以没有子结构，但可以有内部转换。前面所涉及的状态都属于简单状态。

（7）复合状态。

复合状态是包含嵌套的子状态的状态。在复杂的应用中，当状态机处于某种状态时，状态机描述的对象行为仍可以用一个状态机描述。复合状态有两种类型，即顺序子状态和并发子状态。

① 顺序子状态。

顺序子状态是指在对象生命周期内的任何时刻只能处于一个子状态，多个子状态之间是互斥的，不能同时存在。简单地说，子状态是按照顺序逐步出现的，顺序子状态如图 4-32 所示。

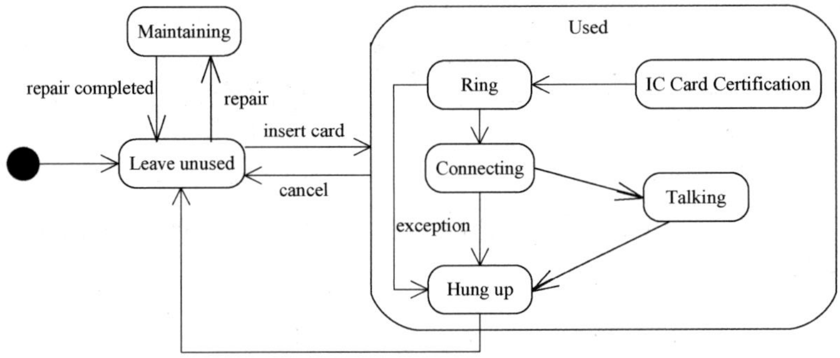

图 4-32　顺序子状态

在本示例中，IC 卡电话具有 3 个基本状态，即“Used”“Leave unused”和“Maintaining”。其中，“Used”状态具有子状态，当拿起电话机打电话时，首先要插入 IC 卡，进行 IC 卡的有效验证，验证通过之后才可以拨打电话。如果电话接通，则转到“Connecting”状态；如果对方也拿起听筒，则转到“Talking”状态；通话完毕转到“Hung up”状态。如果无人接听，则转到“Hung up”状态。

② 并发子状态。

有时两个或多个子状态之间可能是并发执行的。例如，在一个图形界面的应用程序中，界面可以在用户输入信息的同时显示系统的时钟。并发子状态之间用虚线隔开，如图 4-33 所示。

在图 4-33 中，“Waiting input”是界面等待用户输入信息状态，“Registering input”是界面正在登记用户信息，“Visualizing input”是显示用户信息状态。这些状态构成的是一个顺序子状态的序列，与下面的顺序子状态序列（由“Watching System clock”监视系统时间子状态和“Updating Display”更新界面显示子状态）构成了并发子状态。

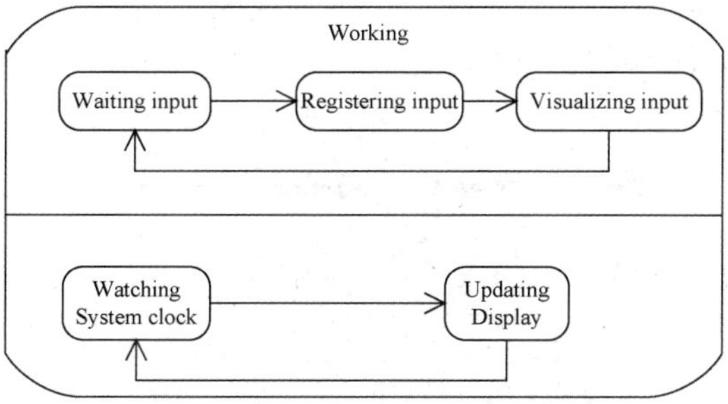

图 4-33　并发子状态

（8）历史状态。

历史状态代表上次离开复合状态时的最后一个子状态，它用一个包含字母“H”的小圆圈表示。每当转换到历史状态时，对象便恢复到上次离开时的最后一个活动子状态。如图 4-34 所示，是一个 MP3 播放器对象的状态图，应用到了历史状态。

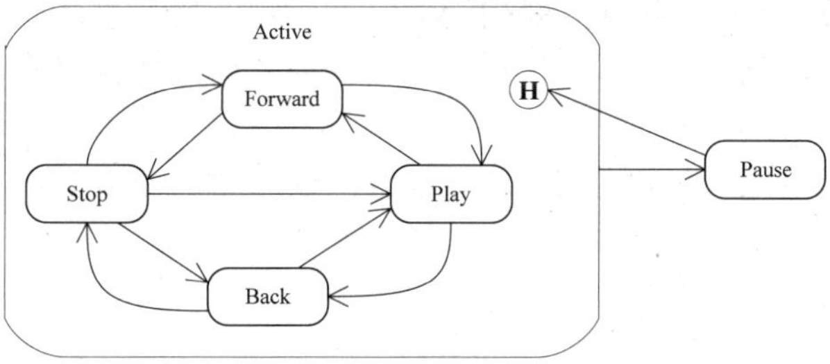

图 4-34　历史状态

从图 4-34 中可以看出，MP3 播放器对象具有 4 个子状态，即“Forward”“Play”“Back”和“Stop”，其中子状态之间可以互相转换。从状态的任一子状态都可以到“Pause”状态。当用户撤销暂停恢复播放器的活动状态时，MP3 播放器对象将直接进入历史状态。

4.4.2　活动图

1. 活动图的作用

活动图（Activity Diagram）是 UML 用于对系统的动态行为建模的另一种常用工具，描述活动的顺序，展现从一个活动到另一个活动的控制流。活动图是描述系统流程的一种方法，能够表现动作是怎样发生的、动作要干什么（对象状态的变化）、动作是何时发生的（动作的顺序），以及动作是在何处发生的（活动分区）。

活动图可以描述的情况如下。

（1）捕获操作执行时的动作。

（2）捕获一个对象的内部动作。

（3）显示一组相关的动作将如何执行，以及它们如何影响周围的对象。

（4）显示一个用例的实例在动作和对象状态变化方面是如何执行的。

（5）显示参与者、工作流等方面是如何运转的。

2. 活动图的组成元素

活动图的基本图标如图 4-35 所示。

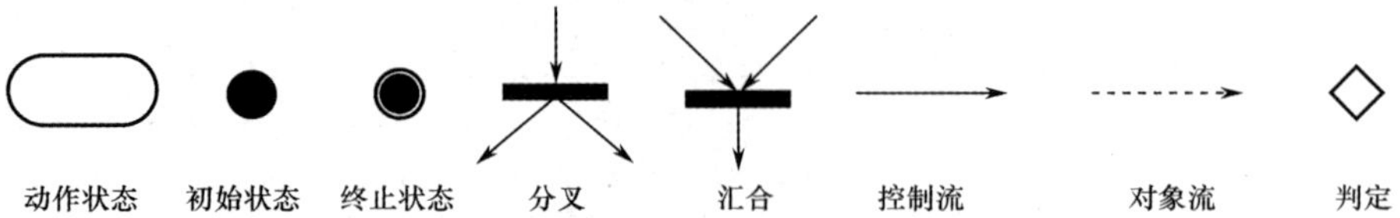

图 4-35　活动图的基本图标

下面介绍一下活动图的组成元素。

1）动作状态

动作状态是指执行原子的、不可中断的动作，并在此动作完成之后向另一个状态转换。动作有如下特点。

（1）动作是构成活动图的最小单位，无法分解为更小的部分。

（2）动作是不可中断的，一旦开始运行就不能中断，一直到运行结束。

（3）动作是瞬时的行为，它所占用的处理时间极短，有时可以忽略。

（4）动作可以有输入转换，至少有一条输出转换，这条转换以内部动作的完成为起点，与外部事件无关。

（5）在一张活动图中，动作状态允许在多处出现。

在 UML 中，动作状态使用左右两侧为圆形边线的矩形表示，动作状态所表示的动作写在圆形边线矩形内部。

2）分支与合并

分支在软件系统流程中很常见，一般用于表示对象类所具有的条件行为。用一个布尔表达式的真假来判定动作的流向。条件行为用分支和合并表达。

在活动图中，分支与合并用空心菱形表示。分支包括一个输入转换和两个带条件的输出转换，输出转换的条件应当是互斥的，要保证只有一条输出转换能够被触发。合并包括两个带条件的输入转换和一个输出转换，合并表示从对应的分支开始到条件行为的结束。分支与合并的示例如图 4-36 所示。

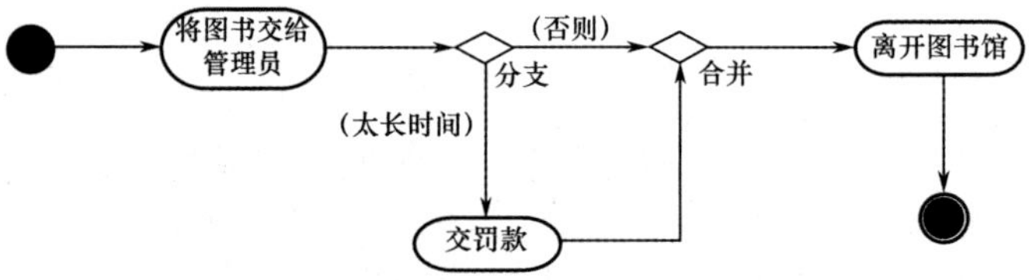

图 4-36　分支与合并的示例

图 4-36 描述了还书的过程。将书拿到管理员处，如果所借书籍没有超过期限，则还书成功，可以离开；如果所借书籍已经超过期限，则需要交一定的罚款，然后才能离开。

3）分叉与汇合

分叉用来描述并发线程，每个分叉可以有一个输入转换和两个或多个输出转换，每个转换都可以是独立的控制流。

汇合代表两个或多个并发控制流同步发生，当所有的控制流都达到汇合点后，控制才能继续往下进行。每个汇合可以有两个或多个输入转换和一个输出转换。

分叉与汇合的示例如图 4-37 所示。

图 4-37 描述的是到体育馆打球的活动图。首先要进入体育馆，然后寻找场地，找到场地后询问价格，如果价格合适就付款开始打球。

4）泳道

泳道将活动图中的活动划分为若干组，并将每一组指定给负责这组活动的业务组织，即父对象。泳道区分负责活动的对象，明确地表示哪些活动是由哪些对象进行的。每个活动只能明确地属于一个泳道。

在活动图中，泳道用垂直实线绘出，垂直线分隔的区域就是泳道，泳道示例如图 4-38 所示。

从图 4-38 中可以看出，用户提出图书信息查询的申请，系统识别查询类型并执行查询，最后系统将查询结果返回给用户。示例中的泳道代表两个对象，对应实现代码的两个类。

5）对象流

对象流是动作状态或活动状态与对象之间的依赖关系。用活动图描述某个对象时，将涉及的对象放置在活动图中，用一个依赖将其连接到创建、修改和撤销的动作状态或活动状态上，对象的这种使用方法就构成了对象流。

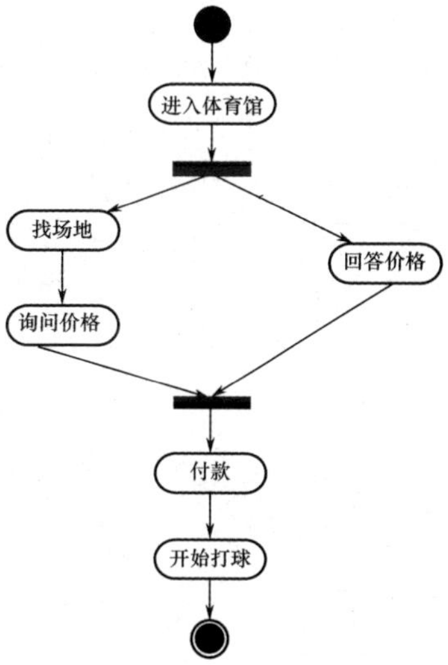

图 4-37　分叉与汇合的示例

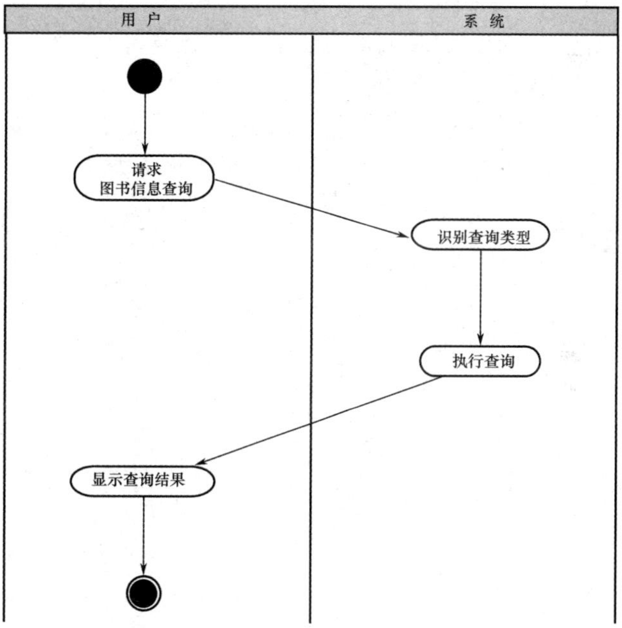

图 4-38　泳道示例

在活动图中，对象流用带箭头的虚线表示。对象用矩形表示，矩形内是该对象的名称，名称下方的括号表明该对象此时的状态，对象流示例如图 4-39 所示。

从图 4-39 中可以看出，对象 feeBill 表示要付场地费用，当客户询问场地价格的时候，账单还处于未付款的状态；当交付场地费以后，账单的状态发生了变化，由未付款状态变成已付款状态。

3. 创建活动图的步骤

用活动图对工作流建模可以遵循如下步骤。

（1）识别要对工作流描述的类或对象，目的是为每个重要的业务对象建立泳道。

（2）确定工作流的初始状态和终止状态，明确工作流的边界。

（3）对动作状态或活动状态建模。

（4）对动作流建模。

（5）对对象流建模。

（6）对建立的模型进行精化和细化。

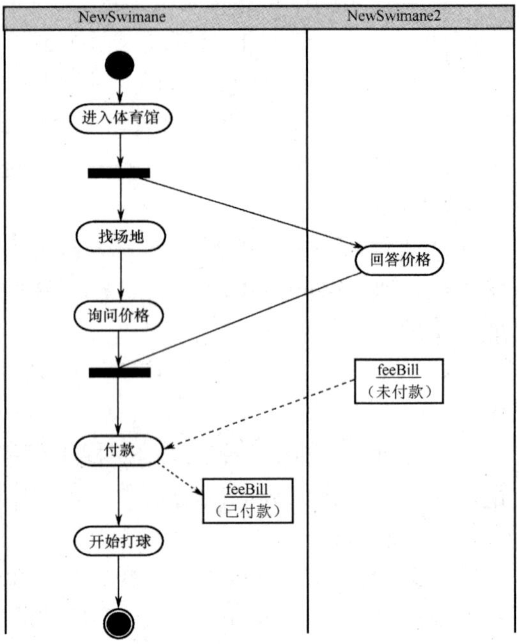

图 4-39　对象流示例

4.4.3　顺序图

顺序图（Sequence Diagram）描述了对象之间传送消息的时间顺序，是用来表示用例中的行为顺序的。当执行一个用例时，顺序图中的每条消息对应了一个类操作或引起转换的触发事件。

在 UML 图中，顺序图表示为一个二维的关系图，其中纵轴是时间轴，时间沿竖线向下延伸。横轴代表在协作中各个独立的对象。当对象存在时，生命线用一条虚线表示，消息用从一个对象的生命线到另一个对象生命线的箭头表示。箭头以时间顺序在图中上下排列。

ATM 用户成功登录的顺序图如图 4-40 所示。图中涉及 4 个对象，即 ATM 用户、读卡机、屏幕和账户。登录的动作从 ATM 用户向读卡机插卡开始，然后读卡机读卡并提示输入密码信息，接着 ATM 用户提供密码，账户验证，最后通过验证后登录成功。

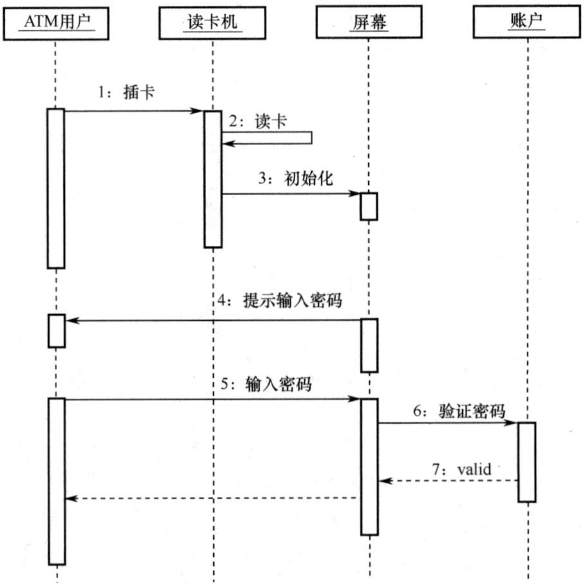

图 4-40　ATM 用户成功登录的顺序图

1. 顺序图的组成元素

顺序图的主要组成元素包括对象、生命线、消息和激活。顺序图的基本图标如图 4-41 所示。

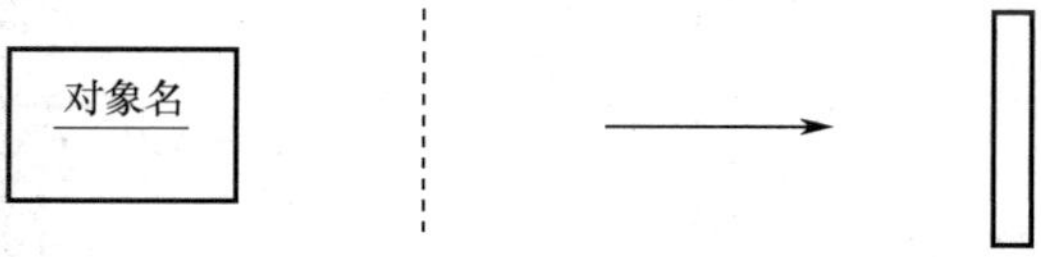

（a）对象　（b）生命线　（c）消息　（d）激活

图 4-41　顺序图的基本图标

1）对象

顺序图中对象使用矩形表示，并且对象名称下有下画线，如图 4-41（a）所示。

2）生命线

生命线是一条垂直的虚线，表示顺序图中的对象在一段时间内的存在。每个对象底部中心的位置都带有生命线。生命线是一条时间线，从顺序图的顶部一直延伸到底部，所用的时间取决于交互持续的时间，如图 4-41（b）所示。

3）消息

消息是对象之间的通信，是两个对象之间的单路通信，是从发送方到接收方的控制信息流。在 UML 中，消息使用箭头来表示，如图 4-41（c）所示。消息箭头所指的一方是接收方，箭头的类型表示了消息的类型。消息的类型及图标如表 4-4 所示。

表 4-4　消息的类型及图标

图　标	消息类型	图　标	消息类型
→	简单消息	➞	同步消息
↩	反身消息	⇁	异步消息
- ->	返回消息	—	—

4）激活

顺序图可以描述对象的激活和钝化。激活表示该对象被占用，已经完成某个任务；钝化指对象处于空闲状态，等待消息。

在 UML 中，对象的激活是将对象的生命线拓宽成长条矩形来表示的，如图 4-41（d）所示。其中，矩形称为激活条或控制期，对象就是在激活条的顶部被激活的。对象在完成自己的工作后被钝化。

2. 对象的创建和销毁

在顺序图中，对象的默认位置是在图的顶部，这说明对象在交互开始之前就已经存在。如果对象是在交互过程中被创建的，那么就应该将对象放到图的中间部分，也可以将消息箭头直接连接到对象上。如果要撤销一个对象，就在其生命线终止点处标上“×”，表示该对象到此消亡。对象的创建与销毁如图 4-42 所示。

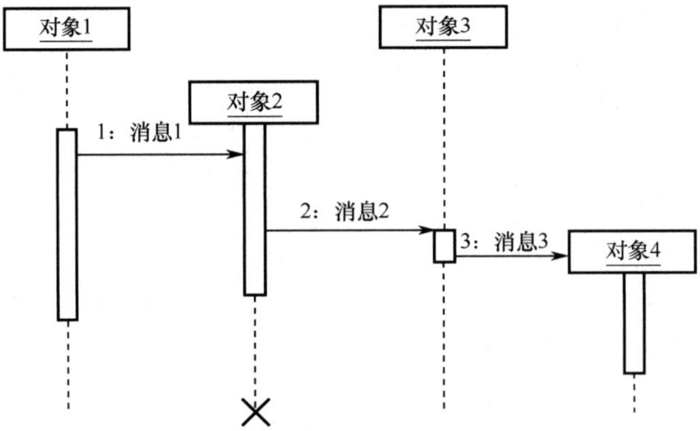

图 4-42　对象的创建与销毁

3. 顺序图的用途

顺序图可以用来描述场景，它的主要用途是表示用例中的行为顺序。当执行一个用例时，顺序图中的每条消息对应了一个对象的操作，或者对应引起对象状态转换的一个触发事件。

在系统开发的早期，顺序图可以应用在高层场景的表达上；在后续阶段，顺序图则可以确切地表示对象间的消息传递过程。

例如，对图书管理系统“借书”功能的描述，在逻辑设计阶段，从业务的角度进行建模，逻辑设计阶段“借书成功”的顺序图如图 4-43 所示。用描述性的文字叙述消息的内容，表示“借书成功”的过程中各个业务对象间的交互关系。

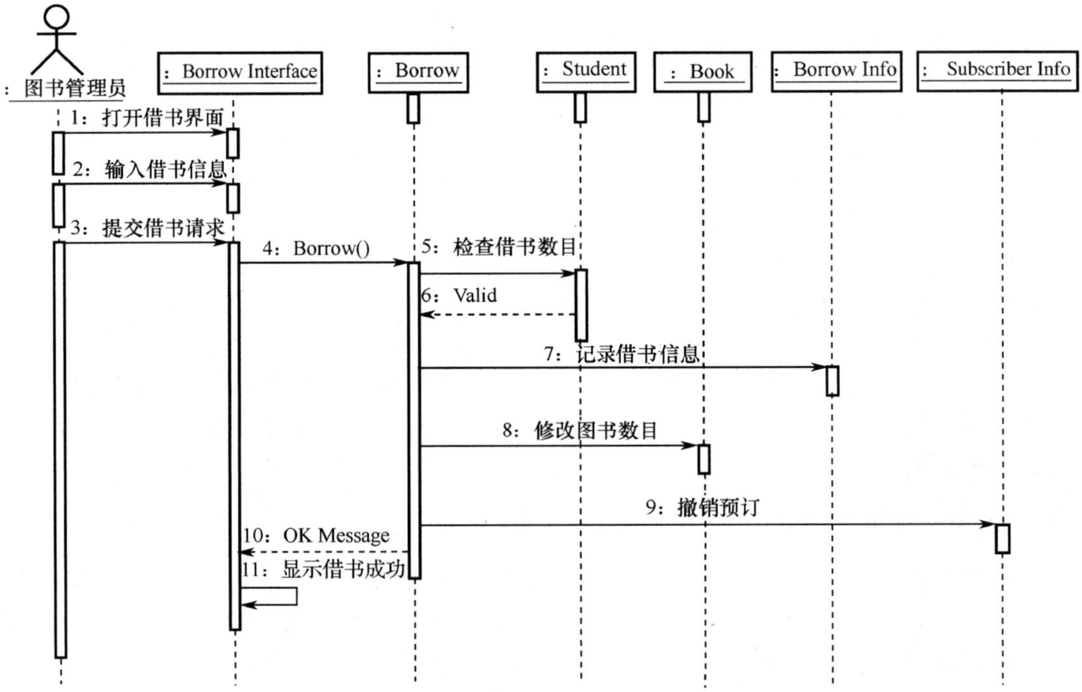

图 4-43　逻辑设计阶段“借书成功”的顺序图

在物理设计阶段，考虑到具体的软件部署，需要分别描绘“借书成功”的客户端和服务器端各个对象的响应过程，对象间通过方法调用传递消息（见图 4-44、图 4-45）。

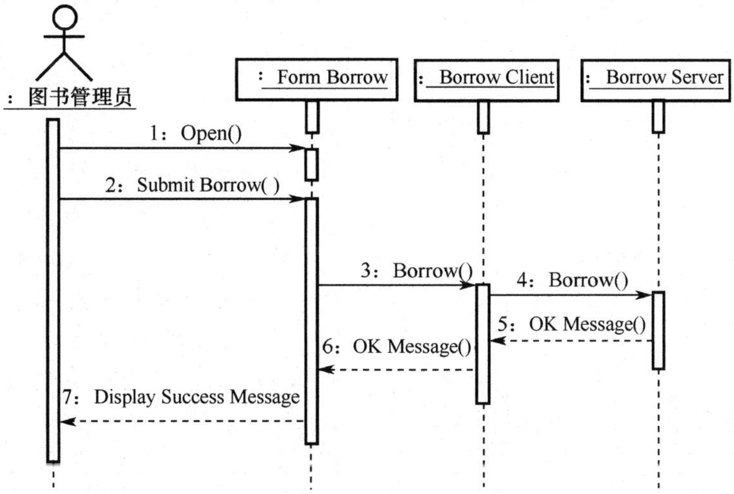

图 4-44　物理设计阶段客户端“借书成功”的顺序图

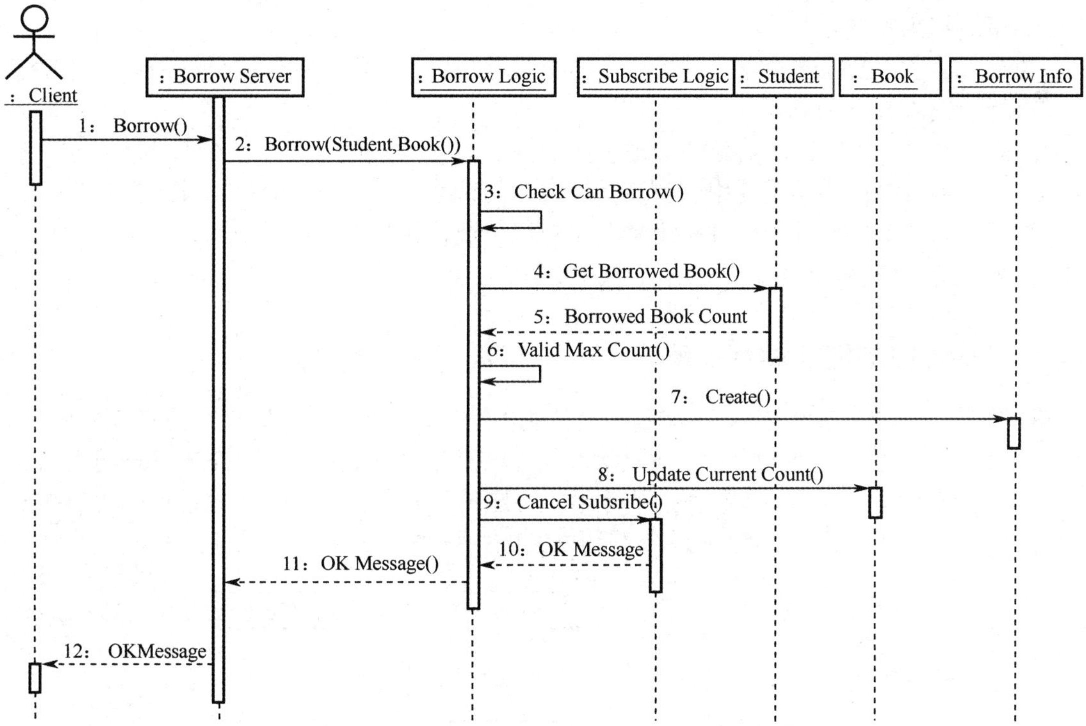

图 4-45　物理设计阶段服务器端“借书成功”的顺序图

4.4.4　协作图

协作图（Collaboration Diagram）是顺序图之外的另一种表示交互的方法。与顺序图描述随着时间交互的各种信息不同，协作图描述的是与对象结构相关的信息。

协作图可以看作对象图和顺序图的结合，表达的是对象间的交互过程及对象间的关联关系。ATM 用户成功登录的协作图如图 4-46 所示，是图 4-40 所对应的协作图。

从图 4-46 中可以看出，协作图包含 3 个元素，即对象、链和消息。协作图中的对象与顺序图中的对象概念是相同的，只不过协作图中的对象无法表示对象的创建和撤销。图 4-46 中的矩形代表的就是对象；链是连接两个类角色的实线；协作图中的消息添加了顺序号，来说明交互过程中消息的时间顺序。

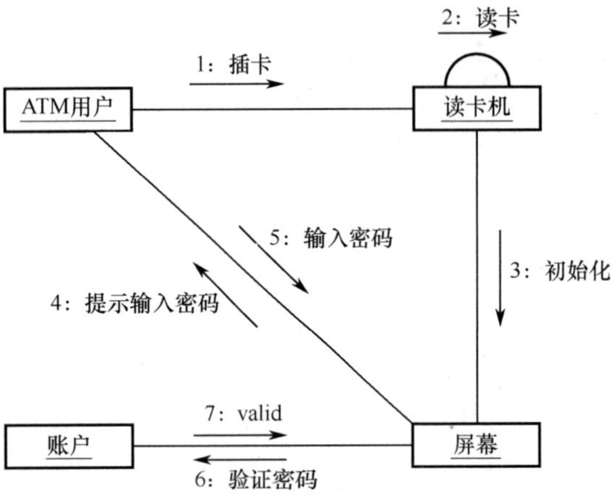

图 4-46　ATM 用户成功登录的协作图

协作图和顺序图极为相似，它们之间的相同点主要有以下 3 点。

第一，两种图都规定了发送对象和接收对象。消息是接收对象的操作特征标记，由发送对象触发该操作。

第二，两种图都支持所有的消息类型。

第三，两种图都可以用来检查模型之间的依赖性，判断出依赖关系。

顺序图和协作图之间也有以下几点不同。

第一，顺序图强调对象之间传送消息的时间顺序，而协作图主要强调对象间的交互过程及对象间的关联关系。

第二，顺序图可以描述对象的创建及撤销情况。而在协作图中，对象或者存在，或者不存在，除了通过消息描述或约束，没有其他方法可以表示对象的创建或结束。

第三，顺序图还可以表现对象的激活和钝化情况，但对于协作图来说，由于没有时间的描述，无法清晰地表示对象的激活和钝化情况。

4.4.5　UML 中的图及相互关系

用例图用于描述系统的功能；类图和对象图用来定义类和对象，以及它们的属性和操作；状态图用于描述对象所有可能的状态及状态间的转移；顺序图和协作图描述对象间的交互关系，其中顺序图强调对象间消息发送的顺序，协作图强调对象间的协作关系；活动图主要用于描述用例中的事件流。UML 中的一些图之间的相互关系如图 4-47 所示。

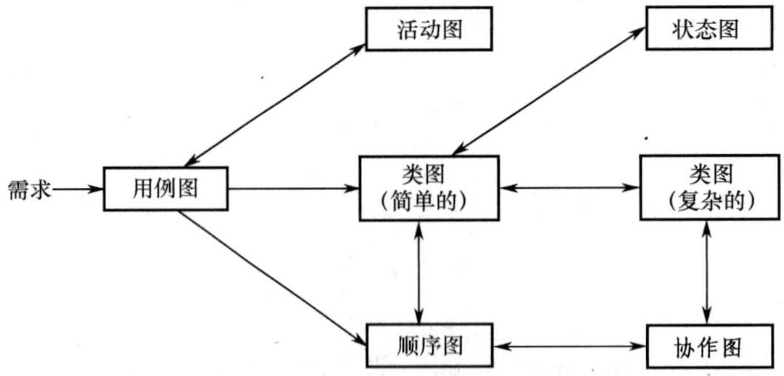

图 4-47　UML 中的一些图之间的相互关系

此外，包图用于描述系统的分层结构；组件图用于描述系统的软件结构及各组件间的依赖关系；部署图用于定义系统中软/硬件的物理体系结构。

4.5 实现图

面向对象系统的物理建模由组件图与部署图组成。组件图用来帮助用户了解每个功能位于软件包的位置及它们之间的关系；部署图用来帮助用户了解软件中的各个组件驻留的硬件位置及这些硬件之间的交互关系。

4.5.1 组件图

在 UML 中，组件图是系统实现视图的图形表示。与其他图类似，组件图中可以包含注释和约束，也可以包含包或子系统，将系统中的组件组合起来就能表示完整的系统实现视图。

组件图（Component Diagram）通常包含 3 种元素，即组件、接口和依赖关系。组件图通过这些元素描述软件的各个组件及它们之间的依赖关系，以及组件的接口和调用关系。一个简单的用 Java 语言编写的画图程序项目的组件图如图 4-48 所示。

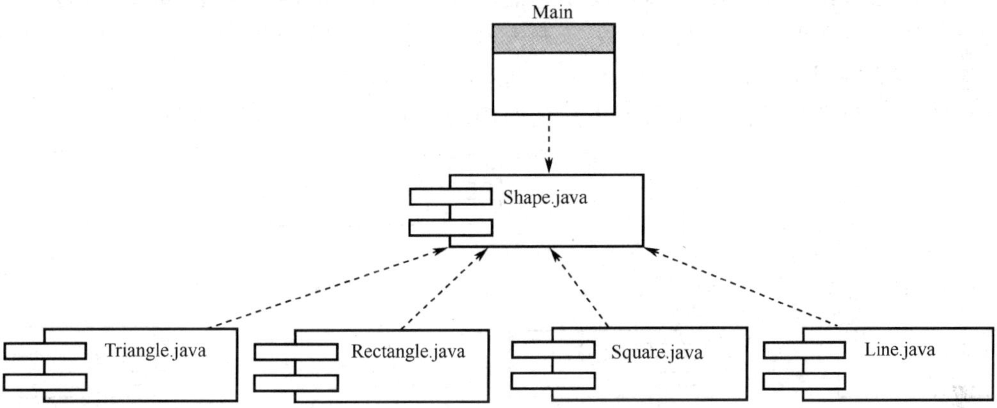

图 4-48　画图程序项目的组件图

1. 组件

组件是定义良好接口的物理实现单元，是系统中可替换的物理部件。通常情况下，组件表示由类、接口等逻辑元素打包而成的物理模块。组件包括源代码文件、可执行文件、库及数据库等。

组件及组件图示例如图 4-49 所示。在组件图中，组件用一个矩形表示，一侧有两个凸出的小矩形。组件名称标在矩形中，如图 4-49（a）所示。

某个信息系统的 MIS 组件图如图 4-49（b）所示，Database 组件、BusinessLogic 组件和 UseInterface 组件共同组成了 MIS 组件。

在软件系统建模过程中，组件的类型有 3 种，即配置组件、工作产品组件和执行组件。

（1）配置组件。该组件是运行系统需要配置的组件，是形成或执行文件的基础，如操作系统、Java 虚拟机及数据库管理系统等。

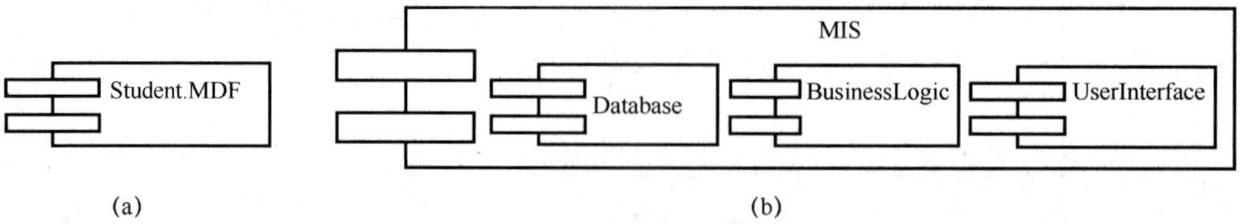

图 4-49　组件及组件图示例

（2）工作产品组件。模型、源代码和用于创建配置组件的数据库文件，是配置组件的来源，如 UML 图、Java 类、JAR 文件、动态链接库及数据库表等。

（3）执行组件。该组件是运行时创建的组件，是最终可运行的系统产生的允许结果，如 Enterprise Java Beans、Servlet、HTML 和 XML 文档等。

2. 依赖关系

依赖关系表示组件之间存在的关系。在 UML 中，依赖关系使用一端有开放箭头的短画线表示。箭头从依赖的对象指向被依赖的对象。某图形用户界面的组件图如图 4-50 所示。

3. 接口

组件可以通过其他组件的接口来使用其他组件中定义的操作。通过使用命名的接口，可以避免在系统中各个组件之间直接产生依赖关系，有利于组件的替换。

与类图中的接口相同，组件图中的接口也使用圆圈来表示。组件与接口之间用实线连接表示实现关系，组件与接口之间用虚线箭头连接表示依赖关系，如图 4-51 所示。

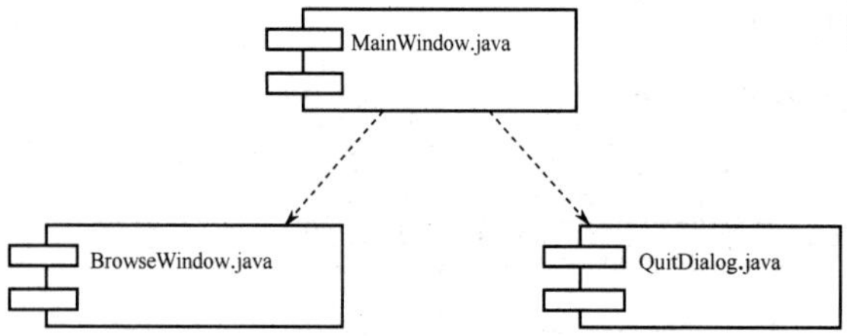

图 4-50　某图形用户界面的组件图

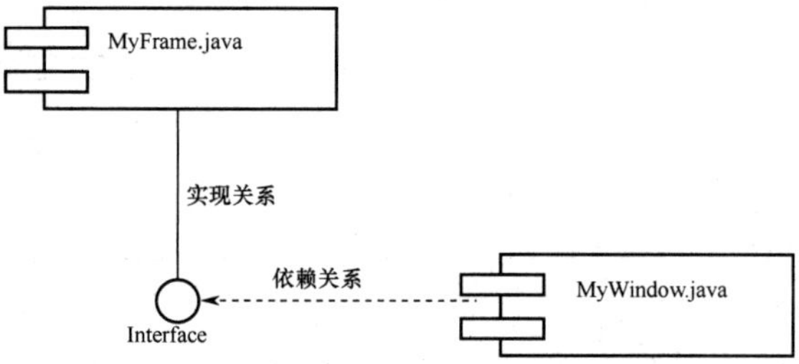

图 4-51　组件与接口

组件的接口分为两种，即导入接口和导出接口。其中，导入接口供访问操作的组件使用，导出接口供提供操作的组件使用。图 4-51 中，MyFrame.java 实现了 Interface 接口。对于组件 MyFrame.java 来说，Interface 接口是导出接口，对于组件 MyWindow.java 来说，Interface 接口是导入接口。

4. 组件与类

组件在很多方面与类相同，二者都有名称和依赖关系，可以被嵌套，也可以参与交互，还可以实现一组接口，但是组件和类之间也存在区别，具体内容如下。

（1）组件可以是一个或几个类在文件中的存在。

（2）组件表示物理上的模块。

（3）类是逻辑上的抽象，组件是客观上存在的物理抽象，因此组件可以存在于节点上而类不能。

（4）类可以直接拥有属性和操作，而组件通常只拥有必须通过接口访问的操作。

（5）类图侧重于系统的逻辑设计，而组件图侧重于系统的物理设计及实现。

5. 组件图的绘制步骤

组件图一般用于面向对象系统的物理方面建模，建模时要找出系统中存在的组件、接口及组件之间的关系。具体的步骤如下。

（1）对系统中的组件建模。

（2）对相应组件提供的接口建模。

（3）对组件之间的关系建模。

（4）将逻辑设计映射成物理实现。

（5）精化和细化。

4.5.2 部署图

部署图（Deployment Diagram）描述运行软件的系统中硬件和软件的物理结构，即系统执行处理过程中系统资源元素的配置情况及软件到这些资源元素的映射。

部署图包括两种元素，即节点和关联关系。某个 B/S 系统中的部署图如图 4-52 所示。

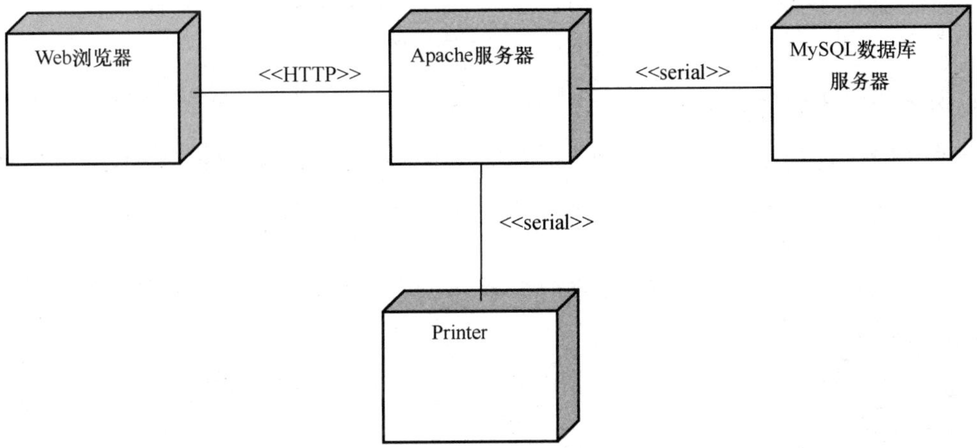

图 4-52　某个 B/S 系统的部署图

1. 节点

节点用来表示一种硬件，如计算机、扫描仪、手机和路由器等。在 UML 图中，节点的标记符是一个立方体，如图 4-53 所示，在框的上方包含节点的名称。节点可以建模为某种硬件的通用形式，如图 4-53（a）所示的 Router；也可以通过修改节点名称标记符建模为某种硬件的特定实例，如图 4-53（b）所示。

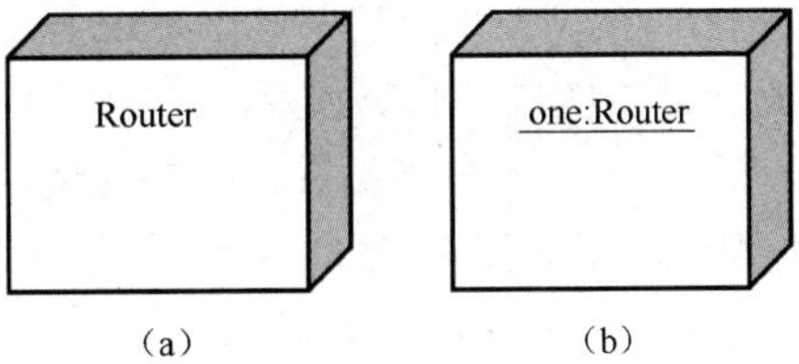

图 4-53　节点

在图 4-53 中，通过在名称和冒号下面加下画线，可以表示一个没有指定名称的实例化的节点，节点类型是 Computer，还可以表示一个名称为 one 的 Router 实例。

在实际的建模过程中，有两种类型的节点，即处理器和设备。

（1）处理器。处理器是能够执行软件并且具有一定计算能力的节点。服务器、工作站和其他具有处理能力的机器都是处理器。

（2）设备。设备是没有计算能力的节点，通常情况下都通过其接口为外部提供服务，如打印机和扫描仪等。

2. 通信关联

部署图用关联关系表示各节点之间的通信路径。在 UML 中，部署图中的关联关系为一条实线。在连接硬件时通常关心节点之间是如何连接的，如红外线、蓝牙、以太网、令牌、并行、USB 及 TCP 等。因此，关联关系一般不使用名称表示，而是使用构造型，如<<TCP>>、<<USB>>及<<parallel>>等表示。

通信关联如图 4-54 所示。

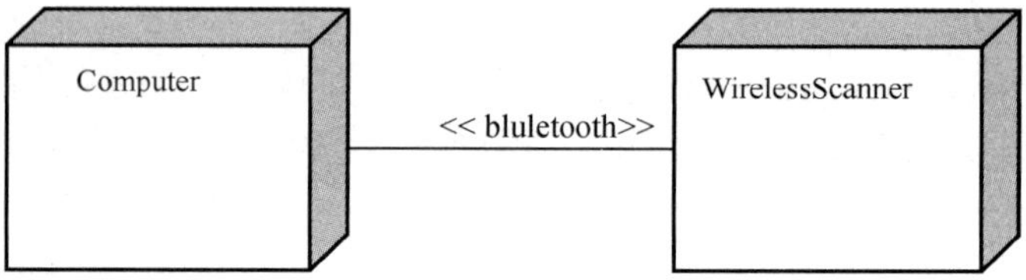

图 4-54　通信关联

3. 部署图的建模步骤

在实际开发中，如果遇到所开发的软件系统需要使用较多的设备（如路由器、打印机和服务器等），或者系统中的设备分布在多个处理器上，这时需要绘制部署图，以帮助开发人员理解系统中的硬件分布。

部署图一般用于对系统的实现视图建模，建模的时候要找出系统中的节点及节点之间的关联关系。具体的建模步骤如下。

（1）添加节点。

（2）添加通信关联。

（3）添加组件。

（4）添加组件间的依赖关系。

4. 组件图与部署图

组件图可以帮助用户了解每个功能位于软件包的位置及它们之间的关系。部署图用来帮助用户了解软件中的各个组件驻留的硬件位置及这些硬件之间的交互关系。将这两种图组合在一起，构成实现方式图来演示如何在硬件上部署软件。

一个完整的实现方式图是描述一个运行时的硬件节点，以及在这些节点上运行的软件组件的静态视图。可以理解为实现方式图显示了系统的硬件、安装在硬件上的软件，以及用于连接异构计算机的中间件。

4.6　UML 模型图的关系与扩展

4.6.1　UML 模型图间的关系

UML 包括五类图，常见的共计十种图，在系统建模过程中每一种图都发挥不同的作用，且相互之间存在紧密联系。每一种图从不同角度全面阐述了系统功能需求和运作过程。

（1）用例图从用户角度展示了系统功能需求，但没有说明功能的执行过程。而顺序图显示了用例对象之间的动态时间交互关系，协作图描述了用例对象间的协作关系，活动图描述满足了用例要求所要进行的活动及活动间的约束关系，这三种图分别以不同方式描述了系统功能的运行过程，是对用例图的进一步展开。

（2）类图从对象的角度描述了系统的静态结构，在系统的整个生命周期都是有效的；对象图是类图在某一时间段的实例，只能在系统某一时间段存在；状态图描述了类的对象所有可能的状态及引起状态转移的事件，是对类图的补充。组件图显示了系统文件间的组织和依赖关系，由于组件是类的物理实现，因此组件图也可看成是对类图的物理实现。

（3）组件图和部署图从软/硬件的角度描述了系统的物理实现，两者分别定义了系统软件文件和硬件节点的物理体系结构。

（4）包图由系统元素或包组成，表示包与包之间的关系，描述了系统的分层结构。包图主要用来为相关的元素分组，对于拥有大量繁杂元素的系统来说，适合用包图来维护管理元素。

一般情况下，利用 UML 进行系统建模时，采用用例图、类图、对象图、包图、组件图和部署图描述系统的静态结构，建立系统的静态结构模型；采用活动图、状态图、顺序图和协作图来描述系统的动态行为，建立系统的动态行为模型。

UML 是一种独立于系统开发方法的建模语言，与所要开发的具体系统无关，可用于各类系统任一开发阶段。在电子商务系统分析和设计阶段的建模过程中，对于 UML 各图应用于哪个阶段，或各阶段应建立哪些视图，以及图形描绘的详细程度，并没有一个固定的标准。在实际应用中，需要根据系统的特点和具体情况，以能清晰描述系统为准则，确定各阶段要绘制的图形及其详尽程度。

4.6.2　UML 的扩展

UML 提供了几种扩展机制，允许建模人员在不改变基本建模语言的情况下做一些通用的扩展，以适应新的需要。构造型、约束和标记值就是 UML 提供的扩展工具。

1. 构造型

构造型（Stereotype）又称版式、版型，它用来说明一个 UML 模型元素。所谓扩展机制就是使用户可以创建由已有的 UML 模型元素派生出的新 UML 模型元素。构造型的 UML 模型元素的信息形式与已有基本模型元素相同，但是含义和使用不同。新建的 UML 模型元素能够捕获自己的系统或领域中的某方面特征，而使用已有的标准模型元素无法表达这种特征。

这种扩展机制适用于所有类型的模型元素，如类、节点、组件、注释、关联、泛化和依赖等。

在图形上，构造型用一对尖括号与括起来的字符串来表示，如<<infrastructure>>、<<RMI>>等。带构造型的类如图 4-55 所示。

2. 约束

约束（Constraint）是用文字表达式表示的语义限制，即约束通过对条件或语义的限制来影响模型元素的语义。用户可以自定义约束，从而给模型元素添加新的规则或修改已存在的规则。

在图形上，用大括号“{}”括起来的字符串表达式表示约束。约束多应用于类、关联，也可以应用于消息及动作。约束的示例如图 4-56 所示。

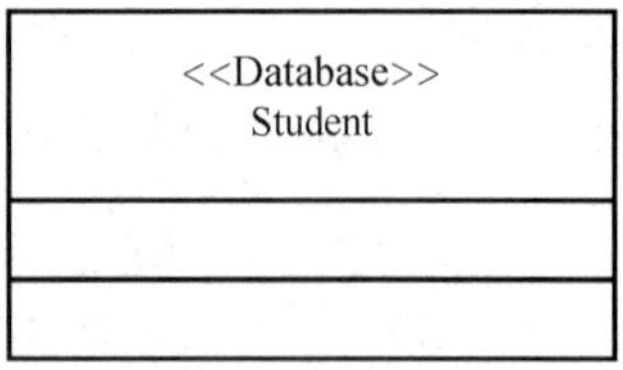

图 4-55　带构造型的类

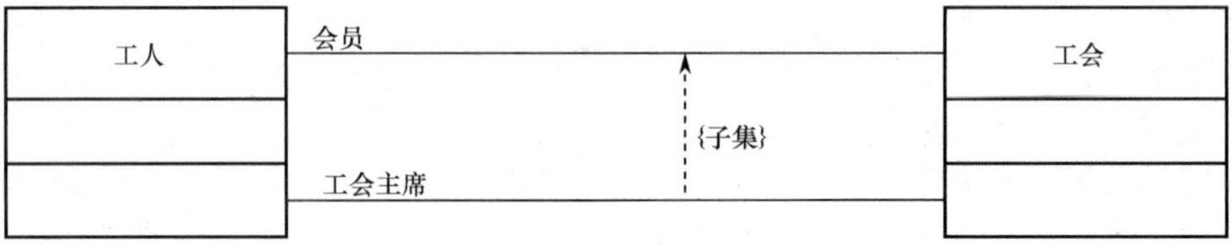

图 4-56　约束的示例

3. 标记值

标记值（Tagged Values）是对 UML 模型元素特性的扩展，目的是扩展对模型元素的规格说明。

标记是建模者想要记录的一些特性的名字，而值是给定元素的特性的值。例如，标记可以是 author，值是对元素负责的人的名字，如 Charles Babbage。

在图形上，标记值用放在大括号“{}”中的字符串表示。这个字符串由标记名、等号和标记值组成。标记值的一个重要的应用就是规定与代码产生或配置管理有关的说明。标记值如图 4-57 所示，说明服务器配置了两个处理器。

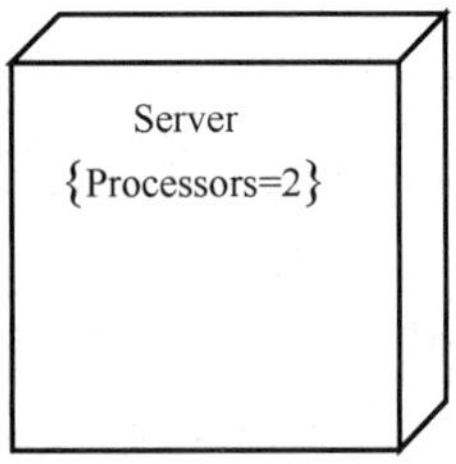

图 4-57　标记值

本章小结

本章主要介绍面向对象方法的建模语言——UML。UML 由五类图（共十种图形）来定义：用例图，从用户角度描述系统功能，并指出各功能的操作者；静态图包括类图、对象图和包图；行为图描述系统的动态模型和组成对象间的交互关系，包括状态图和活动图；交互图描述对象间的交互关系，包括顺序图和协作图；实现图，包括组件图和部署图。同时简单介绍了 UML 模型图间的关系，以及构造型、约束和标记值三种 UML 的扩展。

思考题

实践环节

第5章 电子商务系统规划

本章教学目标

（1）理解电子商务系统规划的概念和特点；
（2）熟悉电子商务系统规划的任务和步骤；
（3）掌握初步调查的任务和步骤；
（4）熟悉电子商务系统规划的常用方法；
（5）掌握电子商务系统可行性分析；
（6）掌握电子商务系统可行性分析报告及规划报告的撰写。

5.1 电子商务系统规划概述

5.1.1 电子商务系统规划的概念

1. 企业战略规划

企业战略规划是指一个企业制定的较为正式的企业目标、政策和战略，以及详细的规划实施方案。一般来讲可以从以下四个角度去阐述和界定企业战略规划，每个方面都必不可少。

（1）企业战略规划涉及的是当前决策的未来性。

企业战略规划考虑的是管理者将要做出的实际或可能的决策在一段时间内引起的一连串因果效应。企业战略规划还考虑未来可供选择的不同道路，对不同的选项进行取舍是制定当前决策的基础。企业战略规划的实质是对未来潜在的机会和威胁进行系统的辨析，结合其他相关的信息为企业更好地制定当前的决策奠定基础，从而能在将来抓住时机，避开风险。企业战略规划应有一定的灵活性，要随时根据不断变化的环境加以调整。

（2）企业战略规划是一个过程。

企业战略规划始于确定企业的目标，阐述实现该目标的战略和政策，构思详细的计划以保证战略的实施，并最终实现终极目标。这个过程还要求企业预先决定致力于何种规划、何时进行、如何进行、由谁负责，一切就绪之后如何进行下一步。对于大多数企业来讲，战略规划都是经过一段特定的时间进行构思之后形成的一整套计划。

（3）企业战略规划是一种管理企业的态度。

有了战略规划，企业的行为就要基于对未来的考虑，坚决将规划作为管理工作中不可分割的一部分持续进行。战略规划并非规定好的一套程序、步骤、结构和方法，而是思考的过程、是智能的运用。要取得最佳的成果，企业的管理者和工作人员应坚信战略规划能带来收益，并尽其所能做到最好。

（4）企业战略规划是一套完整的、有层次和联系的体系结构。

企业战略规划是企业发展的总纲领，一般可以分为企业层的总体战略、战略业务单元（Strategic Business Units，SBU）层的竞争战略、经营层的职能战略。总体战略决定并揭示企业的目的和目标，提出实现目的的重大方针和计划，确定企业应该从事的经营业务，明确企业的经济类型与组织类型，决定企业应当对职工、顾客和社会做出的经济的和非经济的贡献。总体战略用于确定企业的整体经营范围，在全企业范围内合理配置资源。竞争战略解决企业如何选择经营的行业和如何选择在一个行业中的竞争地位的问题，具体包括如何在市场中竞争、开发哪些产品或服务、这些产品或服务提供给哪些市场、如何更快更好地满足顾客的需要。职能战略是为实现企业总体战略和竞争战略而对企业内部的各项关键职能活动做出的统筹安排，包括财务战略、人力资源战略、组织战略、研究与开发战略、生产战略和市场营销战略、信息战略等。职能战略用于解决如何提高企业竞争力的问题。

企业战略规划的体系结构如图 5-1 所示，

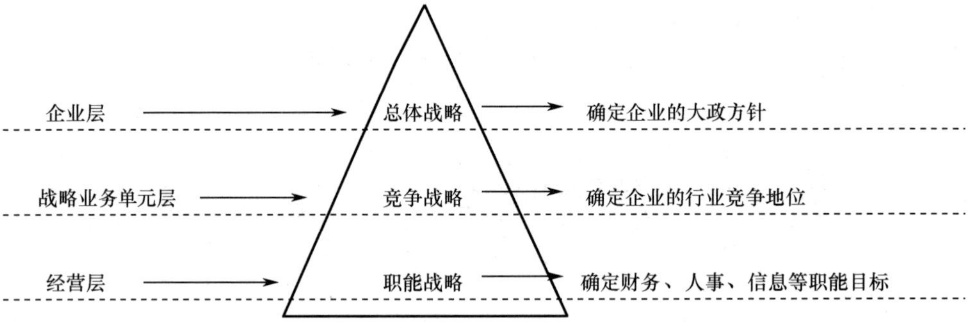

图 5-1　企业战略规划的体系结构

2. 电子商务系统规划的具体定义及特点

一般来讲，规划的目的是为完成未来的某个目标制订相关的开发方案，确定实施计划，论证可行性。

电子商务系统规划是指以支持企业将核心业务转向电子商务为目标，给定未来企业电子商务系统的商务模式和商务模型，设计支持这种转变的电子商务系统的体系结构，说明系统各个组成部分的结构及其组成，选择构造这一系统的技术方案，给出系统建设的实施步骤及时间安排，说明系统建设的人员组织，评估系统建设的开销和收益，提出可行性研究报告。

电子商务系统的建设是一项耗资巨大、历时较长、技术复杂且涉及面广的工程，规划工作是这一复杂工程的起始阶段，这项工作的好坏将直接影响整个电子商务系统建设的成败。如果能够充分认识这项工作的特点，将有助于人们提高规划工作的科学性和有效性。电子商务系统规划具有如下特点。

（1）规划工作是面向长远的、未来的、全局性的和关键性的问题。

（2）规划工作具有较强的不确定性，且非结构化程度较高。

（3）规划工作不是在于解决项目开发中的具体业务问题，而是为整个系统建设确定目标、战略、系统总体结构方案和实施计划，因而整个工作过程是一个管理决策过程。同时，系统规划也是技术与管理相结合的过程，它确定利用现代信息技术有效地支持管理决策的总体方案。

（4）规划工作的工作环境是企业管理环境。

（5）规划工作人员的主体是高层管理人员（包括高层信息管理人员），他们对管理与技术环境的理解程度、对管理与技术发展的见识，以及开创精神与务实态度是规划工作的决定因素。

（6）规划工作的结果宜粗不宜细。要给后续各阶段的工作提供指导，为系统的发展制定一个科学而又合理的目标，提供实现该目标的可行途径，但不是代替后续阶段的工作。

（7）电子商务系统规划必须纳入整个企业的发展规划，并应定期滚动。

5.1.2　电子商务系统规划的任务

一个企业要实施电子商务系统需要经过长期的努力，因而必须进行科学的规划，根据企业的目标和发展战略，以及电子商务系统建设的客观规律，并考虑企业面临的内外环境，制定电子商务系统的发展战略和总体方案，合理安排系统建设的进程。

电子商务系统规划是电子商务系统建设的第一个阶段，其主要目标是：制订电子商务系统的长期发展方案，决定电子商务系统整个建设过程的发展方向、规模和发展进程。

电子商务系统规划的任务主要包括以下几个方面的内容。

1. 制定电子商务系统的发展战略

电子商务系统的发展战略能够帮助企业的管理层建立以企业战略为导向、以外界环境为依据、以商务活动与互联网整合为重心的观念，从而正确定位信息技术部门在整个组织中的作用，保证电子商务系统的战略目标能够和企业发展目标相适应。

为了保障战略目标能够在企业内早日实现，企业往往需要成立专门的领导小组，使决策层的意图能够贯彻到企业的执行层，并由执行层提供决策和评估活动所需要的信息。基层的电子商务应用要和企业总体目标采用相同的原则，提供衡量和评估业绩的方法，保证电子商务系统建设目标的实现。

电子商务系统发展战略的内容包括以下几点。

（1）明确电子商务企业的目标和发展战略。

（2）根据电子商务企业的目标和发展战略，建立若干年内的奋斗目标，确定电子商务系统的使命。

（3）对电子商务系统的建设、升级或更新提出报告。

（4）对目前电子商务系统的功能、应用环境和应用现状进行评估，并制定电子商务系统实施的相关政策、目标和战略。

对企业的发展目标及战略规划的重视，是近几年来电子商务企业的发展趋势。如何在发展迅速且竞争日趋激烈的电子商务环境中实现企业的可持续发展，如何增强电子商务企业对环境快速变化的适应能力等问题，已经成为许多企业必须面临的决策焦点。从目前业界流行的组织变革、战略转型等话题中可以看出，越来越多的电子商务企业的决策者与管理者已经意识到，仅仅重视常规的业务投资与运营管理已经难以确保企业对环境变化的适应和可持续发展，同时他们也逐渐意识到企业自身竞争力和竞争优势等要素的重要性。

电子商务企业的目标和使命，是企业战略制定和评估的依据。明确企业的目标和使命是非常重要的，正如著名学者彼得·德鲁克（Peter Drucker）所说："经营宗旨如此独特，是造成一个企业或机构经营失败的唯一原因，也是最重要的原因。"对于电子商务企业而言，一个明确的宗旨（战略目标）应明确电子商务企业是什么和希望成为什么，在战略上要允许企业创造性地发展，而在战术上限制企业进行一些冒险行为。战略目标的确定，使本企业有别于其他同类型的企业，也为企业现在和未来的活动提供了评价体系。另外，战略目标的陈述应该准确、明白，易于被整个企业的人员所理解。

2. 制订电子商务系统的总体结构方案

制订电子商务系统总体架构方案的目标是阐述电子商务系统的体系结构，说明其逻辑层次，界定各部分的作用及其相互关系。在电子商务系统的总体结构方案中，应该明确电子商务企业在决策支持和信息处理方面的信息需求，形成适合整个企业和各个分支部门的系统建设总体结构方案，制订总体发展计划，确定系统和应用项目的先后实施次序和建设进程。

电子商务系统总体结构方案的特点是：侧重于从逻辑上阐述系统各部分的关联关系，而不是说明构造系统的技术产品，但是这种体系为系统的集成提供了依据。

电子商务系统总体结构方案的主要内容通常包括以下几点。

（1）系统的体系结构。

（2）系统各层次的构成及作用，包括客户层、服务表达层、应用逻辑层、系统的支持平台、基础网络环境。

（3）与企业内部既有信息系统的结构关系。

（4）与交易相关的外部公共信息基础设施之间的结构关系。

（5）网站（Portal）或企业信息门户（EIP）的结构。

3. 进行电子商务系统建设资源分配

电子商务系统的建设是一项系统工程，涉及信息技术、网络技术和用户的交互。然而这种交互会对客户原有的工作习惯、工作方式产生触动和冲击，带来业务流程的变化和企业结构的调整，甚至包括体制的变革。同时，随着需求的膨胀和技术的发展，商务系统功能越来越多，技术复杂程度越来越高，开发和掌握此系统需要一个过程。因此，建设电子商务系统对于一个企业而言，是一个长期的过程，其效益的体现往往需要一个较长的阶段。例如，互联网零售企业亚马逊公司在经历了长达 9 年的亏损之后，终于在 2003 年实现了首次盈利。由此可见，对于电子商务系统，应该本着可持续发展的思想来持续投入。

目前在已经建成的电子商务系统中，有相当多的用户认为效益不明显，而且浪费较大。效益不明显的主要原因是在项目论证时缺乏可持续发展的观念，在建设和运行中没有引入科学的项目管理手段，导致资源分配不合理，影响了项目成效。因此，在开始着手建设电子商务系统时，需要先制订电子商务系统建设资源分配计划，主要内容包括：制订系统实施所需的硬件和软件资源、数据通信设备、人员、技术和资金等资源计划，提出系统建设的总体和分项概算。

资源分配计划的主要目的是解决电子商务系统建设过程中投资分配不合理的问题，因此作为一个电子商务系统的设计者，需要对资源分配过程中存在的如下一些主要问题有所了解，并在建设过程中注意加以避免。

（1）重视硬系统建设，轻视软环境建设。对系统开发和管理的人才队伍、企业标准等支撑体系建设投入不足，从而导致相关标准和制度难以完善，电子商务系统的管理体系无法健全，并且使系统在实施时缺乏理论指导和资源支持。

（2）重视硬件，轻视软件。目前在国际上进行电子商务应用系统开发时，通常对软/硬件的投入比例约为各占50%。而在国内进行同类软件开发时，软件投入却只占5%～20%。对软件的投入不足导致系统资源（如硬件设备和数据资源）被大量闲置。

（3）重视国外产品，轻视国内产品。许多企业在采购电子商务系统所需的软/硬件产品时，有盲目选择国外先进产品的倾向，这直接导致投资的成倍增长。

（4）重视系统建设，轻视前期规划，轻视后期运行管理和数据维护。部分企业对于电子商务系统的建设不是有的放矢，而是跟风上马。论证不充分、缺乏统一的规划和管理，容易导致重复投资；后期对系统运行管理和数据维护投入的不足，导致数据开发和更新缓慢，难以满足电子商务系统的需要。

对建设电子商务系统的资源分配不合理导致系统建设过程中出现投资不足和资源浪费并存的现象。在一些存在问题的电子商务系统中，一方面资金投入不足，缺乏资金维持项目的开发和运转；另一方面，企业机房里的中高档商业系统长期用于处理个人计算机就能处理的工作，利用率极低，有的设备和系统甚至被长期闲置。

电子商务系统的建设不可能一蹴而就，需要各参与方保持一致的目标和坚定的信念，战略目标要清晰，并且保证有力的组织和审慎的实施。要有一个统一的管理体系负责系统的整体规划和项目管理，并对资金进行审计和监管，保证有关的资金不被挪用或滥用。

在电子商务系统的实施过程中，要进行严格的资源管理，对需求设计、项目管理、项目监理及评估验收等环节进行科学、规范的管理，控制成本，保证电子商务系统建设的质量和进度。

4. 制订项目实施计划

通常，项目实施计划是在电子商务系统的项目开发小组对用户实施了方法和流程培训以后，且在用户方项目小组也对系统的整体框架及各个模块的功能与使用都比较熟悉的情况下而制订的。这时用户方项目小组对系统开发人员所提供的实施电子商务系统的基本流程、各个阶段的主要任务和预期达到的目标都有比较清晰的认识和理解，保证接受系统开发人员提供的开发方法与系统方案，认同系统开发人员的各项工作。

应该注意的是，项目实施计划必须由双方的项目经理共同协商制订。项目实施计划必须建立在电子商务系统的标准实施流程基础之上，同时还应结合企业的实际情况和电子商务系统建设的具体要求，充分考虑项目进行中可能出现的问题和情况，并针对特殊情况制订最优的处理方案。

项目实施的进度是由实施的具体内容决定的，因此常常需要根据不同的实施内容所需要的不同时间分别制订多个计划。不同的项目实施计划可以给用户和开发人员双方的决策层提供更多的选择，保证整个实施过程更符合供需双方的具体情况和条件。

电子商务系统开发项目实施计划必须首先得到企业决策层的认可。企业领导尤其是决策层对电子商务系统建设的认识和态度，直接影响到系统的使用效果甚至建设的成败。电子商务企业的领导对项目的重视，不仅可以在实施过程中带来实质性的帮助，还将对各相关部门负责人和系统的管理人员在思想上产生重要的影响。电子商务系统的用户是积极主动地认识、掌握和使用新系统，还是消极被动地接受，甚至抵触新系统，这些截然不同的态度，也会导致系统使用效果的巨大差别。

再者，项目实施计划还必须得到电子商务企业各部门的认可，并让企业全员积极参与。新系统带来的新思想和业务流程，对每个部门的每个员工都会产生不同程度的影响，甚至带来不便，但是电子商务系统的建设更多地从企业整体的角度来考虑各种商务活动和每个数据，因此它要求系统的每个使用人员在进行数据和业务处理时要考虑系统的整体需求。系统的实施工作可能只涉及一部分人员，但系统的应用却与企业的每一个部门、每一名员工有关。

电子商务系统的使用涉及面很广，业务流程较复杂，有时还会引发业务流程甚至企业员工岗位的变化，以及部门职责的转变等，而这已经远远超过了部门的界限，所以在实施过程中经常会遇到跨部门或涉及岗位功能变动的问题，这些都需要企业决策层来协调解决。因此，项目实施计划必须由企业决策层确认核批后实施。

一个经过精心制订的项目实施计划是否能够被很好地执行，在很大程度上取决于领导对计划的认可程度和各相关部门的支持程度，只有得到全企业范围认可的项目实施计划才会得到各个方面的配合，才有可能按照预定的时间表顺利实施。由此可见，项目实施计划需要企业决策层和执行层相互认可，从而达到互动共进的理想局面。

确保项目计划的有效执行是项目实施过程中一个极其复杂的问题，也是整个项目实施过程中最为困难的部分。但是无数成功经验表明，只要抓住以下两个基本的方面就能够保证项目计划的有效执行。

（1）必须严格按照项目实施和管理方法进行运作，做好项目的跟踪和控制。

（2）必须保证任何计划变更只是对原计划的适当调整、补充和完善。只有这样，才能保证项目计划的有效性、可持续性及可操作性。

总之，一个切实可行的项目实施计划可以作为项目实施进度控制的依据，也可以作为各项辅助工作开展的参考。只有将项目实施计划和项目计划的有效实施辩证地结合，才能保证电子商务系统开发项目的最终成功。可以说，有效的项目实施计划是保障电子商务系统成功实施的关键，处理得当可以收到事半功倍的成效。

5. 进行可行性分析

根据待开发电子商务系统的需求，分析新系统的商务模式和商业机会、需要的信息技术、可能发生的投资和费用，以及产生的效益，判断待开发的电子商务系统成功的可能性。

5.1.3 电子商务系统规划的步骤

制定企业的电子商务系统规划是进行电子商务系统建设的第一阶段，其本身就是一个庞大的项目。制定电子商务系统规划有以下几个步骤。

1. 建立制定电子商务系统规划的组织

（1）项目负责人。主管项目的高级行政官员，由他负责与高层管理人员进行沟通。

（2）项目小组。参加人员大约有三类。

① 企业经营人员。

② 技术人员。

③ 相关领域的专家顾问（如物流、金融方面）。

2. 对电子商务系统进行战略分析

对于电子商务系统规划而言，其战略分析相当重要。因为企业实施电子商务系统，首先必须清楚地了解顾客的需求；然后明确为了满足顾客需求企业应具备什么能力并达到怎样的目标；最后要做的是，为了帮助企业完成其战略目标，明确电子商务系统的建设应该具备怎样的目标（这一目标必须向下传达，必须使每一个开发人员都明白）。

对电子商务系统进行战略分析主要包括三个方面。

（1）确定电子商务系统规划的范围，是对整个企业制定整体（或全局）规划，还是制定企业内一个部门的规划。

（2）确定电子商务系统规划的时间。限制时间短，结果可能肤浅；时间长，规划过于详细，可能过时。

（3）明确企业战略目标。

基于以上内容，对电子商务系统进行战略分析主要有两个步骤。第一步，对企业本身进行自我诊断，分析企业总的战略目标和使命；进行环境分析，识别企业的机会和威胁；进行组织资源分析，发现企业的优势和劣势。第二步，将企业自我诊断的结果整理成“战略目标信息集合”，该集合包括企业的使命、目标、战略及其他战略变量（如管理水平、发展趋向、环境约束等），并将此信息集合转化为“电子商务系统战略的集合”，这一信息集合由电子商务系统的目标、使命、环境约束等信息组成。

3. 制定规划进度表

制定电子商务系统规划需要完成多项任务。为此，需要制定一个详细的进度表，便于及时检查和掌握工作进度。进度表中应规定各项任务的优先次序和完成任务的时间安排，给项目组成员分配具体任务和确定任务完成的时间。

4. 对现行系统进行初步调查与分析

初步调查主要调查当前企业的目标与任务、组织机构及管理体制系统的状况、可供利用的资源及约束条件、存在的主要问题及薄弱环节等。

初步调查的目的就是事先了解系统的基本状况，为系统建设者构思并提出一个切实可行的系统实施框架奠定基础。初步调查的范围大致包括用户需求、企业的运行现状和企业的基本状况。企业的基本状况包括企业的性质、企业内部的组织结构、物流生产过程、厂区各办公楼或车间（或连锁商店总店与分店之间）的布局（为今后处理各种模型之间的关系和网络分布、分布式数据库做准备）、上级主管部门、横向协作部门、下设直属部门等（了解系统的对外信息流通渠道）。这些都与拟定系统实施框架有着直接的关系，所以应该将调查结果明确地列出来。

5. 确定系统的开发策略

常用的开发策略有“自下而上”开发策略、“自上而下”开发策略和集成开发策略三种。“自下而上”开发策略是从现行系统的业务状况出发，先实现一个个具体的功能（如订单处理、物资供应等），当下层子系统分析完成后，再进行上一层系统的分析与设计，逐步地由低级到高级建立电子商务系统。“自上而下”开发策略是从企业管理的整体进行设计，逐渐从抽象到具体、从全面到局部、从长远到近期、从概要设计到详细设计，体现结构化的设计思想，依据合理的信息流来设计电子商务系统。集成开发策略将以上两种策略结合起来，首先“自上而下”做好总体规划，然后在总体规划的指导下，采用适宜的策略开发各子系统或分子系统，并自下向上集成。

6. 提出新系统的开发方案

开发方案包括新系统的目标、功能、结构、开发方式、开发方法、开发进度计划、项目成本、资源需求等。例如，有可能采用的计算机系统和网络系统、所需要的人力（包括系统开发人员、计算机软/硬件技术人员、专业管理人员、基础数据统计人员等）和财力、可借用的设备（主要指已有信息系统中的网络或计算机设备）及子系统等。

7. 对新系统进行可行性分析

可行性分析包括开发新系统的必要性、新系统的开发方案的经济性、技术上的可行性、组织管理上的可行性及环境的可行性等。进行可行性分析之后，系统规划的结果才可作为系统开发的主要依据，它决定了该系统是否能够立项，以及立项后大致按什么规模、什么模式进行开发。可行性分析主要处理以下几方面的内容。

（1）从企业内部和外部分析电子商务系统的实际需求。

（2）分析企业基础数据管理工作对将要开发的系统的支持程度。

（3）分析企业管理的现状和现代化管理的发展趋势。

（4）分析现有的物力和财力对新系统开发的承受能力。

（5）对现有的技术条件进行评估，并分析开发新系统在技术上的可行性。

（6）分析管理人员对新系统的期望值。

（7）对新系统运作模式的适应能力进行分析，以确定最后可行的系统实施方案。

8. 提出系统规划报告

系统规划报告应当包括绪论、系统建设的背景、必要性和意义、系统的候选方案、可行性分析、几种方案的比较研究和建设性结论。

5.2 初步调查

当用户提出开发电子商务系统的要求后，为了确定这种开发要求是否具有可行性，开发人员需要在系统开发之前认真调查。为了使系统开发工作更加有效率，通常将调查分为初步调查和详细调查两步。

初步调查是在规划阶段进行的，即先投入少量人力对系统进行大致的了解，分析其开发的可行性；详细调查是在分析阶段进行的，即在确定系统开发具有可行性并已正式立项后，再投入大量人力展开大规模、全面详细的系统调查。

无论是企业电子商务，还是电子商务企业，都有一个初步调查的过程，但内容有部分不同。对于新创建的电子商务企业，需要有一个为策划提供依据的调查，但不需要调查企业现行系统的情况。

初步调查的目的是获取足够的信息以协助制定待建系统的开发方案，决定待建系统是否能够立项。因此，初步调查不是一个全面的数据收集活动，不必定义所有的问题，也不必过多考虑所有可能的解决方法，而是有针对性的调查。

5.2.1　初步调查的任务

1. 分析用户需求

用户需求是电子商务系统使用者或相关人员对想要开发的电子商务系统提出的初步要求。系统开发的起因是企业发现现行系统（手工作业系统或现有的信息系统）已无法满足需要，而提出开发电子商务系统的请求。初步调查的第一步就是从电子商务系统使用者或相关人员提出电子商务系统开发的缘由和对电子商务系统的要求入手，考察用户对电子商务系统的需求、预期要达到的目的。

提出开发请求的通常是经营管理人员，因为他们对经营管理中的问题感受最深刻，也最敏感。然而，经营管理人员所提出的问题往往是定性的，有一定的模糊性。这就要求系统分析人员与经营管理人员应密切合作，一起定义问题，在系统开发过程中逐步把问题明朗化和定量化。

2. 了解企业概况

需要调查了解的企业概况包括企业性质，企业内部的组织结构、规模、历史、生产过程，企业内部各组织的布局，企业提供的产品或服务及销售情况，企业的目标、人力、物力、设备和技术条件、管理体制、经营状况、各项经济指标的完成情况，企业近期预计可能的变化（如企业兼并、产品转向、厂址或店址迁移和周围环境的变化）等内容。其中，现有企业的管理方式和基础数据管理状况是这部分调查的重点，它对今后将要开发的电子商务系统影响颇大。但是在初步调查阶段，只需要对它们有大致的了解，进一步了解留待今后详细调查去解决。

对管理方式的初步调查包括：对企业整体管理状况的评估；了解组织职能机构与管理功能；了解重点职能部门（如计划、生产、财务、销售等）的大致管理方式，以及这些管理方式今后用计算机系统实现的可行性；了解可以预见到的将要更改的管理方法，以及这些新方法有哪些新的要求，同时会对新系统带来哪些影响等。

对基础数据管理状况的初步调查包括：基础数据管理工作是否完善，相应的管理指标体系是否健全，统计手段方法和程序是否合理，用户对于新系统的期望有无实际的数据支持。如果基础管理工作不完善，必须了解企业今后增设这些管理数据指标和统计方法是否具有可行性。

3. 厘清企业的对外关系

企业的对外关系是指企业与客户、供应商、合作伙伴和政府部门的业务联系或从属关系。对企业对外关系的初步调查就是要厘清企业有哪些物资或信息的来往关系，哪些环境条件（包括自然环境和社会经济环境）对该企业的活动有明显的影响，企业的对外信息交流渠道（如上级主管部门、横向协作部门、下设直属部门）等。

4. 了解现行系统概况

现行系统的概况是指现行系统的功能和业务流程、人员、管理方式、基础数据、工作效率、规章制度等的基本情况、存在的问题、开发条件和开发资源等。在决定是否开发电子商务系统之前，首先要调查了解现行系统（手工系统或计算机系统）的运行状况、特点、存在的问题、可利用的信息资源、可利用的技术力量及可利用的信息处理设备等。对现行系统进行调查所得的资料是提出新系统实施方案及论证此方案在技术上是否具有可行性的原始资料。主要调查任务包括：调查现行系统的主要业务流程；调查现行系统存在的主要问题，特别是影响现行系统运行的主要瓶颈；调查包括企业领导和部门领导对电子商务系统开发的认识与决心、用户对电子商务系统开发的认识水平与态度、管理基础工作、系统开发人员及技术力投资费用等；计算机应用水平及可供利用的资源，调查现阶段企业的计算机应用情况、应用规模、发展水平，以及可供利用的计算机资源。

5. 明确各类人员对电子商务系统开发持有的态度

在初步调查中，要调查并明确企业领导、管理部门、各业务单位、有业务联系的外单位及现行系统业务人员对现行系统是否满意，什么地方不满意，希望如何改变，以及产生上述看法的理由。

6. 预估电子商务系统开发所需的资源情况

根据开发目标，提前估计组织开发电子商务系统需要投入多少人力，需要何种技术水平及管理水平的人员，需要多少资金、物力和设备，需要花费多长时间，同时还要了解现有设备中有哪些是可以利用的。

7. 确定各方面对系统目标的看法

对于领导或管理部门初步提出的要求，找出定量的标准，如系统的吞吐量、响应时间、容错能力、审核能力等，确定各个方面对吞吐量、响应时间等系统目标的看法。

5.2.2 初步调查的步骤

初步调查一般需要经过以下几个步骤。

（1）调查前的准备工作。准备工作主要包括两个方面：一是调查大纲的制定，即明确调查的内容、范围和深入程度；二是与被调查对象的预先沟通，即让企业各部门的有关人员对电子商务系统及相关概念有一个初步的了解，这样在他们心里可以大概知道应该向调查者提供一些什么样的信息、如何描述这些信息等。

（2）对企业各有关部门的调查既可以按企业各部门的隶属关系从上到下分层次进行，也可以根据信息传递关系以部门为单位逐步进行。除对企业原有的业务系统进行调查外，还需调查业务人员对待建系统的需求。

（3）对调查材料的分析，包括企业的战略目标分析、市场环境分析、基础条件分析、业务过程分析和企业及其人员对待建系统的需求分析等。

（4）在上述工作基础上，归纳出在企业现行业务系统中存在的问题及电子商务系统开发的方法和步骤。

在实际初步调查过程中，有时不一定严格依据上述步骤。

5.3　电子商务系统规划的常用方法

电子商务系统规划的常用方法有战略集转移法、关键成功因素法、企业系统规划法。

5.3.1　战略集转移法

在电子商务系统的总体规划中，对于企业电子商务，人们首先关心的是如何保证电子商务系统能支持企业的战略。战略集转移法（Strategy Set Transformation，SST）是由 William King 于 1978 年提出的，他把企业的总战略看成一个信息集合，由使命、目标、战略和其他战略变量（如管理水平、环境约束）等组成。战略集转移法为电子商务系统规划提供了一种有效的分析手段，在使用该方法进行电子商务系统规划过程中，重要的一步就是将企业战略集转化为电子商务系统战略集的过程。电子商务系统战略集的转换过程如图 5-2 所示。

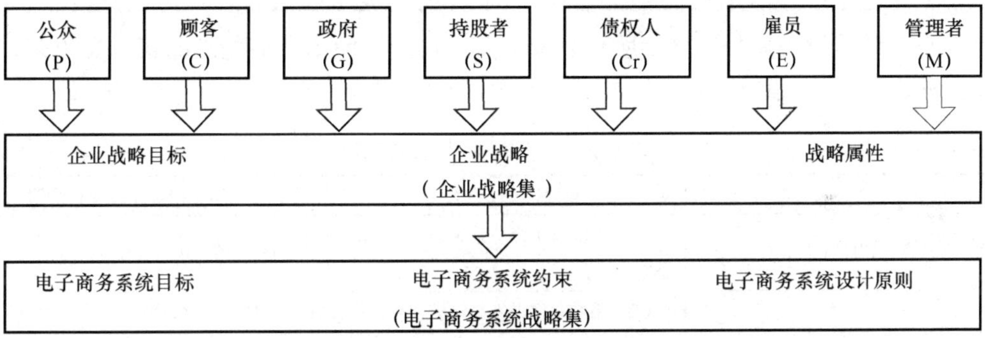

图 5-2　电子商务系统战略集的转换过程

电子商务系统战略计划方法是以信息为基础的，它确定出一个信息集——电子商务系统战略集——来指导电子商务系统的设计和开发。

电子商务系统战略计划过程是指把企业的战略集转换成一个适当的与之关联和一致的电子商务系统战略集的过程。

电子商务系统战略转换的步骤如下。

（1）识别和解释企业的战略集。如果企业已有战略性的长期规划，则把它表示为规范的形式；如果还没有这类战略规划，就应构造这样一个战略集。构造战略集有以下几个步骤：一是描绘出与企业有关的各类人员的结构，如持股者、债权人、管理者、雇员、顾客、政府、公众等；二是识别各类人员对企业目标的要求；三是识别与各类人员要求相应的企业战略。

（2）将企业的战略集转化为电子商务系统的战略集。电子商务系统战略集应包括系统目标、约束及设计原则。企业的战略集如表 5-1 所示。

图 5-2 和表 5-1、表 5-2 所示的是一个将企业的战略集转化为电子商务系统战略集的例子。

表 5-1 列出了一个企业的战略集，如收入目标（O1）就是根据持股者（S）、债权人（Cr）和管理者（M）的要求导出的。"目前的经营状况不好，提高了对改革的要求"这一属性（A2）反映了持股者（S）和管理者（M）的要求。企业的战略同它的目标有关，这也在表 5-1 中得到了体现，如战略 S1 是由目标 O1 导出的。

表 5-1　企业的战略集

企业战略目标	企业的战略	企业战略属性
O1：每年增加收入 10%（S，Cr，M）	S1：开展新的业务（O1，O6）	A1：管理水平高（M）
O2：改善现金流动（C，S，Cr）	S2：改进信贷情况（O1，O2，O3）	A2：目前的经营状况不好，提高了对改革的要求（S，M）
O3：维持顾客的好感（C）	S3：重新设计产品（O3，O4，O5）	A3：大部分管理人员有使用计算机的经验
O4：意识到对社会的义务（G，P）		A4：管理权力的高度分散
O5：生产高质、安全的产品（C，G）		A5：企业对政府协调机构负有责任
O6：消除生产中的隐患（G，Cr）		

电子商务系统战略集如表 5-2 所示，表中指出它们如何由企业的战略集推导出来，以及系统的目标、约束和设计原则。

表 5-2　电子商务系统战略集

电子商务系统目标	电子商务系统约束	电子商务系统设计原则
MO1：改善会计速度（S2）	C1：缩减电子商务系统开发资金的可能性（A2）	D1：用模块设计法（C1）
MO2：提供产品缺陷的信息（S3）	C2：系统必须采用决策模型和管理技术（A1，A3）	D2：在每个完成阶段由模块设计提供的系统能独立使用（C1）
MO3：提供新的业务机会的信息（S1）	C3：系统要同时使用外界信息和内部信息（MO2，MO3，MO4）	D3：系统要面向不同类型的管理者（A4，C4）
MO4：提供对企业目标实现水平的估计信息（O）	C4：系统必须提供在不同聚合水平上的不同报告（A4）	D4：系统应当考虑使用者意识到的需要（A1，A3，A4）
MO5：及时和精确地提供对目前运行情况的信息（A2）	C5：系统要有能力产生除管理信息以外的其他信息（MO6）	D5：系统应具有实时应答能力（MO7，O3）
MO6：产生协调机构要求报告		
MO7：产生必要的信息，支持对顾客质询的快速响应（O3）		

例如，电子商务系统目标中"改善会计速度（MO1）"一条是根据企业的信贷战略导出

的。另外，C2 和 C3 分别与不同的企业属性 A1、A3 及电子商务系统目标 MO2、MO3、MO4 有关。设计原则中的系统实时应答能力（D5）是根据电子商务系统目标中的 MO7 导出的，而后者又是根据企业的目标中的条目 O3 所导出的。

5.3.2　关键成功因素法

关键成功因素法（Critical Success Factor，CSF）是 1980 年由麻省理工学院提出来的一种方法，实践表明这是一种帮助高层管理人员（如总经理）确定关键需求的高度有效的方法。该方法可以帮助电子商务系统规划者识别出电子商务系统的关键成功因素，使设计出来的系统能够有效地满足企业的需求。

1. 基本概念

决定大部分行业成败与否的因素通常有若干个，我们把这些对企业成功起关键作用的因素称为关键成功因素。任何企业要想取得成功就必须把握住这些关键成功因素。关键成功因素法就是通过分析找出使企业成功的关键因素，然后围绕这些关键因素来确定系统的需求，并进行规划。

从多种因素中识别出关键成功因素有多种方法。如果是由高层管理人员来确定，选择树枝因果图（也称鱼刺图）比较好，因为企业的一个高层人员日常总在考虑什么是关键因素。如果是由中高层管理人员群体选择，可以用德尔斐法或其他方法把不同人设想的关键因素综合起来。

例如，某企业有一个目标——快速扩大销售规模，我们可以用树枝因果图（见图 5-3）分析影响此目标的各种因素及子因素。

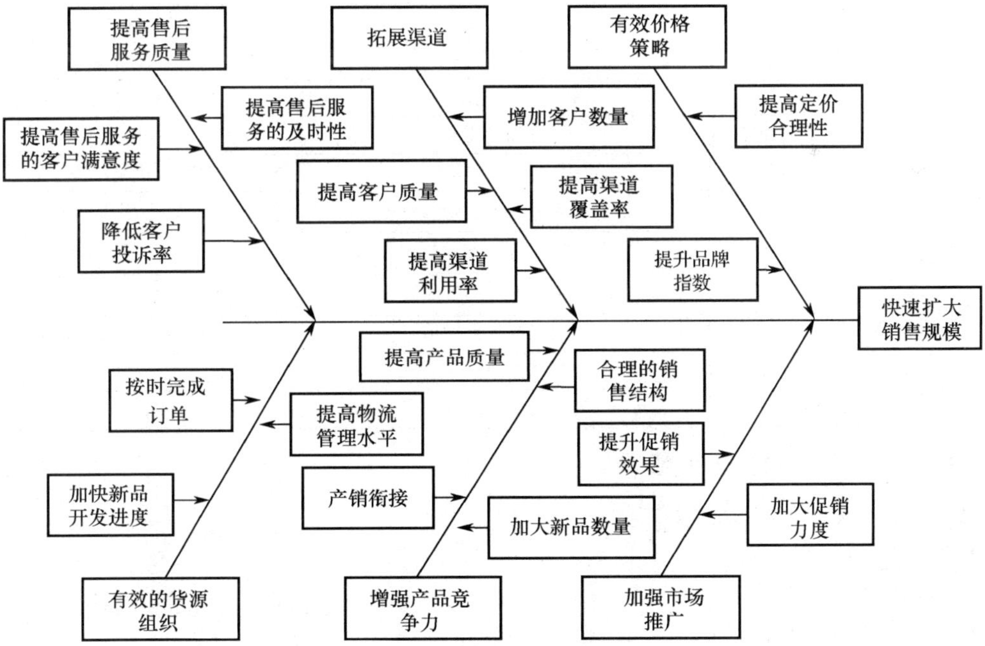

图 5-3　树枝因果图

2. 使用步骤

关键成功因素法的使用步骤如下。

（1）了解企业或电子商务系统的战略目标。

（2）识别所有成功因素。这一步主要是分析影响战略目标的各种因素和影响这些因素的子因素；可借助树枝因果图画出影响战略目标的各种因素及影响这些因素的子因素。

（3）识别关键成功因素。不同行业的关键成功因素各不相同，即使是同一个行业的组织，由于各自所处的外部环境的差异和内部条件的不同，其关键成功因素也不尽相同。

（4）确定关键成功因素的性能指标和评估标准。确定关键成功因素的性能指标，根据这些性能指标对所有关键成功因素进行评价，进而确定电子商务系统建设的优先级别。对“快速扩大销售规模”这一成功因素评价的关键绩效指标如表 5-3 所示。

表 5-3　关键绩效指标

<table>
<tr><th>指标维度</th><th>战略目标重点</th><th colspan="2">关键成功因素（CSF）</th><th>关键绩效指标（KPI）</th></tr>
<tr><td rowspan="24">财务</td><td rowspan="24">快速扩大销售规模</td><td rowspan="2">加强市场推广</td><td>加大促销力度</td><td>促销计划完成率</td></tr>
<tr><td>提升促销效果</td><td>明星产品销售额</td></tr>
<tr><td rowspan="6">增强产品竞争力</td><td>加大新品数量</td><td>新品销售计划完成率</td></tr>
<tr><td>产销衔接</td><td>成品周转率</td></tr>
<tr><td>合理的销售结构</td><td>高、中、低、特产品销售比例</td></tr>
<tr><td rowspan="3">提高产品质量</td><td>开箱合格率</td></tr>
<tr><td>早期失效率</td></tr>
<tr><td>产品直通率</td></tr>
<tr><td rowspan="4">拓展渠道</td><td>增加客户数量</td><td>客户个数</td></tr>
<tr><td>提高客户质量</td><td>亿元客户个数</td></tr>
<tr><td>提高渠道覆盖率</td><td>渠道覆盖率</td></tr>
<tr><td>提高渠道利用率</td><td>渠道利用率</td></tr>
<tr><td rowspan="2">有效价格策略</td><td>提升品牌指数</td><td>品牌指数</td></tr>
<tr><td>提高定价合理性</td><td>与行业价格的符合率</td></tr>
<tr><td rowspan="3">提高售后服务质量</td><td>提高售后服务的客户满意度</td><td>客户满意度指数</td></tr>
<tr><td>降低客户投诉率</td><td>客户投诉率</td></tr>
<tr><td>提高售后服务的及时性</td><td>客户服务响应时间</td></tr>
<tr><td rowspan="3">有效的货源组织</td><td>加快新品开发进度</td><td>新品开发计划完成率</td></tr>
<tr><td>按时完成订单</td><td>周订单完成率</td></tr>
<tr><td>提高物流管理水平</td><td>按时交货率</td></tr>
</table>

3. 关键成功因素的主要来源

关键成功因素有 4 个主要来源。

1）产业结构

不同产业因产业本身特征及结构不同而有不同的关键成功因素。此因素取决于产业本身的经营特性，该产业内的每个公司都必须注意这些因素。

2）竞争策略、产业中的地位及地理位置

企业的产业地位是由历史与现在的竞争策略决定的，在产业中每个公司因其竞争地位不同，关键成功因素也会有所不同。对于由一家或两家大公司主导的产业而言，大公司的行动常为产业内的小公司带来重大的问题，所以对小公司而言，大公司的竞争策略可能就是其生存竞争的关键成功因素。

3）环境因素

外在因素（总体环境）的变动也会影响每个公司的关键成功因素。在市场需求波动大时，存货控制可能就会被高层主管视为关键成功因素之一。

4）特殊因素

大部分与组织内的特殊情况有关。

4. 关键成功因素法的特点

关键成功因素法的优点如下。

（1）关键成功因素法能抓住主要矛盾，使目标的识别突出重点。

（2）关键成功因素法能帮助企业高层人员确定企业管理目标，明确信息需求和建设电子商务系统的必要性。

（3）关键成功因素法开始于商业目标，是一种自上而下的、从管理的角度看待电子商务系统规划的方式。

但关键成功因素法也有自己的缺点，即在方法实施中缺乏确定关键成功因素的规范方法。

5.3.3　企业系统规划法

企业系统规划（Business System Planning，BSP）法是 IBM 公司 20 世纪 70 年代初创建并发展起来的一种方法，是一种对企业管理信息系统进行规划和设计的结构化方法，目前这种方法也被用于电子商务系统的规划。

1. 企业系统规划法的作用

企业系统规划法是一种能够帮助规划人员根据企业目标制定出电子商务系统规划的结构化方法。它先是识别企业目标，接着识别企业过程、识别数据，然后设计电子商务系统，以支持企业目标。

这种方法可以帮助规划人员做到：确定待建电子商务系统的总体结构，同时确定系统的子系统组成和子系统开发的先后顺序；对系统数据进行统一规划、管理和控制，明确各子系统之间的数据交换关系，保证信息的一致性。

2. 企业系统规划的步骤

企业系统规划是一项系统工程，其主要工作详细步骤如下。

1）准备工作

企业系统规划是否能够获得企业负责人的认可，并让企业负责人直接参与相关工作是其能否成功的关键因素。企业系统规划是一项系统工程，相关工作开展之前要做细致的准备。准备工作应包括如下内容：首先应成立一个由企业负责人牵头的工作小组，明确规划工作的方向和范围，制定工作时间进程表，制定调查提纲。

2）定义企业过程

企业过程是企业在管理中必要且在逻辑上相关的一组决策和活动的集合，如产品预测、材料库存控制等业务处理活动或决策活动。

定义企业过程是企业系统规划法的核心。企业过程演绎了企业目标的完成过程，又独立于具体的组织机构变化，是建立企业电子商务系统的基础。

定义企业过程是企业系统规划法成功的关键，输出应有以下文件。

（1）一个过程组列表。

（2）每一过程的简单说明。

（3）一个关键过程的表，即识别满足目标的关键过程。

（4）产品/服务过程的流程图。

规划小组成员通过上述文件能很好地了解整个企业的运营是如何得到管理和控制的。

3）定义数据类

数据类是指支持企业过程所必要的在逻辑上相关的一组数据。

定义数据类的目的在于了解企业目前的数据状况和数据要求，为定义电子商务系统的信息结构提供依据。定义数据类是将所有的数据分成若干大类。

定义企业数据的方法有两种。一种是企业实体法，所有与企业有关的可以独立考虑的事物都可定义为实体，如客户、产品、材料、财会、人员等。与实体生命周期阶段相联系的数据类型有计划型、统计型、事务型、文档型。企业实体法可用数据/企业实体矩阵表示企业的数据，如图 5-4 所示。企业实体法的第一步是列出企业实体，一般来说要列出 7 ~ 15 个实体，接着列出一个矩阵。

	产品	客户	设备	材料	财会	人员
计划	产品计划	销售计划	设备计划	材料采购计划	预算	人员培训计划
统计	产品统计	销售历史统计	设备利用率	材料消耗统计	财务统计	生产率
文档	产品入库出库汇总	客户	设备库存汇总	材料库存汇总	会计总账	工资
事务	订货	货运记录	设备采购记录	采购订货	接收支付	人事调动记录

图 5-4　数据/企业实体矩阵

另一种定义数据的方法是企业过程法。它利用已识别的企业过程分析每个过程利用什么数据、产生什么数据，或者说每个过程的输入和输出数据是什么。它可以用“输入—处理—输出”图来形象地表达，如图 5-5 所示。

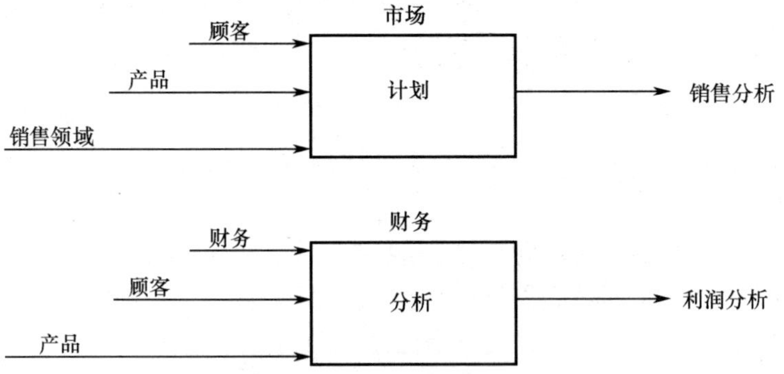

图 5-5　“输入—处理—输出”图

在定义数据类的过程中，企业实体法和企业过程法可分别进行，然后互相参照，按逻辑上的相关性进行分析和归并，以减少数据的冗余，最后归纳出数据类。

4）分析现行系统

分析现行系统是指对现行业务过程、数据处理和数据文件进行分析，发现欠缺和冗余部分，进而对将来的行动提出建议。

5）确定管理部门对电子商务系统的要求

企业系统规划法要求在整个规划过程中必须考虑经营管理人员对系统的要求，特别是其对企业与待建系统的中长期发展的看法。通过与他们交换看法，使系统的目标、信息需求得以完善。

6）定义系统结构

定义系统结构，即确定对数据资源和企业过程进行合理组织的方案，具体包括识别出系统和各个子系统，以及分析它们所包含的企业过程，从而将企业目标转化成系统的目标。

定义系统结构实际上是划分子系统。企业系统规划法是根据信息的产生和使用来划分子系统的，它尽量把信息产生的企业过程和使用的企业过程划分在一个子系统中，从而减少了子系统之间的信息交换。具体的做法是用 U/C 矩阵，U 表示过程对数据类的使用（Use），C 表示过程对数据类的产生（Create），如图 5-6 所示。

企业过程	数据类															
	客户	订货	产品	工艺流程	材料表	成本	零件规格	材料库存	成品库存	员工	销售区域	财务	计划	设备负荷	材料供应	任务单
经营计划						U						U	C			
财务规划						U				U		U	U			
资产规模												C				
产品预测	U		U								U		U			
产品设计开发	U		C		U		C									
产品工艺			U		C		U	U								
库存控制								C	C						U	U
调度			U											U		C
生产能力计划				U										C	U	
材料需求			U		U										C	
作业流程				C										U	U	U
销售区域管理	C	U	U													
销售	U	U	U								C					
订货服务	U	C	U													
发运		U	U						U							
财务会计	U		U							U						
成本会计		U				C										
人事计划										C						
人员业绩考核										U						

图 5-6　U/C 矩阵

在图 5-6 中，最左侧一列是企业过程，最上面一行是数据类。如果某过程产生某数据，就在某行某列矩阵元中写“C”，如果某过程使用某数据，则在其对应的矩阵元中写“U”。开始时数据类和过程是随机排列的，U、C 在矩阵中的排列也是分散的。通过调换过程和数据类的顺序的方法，尽量使 U、C 集中到对角线上排列。即对“企业过程”这一列，把过程按过程组排列，每一过程组内按过程发生的先后次序排列，然后调换“数据类”的横向位置，使得矩阵中 C 最靠近对角线。然后把 U 和 C 最集中的区域用粗线条框起来，这样形成的框就是一个个子系统。在粗框外的 U 表示一个系统用另一个子系统的数据。这样就完成了子系统划分，即确定了系统结构的主流。划分子系统如图 5-7 所示。

企业过程	数据类															
	计划	财务	产品	零件规格	材料表	材料库存	成品库存	任务单	设备负荷	材料供应	工艺流程	客户	销售区域	订货	成本	员工
经营计划	C	U													U	
财务规划	U	U													U	U
资产规模		C														
产品预测	U		U									U	U			
产品设计开发			C	C	U							U				
产品工艺			U	U	C	U										
库存控制						C	C	U		U						
调度			U					C	U							
生产能力计划									C	U	U					
材料需求			U		U					C						
作业流程								U	U	U	C					
销售区域管理			U									C		U		
销售			U									U	C	U		
订货服务			U									U		C		
发运			U				U							U		
财务会计			U									U				U
成本会计														U	C	
人事计划																C
人员业绩考核																U

经营计划　技术准备　生产制造　销售　财会　人事

图 5-7　划分子系统

5.3.4　战略集转移法、关键成功因素法和企业系统规划法的比较

关键成功因素法能抓住主要矛盾，使目标的识别突出重点。但是其一般使用在确定系统目标上最有利。

战略集转移法是从另一个角度识别系统目标的结构化方法。它反映了各种人的要求，而

且给出了按这种要求的分层，然后把企业战略目标转化为信息系统目标。它能保证目标比较全面，疏漏较少，但它在突出重点方面不如前者。

企业系统规划法虽然也首先强调目标，但它没有明显的目标引出过程。它通过经营管理人员酝酿“过程”引出系统目标，企业目标到系统目标的转换是通过一步步分析得到的。这样可以定义出新的系统以支持企业过程，也就把企业的目标转化为系统的目标，所以识别企业过程是企业系统规划法的中心，绝不能把企业系统规划法的中心内容当成 U/C 矩阵。

将这三种方法结合起来使用，称为 CSB 方法。在这种方法中，先用关键成功因素法确定企业目标，然后用战略集转移法补充完善企业目标，并将这些目标转化为信息系统的目标，最后用企业系统规划法校核两个目标，并确定电子商务系统结构，这样就补充了单个方法的不足。当然这也使得整个方法过于复杂，而削弱了单个方法的灵活性。可以说迄今为止，电子商务系统战略规划还没有一种十全十美的方法。由于战略规划本身的非结构性，我们可能永远也找不到一个唯一解。进行任何一个企业的规划均不应照搬以上方法，而应当具体情况具体分析，选择以上方法的可取之处，灵活运用。

5.4　电子商务系统可行性分析

可行性分析就是在初步调查、分析及电子商务系统开发方案拟订的基础上，运用技术经济理论与方法，分析电子商务系统开发方案的可行性，最后做出是否继续开发的明确结论。

电子商务系统可行性分析要从三个方面进行考虑。

5.4.1　技术可行性

技术可行性分析主要分析待开发系统的功能、性能和技术上的限制条件，确定开发方案在现有技术条件下是否有可能实现。这里所说的现有技术条件是指社会上已经比较普遍使用的技术，不应把尚在实验室里的新技术作为分析的依据。

另外，这里所说的技术条件指的是硬件、软件技术条件和人力技术条件。

硬件、软件技术条件具体指的是待建系统的开发环境与运行环境。

人力技术条件具体指的是从事系统开发、维护、运行工作的技术力量。这里需要分析的是，在系统开发、维护和运行各阶段需要的内容提供人员、系统分析员、系统设计员、程序员、操作员、录入员及软/硬件维护员、业务员、管理人员等各类专门人员能否满足要求，如果目前不能满足要求，那么将来经过培训能否满足要求。

进行技术可行性分析要分析在现有技术条件下开发得到的系统的功能是否能达到要求，性能是否能达到要求，是否能按时完成。

5.4.2　经济可行性

经济可行性分析主要是指对电子商务系统开发的成本与效益做出评估，即分析新系统所带来的经济效益是否超过开发和维护系统所需要的费用。

1）系统费用

系统费用包括以下几项内容。

（1）设备费用。它包括计算机硬件、软件、输入/输出设备、空调、电源及其他机房设施、设备的安装及调试费用等。

（2）开发费用。系统开发所需要的劳务费及其他有关开支。

（3）运行费用。它包括运行所需的各种材料费用，如电、纸张等的费用，以及设备的维护费用。其他与运行有关的费用开支也应包括在内。

（4）培训费用。它包括用户管理人员、操作人员及维护人员培训等费用。

2）系统收益

系统收益的估计不像系统费用的估计那样具体，因为应用系统的收益往往不易定量计算。系统收益的估计可以从直接效益和间接效益两方面考虑。

（1）直接效益。它是指电子商务系统交付使用后，在某一时期能产生的明显经济效益。一般来说，系统投入使用后，只有通过一定时间的运作、维护和宣传，才可能逐步产生效益。

（2）间接效益。间接效益主要包括：工作效率提高，从而提高了企业管理水平；节省人力，减轻了有关业务人员手工处理的工作负担；及时给企业领导提供决策信息；提高了企业素质。

5.4.3　管理及经营可行性

电子商务系统是企业商务活动在网上的实现。企业建设电子商务系统，根本目的是要在网上开展商务活动，使电子商务系统得以运营，为企业创造利润。为了保障电子商务活动的开展，并使企业获得利益，就要在规划阶段分析待建电子商务系统在管理及经营上的可能性，分析企业管理和经营电子商务系统的基础条件和环境条件。管理及经营可行性分析的内容一般包括以下几点。

（1）企业及部门主管领导对电子商务系统的开发是否支持，态度是否坚决。

（2）与系统有直接关系的业务人员对系统开发的态度如何，配合情况如何。

（3）现行的业务管理基础工作如何，现行业务系统的业务处理是否规范等。

（4）是否有在网上开展商务活动的经验。

（5）是否制定有经营发展战略、网站长期与短期经营目标。

（6）是否进行了准确的网络市场细分和定位。

（7）是否有专业的经营管理人员来运营网站。

（8）是否建立了有序、畅通的企业运营机制。

（9）是否有完善的内容和服务运营体系。

（10）是否有适合企业现状的经营方法。

（11）是否有基本的经营经费支撑。

5.4.4　可行性分析报告

可行性分析报告就是在初步调查、分析及电子商务系统开发方案拟订的基础上，运用技术经济理论与方法，分析电子商务系统开发方案的可行性，最后做出是否继续开发的明确结论。可行性分析报告是开发人员对企业准备开发的电子商务系统进行可行性分析的结论。可行性分析报告采用书面的形式记录下来，作为论证和进一步开发的依据。

编写可行性分析报告的目的：经过对项目的详细调查研究，对软件开发中将要面临的问题及其解决方案进行初步设计及合理安排，明确开发风险及其所带来的经济效益；说明该开发项目的实现在技术、经济和社会条件方面的可行性；评论为了合理地达到开发目标而可能选择的各种方案；说明并论证所选定的方案。

可行性分析报告的一般格式如下。

1. 引言

（1）编写目的：阐明编写可行性研究报告的目的。

（2）项目背景，应包括下面几点。

① 所建议开发软件的名称。

② 项目的任务提出者、开发者、用户及实现软件的单位。

③ 项目与其他软件或其他系统的关系。

（3）定义：列出文档中用到的专门术语的定义和缩写词的原文。

（4）参考资料：列出有关资料的作者、标题、编号、发表日期、出版单位或资料来源。具体可包括下面几点。

① 项目经核准的计划任务书、合同或上级机关的批文。

② 与项目有关的已发表的资料。

③ 文档中所引用的资料，所采用的软件标准或规范。

2. 对现行系统的分析

对现行系统的初步调查分析结果，包括现行系统的组织结构、业务流程、工作负荷，现行系统的人员状况、运行费用；现行系统的计算机配置、使用效率和局限性；现行系统在上述各方面出现的问题、希望达到的要求。具体如下。

（1）处理流程和数据流程。

（2）工作负荷。

（3）费用支出，如人力、设备、空间、支持性服务、材料等开支。

（4）人员，列出所需人员的专业技术类别和数量。

（5）设备。

（6）局限性，说明现有系统存在的问题及为什么需要开发新的系统。

3. 系统的候选方案

提出一个主要开发方案和若干个辅助开发方案。

4. 技术可行性分析

（1）对系统的简要描述。

（2）与现有系统比较的优越性。

（3）处理流程和数据流程。

（4）采用建议系统可能带来的影响，包括下面几点。

① 对设备的影响。

② 对现有软件的影响。

③ 对用户的影响。

④ 对系统运行的影响。
⑤ 对开发环境的影响。
⑥ 对经费支出的影响。
（5）技术可行性评价，包括下面几点。
① 在现有条件下，功能目的是否能够达到。
② 利用现有技术，性能目的是否能够达到。
③ 对开发人员数量和质量的要求，并说明能否满足。
④ 在规定的期限内开发能否完成。

5. 经济可行性分析

（1）支出。
（2）效益。
（3）收益投资比。
（4）投资回收周期。
（5）敏感性分析，指一些关键因素。
① 系统生存周期长短。
② 系统工作负荷量。
③ 处理速度要求。
④ 设备和软件配置变化对支出和效益的影响分析。

6. 管理及经营可行性分析

（1）企业及部门主管领导对电子商务系统开发的态度。
（2）与系统有直接关系的业务人员对系统开发的态度。
（3）现行的业务管理基础工作和现行业务系统的业务处理。
（4）企业在网上开展商务活动的经验。
（5）企业的经营发展战略、网站长期与短期经营目标。
（6）网络市场细分和定位。
（7）网站运营管理人员。
（8）企业运营机制和服务运营体系。

7. 方案的比较研究

对所有的候选方案从经济、技术、管理及经营等方面进行比较研究，逐个阐明各候选方案，并重点说明未被推荐的理由。

8. 结论意见

根据以上的分析、比较，最后应给出一个结论。通常有三种情况。
（1）可以按某方案立即进行。
（2）需要增加资源，或待某些条件成熟时，或对目标修改，之后按某方案进行。
（3）方案均不可行，停止建设。

5.5　电子商务系统规划报告

在初步调查和分析的基础上，基于服从和服务于企业战略使命和长期的目标，即可初步拟订电子商务系统的规划报告，在某些情况下该报告也被称为电子商务系统解决方案。规划报告主要包括以下内容。

1. 系统背景描述

该部分阐述电子商务规划涉及的企业的基本情况，包括企业的性质、实施电子商务的范围和规模、计划的项目周期、外部环境及其他一些特殊说明。

2. 企业需求描述

该部分对企业转向电子商务的动机、基本设想等进行描述，其关键内容是阐述企业的核心商务逻辑及企业对未来电子商务的一些基本认识。

该部分的主要内容包括以下几点。

（1）企业核心业务描述。

（2）企业现行的组织结构及主要协作伙伴。

（3）核心业务分析：核心商务流程，企业商务活动中存在的问题，电子商务对企业商务活动的影响，未来企业业务的增值点和业务延伸趋势，企业实施电子商务中存在的困难。

3. 电子商务系统建设的原则及目标

该部分主要阐述企业建设电子商务系统的策略、所要达到的目标、规划过程中需要遵循的原则。换句话说，这部分阐明的是帮助企业实现电子商务的基本思路。

该部分的主要内容包括以下几点。

（1）企业实施电子商务的基本策略。

（2）电子商务系统所要达到的目标。

（3）规划和设计原则：实施商务流程再造的原则、技术原则、实施原则、投资原则。

4. 商务模型建议

该部分是对企业未来商务模式、商务模型的建议，是对企业商务模型规划结果的总结。

这一部分的内容包括以下几点。

（1）商务模式分析和建议。

（2）商务模型。

（3）电子商务环境下企业核心商务流程说明。

（4）未来客户服务。

（5）外部信息系统接口。

（6）内部系统整合。

（7）未来电子商务系统的环境。

5. 目标系统的总体结构

在某些情况下，这一部分也称为电子商务系统整体方案。其目标是阐述电子商务系统的体系结构，说明其逻辑层次，界定各个部分的作用及其相互关系。其特征为侧重于从逻辑上阐述各部分的关联关系，而不是说明构造系统的技术产品，但是这种体系为系统的集成提供了依据。

该部分的主要内容包括以下几点。

（1）系统的体系结构。

（2）系统各层次的构成及作用，包括客户、服务表达、应用逻辑、支持平台及基础网络。

（3）Intranet。

（4）Extranet。

（5）网站（Portal）或企业信息门户（EIP）。

6. 应用系统方案

该部分说明应用软件的基本结构、功能分布、平台结构等。它的主要内容包括以下几点。

（1）应用软件结构。

（2）应用的功能。

（3）主要应用流程描述。

（4）数据与数据库。

（5）应用支持平台。

（6）应用互联接口。

7. 网络基础设施

该部分描述电子商务系统运行所需要的网络基础设施的基本构成。在这一部分需要阐明支持电子商务系统运行的网络结构、组成、特征及互联方式等。

该部分的主要内容包括以下几点。

（1）网络基本结构。

（2）Internet 接入，这一部分侧重于说明企业电子商务系统是通过接入设备和线路连接到 Internet 的，还是通过托管方式在 ISP 的数据中心配置的。

（3）Intranet 结构。

（4）Extranet 及数据交换，这一部分阐述企业电子商务系统与合作伙伴、商务中介、银行、认证机构之间的网络连接、数据交换方式。

（5）网络互联方式。

8. 电子商务交易中的支付与认证

该部分侧重阐述电子商务交易中的支付和认证的实现方案，说明保证交易安全的方式和方法。该部分的主要内容包括以下几点。

（1）电子商务支付方案，包括支付手段、支付流程及支付网关接口方式。

（2）认证方案，包括认证内容、认证过程及认证证书。

9. 系统安全及管理

该部分说明保证电子商务安全的策略、技术体系、系统管理方式等，其目的是说明电子商务系统的安全性和可管理性。

该部分的主要内容包括以下几点。

（1）系统安全体系，包括安全策略、安全体系（计算机系统安全、网络安全措施、主机系统安全、应用安全措施）、安全交易。

（2）系统管理，包括网络管理、服务器管理、授权与审计。

10. 系统性能优化及评估

该部分说明系统高可靠性、可用性和性能优化方案。它的主要内容包括以下几点。

（1）系统高可靠性：数据及设备备份、灾难恢复。

（2）可用性。

（3）性能优化方案：系统负荷均衡、并发实物控制、高性能软件。

11. 系统集成方案

这部分说明应用软/硬件平台的选择、集成方式，其主要内容有以下几点。

（1）系统平台选择，包括平台结构、软件及中间件（应用服务器、数据库系统、中间件产品、应用开发工具）、硬件（主机设备、网络设备、其他外围设备）。

（2）系统集成：设备集成方案、应用集成方案。

12. 系统开销与投资

此部分说明系统建设各个部分的开销及投资计划。

13. 实施方案

该部分说明电子商务系统实施的基本过程及相关的保障措施，其具体内容包括以下几点。

（1）系统实施的主要任务。

（2）实施进度安排。

（3）实施过程的分阶段目标。

（4）实施人员组织。

14. 商务系统收益分析

该部分说明系统实施后可预见的收益。

15. 其他说明

由于电子商务系统设计不仅是技术问题，还涉及组织、管理甚至法律、人文环境等因素，所以对于相关的配套措施在这一部分应做阐述。

在开发方案构想的过程中，同样需要企业有关专家的参与。开发方案既要解决现行系统存在的问题，又要充分预计未来需求的变化，使系统具有足够的可用性和伸缩性；此外，开发方案既要便于实现，又要便于运行管理与维护。

本章小结

本章主要介绍结构化方法的第一个阶段——系统规划的相关内容，主要包括企业战略规划的基本概念、电子商务系统规划的具体定义和特点、电子商务系统规划的任务和步骤、初步调查的任务和步骤、电子商务系统规划的常用方法、电子商务系统的可行性分析、电子商务系统可行性分析报告及规划报告的撰写。

企业战略规划涉及的是当前决策的未来性，是一个过程，是一种管理企业的态度，是一套完整的、有层次和联系的体系结构。电子商务系统规划是指以支持企业核心业务转向电子商务为目标，给定未来企业电子商务系统的商务模式和商务模型，设计支持这种转变的电子商务系统的体系结构，说明系统各个组成部分的结构及其组成，选择构造这一系统的技术方案，给出系统建设的实施步骤及时间安排，说明系统建设的人员组织，评估系统建设的开销和收益，提出可行性研究报告。电子商务系统规划的主要目标是制订电子商务系统的长期发展方案，决定电子商务系统在整个建设过程中的发展方向、规模和发展进程。初步调查的任务是分析用户需求、了解企业概况、厘清企业的对外关系、了解现行系统的概况及存在的问题、明确各类人员对电子商务系统开发持有的态度、预估电子商务系统开发所需的资源情况、确定各方面对系统目标的看法。电子商务系统规划的常用方法有战略集转移法、关键成功因素法、企业系统规划法：战略集转移法把企业的总战略看成一个信息集合，由使命、目标、战略和其他战略变量（如管理水平、环境约束）等组成，战略集转移法为电子商务系统规划提供了一种有效的分析手段；关键成功因素法就是通过分析找出使企业成功的关键因素，然后围绕这些关键因素来确定系统的需求，并进行规划；企业系统规划法是一种能够帮助规划人员根据企业目标制定电子商务系统规划的结构化方法，它先是识别企业目标，接着识别企业过程、识别数据，然后设计电子商务系统，以支持企业目标。电子商务系统可行性分析要从技术可行性、经济可行性、管理及经营可行性三个方面进行考虑。

思考题

实践环节

第 6 章 电子商务系统分析

本章教学目标

（1）了解电子商务系统分析的基本概念和特点；
（2）掌握电子商务系统分析的任务和基本思路；
（3）熟悉电子商务系统的基本需求；
（4）熟悉系统调查的原则、内容、方法和步骤；
（5）掌握组织结构调查的内容；
（6）掌握业务流程分析的内容及业务流程的绘制；
（7）掌握数据流程分析的内容及数据流程图的绘制；
（8）掌握数据字典的编写；
（9）掌握结构化语言、判断树、判断表 3 种处理逻辑的描述工具；
（10）理解面向对象系统开发过程；
（11）掌握需求收集和用例建模；
（12）掌握面向对象系统分析的基本任务；
（13）掌握电子商务系统分析报告的撰写。

6.1 电子商务系统分析概述

电子商务系统规划阶段明确了开发电子商务系统的目标和开发方案，接下来就要进一步明确系统要做什么，以充分理解和表达用户的要求，这就是系统分析，也称为逻辑分析。电子商务系统分析是电子商务系统建设中的一个重要阶段，实践表明，系统分析工作的好坏在很大程度上决定了系统的成败。

6.1.1 电子商务系统分析的概念

电子商务系统分析就是在系统规划确定的目标和开发方案的指导下，结合电子商务系统的特点，使用如面谈、问卷调查、文档复查、观察和抽样等手段对企业进行调查，深入研究及描述现行系统的活动和各项工作，以及用户的需求，总结归纳出企业对电子商务系统的需求，描绘出未来系统所应实现的功能。

因此，系统分析阶段要回答的中心问题是“系统要做什么”，即明确系统功能。这一阶段的成果是逻辑模型。逻辑模型也称概念模型，它展示了系统是什么、能够做什么事情。逻辑模型与实现无关，它们独立于任何的技术实现来描述系统。逻辑模型说明了系统的本质，降低了由于过分关注技术细节而丢失业务需求所带来的风险。

6.1.2 电子商务系统分析的特点

电子商务系统分析与一般企业信息系统分析相比，既有相似的地方也有不同之处。具体表现在以下几方面。

（1）目标相同。无论是电子商务系统还是其他企业信息系统，系统分析的目的都是给未来要建设的新系统提出明确的、细致的需求，从而使系统设计可以有的放矢，具有明确的针对性。

（2）方法类似。系统分析的所有方法都是为实现系统分析的目标而服务的。信息系统的分析方法，无论是面向数据流的结构化分析方法，还是面向对象分析方法，虽然表现形式不同，但是目标都是从不同层次、不同角度描述清楚企业的业务过程究竟如何、企业业务模型究竟是什么样的。电子商务系统作为一种特殊的信息系统，仍然可以利用这些工具对企业的现行业务进行描述，也可以利用这些工具来刻画未来系统的特征。

（3）系统分析的对象不尽相同。传统信息系统的系统分析着重从业务的手工处理系统或企业既有信息系统入手，描述既有系统的业务处理中的数据、加工处理过程，在此基础上分析其中的不足或缺陷，进而提出未来要构造的新系统的需求。而电子商务系统分析，尽管也是为了给未来的新系统——电子商务系统提出需求，但是由于企业电子商务活动还没有实施，企业不可能在没有技术支持的条件下开展电子商务，所以目标系统的参照物并不存在。因此，电子商务系统所要分析的对象并不完全是企业的手工处理过程，至少可以说企业既有系统只是电子商务系统分析对象的一个组成部分。

（4）系统分析的任务不同。传统信息系统分析主要包括系统调查、系统业务分析、提出对新系统的需求等方面。但是，对于电子商务系统而言，很难直接通过分析企业既有系统或手工作业的不足，进而给出对电子商务系统的要求，所以，电子商务系统分析的任务除了要对企业业务流程进行调查，分析现行系统的不足，还有一部分重要的工作是创新，即在现行系统分析的基础上，结合电子商务的特点和不同电子商务模式需求的共性，创新性地提出企业尚未开展而目标系统应当满足的一部分需求。

总之，电子商务系统分析与传统信息系统分析的目标是一致的，主要是分析提出未来新系统的业务需求。但是，电子商务系统分析不仅需要调查分析企业业务处理过程，描述已有系统的业务要求，而且要在其基础上，结合电子商务的特点，创新性地描述未来系统应当满足的需求和实现的功能。

6.1.3 电子商务系统分析的任务

（1）掌握企业商务活动的特点。

这一任务的内容主要是了解企业的商务运作过程都有哪些基本的商务环节，其基本特点是什么，企业开展电子商务活动的重点和要点是什么。

这一任务的目的是在系统调查之前，能够使系统分析人员做到心中有数，进而在调查过程中，有针对性地和企业人员进行交流，并对调查的重点有的放矢。

（2）系统详细调查。

这一任务的内容主要是对企业的组织机构、主要业务、各项业务活动的数据流程和相关的处理过程等进行详细的调查。目的是获取原始资料，了解企业的运作情况，为后续的企业商务活动分析做好准备。

这一任务的目标是通过系统调查对所获取的资料进行分析，建立系统模型，分析模型中的各项活动要求，提出用户需求。

用户需求是指用户要求新系统应具有的全部功能和特性、开发费用和时间，以及资源方面的限制等。在总体规划时所做的初步调查只是总体规划和进行可行性分析的需要，相对来说比较粗糙。系统分析阶段则应在初步调查的基础上，进一步详细收集和充分了解并分析用户需求，调查用户的相关详细情况。

（3）分析、综合、评估和创新，提出电子商务系统的逻辑模型。

逻辑模型是指仅在逻辑上确定的新系统模型，而不涉及具体的物理实现。逻辑模型由一组图表工具进行描述。用户可通过逻辑模型了解未来新系统，并在此基础上进行讨论和改进。

该部分的任务是针对系统详细调查的结果，进一步进行分析综合，结合系统规划给出的企业商务模式，并参考典型的电子商务模式的一般性需求，再次进行审查，在一般性需求的基础上，补充如何利用电子商务手段改善企业竞争能力方面的相关需求，最终给出未来电子商务系统的需求，描述未来电子商务系统（或者说新系统）需要实现的功能。

（4）编制电子商务系统分析报告。

对上述采用图表描述的逻辑模型进行适当的文字说明，就形成了系统分析报告，它是系统分析阶段的主要成果。系统分析报告既是用户与开发人员达成书面协议或合同的依据，也是电子商务系统生命周期中的重要文档。

6.1.4　电子商务系统分析的思路

1. 信息系统分析的基本思路

在系统分析阶段，需要全面、准确地了解企业的现状和对未来系统的要求，该阶段最重要的工作是解决系统到底要“做什么”的问题，至于“怎么做”的问题，到系统设计阶段去完成。因此，在系统分析阶段需要对企业生产，经营全过程的数据收集、存储、加工、处理、传递等信息处理工作进行调查分析。此外，系统分析阶段还要调查和分析企业的主要商务活动的功能，如数据处理、预测、计划、辅助决策、公共信息服务等。系统分析完成后，技术人员能够明确企业商务活动的内容、数据和处理过程，厘清企业各项业务活动的相互关系。从某种意义上讲，系统分析的结果就是建立起表述企业运作过程的清晰的、准确的、动态的模型。

那么，怎样才能建立起这种能够清晰而完整地表述企业商务活动的模型呢？在一个企业中有不同的业务，而且即使是一项相对独立的业务活动，其处理过程所涉及的对象也同样是种类繁多，且存在内在的联系。例如，企业中有不同的商务活动，如销售、市场、财务等，以销售为例，可能处理的对象包括产品、顾客、订单等。

结构化系统分析方法的过程可以归结为“自顶向下、从静到动、去伪存真、不断迭代”。

所谓“自顶向下”，主要指系统分析过程的层次和顺序。“自顶向下”意味着系统分析首先从比较宏观的抽象层次上进行，在结构化分析方法中，体现为数据和处理过程不断细化。

“从静到动”则意味着系统分析的过程可以先从孤立的个体出发，然后考虑不同个体的联系；同时，应先考虑业务的静态特征，然后考虑其动态行为。在结构化分析方法中，这一思路体现为先独立地分析企业商务活动中的实体、处理过程、数据，然后将实体与数据、数据和处理过程联系起来。

“去伪存真、不断迭代”主要指系统分析的过程，所谓不断迭代意味着系统分析过程是一个不断深入的过程。由于系统分析是自顶向下在不同抽象层次上进行细化的过程，所以在每个层次上，分析方法是类似的，在每个分析层次上可以不断地、重复地利用相应的分析方法；另外，在实际的系统分析过程中，不见得一次就能了解清楚企业的所有需求，可能需要重复若干次系统分析后，才能明确地把握企业对目标电子商务系统的要求。在这种情况下，每次分析过程都可以用同样的方法去除不确切的地方，了解企业商务活动的真实状况。

2. 电子商务系统分析的基本思路

电子商务系统分析的过程中还需要包括一个创新性的综合加工过程，这一过程的目的是在了解企业商务活动过程的基础上，通过分析、综合、创新提出新系统应该满足的而既有业务中不具备的需求。一般来讲，这种需求实际上是现行系统没有而新系统需要的需求，这种需求一般用户很难清楚地表述，需要由电子商务系统的分析设计人员来提出。

那么，如何才能提出这样的需求呢？事实上，提出这种需求的活动是一种创新性的活动，其基础主要包括以下几个方面。

（1）了解企业商务活动及电子商务可能对企业商务活动的改进方式。

（2）掌握企业既有商务活动的详细特征。

（3）了解典型的电子商务活动的基本需求。

了解电子商务对企业商务活动的改进方式，可以使我们有针对性地着重分析在企业诸多的商务活动中，哪些方面是可以利用电子商务加以改进的重点。掌握企业既有商务活动的特征，可以使得分析设计人员掌握企业的现状、企业商务活动的个性。典型电子商务活动的基本需求，则是掌握电子商务需求的共性，在对共性和个性都有充分把握的基础上，通过分析、评估和综合，就能够完成电子商务系统的需求分析。

6.2 电子商务系统的需求

6.2.1 电子商务系统需求的分类

电子商务系统需求是指所有用户要求该系统应具有的全部功能和特性。

1）根据需求性质分

根据需求性质的不同，电子商务系统需求可以分为功能需求和非功能需求两大类。

功能需求描述的是待建系统最终所提供的系统服务，从而能够满足用户的业务需求。

非功能需求涉及的是对系统的限制，如对系统硬件、软件和通信的限制。非功能需求是对待建系统质量属性的要求，是对系统实现用户目标的约束。非功能需求描述了用户对待建系统的性能、行为方式等方面的非行为需求，以及由此产生的对其设计、实现、测试、使用和维护的约束。同时，它还包括待建系统必须接受的与法律、社会习俗和规范标准等相关的约束。

2）根据需求通用性分

根据需求的通用性，电子商务系统需求可以分为典型需求和非典型需求两大类。

典型需求是在某一领域、行业或商务模式下的共性需求，这种需求不需要详细调查即可知晓。

非典型需求是在某特定环境下、需要进行详细调查并进行分析才能获取的需求。

企业的电子商务可以划分为 B2B、B2C 等模式。尽管具体到某个企业，可能因为其所提供的产品和服务不同，所以系统需求千差万别，但是几种典型的商务模式的业务需求具有一定的共性。了解这些典型需求，对于具体企业的电子商务系统分析，总结归纳用户对其目标系统的需求是有帮助的。

6.2.2　B2C 电子商务系统的典型需求

B2C 电子商务系统是目前比较成熟的一种电子商务模式，也是服务于个体消费者的零售企业应用的较为广泛的一种电子商务模式。支持这种电子商务模式的电子商务系统应当满足消费者购买过程中的各种需要，帮助消费者更好地做出购物选择。

B2C 电子零售系统的典型需求包括以下几项。

（1）用户管理需求。

① 用户注册。

② 注册用户信息管理。

（2）用户的需求。

① 提供电子目录，帮助用户搜索、发现需要的商品。

② 进行同类商品比较，帮助用户进行购买决策。

③ 商品的评估。

④ 购物车。

⑤ 为购买商品下订单。

⑥ 撤销和修改订单。

⑦ 能够通过网络付款。

⑧ 对订单的状态进行跟踪。

（3）销售商的需求。

① 检查用户的注册信息。

② 处理用户订单。

③ 完成用户选购产品的结算，处理用户付款。

④ 能够进行商品信息发布。

⑤ 能够发布和管理网络广告。

⑥ 能够进行商品库存管理。

⑦ 能够跟踪商品销售情况。

⑧ 能够和物流配送系统建立接口。

⑨ 能够和银行建立接口。

⑩ 售后服务。

6.2.3 B2B 电子商务系统的典型需求

B2B 就是企业与企业之间通过互联网进行产品、服务及信息交换，即企业与企业之间的电子商务。最具代表性的 B2B 电子商务网站有国内的阿里巴巴、慧聪网等。在 B2B 电子商务活动中，主要参与的用户包括卖方企业、买方企业、中介（如银行）、物流企业、政府机构（如税务、海关等）。

B2B 电子商务系统的典型需求包括以下几项。

（1）会员管理。

① 会员身份管理。

② 会员资料管理。主要包括审批交易会员及其成员的注册申请，创建新的交易会员，注销会员资格，修改交易会员信息，删除交易会员信息。

③ 权限控制。

（2）产品目录管理。

① 目录管理。

② 目录视图，包括目录浏览、管理产品、我的目录。

③ 目录查找，用户可按产品名称、描述或产品交易类型进行查找。

（3）交易审批流程，主要包括创建、修改和删除交易产品、合同验证、合同提交。

（4）订单管理，主要包括订单确认、订单维护、订单跟踪。

（5）交易定价，主要包括定价销售、协议价格、请求报价。

（6）拍卖与投标采购，主要包括电子拍卖和电子采购。

（7）网络支付。

6.2.4 C2C 电子商务系统的典型需求

C2C 是用户对用户的模式。C2C 商务系统为买卖双方提供一个在线交易平台。卖方可以主动提供商品上网拍卖，买方可以自行选择商品进行竞价。最具代表性的 C2C 网站是淘宝网。

C2C 电子商务系统的典型需求包括以下几点。

（1）会员注册、认证。

（2）卖家管理，包括店铺设置管理、商品发布、商品下架、商品删除、成交后发货、退款等。

（3）买家管理，包括商品搜索、浏览、了解卖家、出价竞拍、在线支付、交易投诉等。

（4）论坛。

（5）新手导航。

（6）客户服务。

6.3　电子商务系统详细调查

电子商务系统详细调查也称系统调查或详细调查。它是电子商务系统规划阶段系统初步调查工作的延续。但无论是电子商务系统详细调查还是电子商务系统初步调查，它们的调查对象是一致的、方法是相同的，只不过内容粗细、程度深浅不同而已。

详细调查的对象是现行系统（包括手工系统和已采用计算机的信息系统）。

详细调查的目的在于完整地掌握现行系统的状况，发现系统存在的问题和薄弱环节，收集资料，为下一步的系统分析和新系统的逻辑模型设计做好准备。

详细调查应遵循用户参与的原则，即由使用部门的业务人员、主管人员和系统分析人员、系统设计人员共同进行，互补不足，更深入地发现现行系统存在的问题，共同研讨解决方案。

6.3.1　详细调查的原则

详细调查的原则是指进行详细调查所依据的规则或标准。

（1）详细调查应自顶向下展开，按照系统化原则进行。调查应从系统的总目标出发，逐步分解，逐步求精，逐步具体化。

（2）采用规范化的工作方法。规范化的工作方法包括：调查工作事先都应计划好，调查所用的表格、图例都应规范化，以便相互之间能够沟通、协调。

（3）全面铺开与重点调查结合，即在全面调查的基础上兼顾或突出重点调查。

（4）调查与分析整理相结合，即一边进行系统调查，一边对调查结果进行分析整理，以便及时发现问题，反馈并解决。

（5）了解业务处理与收集数据同时进行，即在了解每个具体工作岗位业务处理的同时，必须收集与该业务处理有关的数据。这些都是今后分析数据流程、进行系统设计的依据。

6.3.2　详细调查的内容

（1）系统的界限和运行状况。

调查现行系统的发展历史、现状、规模、经营状况、业务范围及与外界的联系等，以便确定系统的界限。

（2）系统的外部环境。

现行系统和哪些外部环境有工作联系，有哪些物质和信息的来往关系，哪些环境条件（包括自然环境和社会经济环境）对该组织的活动有明显的影响。

（3）组织机构。

一个好的系统设计者应当考虑新系统的使用对组织机构中不同部分的影响：在设计新系统时，必须充分考虑各个部门的权限、人员关系、相互制约关系和功能的分配。具体到组织机构应当怎样变化，没有一个固定的规律，要根据每个组织的具体情况，具体问题具体分析。

（4）人员及构成。

人员是系统成功的关键，如果系统运行人员不够专业，再好的系统也将无效。而关键岗位的关键人员是影响管理的主要因素。

通过对组织机构及人员构成的调查，不仅可以了解现行系统的构成、业务分工，而且可以进一步了解人力资源构成和使用情况，发现组织和人事等方面的不合理现象。

（5）系统的业务流程。

全面、细致地调查现行系统的业务流程，以及物流和人的流动情况，同时对各种输入、输出、处理、转换、处理速度和处理量等都要调查清楚，这是系统调查的重点，因为系统不同，其业务流程也是不同的。新系统的开发基于现行系统，同时又要高于现行系统。

（6）系统的信息流程。

调查现行系统的信息流程主要是调查各种计划、单据、文件和报表处理情况，包括调查现行系统的数据收集、整理、分析、输入、存储、处理和输出等各个环节，这样可以得到完整的信息流程。

（7）系统的资源状况。

除了人力资源，还要了解现行系统的物资、资金、设备、建筑平面布置和其他资源的情况。如果已配备了计算机，那么还要详细调查其功能、容量和外设设置等。

（8）系统的约束条件。

现行系统在资金、人员、设备、处理时间和方式等各方面的限制条件和规定。

（9）系统的薄弱环节。

现行系统的各个薄弱环节正是新系统要解决和改进的主要环节，也是新系统目标的重要组成部分。因此，在详细调查时要注意收集用户的各种要求，善于发现问题并找到产生问题的原因。

（10）系统开发工作的资源状况。

开发电子商务系统，可以投入或计划投入的人力、物力、财力和时间。

（11）各个方面对现行系统和新系统研制的态度。

各级领导、各管理部门、各基层部门等对现行系统是否满意，对什么方面不满意，希望如何改变，反对哪些方面的改变。调查清楚产生上述看法的原因或理由，同时调查清楚上述人员和部门对新系统研制的态度。

（12）其他需要调查的相关问题。

6.3.3 详细调查的方法

（1）个人访问法。

这种方法也称为人员访问调查法，就是由进行系统调查的人员直接向被调查者当面提出问题。其优点是比别的方法能得到更为真实、具体和深入的资料。

（2）邮寄调查法。

调查人员把事先设计好的调查表，通过以邮寄的方式交给被调查者，由被调查者书面回答调查表上的问题后，再寄回给调查人员。

（3）电话调查法。

调查人员通过电话同被调查者进行交谈以收集资料的方法。

（4）开调查会法。

这种方法的优点是被调查者在会上可以交换意见，从而弄清问题。

为了开好调查会，调查人员应先写好调查提纲，发给每个被调查的对象，让其有一定的准备时间，这样易于把问题讲清楚。

写调查提纲要注意对象，尽量让被调查者理解要调查的内容，因此在提纲中要尽量少用术语，如“信息”“信息量”等，要尽量用原有系统工作中的用语。

（5）直接参加业务的实践。

这是一种为弄清某种较复杂业务活动的现状而采取的调查方法。系统开发者参加原有系统的业务实践，是缩短用户与开发者之间的距离、使双方找到共同语言的最好办法。用这种调查方法所调查的结果是最准确、最可靠的，在后面的分析、设计阶段就可以减少与用户打交道的时间，建成的系统也将比较符合实际、可靠。

开发人员参加业务实践尽管很好，但太浪费时间，再说也没有多少业务活动可以亲自去实践，所以这种方法一般较少使用。

最佳的方案是用户直接参加系统的开发工作。这是目前一些系统开发获得成功的经验之一。

（6）综合调查法。

在有些情况下，系统调查人员可以把上面提到的几种调查方法混合起来加以综合运用。

6.3.4　详细调查的步骤

详细调查是一项复杂而细致的工作，为了提高调查工作的效率和质量，详细调查必须有计划、有步骤地进行。详细调查一般包括以下几个主要步骤。

（1）确定调查目标，拟定调查项目。

根据新系统的目标和要求确定调查的目标、拟定调查项目，这是详细调查的关键。

（2）确定调查对象和方法。

确定收集什么资料，是通过实地调查取得第一手资料，还是收集第二手资料；向谁收集资料；在什么时间、什么地方收集资料；是一次性的调查还是多次性的调查；是普查还是抽查等。

（3）制订调查计划。

调查计划是详细调查的行动纲领。调查计划应包括采用什么调查方法、分几个步骤、有哪些人员参加调查，以及如何组织分工、整个调查工作的时间和进度，调查费用预算等。

（4）调查的组织准备工作。

系统调查的前期准备工作主要包括以下几点。

① 对调查人员进行培训。

② 确定询问项目或调查表。

③ 确定抽样设计。

④ 安排好各项具体工作，包括根据调查目的决定所需要的调查资料的类型，弄清楚现行系统已掌握的资料，明确尚需调查补充的资料等，然后确定调查项目。根据调查任务和调查规模建立调查组织，配备好调查人员并进行费用核算。做好实地调查所需物品的准备工作，以免影响调查的进度和质量。

（5）实地调查。

这一步骤是指调查人员按计划规定的时间、地点、方法、内容进行具体的实地调查，收集有关的资料。

（6）分析、整理资料。

分析、整理资料是把调查收集的资料进行统计分析和整理，调查所得的信息资料常常是分散的、零星的，其中有的资料也可能是片面的，必须加以分析、整理。这样才能去粗取精、去伪存真，保证资料的系统完整和真实可靠，才能揭示系统的本质和各系统之间的相互关系。

（7）写调查报告。

调查报告是对某一系统或某个项目调查研究以后编写的书面报告。调查报告应该用事实材料对所调查的问题做出系统的分析说明，并提出结论性的意见。编写调查报告是整个系统调查最后阶段的最主要的工作，通过它反映系统调查的全部成果。系统调查报告虽然没有统一的格式，但一般应包括引言、正文、结论和附件等基本内容。

6.4 基于结构化方法的系统逻辑模型

6.4.1 组织结构分析

组织是企业业务流程活动的主体。组织的结构模式、组织被授予的权力、组织之间的沟通方式决定了企业业务的实际流程和运行质量，所以在进行系统分析时，开发小组也要对有关的组织结构进行分析。

1. 组织结构调查

调查组织结构要了解以下内容：组织内部的部门划分，领导与被领导关系，信息资料的传递关系，物资流动关系与资金流动关系，各部门的工作内容与职责，各级组织存在的问题及对待建系统的要求等。

2. 组织结构图

组织结构指的是一个组织（企业、部门、车间等）的组成，以及其组成部分之间的隶属关系或管理与被管理的关系。通常用组织结构图来描述现行系统组织机构的层次和隶属关系，组织结构图中的矩形框表示组织机构，最高层只有一个矩形，用来表示组织高层的管理机构，相同级别的机构在图中处于同一个层次，不同层次的各级管理机构通过连线表示隶属关系。组织结构图如图 6-1 所示。

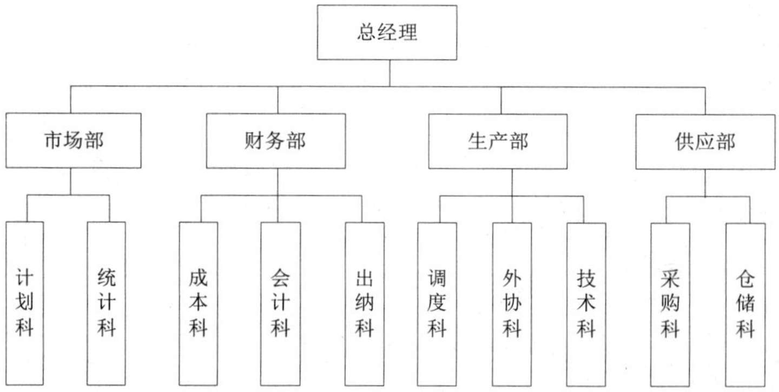

图 6-1　组织结构图

3. 组织/业务关系分析

在组织结构调查中，开发小组还应详细地了解各级组织的职能和有关人员的工作职责、决策内容等。

组织/业务关系用来描述组织各部分在承担业务时的关系。它包括组织各部分之间的联系程度、组织各部分的主要业务职能和它们在业务过程中所承担的工作等。

组织/业务关系如表 6-1 所示。

表 6-1　组织/业务关系

业　务	组　织												
	计划部	质量部	设计部	工艺部	总工室	研究所	生产部	供应部	人事部	总务部	培训部	销售部	仓库
计划	*				√	×	×	×				×	×
生产	√	×	×	×	*		*	×				√	√
供应	√						×	*					√
销售		√										*	×
人事									*	√	√		
设备更新				*	√	√	×						

在表 6-1 中，符号“*”表示该组织在主持该项业务，符号“√”表示该组织是该项业务的相关单位，符号“×”表示该组织是该项业务的辅助单位，空格表示该组织与该项业务无关。

在对系统的组织结构和功能体系有所了解的基础上，开发小组还需要从一个实际业务流程的角度将系统调查中有关该业务的资料串起来，以便对企业现有的工作过程有一个动态的了解。对业务流程的调查通常可按原有的信息流动过程，逐个调查当前系统中每个环节的处理任务、处理顺序和对处理时间的要求等情况，弄清楚每个环节的信息来源和去向。

业务流程调查的主要任务是调查系统中各环节的业务活动，掌握业务的内容、作用，信息的输入、输出、数据存储，以及信息的处理方法、过程等。它是掌握现行系统状况、确立系统逻辑模型不可缺少的环节。

调查业务流程应顺着现行系统信息流动的过程逐步进行。在系统调查过程中，业务流程调查的工作量非常大，需要耐心细致地开展工作。系统开发人员与用户之间的联系非常密切，需要彼此间进行良好的沟通。在系统调查过程中，系统开发人员既要完成好自身的工作任务，又要考虑所调查业务与其他业务之间的联系。

4. 功能结构分析

在现行系统中，有的部门承担的业务很复杂，通常一个部门可能具有多个业务功能，各部门的功能也可能有重叠的地方，有些业务还需要多个部门协作完成。业务功能分析主要是分析清楚各个部门所承担的业务功能。

业务功能分析是指以组织结构图为背景，自上而下地分析各部门的功能，分层次将其归纳、整理，最后形成一个有层次的功能结构。描述这个功能结构的工具是业务功能结构图。业务功能结构图对之后系统的分析与设计，尤其对子系统的划分都有重要的参考作用。某企业销售系统的功能结构图如图 6-2 所示。

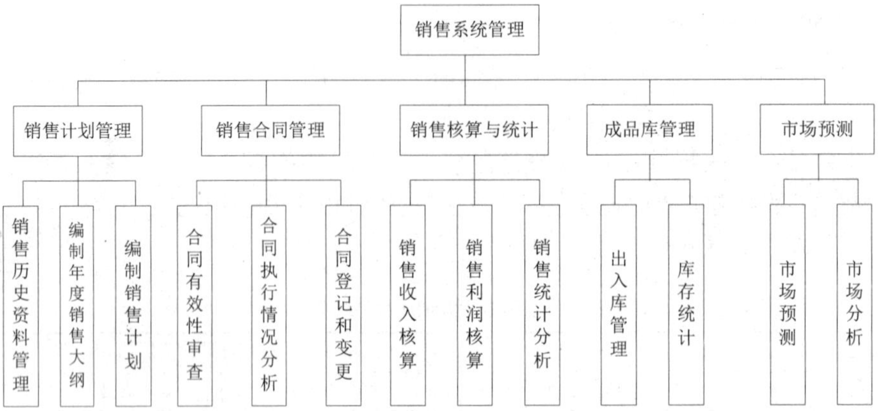

图 6-2　某企业销售系统的功能结构图

6.4.2　业务流程分析

业务流程分析是指了解业务系统中各环节业务的内容和作用、信息的输入和输出、数据存储、信息的处理方法及过程。业务流程分析的基础是业务流程调查。描述业务流程的工具是业务流程图。在业务流程分析的调查中，要详细了解各环节的处理业务、信息来源、处理方法、计算方法、信息流经去向、提供信息的时间和形态（报告、单据、屏幕显示等）。为了对业务流程调查的结果进行整理和分析，然后经业务人员确认，必须采用业务流程图的形式来明确表达它们，使之成为系统分析员和用户之间进行交流的共同语言。

业务流程图（Transaction Flow Diagram，TFD），即用一些规定的图形符号来描述系统内某个具体业务处理过程的图形。业务流程图基本上按照业务的实际处理步骤和过程绘制。换句话说，业务流程图就是用图形方式来反映实际业务处理过程。利用业务流程图可以帮助系统分析人员找出业务流程中不合理的地方。

在对业务流程进行了充分调查，并将调查结果绘制成业务流程图后，系统分析人员应对收集到的材料进行整体和全面的分析，并在新系统目标的要求和规定下，找出现行系统业务流程中不合理或不适应待建系统要求的环节，重新确定待建系统的职能，在分析的基础上提出业务流程优化方案。具体作用如下。

（1）业务流程图可以帮助系统分析人员全面了解业务处理的过程。

（2）它是系统分析人员、管理人员、业务操作人员相互交流的工具。

（3）系统分析人员可直接在业务流程图上拟出可以实现计算机处理的部分。

（4）通过业务流程图可以更直观地分析业务流程的合理性。

业务流程图的图例没有统一标准，但在同一系统开发过程中所使用的图形符号应是一致的。通常，业务流程图有 4 种基本图形符号，如图 6-3 所示。

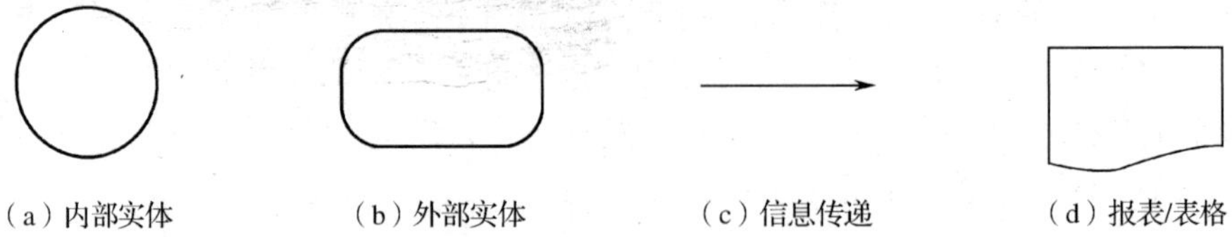

图 6-3　基本图形符号

在图 6-3 中，圆形符号表示业务处理过程中的内部实体；圆角矩形符号表示与业务有直接联系的外部实体；箭线符号表示不同业务之间的关系；报表符号表示输出的信息（报表、报告、文件、图形等）。

例如，某企业物资管理的处理过程如下：车间填写领料单到仓库领料，库长根据用料计划审批领料单，将未批准领料单退还给车间。库工收到已批准领料单后，首先查阅库存账，若有货，则通知车间前来领取所需物料，并登记用料流水账，否则将通知采购人员缺货。采购人员根据缺料通知单，查阅订货单（合同），若已订货，则向供货单位发出催货请求，否则就临时申请补充订货。供货单位发出货物后，立即向订货单位发出提货通知。采购人员收到提货通知单后，就可办理入库手续。接着库工验收入库，并通知车间领料。此外，仓库库工还要依据库存账和用料流水账定期生成库存报表，呈送有关部门。某企业物资管理业务流程图如图 6-4 所示。

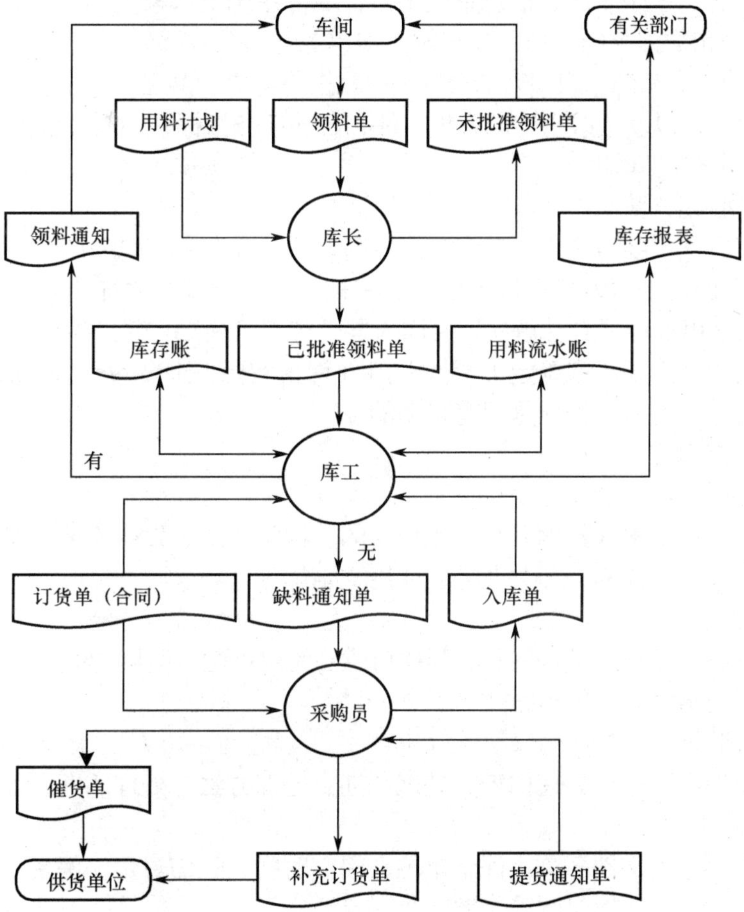

图 6-4　某企业物资管理业务流程图

6.4.3　数据流程分析

在系统调查过程中绘制的业务流程图可以形象地表达信息的流动和存储过程，但仍没有彻底摆脱物质要素（如货物、产品等）。为了便于计算机进行处理，系统分析人员有必要将这些物质要素舍去，仅对其中的数据流程进行分析，为下一步做好准备。

数据流程分析是系统分析阶段中的关键和核心工作，是建立系统逻辑模型的基础，也是今后进行数据库设计和系统功能模块设计的基础。

1. 数据流程调查

数据收集工作量很大，所以要求系统开发人员具备经营管理者的素质，耐心细致地深入实际，配合分析人员收集与系统有关的一切数据。

（1）数据的来源。

① 组织的正式报告（对于手工系统而言）。组织的正式报告是指各种卡片、报表，以及会议决议、组织图、财务报表。

② 现行系统的说明性文件（对于已局部计算机化了的系统而言）。现行系统的说明性文件是指各种流程图、程序手册、信息系统手册；现行系统全部输入单据（如入库单、收据、凭证）、输出报表和数据存储介质（如账本、清单）。

③ 组织外的数据来源。组织外的数据来源是指与客户、供应商、股东、政府、中介、竞争对手相关的信息，以及上级下达的各种文件和各项任务指标，同时还包括与本单位密切相关的其他单位的有关信息。

（2）数据的收集方法。

数据的收集方法主要有：查阅档案，面谈调查，发调查表，测定（有些数据，如各项工作的时间和费用要实测一段时间才能获取），采样（对于大规模的统计，因不可能收集到数据的全部，可以采用抽样的办法解决，抽样的方式有随机抽样和系统抽样两种，样本的大小应根据抽样理论和实际要求来确定），实际动手（深入实际，亲自动手参加信息的处理工作，这样能加深体会，对今后的工作是很有帮助的）。

（3）数据调查内容。

① 输入数据。

输入数据主要包括输入数据名称、使用目的、搜集方式、发生周期、发生的高峰时间、数据量、编码方式、保存期、相关业务、使用文字等。

② 输出数据。

输出数据主要包括输出数据名称、制作单位、使用单位、使用目的、发行份数、发送方法、使用文字、输出时间、输出方式等。

③ 数据处理过程。

数据处理过程主要包括处理内容、处理周期、处理方法、处理时间、处理场所等。

④ 存储方式。

存储方式主要包括文件名称、保管单位、保存时间、总信息量、保密要求、使用频率、删除周期、追加周期、增加、删除比率。

⑤ 代码信息。

代码信息主要包括代码名称、分类方式、编码方式、使用目的、起始码、终止码、未使用码、追加或废弃频率等。

⑥ 数据需求。

数据需求主要包括所需数据名称、需求目的、需求单位、需求者、时间和期限、所需数据的形式、数据表达的要求。

以上调查内容涉及各项数据的类型、长度、取值范围。

（4）数据汇总。

数据汇总是指对调查收集来的数据资料进行汇总和整理。数据汇总通常有如下几种处理方法。

① 数据资料的排放。

数据资料的排放是指将通过系统调查所收集到的数据资料按某种次序（通常是业务过程）进行分类编码，方便以后查找。

② 数据检查。

数据检查是指按业务处理顺序对数据项进行整理，检查所有处理过程的数据的来源及其算法，一直查到最初原始统计数据。

③ 分类整理。

由于原始数据是以后确定数据库表的主要依据，而最终输出数据则是反映业务需求的主要数据指标，所以应将这两类数据分类整理，单独列出来。

（5）数据分析。

数据分析是指分析已收集数据的完备性、一致性和无冗余性。数据分析的工具是 U/C 矩阵。使用 U/C 矩阵进行数据分析可以从如下三个方面进行。

① 完备性检验。

完备性（Completeness）检验是指具体的数据项（或类）必须有一个产生者（“C”）和至少一个使用者（“U”），而过程则必须有产生或使用（“U”或“C”元素）发生；否则这个 U/C 矩阵的建立是不完备的。这个检验可使分析人员及时发现表中的过程或数据项的划分是否合理，以及“U”“C”元素有无填错或填漏的现象发生。

② 一致性检验。

一致性（Uniformity）检验是指具体的数据项（或类）必须有且仅有一个产生者（“C”）。如果有多个产生者的情况出现，则产生了不一致性的现象，将会给后续开发工作带来混乱。这种不一致现象的产生可能有两个原因：一是没有产生者，即漏填了“C”元素或过程，数据的划分不当；二是有多个产生者，即错填了“C”元素或过程，数据的划分不独立、不一致。

③ 无冗余性检验。

无冗余性（Non-verbosity）检验即表中不允许有空行或空列。如果有空行、空列发生，则可能出现两个问题：一是漏填了“C”或“U”元素，二是过程项或数据项的划分是冗余的或没有必要的。

（6）数据特征分析。

数据特征分析是下一步设计前的准备工作。数据特征分析包括以下几方面的内容。

① 数据的类型及长度，即分析数据是数字型还是字符型，是定长的还是变长的，长度是多少（字节数），以及有何特殊要求（如精度、正负号）等。

② 合理的取值范围。这对于将来设计校验和审核功能都是十分必要的。

③ 数据所属业务，即分析哪些业务要用到这个数据。

④ 数据业务量，即分析每天、每周、每月的业务量（包括平均数量、最低的可能值、最高的可能值）及要存储的量有多少，要输入、输出的频率有多大。

⑤ 数据重要程度和保密程度。重要程度即对于检验功能的要求有多高，对后备储存的必要性如何。保密程度即是否需要有加密措施，它的修改、删除、审查和使用权限如何等。

2. 数据流程图

数据流程分析是系统分析的主要内容，是今后设计系统功能模块和建立数据库的基础，同时也是今后进行数据分类、确定数据结构、建立数据字典、进行数据库概念分析的基础。

数据流程分析是在需求调查的基础之上，以业务流程图为依据而进行的分析，它的主要目的就是勾画出系统的逻辑模型。数据流程分析主要通过数据流程图来实现。

数据流程分析是把数据从现行系统内部的流动中抽象出来，单从数据流动过程来考查实际业务的数据处理模式。数据流程分析的内容主要包括分析数据的流动、传递、处理、存储等。数据流程分析可以帮助发现和解决数据流程中的问题，如数据流程不畅、前后数据不匹配、数据处理过程不合理等。

（1）数据流程图的组成。

数据流程图（Data Flow Diagram，DFD）或称数据流图是便于用户理解、分析系统数据流程的图形工具。它摆脱了系统的物理内容，精确地在逻辑上描述系统的功能、输入、输出和数据存储等，是系统逻辑模型的重要组成部分。

数据流程图是通过图形方式来描述系统的数据流程的一种工具，包括外部实体、数据处理、数据存储和数据流 4 个组成部分，数据流程图的基本图例如图 6-5 所示。

（a）外部实体　（b）数据处理　（c）数据存储　（d）数据流

图 6-5　数据流程图的基本图例

① 外部实体。

外部实体指在系统以外，又和系统有联系的人或事物，不受系统所控制。它说明了数据的外部来源和去处，属于系统的外部和系统的界面。外部实体中支持系统数据输入的实体称为源点，支持系统数据输出的实体称为终点。

通常外部实体在数据流程图中用长方形表示，框中写上外部实体名称，为了区分不同的外部实体，可以在正方形的左上角用一个字符表示，同一外部实体可在一张数据流程图中出现多次，这时在该外部实体符号的右下角画上小斜线表示重复。

② 数据处理。

数据处理指对数据进行的操作，它用来改变数据值，它把流入的数据流转换为流出的数据流。在数据流程图中，数据处理用长方形表示，长方形分三个部分，数据处理的组成及实例如图 6-6 所示。其中，标识部分为了区别和引用方便，通常用字母 P 和数字组成；功能描述部分是必不可少的，用来写数据处理的名称；功能执行部分表示功能由谁来完成或执行。一般情况下，在数据流程图中功能执行部分可以省略。

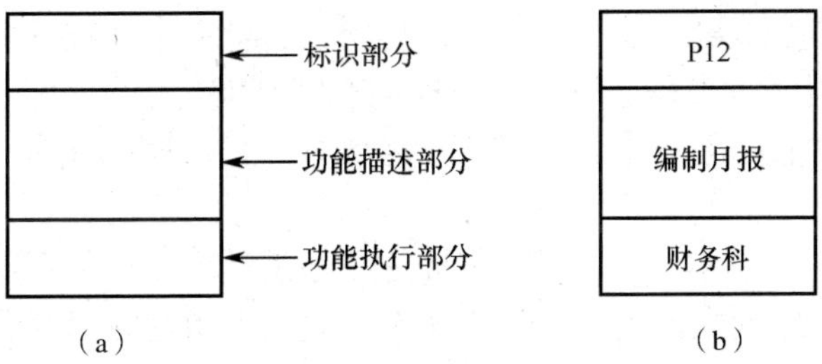

图 6-6　数据处理的组成及实例

每个数据处理都应取一个名称来表示它的含义，并规定一个编号用来标识处理在层次分解中的位置。为使 DFD 清晰易读，数据处理名应简单，且能概括地说明对数据的处理行为。此外，名称中必须包含一个动词，如“计算”“打印”“汇总”等。

③ 数据存储。

数据存储是存储数据的工具。在数据流程图中数据存储用右边开口的长方条表示。长方条内写上数据存储名，数据存储名应与它的内容一致。为了区别和引用方便，左端加一小格，再标上一个编号，通常由字母 D 和数字组成。

数据存储本身不产生任何操作，它仅响应存储和访问数据的要求。从数据存储流入或流出数据流时，数据流的方向是很重要的。如果是读数据，则数据流的方向应从数据存储流出；如果是写数据，则相反；如果是又读又写，则数据流是双向的。在修改数据存储时，虽然必须先读数据，但其本质是写数据，因此数据流应流向数据存储，而不是双向的。直接从外部实体来的与直接到外部实体去的数据流应直接与数据处理相连，不应通过数据存储相连。

④ 数据流。

数据流是指处理功能的输入或输出。它用来表示一个中间数据流值，但不能用来改变数据值。数据流是模拟系统数据在系统中的传递过程的工具。

数据流由一组确定的数据组成。例如，“领料单”数据流由物资编码、物资名称、规格型号、领用数量、出料仓库、领用单位、日期等数据组成。在数据流程图中，数据流用带有名称的箭头表示，名称表示流经的数据，箭头表示流向。数据流可以从数据处理流向数据处理，也可以从数据处理流向数据存储、从数据存储流向数据处理，还可以从源点流向数据处理或从数据处理流向终点。

对数据流的表示通常有以下约定：

名称最好能反映出数据流的含义，不同的数据流不能同名；

对流进或流出数据存储的数据流无须标注名称（数据存储名称本身足以说明数据流），其他的数据流必须标注名称；

两个数据处理之间可以有多个不同的数据流，这是由于这些数据流用途或流动时间不同，或者这些数据流之间没有联系；

数据流程图描述的是数据流而不是控制流，因此像业务流程图中的一些控制流应从数据流程图中删去。

（2）分层数据流程图。

结构化分析方法的基本手段是逐层分解，而分层数据流程图则是描述分解的基本手段。

分层数据流程图自顶向下逐层分解，逐步引入细节，逐步从抽象到具体，这样可以控制系统的复杂程度。这样的逐层分解符合人的思维习惯，有利于系统分析人员对问题的理解与分析。目前的数据流程分析多是通过分层数据流程图来实现的。

分层数据流程图由顶层图、中层图和底层图组成。顶层图只能有一张，而中层图和底层图可各有若干张。

顶层图又称环境图，或称上下文图。它描述了系统的环境、与系统有数据交互的外部实体、输入的数据流和输出的数据流。顶层数据流程图只需指明数据处理与有关外部实体之间的信息交换关系就可以了，无须考虑内部的处理、存储、信息流动问题。

环境图中的系统经分解得到的是下一层数据流程图，称零层图。其描述了系统的主要处理功能、输入/输出数据流、外部实体与数据存储。

对于一个复杂系统，中层图可能会有几层。某中层图描述了其上一层数据流程图中某个处理的分解。如果这个中层图中的某些处理比较复杂，又有可能被再次分解。

底层图由一些不能再分解的处理所组成，这些处理一般都很简单。底层分解以业务和功能为划分标准。中层中的每个子系统在底层分别绘制，一个子系统一个图。

（3）数据流程图的绘制步骤。

① 确定所开发的系统的外部实体，即系统的数据来源和去处。

② 确定整个系统的输出数据流和输入数据流，把系统作为一个处理环节，画出环境图。

③ 确定系统的主要信息处理功能，按此将整个系统分解成几个处理环节（子系统），确定每个处理的输出与输入数据流，以及与这些处理有关的数据存储。

④ 根据自顶向下、逐层分解的原则，对上层图中全部或部分处理环节进行分解。

⑤ 重复步骤④，直到逐层分解结束。

⑥ 对图进行检查和合理布局，主要检查分解是否恰当、彻底，数据流程图中各层是否有遗漏、重复、冲突之处，各层数据流程图及同层数据流程图之间关系是否正确，命名、编号是否确切、合理等，对错误与不当之处进行修改。

⑦ 和用户进行交流，在用户完全理解数据图的内容的基础上征求用户的意见。

（4）绘制数据流程图的指导原则。

① 自顶向下、逐层分解。

自顶向下、逐层分解原则是指按照结构化方法的思想，采用分层的数据流程图，把大问题、复杂的问题分解成若干个小问题，然后分别解决。绘制数据流程图时，自顶向下地逐层绘制。首先绘制顶层图，在顶层图中，不管系统大小，都将系统当成一个整体处理块来看待；然后绘出外部实体与这个整体块的数据联系过程；在零层图中，将这个整体块分解成几个大的处理内容，如果这几个大的处理内部还涉及若干个比较复杂的数据处理部分，还需将这几个大的处理分别分解为小一些的处理；这样反复地逐层分解，直至将系统分解为详细的不可再分解的底层图。

② 数据守恒。

数据守恒，也就是说一个处理的所有输出数据流中的数据必须能从该处理的输入流中直接获得，或者是通过该处理能产生数据。

③ 父子平衡。

父子平衡原则是指在分层数据流程图的任一层，其上层图被称为父图，其下层图被称为子图。父图中某一处理的输入/输出数据流必须与其相应子图的输入/输出数据流相同，否则就会出现父图与子图的不平衡。

④ 合理命名及编号。

合理命名及编号原则是指数据流程图中各种元素的命名应让人容易理解。

数据处理的名称应能准确地表达其功能。对数据处理理想的命名是由一个具体的动词加一个具体的名词组成，尤其在下层应该如此，如“计算总金额”“处理订单”等。系统分析人员应为每个数据处理编号。编号时，父图与子图的编号要保持一致性。一般子图的数据处理编号应是父图上对应的数据处理编号+子数据处理编号。例如，零层图中各数据处理按 1、2、3……顺序编号，1 号数据处理分解后的子数据处理应按 1.1、1.2、1.3……顺序编号，2 号数据处理分解后的子数据处理应按 2.1、2.2、2.3……顺序编号，以此类推。

数据流与数据存储也要进行编号。编号方法原则上与数据处理的编号方法相同。为了区别，还需要在编号前冠以不同的字符。通常数据流编号前冠以 F，数据存储编号前冠以 D，数据处理编号前冠以 P。

⑤ 数据流程图分解。

数据流程图分解是以处理的分解为中心的，属于功能分解性质。数据流程图分解应在概念上合理、清晰、自然，且不影响图的易理解性。合理的分解是将一个处理分成相对独立的几个部分，并尽量保证其相对独立性。从逻辑上来讲，父处理的功能应为其对应的子处理功能之和。

数据流程图逐层分解也可能导致某个或某些外部实体的分解。因为分解后的子处理可能只与上层图中某个外部实体的组成部分相联系。当外部实体的分解有助于更明确地描述系统某些部分的功能与信息需求时，下层图要对分解后的外部实体加以定义和命名。下层图不应出现不属于上层图外部实体的子项的新外部实体。

⑥ 层次的划分。

数据流程图分解的层次和每张图的内容要适当。如果每张图分解的处理少，要做到彻底分解，则导致层次增多，进而导致查询复杂化；如果过分压缩层次，则导致每张图布局拥挤，不方便理解。

根据经验，如果系统建设项目规模较大，每张数据流程图分解的处理可以稍多一些，以减少图的层次，但每张图的处理以 4～7 个为宜。

（5）绘制数据流程图的规则。

① 外部实体：

数据不能从一个外部实体直接流向另一个外部实体，中间必须经过数据处理；

外部实体的名称必须是名词。

② 数据处理：

数据处理必须既有数据输入，又有数据输出；

数据处理的名称中必须有动词；

数据处理的输入数据与输出数据必然是不同的。

③ 数据存储：

数据不能从一个数据存储直接流向另一个数据存储，中间必须经过数据处理；

数据不能从一个外部实体直接流向一个数据存储，中间必须经过数据处理；

数据不能从一个数据存储直接流向一个外部实体，中间必须经过数据处理；

数据存储的名称必须是名词。

④ 数据流：

两个图形符号之间的一个数据流只允许有一个方向。如果有两个方向的数据流，则需绘制两个数据流箭头，因为这些数据流在不同的时间发生；

一个数据流不能直接返回刚离开的原数据处理，至少需经过另一个数据处理，产生其他某个数据流，然后把产生的数据流返回给开始过程；

一个数据流流向一个数据存储，意味着对数据存储的升级；

一个数据流流出一个数据存储，意味着对数据的检索或使用；

数据流分支表示完全相同的数据从一个公共的地方进入两个或多个不同的数据处理、数据存储或外部实体（这通常表示相同数据的不同副本进入不同的位置）；

数据流的连接表示完全相同的数据从两个不同的数据处理、数据存储或外部实体移到一个共同的位置；

数据流的名称必须是名词，只要相同箭头上的所有数据流作为一个数据包一起移动，多个名词就可以出现在一个箭头上。

另外，绘制数据流程图时，所有的名称必须是唯一的。

网上花店的数据流程图分解图如图 6-7、图 6-8、图 6-9 所示。

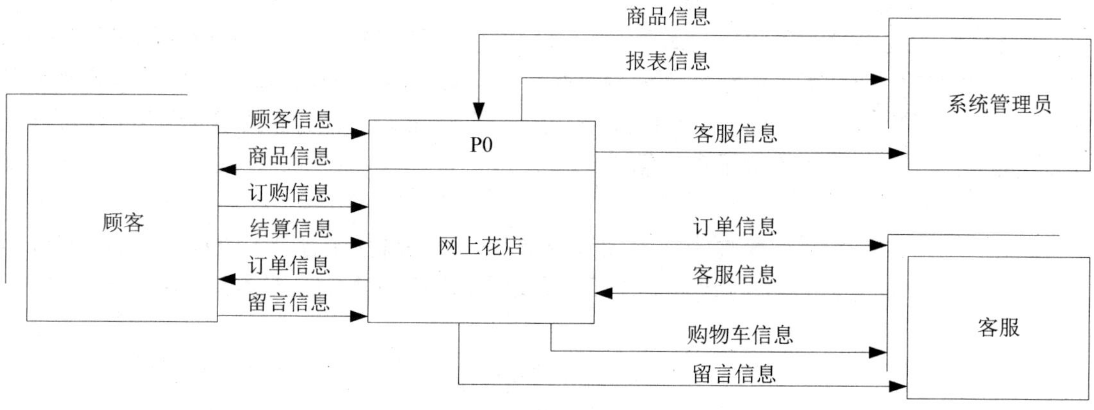

图 6-7　网上花店顶层图

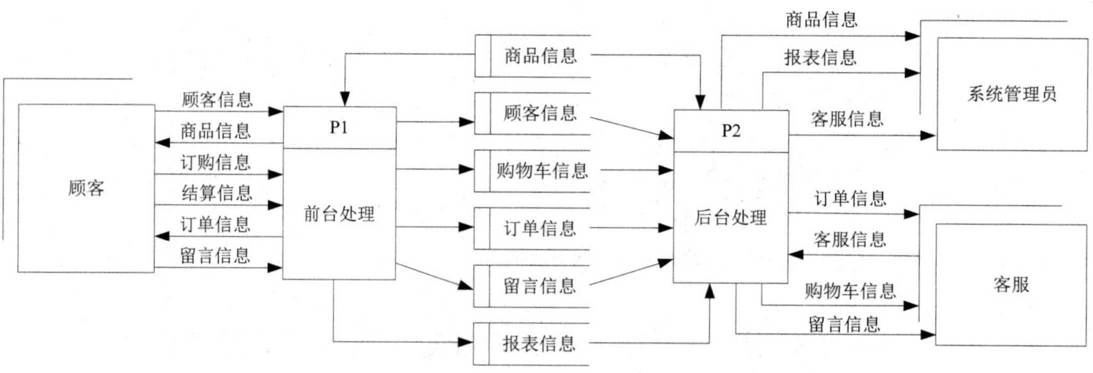

图 6-8　网上花店零层图

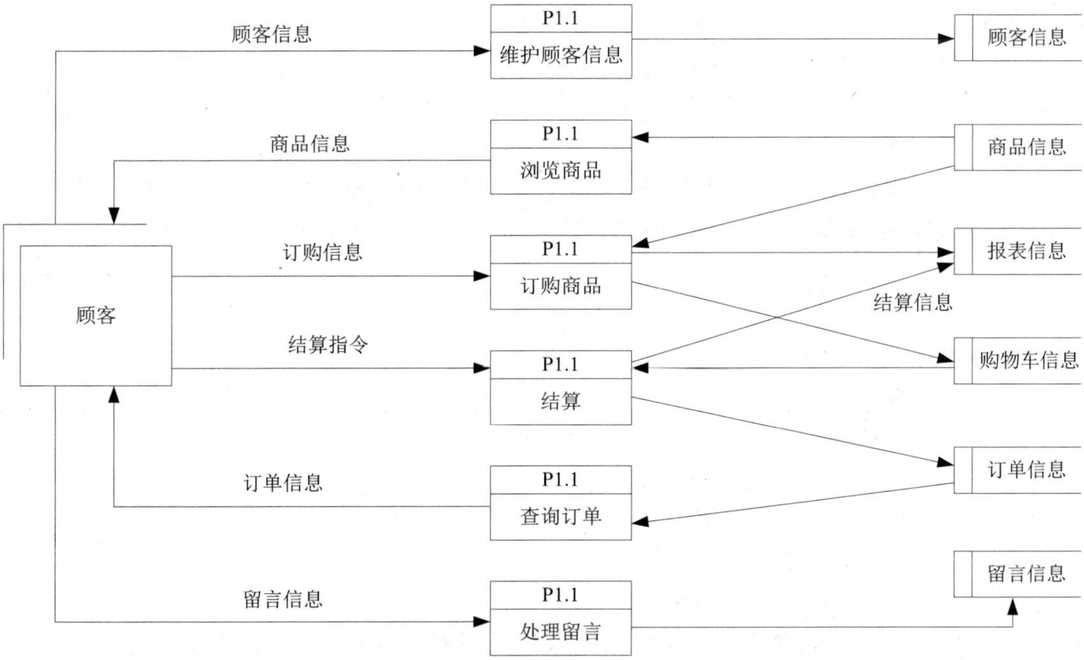

图 6-9 网上花店“前台处理”展开图

3. 数据字典

数据流程图是系统逻辑模型的主要描述形式。数据流程图可通过基本符号直观地表示系统的数据流程和处理、存储等过程。通过它，可对系统的逻辑功能和各部分的数据联系有清晰的了解。但数据流程图在描述系统逻辑功能和有关信息内容的细节方面具有局限性：第一，数据流程图上不能描述外部实体、数据处理、数据存储和数据流的具体内容，如数据处理的处理过程与算法等，数据存储的数据结构、存取要求、数据量，以及数据流的组成元素；第二，数据流程图不能描述系统中的业务决策与控制过程；第三，数据流程图不能描述系统中人机交互过程及信息的反馈与循环处理。因此，在系统逻辑模型中，除了使用数据流程图，还要辅以其他工具，如结构化语言、决策表、决策树等。以上几点数据流程图不能表达的数据和处理的具体、详细的含义，需要在“数据字典”和“处理说明”中具体表达。

数据字典是以特定格式记录下来的、对数据流程图中各个基本成分（外部实体、数据处理、数据存储和数据流）的内容和特征所进行的完整的定义和说明。数据字典是在数据流程图的基础上，进一步定义和描述外部实体、数据处理、数据存储及数据流的详细内容的工具，是对数据流程图的重要补充和说明。

数据字典可以用人工方式建立，也可以建立在计算机内。数据字典的内容是通过调查获取的。调查前印好表格，调查时填入数据，调查后按一定顺序排列，就是一本字典。所以说数据字典实际上是关于数据的数据库。

编写数据字典的基本要求有四点：第一，数据流程图上各种成分的名称必须明确、易理解、唯一；第二，数据字典中各个条目的名称、编号必须与数据流程图一致；第三，符合一致性与完整性的要求，将数据流程图上的成分编入数据字典应无遗漏项，数据字典中应无内容重复或内容相互矛盾的条目，同类成分的数据字典条目中应无同名异义者或异名同义者；

第四，格式规范、文字精练，数字与符号正确。

数据字典中包含六类条目：数据项、数据结构、数据流、处理逻辑、数据存储、外部实体。这六类条目有不同的属性需要描述，现分别说明。

（1）数据项。

数据项也称数据元素，它是具有独立逻辑含义的最小数据组成单位。在数据字典中，其定义内容包括数据项的编号、名称、别名，数据项的说明，数据项的类型、长度、取值范围。

例：　　数据项的定义

数据项编号：I02-01

数据项名称：订单号

别名：订单编号

说明：购物网站的订单编号

类型：字符型

长度：6 位

取值范围：1 ~ 999 999

（2）数据结构。

数据结构是由若干数据项（可能还包括数据结构）共同构成的数据组合关系。

数据结构根据是否包含数据结构，可分为简单数据结构和嵌套数据结构。

简单数据结构全部由数据项组成；嵌套数据结构的组成中，除了数据项，还有数据结构。

在数据字典中，其定义内容包括数据结构的编号、名称，数据结构的说明，数据结构的组成。

如果是一个嵌套数据结构，除列出上述内容外，还需指出包含的数据结构。

假如一个客户包括客户代码、客户名称、地址、账号等数据项，那么客户代码的数据项编号为 I01-01，客户名称的数据项编号为 I01-02，地址的数据项编号为 I01-03，账号的数据项编号为 I01-04。

例：　　简单数据结构的定义

数据结构编号：DS02-01

数据结构名称：客户代码

说明：客户的详细情况

数据结构组成：I01-01 + I01-02 + I01-03 + I01-04

假如一个订单包括订单编号、订货日期、客户、产品、订货数量、交货日期等内容，其中，客户和产品又是一个数据结构。订单编号的数据项编号为 I02-01，订货日期的数据项编号为 I02-02，订货数量的数据项编号为 I02-03，交货日期的数据项编号为 I02-04，客户的数据结构编号为 DS02-02，产品的数据结构编号为 DS02-03。

例：　　嵌套数据结构的定义

数据结构编号：DS02-01

数据结构名称：订单

说明：用户情况及订单记录

数据结构组成：I02-01 + I02-02 + DS02-02 + DS02-03 + I02-03 + I02-04

（3）数据流。

数据流是对系统中数据流的组成、逻辑流向的描述。数据流的组成可以是数据项或数据结构。在数据字典中，其定义内容包括数据流的编号、名称，数据流的说明，数据流的来源，数据流的去向，数据流的组成，数据流量，高峰流量。

例：　　数据流的定义

数据流编号：F03-05

数据流名称：发货单

说明：销售部门开给仓库的发货通知

数据流来源：销售部

数据流去向：仓库

数据流组成：商品编号+商品名称+发货数量+收货单位+发货日期

数据流量：80 份/天

高峰流量：120 份/天

（4）处理逻辑。

处理逻辑又称加工或处理过程，其仅对数据流程图中底层的数据处理加以说明。处理逻辑的内容包括处理逻辑的编号、名称，处理逻辑的说明，输入数据，输出数据，处理频率，处理过程。

例：　　处理逻辑的定义

处理逻辑编号：P04-02

处理逻辑名称：获取配送信息

说明：配送部门根据订单和付款信息获取可以配送的商品信息及其他信息

输入的数据流：新的订单、付款凭证

输出的数据流：配送信息

处理频率：每天处理一次

处理过程：对输入的订单、付款凭证确认并核对后，制订配送方案

（5）数据存储。

数据存储是数据流暂存或永久保存的地方，其内容包括数据存储的编号、名称，数据存储的说明，数据存储的组成，数据存储的关键字，相关联的处理。

有些数据存储的结构可能很复杂，如“订单”，包括订单编号、订货日期、客户、产品、订货数量、交货日期、签约人等，其中客户、产品、签约人等又都是数据结构。这些数据结构应有各自的条目分别加以说明，因此在“订单”的条目中只需列出这些数据结构，而不用列出这些数据结构的内部构成。

例：　　数据存储的定义

数据存储编号：D01-01

数据存储名称：商品信息

说明：存放商品的相关信息

数据存储组成：商品编号+名称+产地+生产日期+价格+保质期+备注

关键字：商品编号

相关联的处理：订购商品、浏览商品

（6）外部实体。

外部实体是数据流的来源或去向，其内容包括外部实体的编号、名称，外部实体的说明，外部实体输入的数据流，外部实体输出的数据流。

例：　　外部实体的定义

外部实体编号：S01-03

外部实体名称：客户

说明：从网站购物的消费者

输入的数据流：F01-03（商品信息）

输出的数据流：F01-01（订货信息）、F01-02（结算信息）

4．处理逻辑的描述

处理逻辑是对数据流程图中数据处理的详细描述。它与数据字典一样是对数据结构图的补充资料，但它仅对数据处理进行说明，而且比数据字典描述得更为详细。

当数据字典中的处理逻辑对数据流程图中的数据处理描述得不够充分，不能满足系统设计的需要时，就需要使用处理说明。处理说明从另一个侧面刻画了处理的细节，对数据流程图做了必要的补充。因而，数据流程图、数据字典和处理说明三者构成了系统的逻辑模型。

目前常用的描述处理逻辑的工具有三种：结构化语言、判断树和判断表。

（1）结构化语言。

结构化语言（Structured Language）是介于自然语言和程序设计语言之间的一种语言。自然语言的优点是容易理解，但是它不精确，可能有多义性。程序设计语言的优点是严格精确，但它的语法太死板，使用不方便。结构化语言结合了上述两种语言的优点，是一种带一定结构的自然语言。

结构化语言是为描述决策结构而设计的语句，为了在两个或多个行动中判断选择，它使用由“IF”“THEN”“ELSE”等词汇组成的规范化语言。其一般形式如下：

```
IF 条件
THEN 行动 A（条件成立）
ELSE 行动 B（条件不成立）
```

其中，条件和行动可以用中文表示。

例如，某企业的订货折扣政策如下：订购金额在 5 万元以下，则不给予折扣；对于订购金额在 5 万元（含）以上时，如果没有欠款，则给予 15%的折扣，如果有欠款，对与本公司的交易关系在 10 年（含）以上的客户给予 10%的折扣，10 年以下的客户给予 5%的折扣。

处理订货单的结构化语言表达如下：

```
IF 订购金额<5 万元
    THEN 折扣率=0%
ELSE
    IF 欠款=0
        THEN 折扣率=15%
    ELSE
        IF 交易关系≥10 年
```

THEN 折扣率=10%

ELSE

折扣率=5%

（2）判断树。

判断树（Decision Tree）是一种用来表示处理逻辑的树形图工具。它比用语言描述处理说明更为直观。它能顺序地表示出条件和行动，因而能显示出应首先考虑哪些条件、其次考虑哪些行动等；它也表示出各条件和所允许的行动的关系。由于图形很像树枝，因此称为判断树。

判断树图形的左边是树根，它是决策序列的起点。紧跟着的是各个分支，它们依赖于存在的条件和所做的决策。树中非叶结点代表条件，树的叶结点表明要采取的行动，这种行动是依赖于它左边的条件序列的。从树根开始，自左至右地沿着某一个分支，能够做出一系列的决策，最后确定采取的行动。

前面举例的订货折扣政策的判断树如图 6-10 所示。

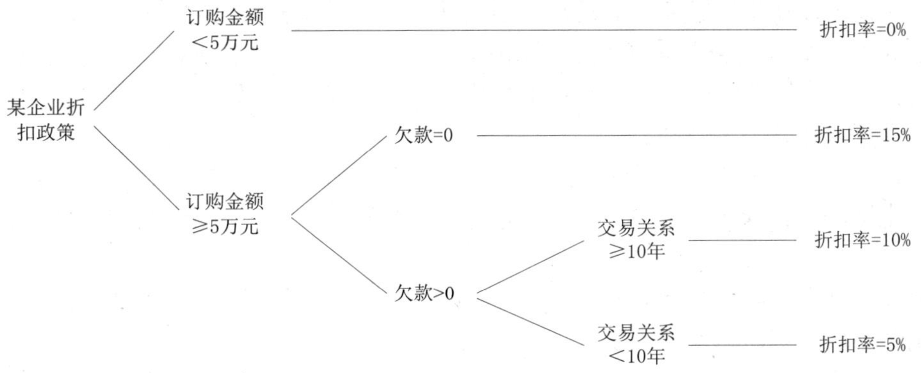

图 6-10　订货折扣政策的判断树

判断树的优点是形式简单，不需任何说明，就可以直观地看出不同条件下应当采取的行动，易于掌握和使用；缺点是简洁性不如判断表，如果出现相同条件和相同行动，则必须重复。

（3）判断表。

判断表（Decision Table）是采用表格方式来描述处理逻辑的一种工具。

判断表由四部分组成：左上部分为条件说明，左下部分为行动说明，右上部分为各种条件的组合，右下部分是与每种条件组合相对应的行动。

条件说明与行动说明相连组成决策规则。决策规则说明了对所采取的特定行动必须满足的条件。决策规则体现所有必须成立的条件，而不是每次只体现一个条件。

每个判断表构成以后，系统分析人员要检验它的正确性与完整性，以保证判断表能包括所有条件及决策规则。另外，系统分析人员还应消除表中可能有的冗余项和互相矛盾的决策规则。

与结构化语言和判断树相比，判断表的优点是能够容易地描述复杂的条件组合与应做的行动之间的对应关系。判断表的缺点是建立过程较为繁杂，且描述方式不如前两者简便。

现仍以判断树中的例子来说明判断表的使用，初始判断表如表 6-2 所示。

表 6-2　初始判断表

属性		组合							
		1	2	3	4	5	6	7	8
条件	订购金额<5 万元	Y	Y	Y	Y	N	N	N	N
	欠款=0	Y	Y	N	N	Y	Y	N	N
	交易关系≥10 年	Y	N	Y	N	Y	N	Y	N
行动	折扣率=15%					√	√		
	折扣率=10%							√	
	折扣率=5%								√
	折扣率=0%	√	√	√	√				

在判断表的右上部分中，“Y”表示它左边的那个条件成立，“N”表示条件不成立，空白表示这个条件成立与否并不影响行动的选择。判断表右下部分中“√”表示基于此单元格上面部分所对应的条件组合做它左边的那项行动，空白表示不做这项行动。

有的判断表在初步绘制完成后还需要进行优化调整，对各组条件进行过滤操作。优化调整包括删除条件和合并条件两种情况，以消除可能有的冗余项和互相矛盾的决策规则。

首先，按列分析每个组合条件，对于在题目要求中没有出现的条件组合，进行删除；其次，对于重复条件，进行合并。

合并方法：对于相邻两列中只有一个条件不相同的情况，分析该条件的存在是否对最终结果产生影响。如果该条件对于当前的条件组合不产生影响，则合并相邻两列，并删除该条件。

在表 6-2 中就有条件组合不同但行动相同的情况，这就需要进行优化调整。

优化调整后的判断表如表 6-3 所示。

表 6-3 中条件栏的符号“——”表示其所对应的条件可不予判断，也可用空白表示。

表 6-3　优化调整后的判断表

属性		组合			
		1	2	3	4
条件	订购金额<5 万元	Y	N	N	N
	欠款=0	——	Y	N	N
	交易关系≥10 年	——	——	Y	N
行动	折扣率=15%		√		
	折扣率=10%			√	
	折扣率=5%				√
	折扣率=0%	√			

结构化语言、判断树、判断表这三个逻辑分析工具各有不同的优、缺点。在表达一个处理过程时，系统分析人员应根据不同的情况选择合适的分析工具。

第一，对一个不太复杂的逻辑判断，最好使用判断树。

第二，对一个十分复杂的逻辑判断，最好使用判断表。

第三，如果一个处理过程中既包含顺序结构又有判断和循环逻辑，最好使用结构化语言。

6.4.4　电子商务系统逻辑模型的建立

电子商务系统逻辑模型也称新系统逻辑模型。新系统逻辑模型指的是经分析和优化后，新系统拟采用的经营管理模型和信息处理方法。因它不同于计算机配置方案和软件结构模型方案等实体结构方案，故称其为逻辑方案。

经过业务流程分析和数据流程分析，已经建立了现行系统的逻辑模型。建立新系统逻辑模型的主要任务：对系统业务流程分析的结果进行整理；对数据流程分析的结果进行整理；在现行系统逻辑模型的基础上，结合新系统的目标，设计出新系统的逻辑模型。

从现行系统的逻辑模型到新系统逻辑模型的转换一般可分成两步：首先分析新系统与现行系统在逻辑上的差别，在此基础上建立起新系统逻辑模型；然后对该模型进行补充和完善，建立最终模型。它包括如下几部分。

1. 确定新系统的目标

在系统规划阶段，已经对企业的目标及电子商务系统的目标有了明确的认识。在这里需要做的是对这些目标进一步细化，并指出这些目标可以通过哪些具体的处理功能来实现，从而实现从经营管理目标到系统处理功能转变，确保实现的系统是为企业经营管理目标服务的。

2. 确定合理的业务流程

将业务流程分析的结果归纳整理，以确定合理的业务流程，其具体内容包括以下几点。

（1）对原有业务处理流程进行诊断，并进行业务流程再造。

（2）在业务流程再造的基础上，绘制最后确定的业务流程图。

（3）在业务流程图中标明哪些部分由新系统（主要指计算机软件系统）来完成，哪些部分应由用户来完成（或需要用户配合新系统来完成）。

3. 确定合理的数据流程

对数据流程分析的结果进行归纳整理，以确定合理的数据流程，其具体内容包括以下几点。

（1）根据调查获取的资料，确定原业务流程中对数据进行的输入/输出、传输、处理、存储的情况，绘制原有的数据处理流程。

（2）分析经业务流程再造后，删去或合并了哪些多余的或重复的数据处理过程，以及对哪些数据处理过程进行了优化和改动。

（3）绘制出最后确定（优化后）的数据流程图。

（4）在数据流程图中标明人机界面。

4. 建立数据字典

（1）分析已经建立的数据流程图，分别列出数据流、处理逻辑、数据存储和外部实体，外加数据项和数据结构。

（2）根据调查结果，参考数据流程图，按照规定格式详细描述数据流、处理逻辑、数据存储、外部实体、数据项和数据结构。

（3）确认数据的各项数据特征是否符合要求。

5. 建立处理说明

（1）根据数据字典和数据流程图，确定还需进一步详细描述的处理。
（2）初步分析处理的处理逻辑。
（3）根据初步分析的结果，选择合适的处理说明形式。
（4）使用选择的处理说明形式对需进一步详细描述的处理进行说明。

6.5 基于面向对象方法的系统逻辑模型

6.5.1 面向对象系统开发过程

一种系统开发方法应由建模语言和开发过程组成。建模语言是设计的表示符号，而过程则是描述如何进行开发。面向对象的开发过程包括需求获取、系统分析、系统设计、实现、测试和配置五个阶段。

需求获取阶段主要确定参与者、定义用例，以及用用例模型建立系统的外部需求。用例模型的主要组件是用例、参与者和系统边界。

系统分析阶段主要通过阅读规格说明、用例来进行问题域分析。在需求分析中，用用例图及用例描述（或活动图）详细描述系统的工作流，在该阶段可通过用例图和活动图推导出所有关键概念（类）及它们之间的关系。可以使用 UML 中的顺序图、协作图或活动图描述系统的动态行为。

系统设计阶段主要进一步定义分析阶段提取类的功能（操作和属性），增加新类处理如数据库、用户接口、通信、设备等技术领域的问题。在结构设计阶段定义包（子系统），确定包间的依赖性和主要通信机制。在详细设计阶段，使用 UML 技术对所有类进行细化。分析阶段的用例描述用来检验设计阶段处理的用例，用顺序图展示系统中每个用例在技术上如何实现。

实现阶段主要构造或实现是对类进行编程的过程。在设计模型中，可以选取下列各项进行代码编程。①类的规格说明，详细说明必要的属性和操作；②类图，说明类的静态结构和类之间的关系；③状态图，说明类的对象可能的状态及其转移；④动态图，包括顺序图、协作图和活动图；⑤用例图和规格说明，说明系统需求和结果。

测试和配置阶段，测试是以用例定义的描述作为依据，验证开发的系统是否满足需求；系统配置包括文档和组成模型，是实际交付的系统。

不管在哪个阶段，仅经过一次建模过程很难得到完全正确的对象模型。事实上，软件开发过程就是一个多次反复修改、逐步完善的迭代过程。在建模的任何一个步骤中，如果发现了模型的缺陷，都必须返回前期阶段进行修改。在实际工作中，面向对象开发的步骤并不一定严格按照前面讲述的次序进行。系统的分析、设计人员可以根据需要合并几个步骤的工作，一起完成，也可以交换前述各项工作的次序，还可以交叉进行各步骤的工作，先初步完成几项工作，然后返回加以完善。

在面向对象系统分析与设计中，用用例描述系统的功能需求；系统开发从分析、设计、实现到测试都以用例作为最终目标。在分析阶段，通过用例描述系统所需的功能并与用户共同验证这些功能；在设计和实现阶段，必须实现用例；最后，在测试阶段，用例是验证系统的依据。

6.5.2　需求获取

1. 需求收集

系统开发的第一步工作就是进行需求收集。这只是理解需求和实现系统的第一步。

需求收集从会谈开始。通常可召开一次会议，参与会议的人员可包括系统分析员、项目单位负责人、业务负责人和若干名客户。他们都是系统未来的用户。

通过与用户的交谈，可以对系统有一个概念性的认识，并逐步熟悉系统中的业务术语，为与用户的进一步交流打下基础。会谈的初步目的是发现系统中的参与者和高层用例。高层用例应概括地描述系统的功能需求，提供系统边界和范围。

这样的会谈可能要进行多次，以收集到准确、全面的需求。

2. 用例建模

1）建立用例图

为了能够准确地描述用户的需求，就要使用用例。用例从用户的角度出发来描述开发的应用系统能实现哪些具体功能，从而帮助开发人员获取更多的需求。从需求角度来说，一个用例就是用户由于某种外部事件而与系统之间进行的一次交互。

用例捕捉的是功能性需求。所有用例结合起来就构成了“用例模型”，该模型描述系统的全部功能。这个模型取代了系统传统的功能规范说明。用例用用例图表示。构建一个用例图需要四个步骤：确定系统边界、确定参与者、确定用例和确定参与者与用例之间的关系。

（1）确定系统边界。

因为用例是从参与者角度来看系统的，所以要确定系统的用例。首先要确定好系统边界，找出系统的参与者，然后可以对这些参与者进行调查，了解他们希望系统提供给他们什么功能，并由此来确定用例。

系统边界定义由哪些参与者使用系统，系统能够为哪些参与者提供什么特定利益。如果一个参与者不使用系统，其需求也就不能成为系统需求的一部分。

因此，确定一个新需求是否属于开发的系统，可参考以下问题。

这些需求对于系统是否必需？

这些需求系统在逻辑上是否会完成？

这些需求是否是参与者要求系统去做的？

（2）确定参与者。

建立用例首先应找出系统参与者，确定参与者时应考虑以下问题。

谁是系统的主要使用者？

谁从系统获取信息？

谁向系统输入信息？

谁从系统中删除信息？

谁需要系统支持他们的日常工作？

谁来维护、管理系统，使其能正常工作？

系统需要控制哪些硬件？

系统需要与其他哪些系统交互？（这里的其他系统包含其他计算机系统和其他应用程序）

对系统产生的结果感兴趣的是哪些人或事物？

一般地，首先应明确系统的范围，并从应用的角度考虑系统的功能，确定有哪些外部事物将与系统进行交互，确定有哪些用户将使用系统的某些功能操作，向系统输入或取得输出数据，或者控制系统的运行。

除把直接使用系统的人员确认为参与者外，凡是与系统进行信息交换（包括数据信息和控制信息交换）的都是外部事物。外部事物指的是人员、设备、外部系统。另外，需要指出的是，参与者仅代表某种角色，同一个人也可能扮演不同的角色。

（3）确定用例。

实际上，在建立用例的过程中，确定参与者和确定用例是不能截然分开的。确定用例时，必须考虑参与者对系统功能的需求及参与者与系统的交互过程。对于每个用例，都可以用事件流来规定用例的行为，用例的事件流是描述参与者在完成用例的过程中发生的一系列交互行为。

常用来识别用例的方法有下面两种。

第一种用来识别用例的方法是基于参与者的方法：识别出与系统有关的参与者；对每个参与者，识别出他们发起或参加的执行过程。

第二种用来识别用例的方法是基于事件的方法：识别出系统必须响应的外部事件；把事件与参与者和用例联系起来。

通常，在确定用例前应考虑以下问题。

用例何时开始，如何开始？

用例何时结束，如何结束？

参与者需要使用系统达到什么目标？

对于各个参与者，哪些任务会涉及系统？

系统与参与者之间有哪些交互？

系统需要何种输入/输出？输入从何处来？输出到何处去？

用例将支持和维护的系统功能是什么？

必须提醒参与者的系统事件有哪些？

参与者必须提醒系统的事件有哪些？怎样把这些事件表示成用例中的功能？

用例的标准事件顺序是什么？

当前运行系统（也许是一些手工操作而不是计算机系统）的主要问题是什么？

用例的粒度应该多大才合适？

这些是在确定用例时经常要考虑的问题。通常，用例的行为都是用事件流描述的。这是用例粒度的底线，即每个用例都应当是一个有意义的业务目标的事件流集合。例如，超市的收款员为一个顾客所选购的商品进行结算，可以为此确定一个用例“结算”，而他拿一件商品到条码机扫描条码，则不应当作为一个用例，因为单独扫描一件商品不是一件多么有意义的事件。在底线之上，只要边界没有改变，多大粒度的用例在技术上都是对的。

一般应该通过分析，把系统或子系统中主要的业务流程找出来，然后对每一个业务流程建立一个相应的用例，对业务处理的每种例外（异常）情况的事件流也要单独建立一个相应的用例。总之，一个复杂的系统通常要用多个用例来描述系统的行为功能。

（4）确定参与者与用例之间的关系。

用例图中描述的关系涉及参与者与用例之间的关系、参与者之间的关系及用例之间的关系。UML 提供了关联关系、包含关系、扩展关系和泛化关系来描述它们之间的关系。

在系统分析与设计时，可采用以下规则来判断应使用哪种关系。

当处理一般与特殊的关系时，采用泛化关系。

当处理一般行为的某种变化时，采用泛化关系。

当处理一般行为的某种异常情况，且希望通过基本用例中的扩展点来加强控制时，则应采用扩展关系。

当为了避免在两个或多个用例中出现重复描述时，则采用包含关系。

2）定义用例的优先级

定义用例的优先级是为了区分需求的优先级。实践表明，确定每个需求的优先级是控制项目开发进度和成本、提高用户满意度的一个简单、有效的方法。

区分用例的优先级是为了确定哪些用例要先行开发、哪些用例要放在随后的迭代工作中开发。区分的依据是前面活动生成的概要用例模型、补充需求说明和术语表。

3）用例描述

用例图中的用例只是用一个命名的椭圆标明了系统的一个功能。详细具体地描述一个用例还要使用用例描述。用例描述就是采用自然语言描述一个用例的功能。通过用例的事件流完全可以描述系统的功能性需求。非功能性需求（如速度、可用性和响应时间等）大多与具体的用例相关。应该注意将这些需求作为特殊需求附加到所描述的用例中。

4）构造用户界面的原型

系统与参与者之间有交互活动，必然需要构造用户界面。在需求阶段构造用户界面这项活动的输入是用例模型、详细的用例描述、补充需求说明和术语表。活动的结果是用户界面的简图和用户界面原型。

（1）逻辑用户界面设计。

界面设计人员逐一检查用例，为需要构造用户界面的用例确定适当的界面元素。界面设计人员通过向参与者进行调查，请他们回答以下问题。

参与者需要用哪些界面元素来启动用例？

界面元素之间的关系？

界面看起来应该是什么样的？

应该如何处理这些界面元素？

所涉及的业务领域对界面元素有何特殊要求？

参与者喜欢用哪些界面元素完成工作？

参与者可以激发哪些动作？

在激发用例的动作前需要系统提供哪些指南？

参与者需要向系统提供什么信息？

参与者需要系统向参与者提供什么信息？

每项输入/输出数据的长度和类型是什么？

用户界面设计人员应确保每个用例都可以通过设计的界面进行访问，并且一个系统中的所有界面应该是完整的、一致的和易操作的。

（2）构造用户界面原型和实际用户界面。

在调查的基础上，用户界面设计人员应该画出主要用户界面的简图，并且为那些最重要的用户界面构造可执行的原型，参与者和用户界面设计人员共同对原型和简图进行评审，可以避免许多错误和疏漏。已建立的用户界面原型可作为用户界面的规格说明。

5）在建立用例图时应注意的问题

（1）用例图中的参与者可以是一个人，也可以是一类人，甚至可以是一个与系统有交互作用的外界系统。例如，如果一个记账系统要更新账目，则它也可以是参与者。

（2）在大型的软件开发过程中，用例图可以分层建立。在分层时应遵循以下原则：在下层用例图中所表达的功能范畴应是对上层用例图的细化，而不是扩展。

（3）注意保持用例图是对系统功能需求的高层次刻画，不要对它进行过细的分解。在建模的开始阶段，甚至可以先不对其分解，以免得到的模型中出现过多的用例而影响对系统功能和结构的总体把握。

（4）用例的"扩展"关系可以用于描述用例的非常规动作（如指标超出边界、客户信息找不到等）。通常，可以将常规或典型的动作放在一个基本用例中，而将非常规动作放在它的扩展用例中。这样，既可以不影响应用原有的用例，又可以清晰地了解扩展后的用例，并且使一个用例只描述系统工作的一种可能的形式，从而有效地保证了用例的简洁性。在使用"扩展"关系时应注意：扩展用例不可以被其他基本用例使用。

6）用例的组织

较大的系统往往包含许多用例，为了更好地理解和管理它们，可以通过两种方式进行组织：一是用"包"来组织，将一些关系紧密的用例放到一个包里，并且为包确定一个主题；二是用用例的级别层次关系来组织，为一组具有相关目标的用例抽象出一个概要级用例，从而形成用例间的层次关系。

通过对得出的用例的分析和分类，某图书分销系统用例图——总体图如图 6-11 所示（采用的是第一种方式）。

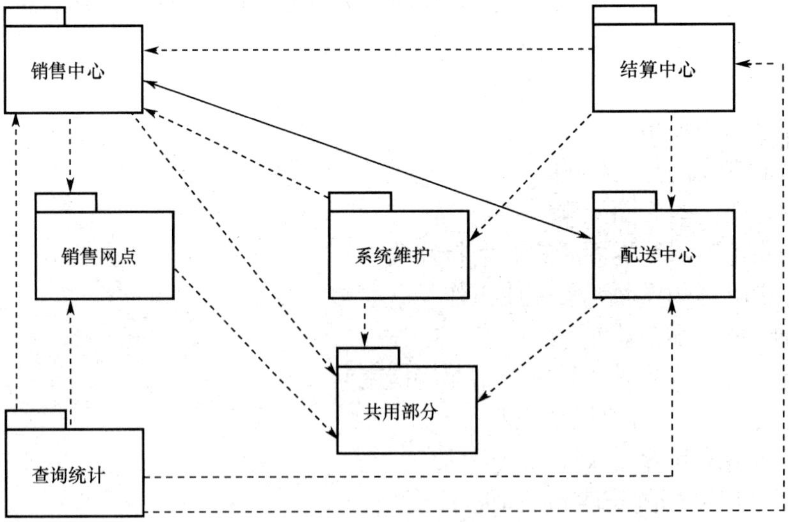

图 6-11　某图书分销系统用例图——总体图

其中，销售中心子系统功能仍然比较复杂，还可以进一步分解为几个包，某图书分销系统用例图——销售中心子系统如图 6-12 所示。

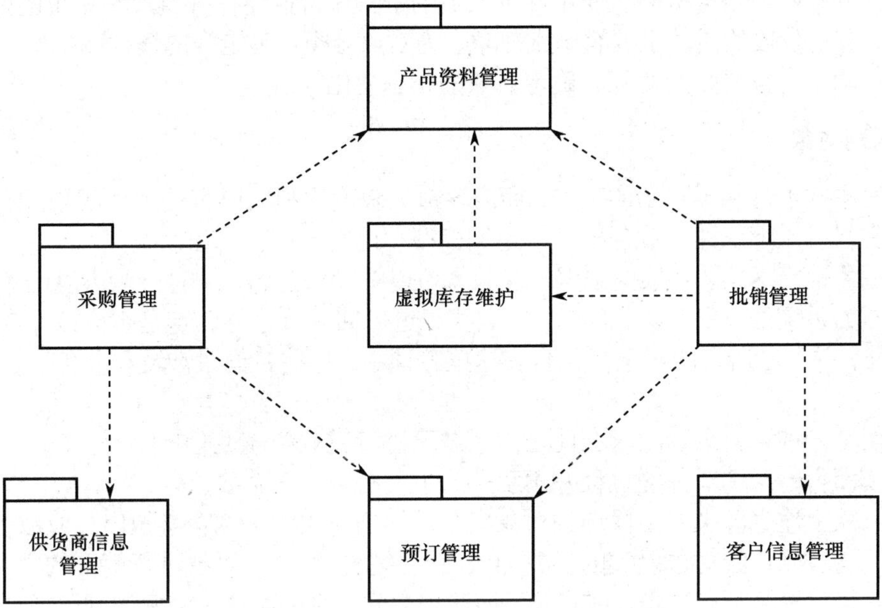

图 6-12　某图书分销系统用例图——销售中心子系统

某图书分销系统用例图——批销管理如图 6-13 所示。

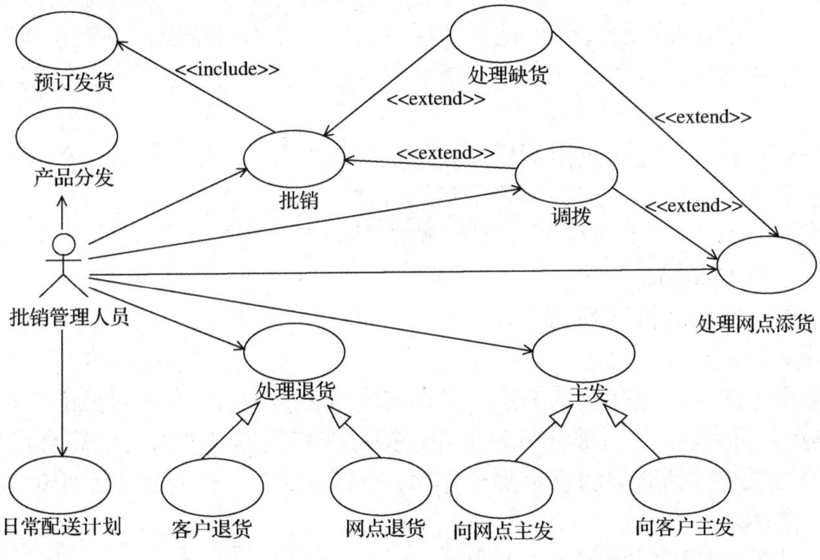

图 6-13　某图书分销系统用例图——批销管理

6.5.3　面向对象系统分析

面向对象系统分析的基本任务是运用面向对象方法，对问题域和系统责任进行分析和理解，对其中的事物和它们之间的关系产生正确的认识，找出描述问题域及系统责任所需的类及对象，定义这些对象的属性和操作，以及它们之间的静态和动态关系，最终产生一个符合用户需求，并能够直接反映问题域和系统责任的问题域模型及其详细说明。而分析模型和用例模型最大的不同就是分析模型使用开发人员的语言进行描述，并且反映系统的内部视图。具体来说，分析阶段的活动主要有识别对象、为对象分类、确定类的属性和操作、确定类之间的关系、确定对象之间的交互、确定对象的状态变化等。

1. 识别对象

识别对象并不是从零开始的工作，而应该最大限度地利用已有的劳动成果。比较典型的可利用的资料有以下三种：业务模型；用例模型和用例描述；术语表。

权威的术语定义集合，根据常识或经验就可以排除一些名词，有一些可以比较直观地识别为应该作为系统处理的对象，而有一些需要经过仔细分析才能确定是否应该作为系统中的对象。另外，并不是所有的对象都包含在这些名词中，这些名词只涉及和业务过程紧密相关的对象。

若采用第一种资料，则要求在此之前系统已进行过业务模型分析。

就建模而言，识别对象的过程并不复杂，主要有以下三个要点。

第一，从上述来源中找出候选的对象集合，根据对象的基本含义做出相应取舍。

第二，将被确认的对象以类的形式加入设计模型，为每个对象进行简要的文字说明。

第三，将对象绘制在一张（或多张）描述类之间关系的类图中，标识现阶段能够确认的关系。

用例模型和用例描述是用来发现对象的重要资料，为了寻找对象，需要认真阅读它们，阅读时先将名词画出来。但名词可能是参与者、对象和对象属性，所以还要区别它们。参与者通常比较容易区别，可以通过分析是否有行为区别对象和对象属性，对象是有行为的，而对象属性只是单纯的信息；还可以检查它是否有自己的属性，对象是有属性的，而对象属性没有。

并不是所有的对象都能通过用例模型和用例描述发现。例如，一些表单可能不出现在用例模型和用例描述中，但是，这些表单是参与者输入、浏览信息所必需的。

面向对象的组织确定了在分析模型中最常用的三种对象类型：实体（Entity）、边界（Boundary）、控制（Control）。

下面将分别对它们进行详细介绍。

（1）实体对象。

实体对象用于描述必须存储的信息，同时描述相关的行为。实体对象的主要任务是装载信息，同时也具有行为，但是这部分行为主要包括那些和实体对象自身信息直接相关的操作。

由于边界对象和控制对象的双重隔离作用，在概念上，实体对象和系统的外部环境及特定用例的控制逻辑弱度耦合。

通过以下几个办法可以找到实体对象。

① 考虑解决问题所需要的全部数据和行为，然后将数据按相关性分组。

② 识别出重要的名词，并将它们作为实体对象，然后确定每个实体对象包含的数据和行为。

③ 列出所有的数据、行为，以及听起来很重要的名词，然后将数据和行为分配到不同类型的实体对象中。

识别实体对象可参考下列问题。

① 该对象是否是某个问题中的重要的名词。

② 该对象是否包含用来解决系统问题的重要信息。

③ 该对象是否包含计算或验证逻辑所需的信息。

（2）边界对象。

边界对象用于描述拟建系统内部运作与外部环境之间的交互，主要负责内容的翻译和形式的转换，并表达相应的结果。

边界对象主要用于描述三种类型的内容：拟建系统和用户的界面，拟建系统和外部系统的接口及拟建系统与设备的接口。不同类型边界的建模工作有所不同。

通过检查在用例图中的参与者与用例之间的关系，可以识别出边界对象。通常，在分析模型中，每对参与者或用例都构成了一个边界对象。

识别边界对象时可参考下列问题。

① 该对象是否描述了必须显示的信息及必须提供的服务。

② 该对象是否包含所有的接口设计细节。

③ 该对象是否描述了与外部系统的交互。

④ 该对象是否包含所有的协议细节。

（3）控制对象。

控制对象用于描述一个用例所特有的事件流控制行为。控制对象相当于协调人，被那些提出具体任务要求的对象所共知；它自己通常不处理具体的任务，但它知道哪些对象有能力完成具体的任务。

概念上，拟建系统的其他部分（边界对象和实体对象）将与用例的具体执行逻辑形成松散耦合。换言之，边界对象和实体对象通常具有跨越多个用例的通用性。但通常一个用例对应一个控制类。

设置控制对象可参考下列问题。

① 是否有大量的事务处理。

② 是否需要实现系统在效率、可用性、安全等性能方面的要求。

③ 是否涉及分布处理。当处理被分布到不同的网络节点上时，在各个节点上就需要设置单独的控制对象来实施处理。

顺序图中的边界对象、控制对象和实体对象如图 6-14 所示。

2. 描述对象的协作关系

在已确定的三类对象的基础上，运用顺序图和协作图可以反映三类对象的协作关系。

以上得到的信息只展示了对象和对象之间的静态关系，并不完整，还需要详细了解对象在系统中的行为和责任。

责任是响应消息的能力。消息被要求者提出，责任由响应者承担。

确定责任主要根据责任和消息的简明对应关系进行，找出责任根据消息的要求定义责任进行，即用责任满足消息所提出的要求。

对象的行为是通过系统中对象之间的交互及对象内部状态的转化来表现的。对象间通过发送消息而产生交互，这些对象不仅包括类的实例，还包括组件、节点和用例的实例。同时在一个对象的生命周期内也存在状态的转移及对事件的响应。

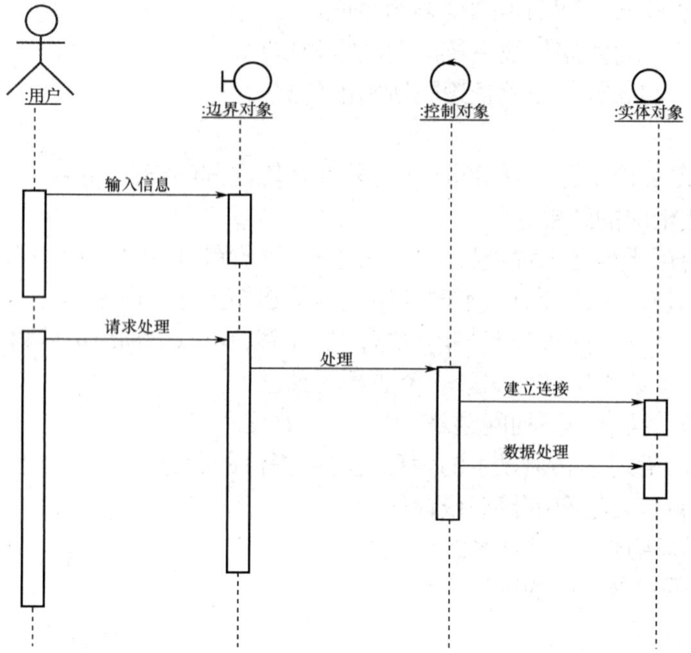

图 6-14　顺序图中的边界对象、控制对象和实体对象

动态分析的主要任务包括分析用例的实现过程，从而更好地理解业务流程及为发现类打好基础；也包括对象交互的建立，以便确定类或接口的具体操作。

用于进行动态分析的 UML 图包括顺序图、协作图、状态图和活动图。这几种图从不同的角度和方面来描述对象的动态行为。其中，顺序图是强调消息的时间顺序的交互图；协作图是强调发送和接收消息的对象之间的结构组织交互图；状态图描述一类对象具有的所有可能的状态及其转移关系；活动图则展示系统中各种活动的执行流程。一般情况下，使用交互图即可比较满意地描述对象的行为。但当对象的行为高度依赖于它的状态时，用状态图来描述比较合适。实际上，用例图也描述了对象的行为。

（1）系统动态分析。

人们通常在为一个过程建模的早期，先使用事件流和活动图获得对整个过程的理解，然后用交互图将活动分配到各个类中。

交互图分为顺序图和协作图两种。顺序图与协作图中的信息相同，都显示了用例中特定的情形的流程。但顺序图描述对象之间的交互是按照特定的时间顺序发生的；而协作图强调的是交互的语境和参与交互的对象的整体组织。即顺序图按照时间顺序布局，用于通过场景检测逻辑流程，而协作图按照空间组织布局。协作图尽管也可以包括执行顺序信息，更重要的是容易看出对象之间的通信信息，如果改变某对象，就可以方便地看到受影响的其他对象，体现了需求变化时面向对象分析方法的好处。另外，协作图能够看出对象的分配是否均衡，是否有的对象与其他对象联系太多，若有这种情况，可适当地对对象进行分解。

创建交互图的过程中，将消息加进交互图时，是在向接收消息的对象指定责任。一定要向适当的对象指定适当的责任。对于大多数应用程序，边界对象不应该进行业务处理，而只是让用户输入和浏览信息。这样就可以将应用界面与业务逻辑分开，减少相互之间的影响。

（2）对象状态分析。

状态图是动态对象分析的另一个工具。

分析一个对象的状态可按照下列步骤进行。

① 首先要确定状态图准备描述的对象。

② 分析该对象生命周期，即确定该对象的初始状态和结束状态。

③ 确定该对象在生命周期中的各种稳定状态，包括子状态。对象状态分析可采用以下两种分析方法。一种是检查类的属性：分析当一个类的实例在属性值不同时其表现如何，一般情况下，对象的行为表现不同，其状态也不同。另一种是检查类的关联：分析关联多重性中带 0 的关联，0 表示这个关联是可选的，分析关联存在和不存在时，类的实例是否表现相同，如果不同，则可能存在多种状态。

④ 确定触发状态转移的事件。

⑤ 针对每个状态，分析对象在此状态下的动作。如果对象在某个状态下没有任何动作，那么该状态的存在就应重新分析，同时如果对象在某个状态下的动作太复杂、太多，则应考虑对此状态进一步划分。

⑥ 最后应对得到的对象的状态进行核查，可从对象的状态确定性和状态间的互斥性两个方面进行核查。所谓对象的状态确定性是指每个状态都可以由对象某些数据属性的组合来唯一确定。针对每个状态，应该识别出确定该状态的数据属性及其取值情况。如果找不到这样的属性，有可能是该状态不为问题域所关心，也有可能是在类的属性识别工作中有疏漏。状态间的互斥性是指对象的不同状态间必须是互斥的，这样对象的状态才具有确定性。

不需要对每个对象都创建状态图。如果对象比较复杂，有多种状态，每种状态中的表现又大不相同，才需要对其创建状态图。状态图仅用于文档，而不能用于生成代码。状态图的目的是让开发人员和分析人员能够更好地了解对象的行为。

3. 创建类图

在面向对象系统中，系统的数据和操作分别被封装在不同的对象中，整个系统的运行可以看作是其对象之间相互通信、不断变化的过程。所以，建立对象图有助于了解系统运行过程中某一时刻活动的对象及它们之间的关系。

用例中的场景描述可以是形成系统对象图的一个出发点。它对子系统中对象的发现有极大的帮助。例如，可以考虑将场景描述中的名词作为系统中的对象，将动词作为对象的方法，将形容词及副词作为对象的属性。

为了对系统的整体结构和行为有一个更高层次的、全面的了解，还应该在对象图的基础上导出系统的类图。一般情况下，类图描述了系统数据在所有时刻都必须满足的通用特征，而对象图只是系统运行过程中某个时段类图的实例化。在类图中，类描述了具有相同特征的一类对象；类中的关系描述了系统中有哪些对象能够被关联和有多少对象参与了该关联；类间的聚集关系描述了类的对象之间整体与部分的关系；类间的组合关系描述了类的对象之间整体拥有各部分、部分与整体共存的关系；类间的泛化关系描述了类的一般对象和特殊对象的分类关系。总之，建立类图的过程实际上是对现实世界的一个抽象过程，它把现实世界中与问题域有关的各种对象，及其相互之间的各种关系进行适当的抽象和分类描述。

在类图的基础上，有时为了更好地了解某些类在系统生命周期中所有可能的状态及由于各种事件的发生而引起的状态之间的转移，可以进一步画出它们的状态图。

类的获取是一个依赖于人的创造力的过程。实践中，获取类有以下两种方法。

第一种方法是从用例的事件流开始，检查事件流中的每个名词。事件流中的名词可以归纳成四类，即参与者、类、类的属性和其他名词。从中确定所需要的类，继而创建类图，再建立交互图。

第二种方法是检查交互图中的对象，分析对象具有的共同属性和操作来发现类。如果采用这种方法创建类图，需要先创建交互图，则首先要认真检查完成用例功能所需要的对象，然后将每个对象映射到类上。

第一种方法先创建类图再创建交互图，这样可以在生成交互图之前确定系统的体系结构和通信模式，有利于建立稳固的系统整体框架结构。但是，在创建交互图时，可能会造成类图的修改。

第二种方法需要先创建交互图，这样有助于分析者理解功能的实现流程，由于没有事先确定的类清单，所以人们在梳理工作流时，可以根据需要添加和删除对象，不受任何制约。但是，如果是分组设计的，不同的设计小组定义的对象可能会有所不同，从而造成类的职责重叠或疏漏。

（1）分析类的概念。

分析类是真实世界业务概念的映射，代表了问题域中的简洁抽象。

分析模型中的所有类都是分析类。分析类应该展示高级层次的属性和操作集合，它们表示最终设计类可能具有的属性。可以说，分析类为设计类捕获候选属性。在设计类中，一个分析类中的高级层次的操作常常被分解成多种方法。

分析类的思想是尽力捕捉抽象的本质，忽略实现细节。

分析类通常使用自然语言抽象地描述，它不会在软件中实现，它是为定义设计类做准备的。一个分析类可以创建一个设计类，也可以创建多个。

（2）确定分析类。

这个步骤就是确定一组备选的、能够执行用例中行为的分析类。分析类的实例应该满足用例的所有需求。在确定分析类时，使用三种不同的构造型识别和提取潜在的分析类，它们是边界类、控制类和实体类。

① 边界类。每个参与者和用例的交互存在一个对应的边界类。所以，一个用例可能有多个边界类。它很可能是用户的使用界面，如结账用例的结账页面。

② 控制类。一般一个用例对应一个控制类。它一般存在于特定的应用层，通常处理业务逻辑。对于控制类应该设计概要的处理流程。

③ 实体类。这个主要看用例里面用到的持久的数据对象。控制类要用到数据库对象时，可能就使用了实体类。对于实体类，应该设计数据库表或文件结构。

根据这个指导方法，确定了一个图书馆系统的实体类的分析类图，如图 6-15 所示。

4. 识别分析类属性

在得到一组分析类的列表后，需要继续细化和补充模型信息，识别出类的属性。

有些类的属性可以从前面得到的文档中找到。通常，在用例描述中用名词表示属性，如“光标的位置”。

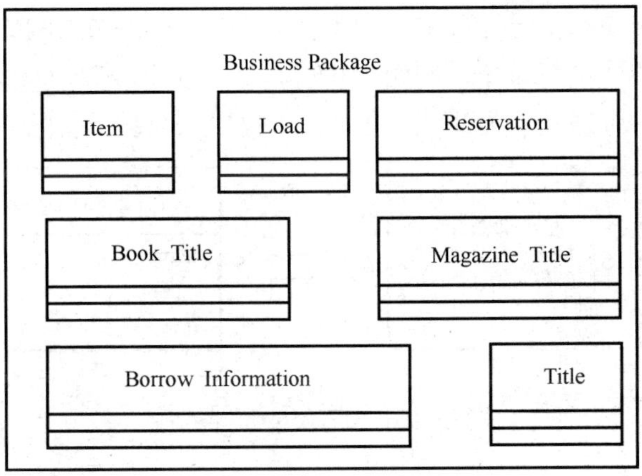

图 6-15　分析类图

在一些类中，属性支撑类的行为。如果对类的行为的简要描述比较明确，那么属性比较容易获取。

（1）认定一个属性的策略主要考虑以下几方面。

① 按一般常识，这个类应该具有哪些属性。

② 在当前的问题域中类应该具有什么属性。

③ 根据系统责任的要求，这个类应该具有哪些属性。

④ 建立这个类是为了保存和管理哪些信息。

⑤ 类为了在服务中实现其功能，需要增设哪些属性。

⑥ 有哪些需要区别的状态，是否需要增加一个属性来区别这些状态。

⑦ 用什么属性表示整体——部分结构和实例连接。

（2）无用的、冗余的、不一致的属性会浪费存储空间，对这样的属性可参照下面的原则进行审查，主要考虑以下几方面。

① 所反映的信息在系统中用不上的属性。

② 描述的不是类本身的特征的属性。

③ 破坏了类特征的“原子性”的属性。

④ 可通过继承得到的属性。

⑤ 可以从其他属性直接导出的属性。

⑥ 在类中有类似的或描述同一特征的属性。

（3）属性的来源有许多，获得属性的渠道以下有三个。

① 通过查看用例文档，寻找事件流中的名词。这些名词中有些是对象、类，有些是参与者，有些是属性。确定是对象还是属性，答案在于要实现的功能。例如，系统可能要跟踪客户的信息进行赊销结算，这样客户信息就应该作为对象处理；如果只将商品零售给客户，则作为一个销售商品信息的属性。

② 通过查看需求文档，发现系统要收集的信息，这些信息就是类的属性。例如，为了下订单而收集的供货商的姓名、电话及银行账号等。

③ 如果已经定义了数据库结构，则数据库表中的字段就是属性。

类的属性不宜太多，如果某个类的属性太多，最好将此类进行分解。减少类中的属性有利于类的实现和复用。同样，属性也不要太少，太少的情况下可以进行类的合并。但是，是否分解或合并要根据具体情况来定。例如，控制类通常只有少量属性或无属性，这种情况下进行类的合并可能是不合适的。发现类的属性示例如图 6-16 所示。

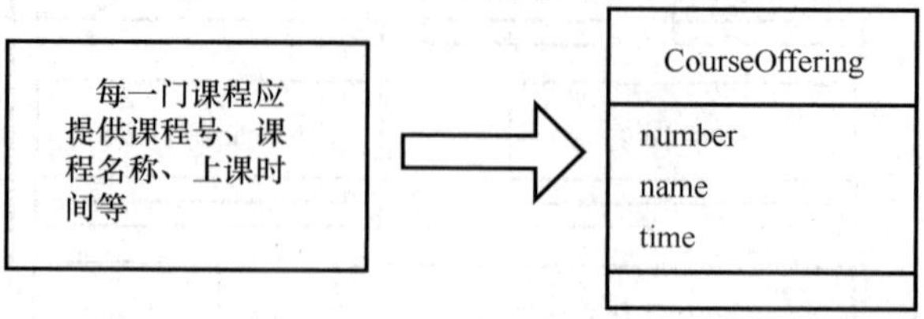

图 6-16　发现类的属性示例

5. 识别分析类操作

识别分析类操作通常有两种方法：责任驱动法和通过用交互图描述用例。

1）责任驱动法为类识别操作

责任驱动主要基于两个概念：第一，一个对象在系统中负有一定的责任，如它要获得特定的信息（了解的责任）和为其他对象提供特定的信息（做的责任）；第二，一个对象与其他对象合作来提供所要求的服务。

对对象责任和协作者建模，可帮助定义属性与服务的分布及类之间的联系。类的责任可以从用例导出，首先定义用例所包含的系统责任，然后在系统的类中识别这些责任。

责任分析的一种有用技术是 CRC（Class-Responsibility-Collaboration）卡技术，也就是为每个类创建一个 CRC 卡，其中包括类名、类责任和完成每个责任所需的协作者的描述。可以将类的超类等信息列在卡上，还可以将类的详细描述写在卡的背面，为类分配操作——CRC 卡如图 6-17 所示。

类的名称	
责任 1	责任 1 的协作者
责任 2	责任 2 的协作者
责任 3	责任 3 的协作者
……	……

类的名称
对该类的描述……

图 6-17　为类分配操作——CRC 卡

2）通过用交互图描述用例为类识别操作

大家知道，面向对象系统是通过对象间相互发送消息来完成系统功能的。因此，可以用对象之间的交互来“实现”用例中的功能。这样，这些对象间传递的消息就可以映射为对象的操作，这种方式充分体现了“用例驱动”的思想。

另外，创建交互图的过程也是寻找操作的过程。下面几个问题有助于在创建交互图的过程中寻找类的操作。

与该类交互的有哪些类？（包括该类本身）

该类接收哪些类（包括自己）发送来的消息？收到消息之后做了什么处理？

该类向哪些类发送了消息？消息的内容是什么？该类在发送之前做了什么处理？

为了维持自身属性的一致性、完整性，以及自身属性的更新，该类中需要哪些操作？

系统是否还需要该类具有其他一些职责？

一个类可能含有以下四种不同类型的操作。

① 实现功能的操作，也称实现者操作。这种操作提供一些业务功能。在交互图中，大多数消息对应到实现者操作。由于交互图中的每个消息来自事件流，而事件流来自用例，用例又来自用户需求。因此，每个实现者操作都能追溯到用户的需求。

② 管理对象创建和删除的操作，也称管理者操作。

③ 访问属性的操作，也称访问操作。为了保证信息的安全性。类的属性通常是私有或受保护的，如果其他类要访问某个类的属性，必须通过访问操作来访问。在交互图中，访问操作通常对应 Get 或 Set 这样的操作，意味着获取或设置某属性的值。

④ 辅助一个类完成自身任务的操作，又称为帮助器操作。帮助器操作通常对应交互图中的反身消息，这个操作对于其他类是无意义的，只是完善类自身的功能。

为类识别操作时，要注意尽量利用继承机制减少冗余的操作。在不违背领域常识的前提下，应尽量抽取出相似类的公共操作，以建立这些类的新父类，并在不同层次的类中正确地定义各个操作。

一个类的操作太多或太少都是不合适的。类的操作太多说明这个类过于复杂，将导致系统很难维护。这时要特别分析一下这个类是否有很高的内聚，通常情况下应该将过于复杂的类拆成多个较小的类。如果类的操作太少，有时甚至没有操作，全部都是属性，这时应该分析这个类，判断其是否能够合并到其他类中。

类图描述了类和类之间的静态关系。定义了类之后，就可以定义类之间的各种关系了。

6. 描述分析类之间的关系

可以通过交互图确定类之间的关系，大多数关系信息已经在交互图中列出。寻找关系的具体方法包括以下几种。

① 在交互图中，如果一个类向另一个类发出消息，则它们必有关系，并且通常是关联或依赖关系，发现类关系如图 6-18 所示。

② 任何有其他类参与组成的类都有聚集关系。

③ 寻找相似类的不同点，将不同的部分下降为特殊的类，将共性的部分上升为基类，两者之间的关系确定为泛化关系。

④ 发现不同类中的共同点，并将共同的部分放在另一个类中。这些类与新创建的类之间的关系也是泛化关系。

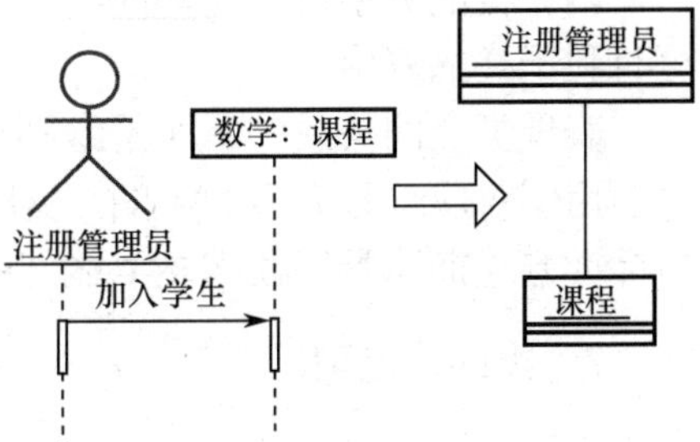

图 6-18　发现类关系

在需求文档中查找描述性动词或动词词组，可以发现类之间的关系。

除上述方法外，判断两个类之间到底有没有关系，要看它们之间是否存在一定的关系，关系的判断如表 6-4 所示。

表 6-4　关系的判断

分　类	举　例
A 在物理上是 B 的一部分	主板—主机
A 在逻辑上是 B 的一部分	销售项条目—销售项
A 在物理上包含在 B 中/依赖于 B	商品项—商品架
A 在逻辑上包含于 B 中	车次—火车时刻表
A 是对 B 的描述	天气预报—天气
A 是事务 B/报告 B 的一个记录项	项目—考试
A 为 B 所知/为 B 所记录/为 B 所捕获	订票单—航班旅客名单
A 是 B 的一个成员	教师—教研室
A 是 B 的一个组织单元	系—大学
A 使用或管理 B	汽车驾驶员—汽车
A 与 B 相互通信	顾客—售货员
A 与一个事务 B 有关联	顾客—支付项
A 是一个事务，B 也是一个事务，两者之间有关联	支付项—销售项
A 是 B 的一个实例	北京—城市
A 为 B 所拥有	公共汽车—公共汽车公司

建立关系应该遵循以下原则。

第一，关系不是在描述瞬间事件。因此，关系应是那些需要将类之间的关系信息保存一段时间的关系。

第二，要避免关系之间的信息冗余。

第三，尽量减少派生关系。

第四，不考虑与问题无关的关系。

第五，类之间的关系不要太多。关系太多的类很难复用，维护工作量也会很大。设计良好的应用系统的目标之一是减少系统中类的关系。

还需要注意的是，两个类之间可能有多种不同的关系同时存在。因此，不要在确定了两个类之间的一种关系之后而忽略了其他关系的存在。

两个类的关系可能是单向的，也可能是双向的。但是，单向的关系更容易维护，同时也更有利于类的复用。

表现类之间关系的手段是绘制类图，某网上选课系统简略类图如图 6-19 所示。逻辑上每个用例对应一张完整的类图。类图有两种：简略的类图突出了类之间的关系；详细的类图用标准方式描述类，在描述类之间的关系的同时，还展示了每个类的属性和责任。

7. 类的构造型

类的构造型可以将类进行分类，并且有助于理解每个类的职责。例如，<<Form>>构造型的类负责接收用户信息。不同构造型的类具有不同的职责。

（1）设计构造型。

设计时，要参考特定编程语言的术语将类分类。例如，使用 Visual Basic，则构造型为 ClassModule、Collection 或 Form；使用 Java 语言，则构造型为会话对象、小服务和接口等。

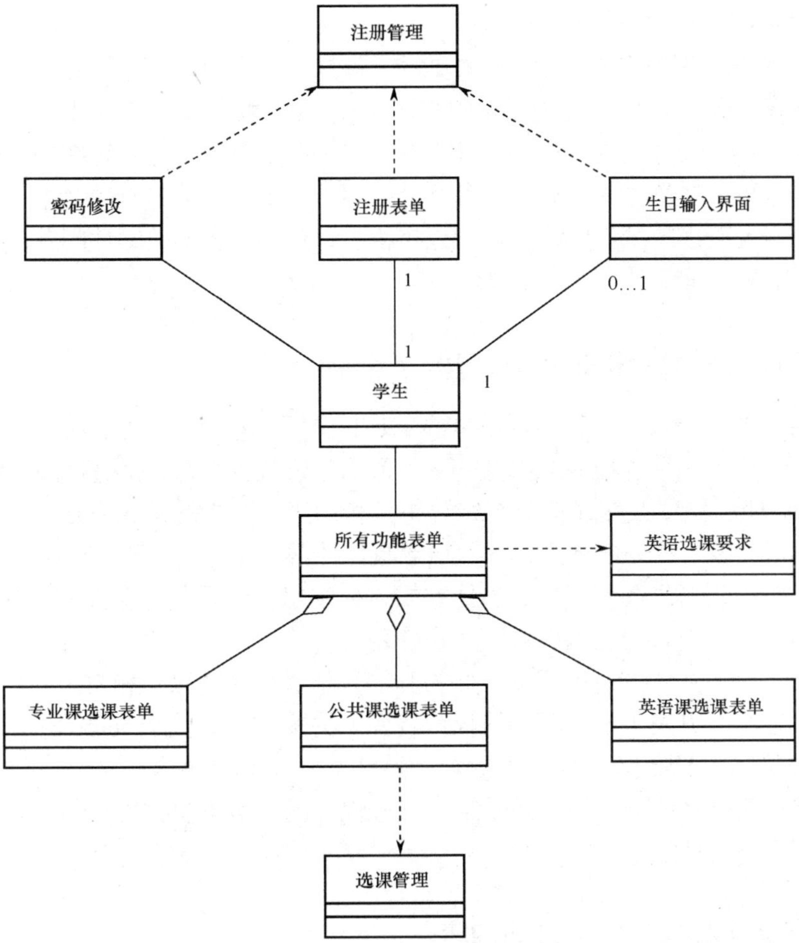

图 6-19　某网上选课系统简略类图

（2）接口构造型。

面向对象方法的一个准则就是将类的实现与类接口分开，在类的接口中只有类的操作名称，不包含实现。例如，有一个处理安全性的类，其中有 Checkid、CheckPassword 和 LogsecurityViolation 操作。Checkid 操作的参数是用户编号，返回的值表示用户编号是否有效。CheckPassword 操作的参数是用户密码，返回的值表示用户密码是否有效。

LogsecurityViolation 操作没有参数。假设系统的各个部分都要调用 Checkid 操作，典型的方法是创建一个类，其中包含这三个操作和实现操作的方法，然后创建一个叫作 SecurityInterface 的接口类，其中只包括操作名称，没有具体的实现。其他类引用这个接口，不是引用实现类。因此，改变实现类时并不会影响系统的其他部分。

6.6　电子商务系统分析报告

电子商务系统分析阶段的文档成果是电子商务系统分析报告。电子商务系统分析报告是对电子商务系统分析阶段工作的总结，它包括了新系统的逻辑模型。电子商务系统分析报告是下一步进行系统设计的依据。

电子商务系统分析报告形成后，还需要组织各方面的人员（包括企业的领导、管理人员、业务人员、系统分析人员等）对已经形成的新系统逻辑模型进行审查，目的是通过业务人员、系统分析人员、企业领导间的讨论，尽可能地发现新系统逻辑模型中存在的问题、误解和疏漏。对于误解、疏漏要及时纠正；对于有争论的问题，要重新核实当初的原始调查资料或重新进行调查，根据确定的结论修改新系统逻辑模型；对于重大的关键性问题，则可能需要调整或修改系统目标，重新进行系统分析。

6.6.1 电子商务系统分析报告的作用

电子商务系统分析报告应达到的基本要求是：全面、系统、准确、翔实、清晰地表达系统开发的目标、任务和系统功能。在电子商务系统分析报告中，数据流程图、数据字典和处理说明这三部分是主体，是电子商务系统分析报告中必不可少的组成部分。而其他各部分内容，则应根据所开发目标系统的规模、性质等具体情况酌情选用，不必生搬硬套。总之，电子商务系统分析报告必须简明扼要、抓住本质，反映出目标系统的全貌和开发人员的设想。

电子商务系统分析报告主要有以下三个作用。

（1）描述了目标系统的逻辑模型，作为开发人员进行系统设计和实施的基础。

（2）作为用户和开发人员之间的协议或合同，为双方的交流和监督提供基础。

（3）作为目标系统验收和评价的依据。

因此，电子商务系统分析报告是系统开发过程中的一份重要文档，必须完整、一致、精确且简明易懂。

6.6.2 电子商务系统分析报告的内容

一份完整的电子商务系统分析报告应该包括下述内容。

1. 概述

概述主要是对企业和要开发的电子商务系统的基本情况进行概况性的描述。具体包括待建电子商务系统的背景资料、企业概况、电子商务系统的名称与功能、报告所使用的专门术语等。

2. 现行系统情况

电子商务系统有可能是在现行系统的基础上建立起来的。因此，对现行系统进行充分调查，了解用户需求，是保证电子商务系统开发成功所必需的。设计新系统之前，必须将现行系统调查清楚，掌握现行系统的真实情况，了解用户的要求和问题所在。

调查内容包括现行系统的目标、主要功能、组织机构、用户需求、对外联系、组织与外部实体之间有哪些物质及信息的交换关系、电子商务系统工作的背景等。

（1）组织情况概述。

① 对分析对象的基本情况进行概括性的描述，包括组织的结构、组织的目标、组织的工作过程和性质、业务功能等。

② 电子商务系统与外部实体（其他系统或结构）间有哪些物质及信息的交换关系和联系。

③ 参考资料和专门术语说明。

（2）现行系统概述。

① 现行系统现状调查说明。通过现行系统的组织结构图、数据流程图、数据字典等，说明现行系统的目标、规模、主要功能、组织机构、业务流程、数据存储和数据流，以及存在的薄弱环节。

② 电子商务系统需求说明。用户要求及现行系统存在的主要问题。

3. 新电子商务系统的逻辑模型

这部分反映了对现行系统进行电子商务系统分析的结果和对今后待建的电子商务系统的设想。

通过对现行系统的分析，找出现行系统的主要问题所在，进行必要的改动，即得到新系统的逻辑模型。同时，电子商务系统开发人员应对这些变动所带来的结果和影响做出客观、全面的介绍，既要指明这些变动将带来的收益，又要指明变动将对组织的哪些部分产生影响，对组织的工作方式及人员配置产生什么影响，为将来建立一套与新系统相配套的管理制度与运行体制做好准备工作。

（1）新系统拟定的业务流程及业务处理工作方式。提出明确的功能目标，并与现行系统进行比较分析，要重点突出计算机处理的优越性。

（2）新系统拟定的数据指标体系和分析优化后的数据流程，各个层次的数据流程图、数据字典和处理说明，以及计算机系统将完成的工作部分。

（3）出错处理要求。

（4）其他特性要求。例如，电子商务系统的输入、输出格式、启动和退出等。

（5）遗留问题，指根据目前条件，暂时不能满足的一些用户要求或设想，并提出今后解决的措施和途径。

4. 实施计划

（1）工作任务的分解。

根据资源及其他条件确定各子系统开发的先后次序，在此基础上分解工作任务，指定专人分工负责。

（2）进度。

根据电子商务系统开发资源与时间进度估计，制订进度安排计划，给出各项工作的预定开始日期和结束日期，规定任务完成的先后顺序及完成的界面，可用 PERT 或甘特图表示进度。

（3）预算。

逐项列出本项目所需要的劳务及经费的预算，包括各项工作所需人力及办公费、差旅费、资料费等。

本章小结

本章主要介绍电子商务系统系统分析阶段的主要工作。电子商务系统分析是电子商务系统建设中的一个重要阶段，实践表明，电子商务系统分析工作的好坏在很大程度上决定了电子商务系统的成败。电子商务系统分析阶段要回答的中心问题是系统要“做什么”，即明确系统功能。这一阶段的成果是逻辑模型。

电子商务系统详细调查的目的在于完整地掌握现行系统的状况，发现存在的问题和薄弱环节，收集资料，为下一步的电子商务系统分析和新系统的逻辑模型设计做好准备。电子商务系统调查的内容包括：电子商务系统的界限和运行状况、电子商务系统的外部环境、组织机构、人员及构成、电子商务系统的业务流程、电子商务系统的信息流程、电子商务系统的资源状况、电子商务系统的约束条件、电子商务系统的薄弱环节、电子商务系统研制工作的资源状况、各个方面对现行系统和新系统研制的态度。

基于结构化方法的系统逻辑模型部分，业务流程分析的目的是了解业务系统中各环节业务的内容、作用，信息的输入、输出、数据存储，信息的处理方法及过程。业务流程分析的基础是业务流程调查。描述业务流程的工具是业务流程图。数据流程分析是系统分析阶段中的关键和核心工作，是建立系统逻辑模型的基础，也是日后数据库设计和系统功能模块设计的基础。数据流程分析是在需求调查的基础之上，并以业务流程图为依据而进行的分析。它的主要目的就是勾画出系统的逻辑模型。数据流程分析主要通过数据流程图来实现。数据字典是以特定格式记录下来的、对数据流程图中各个基本成分（数据流、处理、数据存储和外部实体）的内容和特征所做的完整的定义和说明。数据字典是在数据流程图的基础上，进一步定义和描述数据项、数据结构、数据处理、数据流、外部实体及数据存储的详细内容的工具，是数据流程图的重要补充和说明。处理说明是对数据流程图中处理的详细描述。它与数据字典一样是对数据结构图的补充资料，但它仅对处理进行说明，而且比数据字典描述得更为详细。目前常用的描述处理说明的工具有三种：结构化语言、判断表和判断树。

基于面向对象方法的系统逻辑模型部分，面向对象的开发过程包括需求获取、系统分析、系统设计、实现、测试和配置五个步骤。需求获取的主要内容包括确定参与者，定义用例，用用例模型建立系统的外部需求。用例模型的主要组成是用例、参与者和系统边界。系统分析通过阅读规格说明、用例来进行问题域分析。在需求分析中，用用例图及用例描述（或活动图）详细描述系统的工作流，在该阶段可通过用例图和活动图推导出所有关键概念（类）及它们之间的关系。可以使用 UML 中的顺序图、协作图或活动图描述系统的动态行为。

思考题

实践环节

第 7 章 电子商务系统设计

本章教学目标

（1）掌握电子商务系统设计的任务；
（2）熟悉电子商务系统设计的分类；
（3）理解电子商务系统设计的原则；
（4）掌握电子商务系统划分和功能结构设计；
（5）掌握代码设计；
（6）掌握数据库设计的内容和步骤；
（7）熟悉用户界面设计的内容和过程；
（8）熟悉电子商务系统物理配置方案设计的内容；
（9）掌握面向对象系统设计的基本任务；
（10）掌握基于 UML 的关系数据库模型设计；
（11）掌握电子商务系统设计报告的撰写。

7.1 电子商务系统设计概述

电子商务系统分析给出了电子商务系统开发的逻辑方案，定义了系统要“做什么”的问题。而电子商务系统设计则在此基础上设计出电子商务系统的物理方案，解决“怎么做”的问题。电子商务系统设计不仅与电子商务系统分析阶段的成果密不可分，还是电子商务系统实施阶段的蓝图和依据，是电子商务系统开发从逻辑设计到物理设计、从理论到实践的一个重要的过渡阶段。

7.1.1 电子商务系统设计的任务

电子商务系统设计的主要任务就是以电子商务系统分析中所提出的逻辑模型为基础，根据电子商务系统实现的内外环境和主客观条件，从技术的角度去考虑系统的划分、功能结构等问题，从提高系统的运行水平、工作效率和质量方面去完成电子商务系统物理方案的设计，使企业能从电子商务系统的应用中获得最好的综合效益。

电子商务系统设计的主要内容包括功能结构设计、代码设计、数据库设计、用户界面设计、物理配置方案设计。功能结构设计将整个电子商务系统划分为具有独立性的模块，以便电子商务系统实施阶段的程序设计。代码设计是实现计算机管理的一个前提条件，制定了人和机器的共同语言，使电子商务系统通过代码完成鉴别、分类、排序等功能。数据库设计将现实问题转化为计算机世界的问题，为电子商务系统实施提供了具体依据。物理配置方案设计构建了一个信息系统实现的物理平台。电子商务系统设计结束时，要完成电子商务系统设计报告，通过此报告进一步为电子商务系统实施人员提供完整、清晰的文档依据，以保证电子商务系统实施的顺利进行。

7.1.2 电子商务系统设计的分类

由于人们在进行电子商务系统设计阶段考虑问题的出发点和角度不尽相同，对电子商务系统设计内容的分类、完成任务的先后次序、方法和步骤也有所不同。比较流行的划分形式有以下两种。

（1）从开发内容的角度看，电子商务系统设计可以划分为逻辑设计和物理设计两个层面。

逻辑设计指电子商务系统有哪些具体设计任务要完成，从技术上把电子商务系统分析时的各种需求转化为计算机软件能处理的功能需求。物理设计指各个部件怎样协调配合，从实现任务的角度去考虑、设计完成这些任务的一切问题。

这种划分形式的特点有利于发挥系统设计人员的积极性和创造性，有利于打破现有管理方式的约束，设计出质量较高、功能结构紧凑和能最大限度发挥电子商务优势的系统。

（2）从设计任务的角度看，电子商务系统设计可以划分为总体设计和详细设计。

总体设计着眼于宏观问题的研究，侧重系统的整体规划和设计、子系统之间的连接和关系等；详细设计着眼于微观问题的解决，针对子系统和模块的具体设计和实现。

这种划分方式对规模较大、管理和经营业务复杂的电子商务系统设计很有效，使设计出来的电子商务系统整体结构好、子系统之间关系清晰、系统的协调性好。电子商务系统设计的分类如图 7-1 所示。

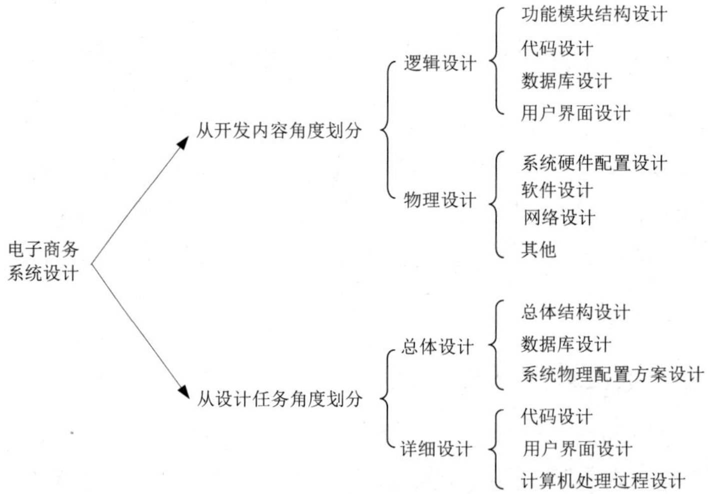

图 7-1 电子商务系统设计的分类

两种方式各有利弊，电子商务系统设计时设计人员可根据实际情况选择其一。因为从完成的具体设计内容来看，两种设计形式的差异并不大。

7.1.3　电子商务系统设计的原则

为了保证电子商务系统设计的顺利完成，电子商务系统设计应遵循以下原则。

1. 系统性原则

电子商务系统是作为一个整体而存在的，因此，在电子商务系统设计中要从整个系统的角度进行考虑，注意保证系统的一致性和完整性。电子商务系统的代码要统一，设计规范要标准，传递语言要尽可能一致，对系统的数据采集要做到数出一处、全局共享，使一次输入得到多次利用。

2. 灵活性及可变性原则

灵活性是指电子商务系统对外界环境变化的适应能力。企业的电子商务系统必须具有相当程度的灵活性才能支持企业在不断变化的外界环境中取得竞争优势。可变性是灵活性的一个方面。可变性是指允许电子商务系统被修改和维护的难易程度。一个可变性好的系统各个模块独立性强，模块内部关系紧密，模块间的相互依赖较少，容易进行变动，从而可提高系统的性能，并保持长久的生命力。

3. 可靠性原则

可靠性指电子商务系统抵御外界干扰的能力及受外界干扰时的恢复能力。一个成功的电子商务系统必须具有较高的可靠性才能保证系统质量并得到用户的信任。衡量系统可靠性的指标有平均故障时间、平均维护时间、安全保密性、抗病毒能力等。其中，平均故障时间指平均的前后两次发生故障的时间。平均维护时间指故障后平均每次所用的修复时间，反映系统可维护性的好坏。

4. 经济性原则

经济性是指在满足电子商务系统要求的前提下，不仅要给用户带来一定的效益，还应尽可能减少电子商务系统不必要的开销。一方面，在硬件的投资上不过分追求先进；另一方面，电子商务系统应尽量简单，避免不必要的复杂化，将模块设计得更加简洁，从而减少处理费用，提高电子商务系统效益，便于实现和管理。

7.2　基于结构化方法的电子商务系统设计

基于结构化方法的电子商务系统设计主要进行系统划分、功能结构设计、代码设计、数据库设计、用户界面设计和物理配置方案设计。

7.2.1 系统划分和功能结构设计

系统划分和功能结构设计是电子商务系统设计阶段首先要考虑的问题。从设计任务的角度看，它归属于电子商务系统的总体结构设计范畴。从开发的角度看，它归属于逻辑设计的范畴。它的主要任务是根据电子商务系统的总体目标和功能，将整个电子商务系统划分为具有独立性的子系统和模块（其中独立性意味着子系统和模块内具有较高的相关性，模块间具有较低的联系性）。正确处理模块之间的调用关系，合理安排模块内功能结构设计的问题是模块结构设计的关键。

1. 系统划分

一般情况下，一个系统可以分成若干个子系统，一个子系统又由若干个模块组成。有时，人们将系统划分中最上层的模块称为子系统。子系统和模块从形式上并没有明显的界限。

在电子商务系统设计中，进行系统划分和模块结构图（功能结构图）的设计通常采用两种方式。

第一种规范的方式是由数据流程图导出初始模块结构图，再予以优化。当人们设计一个不太熟悉的新系统时，这种方法比较科学、逻辑性强，不容易出错。其缺点是复杂、烦琐，因此，在实际中人们用这种方法的时候越来越少，故不再单独介绍。

第二种常用的方式是设计者根据电子商务系统功能结构、管理业务的逻辑顺序、人们工作的习惯和设计者开发同类系统的经验直接划分出子系统。例如，网上书城系统就是根据图书销售的业务流程、功能和资源分布、信息技术平台等实际情况，参照同类系统的条件约束直接划分的。

系统划分的一般原则如下。

（1）在结构化方法中，系统划分要遵循自顶向下逐层分解的原则，先将整个系统划分为若干个子系统，再将子系统进一步划分为若干个子系统或模块。

（2）子系统在功能上具有独立性、简洁性，还要尽量给系统实施、维护提供便利，并充分考虑到目前和未来的经营管理需要。

（3）子系统之间的信息关联变低，接口关系简单明确。

（4）系统划分的结果不会引起子系统中的数据大量冗余，也不会出现子系统之间数据频繁交换的现象。

（5）子系统的设置要充分考虑系统的扩展性，即今后管理发展和经营业务的需要。

2. 模块结构设计

为了使复杂的问题简单化，降低电子商务系统的开发难度，人们在系统划分的基础上，进一步采用模块来描述局部功能。模块化设计的过程使子系统各部分的功能详细和完善。

（1）模块和模块化。

模块是指独立命名并且拥有明确定义的实体。电子商务系统中任何一个处理功能都可以看成是一个模块。根据模块功能具体化程度的不同，可以分为逻辑模块和物理模块。在系统分析逻辑模型中定义的处理功能可视为逻辑模块；在系统设计中，物理模块是逻辑模块的具体化；在系统实施中可以是一个计算机程序、子程序或若干条程序语句，也可以是人工过程的某项具体工作。

一个模块应具备四个要素，即输入/输出、处理功能、内部数据、程序代码。前两个要素是模块的外部特性，后两个要素是模块的内部特性。

① 输入和输出。模块的输入来源和输出去向都是同一个调用者，即一个模块从调用者处取得输入数据，进行加工后再把输出数据返回调用者。

② 处理功能。指模块把输入数据转换成输出数据所做的工作。

③ 内部数据。指仅供该模块本身引用的数据。

④ 程序代码。指用来实现模块功能的程序。

结构化方法的基本思想就是模块化，即把系统功能自顶向下地、由抽象到具体地划分为多层次的独立功能模块，每个模块完成一个特定的功能，一直分解到能简单地用程序实现为止。这些模块以某种结构形式组成一个整体，可以完成指定的功能。模块划分要兼顾组织实际情况，经过对实际系统业务流程、管理功能、数据流程等方面的详细了解和分析后，从整体上考虑新系统的功能。这种设计方法能够使整个系统结构更加清晰，提高了系统的可理解性和系统可行性。通过简化系统的设计和实施，有助于电子商务系统开发和组织管理，增强可维护性。

（2）模块结构图。

模块结构图又称控制结构图、系统结构图，它用一组特殊的图形符号按照一定的规则描述系统整体结构。模块结构图是结构化系统设计的一个主要工具，它可以描述的问题包括模块化分解后的系统结构层次、模块间组成层次的调用关系、模块间传递的数据信息及控制信息等。模块结构图由模块、调用、控制信息、数据信息和转接这些基本符号组成，模块结构图的基本符号如图 7-2 所示。

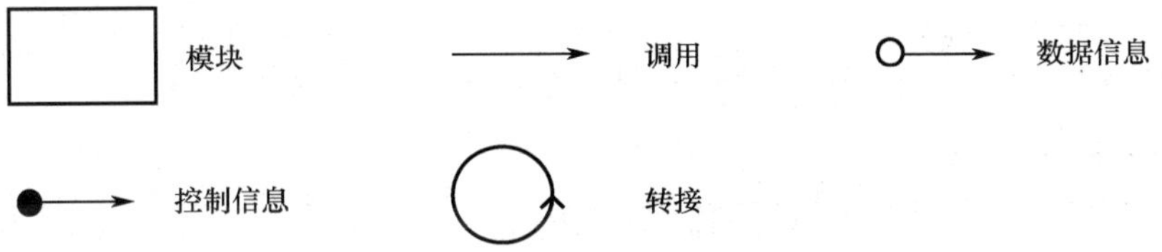

图 7-2　模块结构图的基本符号

① 模块。

在模块结构图中，矩形框表示一个模块，在矩形框中间标上模块名称。这个名字应该能反映模块的处理功能。

② 调用。

在模块结构图中，用连接两个模块的箭头表示调用。模块结构图规定调用关系只能是上层模块调用下层模块，不允许下层模块调用上层模块，但是应该理解成下层模块执行后又返回到上层模块。因此，调用箭头总是向下的，不允许向上。通常不允许同层模块之间的调用。

如果一个模块是否调用一个下层模块取决于调用模块内部的判断条件，则该调用称为模块间的判断调用，用菱形符号表示，如图 7-3（a）所示。如果一个模块通过其内部的循环功能来循环调用一个或多个下层模块，则该调用称为循环调用，用弧形箭头表示，如图 7-3（b）所示。

③ 数据信息。

用带空心圆的小箭头表示数据信息，并在旁边标上数据信息名。数据可以从一个模块传递到另一个模块，再将处理的结果数据送回原模块。如图 7-4（a）所示，“读图书表”模块传给“图书查询”模块具体的图书信息等。

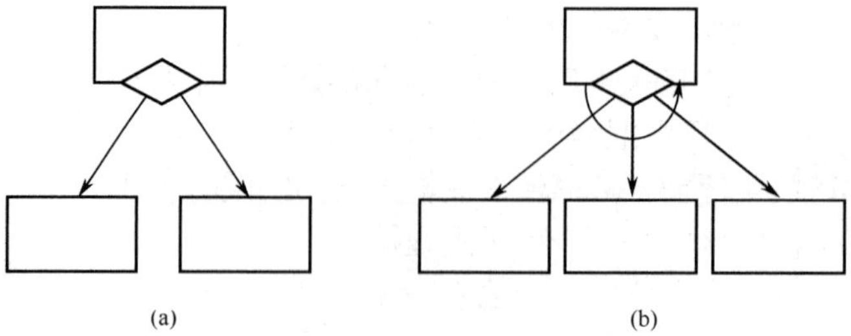

图 7-3　判断调用和循环调用

④ 控制信息。

用带实心圆的小箭头表示控制信息，并在旁边标上控制信息名。控制信息是为了指导程序下一步的执行必须传送的某些信息，如图 7-4（b）所示，“读预定表”模块传给“是否预订”模块的没有预定控制信息等。

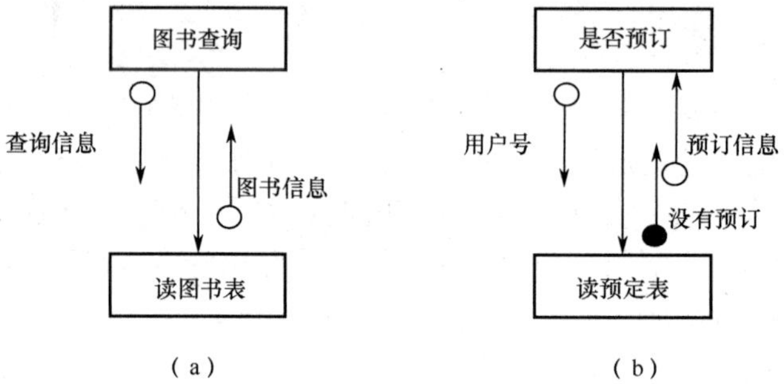

图 7-4　数据信息和控制信息

⑤ 转接符号。

当模块结构图在一张图上画不下而需要转接到另外一张纸上，或为了避免图上线条交叉时，都可使用转接符号。

（3）模块结构设计。

模块结构图为系统中功能结构设计、输入/输出设计、系统实施的各个方面都提供了依据。一个功能模块一般对应一个输入/输出用户界面，系统实施编写程序时也以此为依据实现相应的一个功能。模块结构图如图 7-5 所示，给出了模块结构图大概的、抽象的形式，其中主模块是要实现的整体功能，每个模块框中都标明了此模块的功能，数据从输入端获得，通过变换处理从输出端流出。

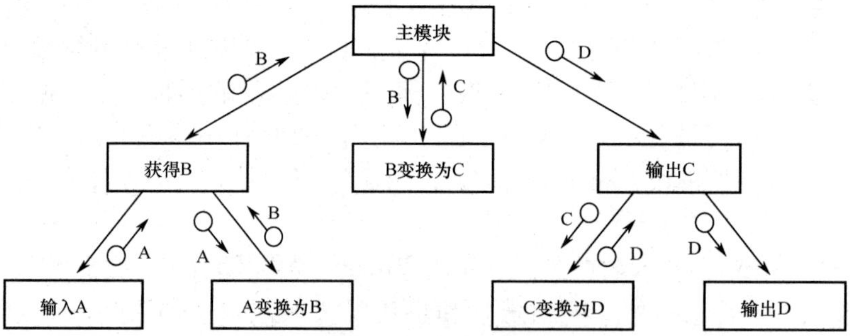

图 7-5　模块结构图

模块结构图在设计完成后，还应对各模块的功能进行说明。内容包括模块名、模块编号、模块上下层调用关系、输入流、输出流、模块处理功能、所用语言及算法说明等，格式可以参考模块说明书（见图 7-6）。

××系统模块说明书

模块名：	模块编号：
有哪些模块调用：	调用哪些模块：
输入流：	输出流：
模块处理功能：	
算法说明：	

图 7-6　模块说明书

（4）模块设计的原则。

在进行模块设计时，应遵循以下原则。

① 提高模块的独立性。模块的独立性是指在设计模块时，应尽可能地做到每个模块只完成一个独立的特定功能并使模块间的联系尽可能简单。模块的独立性包括内聚性和耦合性两个指标。内聚性指一个功能模块内部各项处理相互联系的密切程度，该指标主要从模块内部来考察模块的独立性。内聚性越高，系统独立性越强。内聚性的强弱将直接影响系统功能实现的复杂性，应尽量提高模块的内聚性。耦合性指多个模块间相互联系、相互依赖的程度，该指标主要从模块外部考察模块的独立性。耦合性越低，相互影响越小，系统独立性越强，应尽量降低模块间的耦合度。通过这种“高内聚、低耦合”的原则来提高模块的独立性，使其便于实现、修改和维护。

② 模块大小要适中。模块的大小指的是实现模块所需编写程序的行数。过大的模块常常使系统分解得不充分，其内部可能包含了若干部分的功能。过小的模块有可能降低模块的独立性，造成系统接口的复杂。模块的大小设计应尽量减小设计复杂性，提高程序可读性和可维护性。虽然模块设计得不能过大也不能过小，但也不能生硬地划分，设计的出发点还应是保证功能划分的合理性。

③ 合理的扇入和扇出。在进行系统模块结构的层次设计时，模块的扇入系数和扇出系数要合理。所谓扇出系数，就是一个模块直接调用其他模块的个数。所谓扇入系数，就是直接调用该模块的模块个数。经验表明，一个设计好的系统应有较高的扇出系数和较低的扇入系数，平均扇入、扇出系数通常是 3 或 4，一般不应超过 7，否则会引起出错概率的增加。通常，好的系统结构高层扇出系数较大，中间扇出系数较小，底层扇入系数较大。

④ 模块的作用域应在控制域之内。判断的作用域是指所有受这个判断影响的模块，即操作执行依赖于此判定的模块。模块的控制域是指模块本身及其所有的下属模块。好的模块结构设计应满足判定的作用域在模块的控制域内，判定所在的模块在模块层次结构中的位置不能太高。

⑤ 系统的深度与宽度要适当。系统深度是指系统划分出的层数，系统宽度是指系统中同层次上所包括的模块总数。系统宽度能够粗略反映系统的大小和复杂程度。系统深度与宽度之间应保持一定的比例。系统宽度过大，说明系统可能分割得过于细化；系统宽度过大，有可能导致管理上的困难。

3. **功能结构设计**

（1）功能结构设计的思路。

在电子商务系统设计中，应该给出电子商务系统的主要功能，说明电子商务系统的功能组成，即电子商务系统由哪些子系统组成，各个子系统的主要功能和相互之间的关系。若某个子系统比较复杂，还需要说明这个子系统的模块构成。因此，功能结构设计的主要思路就是以功能直接划分，简单明了。以电子商务系统数据流程图中的“处理（功能）”为依据，从电子商务系统的上层开始，大功能分解为若干个小功能，层层分解，直到一个复杂的问题简单化、一个抽象的功能具体化为止。

（2）功能结构设计的步骤。

功能结构设计可以分成两个步骤进行：第一，把整个系统看作一个模块，对其逐层进行分解。分解时，要遵守划分模块的基本原则，并考虑是否完成了数据流程图所规定的各项任务；第二，从提高模块的独立性出发，检查已划分的每一个模块，分析是否还可以降低耦合性、提高内聚性，并据此对功能结构图进行改进，直到理想为止。

（3）功能结构设计图的绘制要求。

通过系统划分，产生了一个以功能从属关系为依据的图形，即功能结构图。图中每个矩形框均称为一个功能模块，某网上购物系统功能结构图如图 7-7 所示。

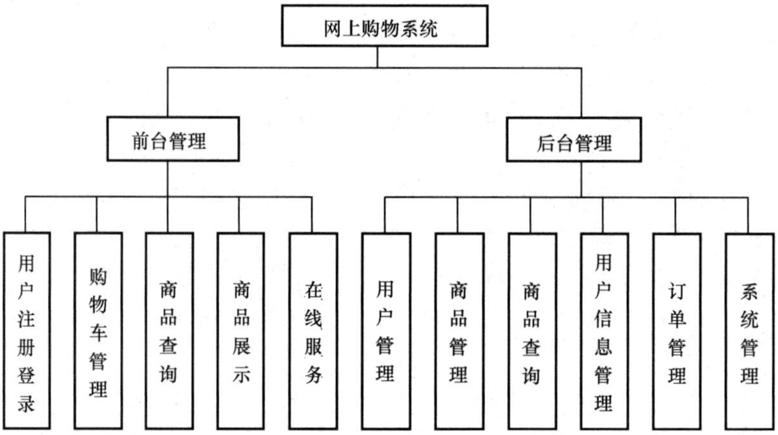

图 7-7　某网上购物系统功能结构图

通过功能结构图可以形象地看出系统功能分解过程，即系统功能分解过程是一个由抽象到具体、由复杂到简单的过程。绘制功能结构图的要求如下：

① 顶级模块名称应是电子商务系统的名称；

② 每个功能模块应有一个名称，而且这个名称应是唯一的；

③ 各功能模块功能的总和应涵盖电子商务系统的所有功能；

④ 各功能模块间不应有功能的交叉；

⑤ 下级模块与上级模块之间应是分解关系。

7.2.2　代码设计

代码是用数字或字符代表事物名称、属性或状态等的符号。它以简短的符号形式代替具体的文字说明，唯一地标识系统中的某一事物。在电子商务系统中，代码是人和机器的共同语言，是系统进行信息鉴别、分类和排序等处理的依据。代码设计是完成电子商务业务活动的一个前提条件，其主要任务就是要提供给电子商务系统所需使用的代码标准。

1. 代码的主要功能

通过代码设计可以建立起统一的信息描述规范，提高了通用化水平，加强了信息处理性能。具体来讲，代码的主要功能有以下几个。

（1）标识：标识是代码最基本的功能，在一个信息分类的编码标准中，一个代码只能唯一地标识一个分类对象，而一个分类对象也只能有一个唯一的代码。

（2）分类：按分类对象的属性分类时，要给不同的类别分别赋予不同的代码。这个代码又可以作为分类对象的标识，从而利用计算机进行分类统计。例如，按照用途分为 A 和 B 两类，则可利用 A 和 B 对用途情况进行统计。

（3）排序：按分类对象的产生时间、所占空间等顺序关系分类时，代码可以作为分类的标识，利用计算机的排序统计功能。

（4）专用含义：有时可以利用代码提供一些专用符号来表示专门的含义，如 110、119、120 等。

2. 代码的种类

代码的种类很多，根据代码符号的表示形式可以分成数字码、字符码和混合码；根据代码的组成及含义可以大致分为顺序码、区间码、助记码等。下面介绍根据组成及含义划分的代码类别。

（1）顺序码。

顺序码是用连续的数字代表编码对象的代码，如流水号等。顺序码短小简单、易扩充，但是没有逻辑含义，不易记忆，不便汇总，增加的代码只能列在最后，造成已删除码空间的浪费。这种码通常放在其他编码之后，作为细分类的一种补充手段。

（2）区间码。

区间码把数据项分成若干组，每个组分配一个代码的区间段，该区间中的数字值和位置都代表一定特殊的意义。区间码主要分为层次码，十进制码、特征码。

① 层次码。层次码按照编码对象类别的不同从属层次，将代码的各数字位分成若干个区间，每一区间都规定不同的含义。因此，该码中的数字和位置都代表了一定的意义。层次码逻辑性强，便于查询和管理，缺点是代码过长，占用空间大，如学生学号的层次码代码设计。层次码示例如表 7-1 所示，该学生的代码为 201405080124。

表 7-1　层次码示例

代码层次	第一层	第二层	第三层	第四层	第五层
代码内容	2014	05	08	01	24
代码区间意义	入学年份	所在学院	所属专业	所在班级	学生序号

② 十进制码。十进制码是由层次码发展而来的。它先把整体分成若干层，每划分一层用一个小数点隔开，然后把每一层再分成若干层，这样继续不断地划分。一个层次代表一个子类，通过小数点后添加新的层次可以不断增加新的子分类。当编码对象的数量不能预先估

计时，就适宜采用这种方法。例如，对图书章节进行划分，十进制码示例如表 7-2 所示。

表 7-2　十进制码示例

代码内容	代码层次
1	第一章
1.1	第一章 第一节
1.1.1	第一章 第一节 第一目
1.1.2	第一章 第一节 第二目
1.2	第一章 第二节
2	第二章
2.1	第二章 第一节
2.1.1	第二章 第一节 第一目

③ 特征码（多面码）。它按照编码对象的不同层次将代码的各位数字分为若干区间，每个区间规定不同的含义。特征码的各类别层次间没有从属关系，而是代表了编码对象的不同特征方面。例如，对某企业生产的机制螺钉进行代码设计。特征码示例如表 7-3 所示。某机制螺钉代码为 3142，其表示材料为钢的直径 0.5mm 的方形头镀铬螺钉。

表 7-3　特征码示例

代码层次	第一层	第二层	第三层	第四层
代码内容	1—不锈钢 2—黄铜 3—钢	1—0.5 2—1.0 3—1.5	1—圆头 2—平头 3—六角形状 4—方形头	1—未处理 2—镀铬 3—镀锌 4—上漆
代码区间意义	材料	螺钉直径	螺钉头形状	表面处理

（3）助记码。

助记码是为了帮助记忆，用文字、数字、符号将编码对象的名称、规格等描述出来，并作为代码的代码类型。例如，用 TV-B-24 可以表示 24 英寸黑白电视机。助记码适用于数据项数目较少的情况，否则容易引起联想错误。

3. 代码的校验

代码作为计算机输入的重要内容之一，其正确性直接影响整个计算机处理的质量，如果出错，将会带来不可挽回的损失，因此需要对输入计算机中的代码进行校验。为了保证输入的正确性，通常有意识地在原有代码的基础上另加一个校验位，并且将它作为代码的组成部分。此校验位事先由一定的数学方法计算出来。代码输入时，计算机会用同样的数学方法按输入的代码数字计算校验位，并将其与输入的代码的校验位相比较，若不一致说明输入的代码有误。

校验位的产生方式主要是模数加权法。这种方法是先将代码各位（C_i）与权数（W_i）的乘积之和 S，即 $S=C_1W_1+C_2W_2+\cdots+C_nP_n(i=1, 2, \cdots\cdots, n)$，再以常数 M 为模求得余数 $R=\text{mod}(S, M)$，把得到的余数作为校验码。权数一般可以选取几何级数（1，2，4，8，16，32，……）、算术级数（1，2，3，4，5，6，……）、质数（2，3，5，7，11，……）等有规律的数列。模可选取 10、11、13 等。例如，客户号为 20120321，如果设计校验码并选择算术级数为权数、11 为模，则：

$$S=2\times1+1\times3+2\times4+3\times6+2\times7+1\times8=53$$

$$R=\text{mod}\ (53,\ 11)=9$$

因此，客户号的检验位为 9，将其补在号码最后一位，形成客户号的代码为 201203219。

4. 代码设计的原则

代码设计应遵循的基本原则如下。

（1）唯一性。在一个编码体系中，一个对象只能赋予一个唯一的代码。

（2）标准化。代码应尽可能采用国际和国内已有的标准编码。在一个代码体系中，代码结构、类型、编写格式要统一。

（3）合理性。代码结构合理反映编码对象的特征，与事物分类体系相适应。

（4）可扩充性。代码系统要考虑系统的发展变化，留有充分余地以备将来不断扩充的需要。

（5）适用性。代码尽可能反映对象的特点及规律，以助记忆，便于填写。

（6）简洁性。代码的长度应以短小为好，代码的长度会影响所占据的存储单元和信息处理速度，也会影响代码输入时出错的概率及输入/输出速度。

（7）系统性。有一定的分组规则，从而在整个系统中具有通用性。

5. 代码设计的步骤

代码设计可以参考以下步骤进行。

（1）确定代码对象。

（2）考察是否已有标准代码。如果有国家标准或某个部门对某些事物已规定了标准代码，那么应遵循这些标准代码。

（3）根据代码的使用范围、使用时间及实际情况选择代码的种类。

（4）考虑检错功能。

（5）编写代码表，代码编写好后，要编制代码表，并作详细说明，以便正确使用。

7.2.3　数据库设计

数据库设计是电子商务系统设计阶段的重要组成部分，它是在选定了硬件、操作系统和数据库管理系统环境的情况下，准确地表达用户的需求，并将其转换为有效存储数据的数据模型的过程。数据库设计的全过程包括用户需求分析、概念结构设计、逻辑结构设计、物理结构设计、数据库的实施、数据库运行与维护六个阶段。

1. 用户需求分析

用户需求分析是数据库设计的起点，需求分析是否充分准确直接决定电子商务系统是否能最终得到用户的满意，并影响到数据库结果是否合理实用。需求分析实际上已经在系统分析与系统设计中完成了，数据库设计阶段只需要进一步确认以下需求。

（1）数据要求。即要根据用户需要从数据库中导出的信息要求，包括对数据内容、来源、去向、性质、取值范围、数据存储等的要求。

（2）处理要求。即为了满足用户信息需求要做的处理功能、处理方式、响应时间等。

（3）安全性与完整性要求。进一步明确数据的有效性、安全性、完整性、冗余性等的相关需求与约束条件。

2. 概念结构设计

概念设计是整个数据库设计的关键，它通过对用户需求进行综合、归纳与抽象，形成了一个独立于具体数据库管理系统的概念模型。概念模型是一个面向问题的数据模型，即用 E-R 图来描述现实世界中实体与实体间的关系。它反映的是用户的现实环境，与数据库的具体实现技术无关，因此独立于数据库管理系统。概念设计的主要步骤是：

（1）先根据系统分析的结果设计各个局部 E-R 图；

（2）再将局部 E-R 图集成为总体 E-R 图。

3. 逻辑结构设计

逻辑结构设计是在概念设计的基础上完成的，其主要任务是将概念结构 E-R 图转换为某个数据库管理系统所支持的数据模型，并对其进行优化。这种数据模型提供了有关数据库内部构造的逻辑描述，与计算机环境更加接近，因此能够为在某种特定的数据库管理系统上进行数据库物理存储结构设计提供便利。在关系型数据库中，逻辑结构设计的步骤是先将 E-R 图转换为关系数据模型，然后利用规范化理论对此模型进行规范和优化，之后结合电子商务系统需要提供的功能设计数据视图。

4. 物理结构设计

逻辑结构设计是面向用户的，而物理结构设计是面向计算机的。数据库在物理设备上的存储结构和存取方法等就称为数据库的物理结构。其主要任务就是给逻辑数据模型选择一种最适合应用要求的物理结构，并进行评价。它的主要内容有数据库存储结构设计、存取路径选择、数据索引的建立等。高效的物理数据结构既能为系统节省存储空间，又能提高存取速度。在系统实施阶段，开发人员可以依据物理结构设计，用所选的数据库管理系统所提供的命令进行上机操作，建立数据库并对数据库中的数据进行查询、连接等操作。

设计数据库存储结构时需要综合考虑数据存取时间、存储空间利用率、数据库维护代价等方面的因素。一般来讲，“鱼和熊掌不可兼得”，如消除数据冗余和关系冗余虽然能节省存储空间，但同时降低了检索的性能，因此在实际设计存储结构时，要依据用户使用功能的倾向性来决定设计方案。数据库存储设计一般包括关系的属性、数据类型、字段长度、备注说明等项目。

数据设计还涉及一项较为重要的问题，即数据库的安全性和完整性保护的问题。安全性保护就是防止机密数据被泄露，防止无权者使用、改变或有意破坏他们无权使用的数据。完整性保护就是保护数据结构不受损害，保证数据的正确性、有效性和一致性。由于数据的保护与计算机系统环境的保护是密切相关的，因此这个问题需要在更大的范围内才能彻底解决，如计算机系统所在的环境，硬、软件，信息和通信设施等方面的保护，以及必要的行政和法律手段。而系统设计与实施阶段的关键任务，是从软件方面设计和实现数据保护的功能，如对数据并行操作（多个用户同时存取和修改同一数据）的控制和管理，设置口令校验功能等。

5. 数据库的实施

数据库的实施是根据数据库逻辑设计和物理设计的结果，建立实际的数据库结构、输入数据、进行测试和试运行的过程。

6. 数据库运行与维护

数据库的运行和维护指数据库转储和恢复、维持数据库的安全性与完整性、监测并改善数据库性能、数据库的重组和重构等开发后续工作。数据库的实施、运行和维护分别在系统实施和系统试运行阶段执行。

7.2.4 用户界面设计

1. 人机界面

人机界面是指人与机器进行交互的方式，即用户与机器互相传递信息的媒介，其中包括信息的输入与输出。计算机系统是由计算机硬件、软件和人共同组成的人机系统。

广义的人机界面包括人与硬件界面、人与软件界面和硬件与软件之间的接口，主要是研究人与机器关系的合理性。人机界面中的“人”是指作为工作主体的人，包括操作人员、决策人员等。人的生理特征、心理特征及人的适应能力都是重要的研究方向。人机界面中的“机”是指人所控制的一切对象的总称，包括人操作和使用的一切产品和工程系统。如何设计满足人的要求、符合人的特点的“机”，是人机界面设计要探讨的重要问题。

狭义的人机界面是指人与软件界面，即本节后面所称的“用户界面”，它是计算机科学与心理学、图形艺术、认知科学和人机工程学的交叉研究领域，是人与计算机之间传递和交换信息的媒介，同时也是计算机系统向用户提供的综合操作环境。

人机交互是指用户与计算机系统之间的通信，它是人与计算机之间各种符号和动作的双向信息交换。这里的“交互”定义为一种通信，即信息交换，而且是一种双向的信息交换，可由人向计算机输入信息，也可由计算机向使用者反馈信息。这种信息交换的形式可以以各种方式出现，如键盘上的击键、鼠标的移动、显示屏幕上的符号或图形等，也可以是声音、姿势或身体的动作等。

人机交互系统是指实际完成人机交互的系统，可以认为它是由参与交互的各方所组成的，如包括人和计算机双方的人机交互系统。

人机交互方式是指人机之间交换信息的组织形式或语言方式，又称对话方式、交互技术等。完成人向计算机输入信息或计算机向人输出信息的人机交互方式有多种，包括问答式对话、菜单界面、填表界面、命令语言界面、查询语言界面、自然语言界面和数据库语言界面。

交互介质是指用户和计算机完成人机交互的媒体。一般可分为：输入介质，是完成人向计算机传送信息的媒体，常用的输入设备有键盘、鼠标、光笔、跟踪球、触摸式屏幕、操纵杆、图形输入板、声音输入设备、视线跟踪器和数据手套等；输出介质，是完成计算机向人传送信息的媒体，常用的输出设备有 CRT 屏幕显示器、平板显示设备、投影仪、头盔显示器、电视眼镜、声音输出设备、打印输出设备等。

2. 用户界面设计内容

1）界面对话设计

在界面设计中，对话是以任务顺序为基础的，但界面对话设计要遵循如下原则。

（1）反馈：随时将系统正在做什么的信息告知用户，尤其是在响应时间十分长的情况下。

（2）状态：告诉用户正处于系统的什么位置，避免用户在错误环境下发出语法正确的命令。

（3）脱离：允许用户中止一种操作，且能脱离该选择，避免用户死锁发生。

（4）默认值：只要能预知答案，尽可能设置默认值，节省用户工作时间。

（5）简化对话步骤：使用略语或代码来减少用户击键数。

（6）求助：尽可能提供联机在线帮助。

（7）复原：在用户操作出错时，可使其返回并重新开始。

2）数据输入界面设计

数据输入界面往往占终端用户的大部分使用时间，也是计算机系统中最易出错的部分之一。其总目标是简化用户的工作，并尽可能降低输入出错率，还要容忍用户错误。这些要求在设计时可采用多种方法来实现。

（1）尽可能减轻用户记忆负担，采用列表选择方式。

在设计中可使用对共同输入内容设置默认值、使用代码和缩写等、系统自动填入用户已输入过的内容等方法。

（2）使界面具有预见性和一致性。

用户应能控制数据输入顺序并使操作明确，采用与系统环境（如 Windows 操作系统）风格一致的数据输入界面。

（3）防止用户出错。

为了防止用户出错，在设计中可采取确认输入（只有用户按下键，才确认）、明确的移动（使用 Tab 键或鼠标在表中移动）、明确的取消等操作，已输入的数据并不删除，对删除操作必须再一次确认，对致命错误要警告并退出，对不太可信的数据输入要给出建议信息但处理不必停止等多种方法。

（4）提供反馈。

要使用户能查看他们已输入的内容，并提示有效的输入回答或数值范围。

（5）按用户速度输入和自动格式化。

用户应能控制数据输入速度并能进行自动格式化。此外，用户输入的空格应能被系统接受。

（6）允许编辑。

在理想的情况下，数据在输入后能允许编辑且能采用风格一致的编辑格式。数据输入界面可通过对话设计方式实现，若条件具备应尽可能采用自动输入。另外，图像、声音输入在远程输入及多媒体应用中会迅速发展。

3）屏幕显示设计

屏幕的设计主要包括布局、文字用语及颜色，其具体内容和原则如下。

（1）布局。

屏幕布局因功能不同考虑的侧重点也不同。各功能区要重点突出，功能明显。无论哪一种功能设计，其屏幕布局都应遵循下面五项原则。

① 平衡原则。注意屏幕上下左右平衡。不要堆挤数据，过分拥挤的显示也会产生视觉疲劳和接收错误。

② 预期原则。屏幕上所有对象（如窗口、按钮、菜单等）处理应一致化，使对象的动作可预期。

③ 经济原则。即在提供足够的信息量的同时还要注意简明、清晰，特别是运用好媒体选择原则。

④ 顺序原则。对象显示的顺序应依需要排列。通常应最先出现对话，然后通过对话将系统分段实现。

⑤ 规则化原则。在一个应用系统中，画面应对称，并且显示命令、对话及提示行的设计应尽量统一规范。

此外，在屏幕布局中，还要注意一些基本数据的设置。

（2）文字与用语。

文字和用语除作为正文显示内容出现外，还在设计题头、标题、提示信息、控制命令、会话等功能时展现。文字与用语的设计格式和内容应注意如下几点。

① 要注意用语的简洁性。在设计文字用语时，应避免使用计算机专业术语；尽量用肯定句而不用否定句；用主动语态而不用被动语态；进行文字对话时注意礼貌而不过分地强调语句的表达；对不同的用户，依据心理学原则使用不同的用语；英文词语尽量避免缩写；在按钮、功能键标示中应尽量使用描述操作的动词；在有关键字的数据输入对话和命令语言对话中采用缩码作为略语形式；在文字较长时，可用压缩法减少字符数或采用一些编码方法。

② 格式。在屏幕显示设计中，一幅画面不要文字太多，若画面必须有较多文字，应尽量分组分页，在关键词处进行加粗、变字体等处理，但同行文字应尽量统一字形。英文除标语外，要尽量采用小写和易认的字体。

③ 信息内容。信息内容的显示不仅要采用简洁、清楚的表达，还应采用用户熟悉的简单句子，尽量不用左右滚屏。当信息内容较多时，应以空白分段或以小窗口分块，以便用户记忆和理解。重要字段可用粗体或闪烁的方式来吸引用户注意力和强化效果。强化效果有多种，可针对实际情况进行选择。

（3）颜色。

颜色的调配也是屏幕显示的重要设计部分。颜色除了是一种有效的强化技术，它还具有美学价值。使用颜色时应注意如下几点。

① 限制同时显示的颜色数。一般同一画面不宜超过 4 种或 5 种颜色，但可用不同层次及形状来配合颜色的使用，增加变化。

② 画面中活动对象的颜色应鲜明，而非活动对象应暗淡。对象颜色应尽量不同，前景色宜鲜艳一些，背景应暗淡一些。

③ 尽量避免将不兼容的颜色放在一起，如黄与蓝、红与绿等，除非作对比时用。

④ 若用颜色表示某种信息或对象属性，要使用户懂得这种表示，且尽量用常规准则表示。

总之，屏幕显示设计最终应达到令人愉悦的显示效果，要指导用户注意到最重要的信息，但又不包含过多的相互矛盾的刺激效果。

3. 用户界面设计原则

1）界面适合展现功能，并且符合市场需求

软件的功能需要通过用户界面来展现。毫无疑问，用户界面一定要适合软件的功能，这是最基本的要求。如果用户无法通过一个界面来使用软件，那么软件的“易用性”根本就无从谈起。

例如，对于一个三维建模软件而言，如果用户不能使用鼠标对模型进行旋转、移动、缩放等操作，那么这个用户界面就不适合该软件的功能。如果不改进用户界面，即使软件的内核功能很强（如算法很先进），这个软件也很难卖得出去。

2）界面适合用户群体

一个软件产品可能有许多类型的用户，如有些用户对计算机比较外行，有一些用户可能是计算机的行家。在设计用户界面时应当尽可能多地了解不同类型用户的使用习惯和水平，努力使不同类型用户在操作软件的时候感觉不到困难和麻烦。

如果不能使所有类型的用户都感到满意，那么界面设计应重点满足以下类型的用户的需求："主流用户""有影响力的用户"。"主流用户"是指占软件最大使用比例的用户类型。主流用户可能不是水平最高的用户，但他们对界面的评价会影响软件产品的命运。"有影响力的用户"可能不是主流用户，但他们会影响其他用户对软件的印象，如互联网论坛版主、作家、传媒人士等。

从一个用户的角度出发设计用户界面是非常重要的。不仅要从开发者的角度考虑，而且要注重用户体验，这样"用户界面"就不只是一种接口和形式，而是一种用户体验。

3）友好性

用户界面要完成的首要任务就是设法让用户和计算机友好地交互。交互是最终目标，而友好是衡量条件。可交互就是用户界面设计目标。如果一个界面不能让人机交互，那么这个界面就是无用的。在设计用户界面的交互性方面应该注意两点：第一，用户向计算机提交数据的交互过程；第二，计算机向用户呈现处理结果的交互过程。

除了完成这两方面的设计，用户界面还需要友好。例如，用户登录发生错误以后的一个消息框的两种提示文本："对不起，登陆失败！""由于用户名和密码错误，因此登录失败"。可能很多开发人员比较喜欢使用第一种语言，他们认为登录不成功非常严重，因此使用了感叹号，导致语言比较机械化并且没有给出建议，还把"登录"写成了"登陆"；第二位开发人员语言很婉转，并告知了登录失败的原因，用户从这个简单的提示中获取了很多有用的信息，并且知道了登录不成功的原因。从对以上两位开发人员的语言分析和实际效果可以得出这个结论：第二位开发人员的语言让用户更有好感，因此，用户非常愿意按照他设计的提示进行操作。

界面容易被用户理解也是用户界面友好性的内容之一。"容易理解"是"容易使用"的前提条件。这需要注意：用户界面中的所有元素都不能出现错误文字，也不应有令人费解（如二义性、逻辑混乱）的文字。用户界面设计人员绝对不能对界面上的文字马马虎虎，措辞必须"正确、准确"。

图标按钮的含义一定要直观明了，而且最好给图标加文字说明，防止用户误解。所有的界面元素应当提供充分而必要的提示，如当鼠标移动到工具条上的某个图标按钮时，应当在该图标旁边出现功能提示。

界面结构应能够清晰地反映工作流程，以便用户按部就班地操作。文字信息和界面布局应当尽量和用户群体的使用习惯相匹配。

对于复杂的用户界面而言，最好提供界面"向导"，及时让用户知道自己在界面结构中所处的位置。例如，对于基于 Web 的应用软件，应该在界面上显示"当前位置"，否则用户很容易在众多的页面中迷失方向。

4）一致性

"用户界面风格一致"的最大好处就是能够减少用户的记忆量、减少用户出错概率，并且使其迅速积累操作经验。软件的用户界面的一致性包括以下几方面。

（1）设计目标一致。软件中往往存在多个组成部分（组件、元素）。不同组成部分之间的交互设计目标需要一致。例如，如果软件以计算机操作初级用户作为目标用户，以简化界面逻辑为设计目标，那么该目标需要贯彻到软件（软件包）整体，而不是局部。

（2）同类产品一致。通用软件产品的界面设计很注重一致性。设计者必须密切注意在相同应用领域中最流行的软件的界面，必须尊重用户使用这些软件的习惯。例如，DOS 和 Windows 下的软件习惯于设置 F1 键为帮助热键。

同一类型软件的用户界面应当有一定程度的相似性。例如，Microsoft 公司的 Office 家族里有 Word、Excel、PowerPoint、Outlook 等软件，所以熟悉 Word 软件的人基本上不用翻阅手册就能使用 PowerPoint 软件。

（3）元素外观一致。

交互元素的外观往往影响用户与软件的交互效果。同一个（类）软件采用一致风格的外观，对于保持用户焦点，改进交互效果有很大帮助。软件的用户界面中同类的界面元素应当有相同的视感。例如，命令按钮是最常见的界面元素，因此所有命令按钮的形状、色彩都应是一致的。遗憾的是，对于如何确认元素外观是否一致还没有特别统一的衡量方法，因此需要对目标用户进行调查以取得反馈。

（4）交互行为一致。

在交互模型中，相同类型的元素用户触发其对应的行为事件后，其交互行为需要一致。例如，所有需要用户确认操作的对话框都至少包含确认和放弃两个按钮。对于交互行为一致性原则比较极端的理念是相同类型的交互元素所引起的行为事件相同。但是可以看到，这个理念虽然在大部分情况下是正确的，但是的确有相反的例子证明不按照这个理念设计界面会更加简化用户操作流程。

5）信息反馈

系统用户界面必须对用户的操作做出反馈，良好的信息反馈有助于用户确认已进行或正在进行的操作。当用户进行某项操作后，如果过了一会儿（几秒）用户界面一点反应都没有，这将使用户感到迷茫和不安，因为他不知道是自己操作错了还是系统死机了。

用户界面能及时反馈信息很重要，它至少让用户心里有数，知道该任务处理得怎么样了、有什么样的结果。例如，用户下载一个文件，界面上应当显示“百分比”或相关数字来表示下载进度，否则人们不知道要等待多少时间。如果某些事务处理不能提供进度等数据，那么至少要给出提示信息，如“正在处理，请等待……”。用户界面最好提供合适的动画，让用户明白软件正在运行，没有死机。

6）帮助系统

一个好的软件系统必须向用户提供准确、详细的帮助。由于联机帮助可以及时在用户工作现场提供辅助信息，因而它已成为交互软件系统的一个重要机制。为了设计一个好的联机帮助机制，设计者必须能从用户的角度来说明操作中可能出现的问题。在设计联机帮助机制时应遵循以下原则。

（1）联机帮助机制应在交互软件的各种命令的操作开始、进行及完成时均可使用，且具有统一的风格。

（2）联机帮助的内容在显示时不应影响用户的操作程序，联机帮助显示结束后应该仍回到用户工作程序现场。

（3）联机帮助的内容应采用一般用户易懂的简洁语言。

（4）联机帮助的内容应与当前上下文位置相关。

（5）联机帮助应尽可能在现有条件下提供正文、图表、图形、动画或声音等技术，以便用户理解。

7）容错性

在一个交互系统中，由于操作者的个人原因，经常会产生错误操作，包括数据输入错误等。一个好的交互系统不能要求操作者不犯错误，但它本身应该具有较强的处理各种错误的能力。除了在软件设计时注意各种容错设计，在用户界面上也应该提供各种避免用户操作错误的提示及对各种错误信息的分析，通过这种方式帮助用户避免错误。

一个好的用户界面不仅应该具有容错、检错的能力，还应该在错误产生后，让用户清楚了解其错误的性质和位置，以便用户纠正错误。有关报错信息的一些设计原则如下。

（1）尽可能使错误信息准确和定位。

（2）应指明用户针对这类错误应如何处理。

（3）语言应简洁、明确，尽可能使用通俗易懂的词汇。

（4）避免使用指责性语言，语气尽可能友善。

（5）对于报错信息也应根据系统的实际情况进行分层提示。

（6）应保持报错信息的风格一致。

（7）尽可能采用可视的图形信息及音响效果。

4. 用户界面设计过程

用户界面设计的需求分析与任务分析在系统分析阶段就应完成，进而获取用户特征、系统的业务模型及环境限制条件。系统详细设计阶段的界面设计过程主要分为两个阶段，即原型设计和详细设计。原型设计阶段有两个非常重要的任务需要完成：进行功能分配与确定交互方式。这是界面交互性设计的开端。

1）原型设计

原型设计就是根据用户的需求构造一个界面初始模型。这个阶段工作的依据是来自需求分析阶段的信息，如用户的特征、业务模型和环境限制条件等。

进行功能分配是这个阶段的重要任务，它要确定什么功能适宜由计算机完成、什么功能适宜由用户完成。分配的基本原则有三点：人与计算机的能力差异；人类的认知特点；待开发系统的特点。一般而言，最好避免让用户把精力花在常规、冗长又容易出错的事务上，而让用户集中精力去完成关键的决策、计划及应付意外情况。人和计算机的能力比较如表 7-4 所示，可以帮助我们进行功能分配。

表 7-4　人与计算机的能力比较

人擅长的工作	计算机擅长的工作
感觉低层的刺激	感觉人感官范围外的刺激
在喧闹的环境下感受刺激	统计或测量物理量
在变化的情况中识别不变的模式	精确存储已编码的信息数据
感觉平常和意外的事件	监视预先确定的事件，特别是不经常发生的事件
参照经验，根据环境做决定	对输入信号做出快速一致的反应
如果原来的方法失败了，选择另一种方法	精确调出大量详细的信息

续表

人擅长的工作	计算机擅长的工作
根据观察进行归纳推理	以预定方式处理定量数据
在意外情况和新情况下做出反应	按通用规则进行演绎和推理
应用规则解决不同问题	可靠地重复执行预排程序的操作
进行主观评价	发挥巨大的、高度受控的物理量
研究新的解决方法	同时进行多项工作
当工作过多时，集中精力于重要任务	在信息过载时继续工作
调整身体以适应环境变化	长期保持工作效率

原型设计过程在功能分配之后还要根据系统的功能进行初步的界面布局，布局的一般原则是将用户常用功能项放在最容易找到的地方，方便用户使用。

原型设计还要完成各功能采用的交互方式和交互形式设计，初步设计出软件主要使用的界面元素。

原型设计结果描述一般建议用低保真原型（纸质原型）。使用低保真原型而不用计算机制图的原因在于以下几点。

（1）进行计算机制图会花费太多的时间。

（2）计算机制图看起来太完整，参与评估的用户会以为原型不能修改了。

（3）设计者会抗拒修改看似已经很完美的计算机绘制的原型。

（4）用户可能会把注意力分散在界面上，而不专注于评估原型的合理性。

原型设计宜要求设计人员要提出多个备选方案，以供评估筛选。“设计—评估—再设计”这样的迭代是这个阶段的重要特点。

2）详细设计

这一阶段是将已经选定的原型实例化的过程。

（1）界面交互形式。

在原型设计阶段设计人员已经选择了交互方式，在详细设计阶段则要把交互方式以具体的交互形式描绘出来，特别是要明确所选的交互方式在具体界面上的表现形式及操作的步骤。交互形式设计的基本原则是让用户识别而不是凭记忆选择，并且通过备选信息的显示减轻用户的认知负担。

（2）制作高保真原型进行测试。

此时要通过高保真原型将所有的界面具体内容和大致布局，以及各个界面元素之间的关系明确体现出来，并且保证系统的完整性和协调性。用户界面设计是一个迭代的过程，也就是说，用户界面设计通常先创建原型，并由用户试用和评估，然后根据用户的意见进行修改。上述评估过程需要不断进行下去，直到用户感到满意、不需要再修改界面设计时为止。高保真原型经过用户反复试用和评估满意后，便可以将最终界面设计的所有细节都文档化，并将设计成果转交到程序开发小组。

5. 网站用户界面设计原则

对于网站的用户界面设计，除了要掌握用户界面设计的一般原则，还要把握其特殊性。网站的界面设计需要注意的一些特殊点如下。

1）用户界面的一致性

对于一个网站，除特殊情况之外，网站用户界面的设计风格需要保持高度的一致性。下面是一些一致性的具体含义。

（1）一致的界面标志。一些公司经常用公司的标志作为公司网站的标志。如果在同一个网站的不同的网页上显示了不同大小的公司标志，用户可能会怀疑这些网页属于不同网站。

（2）一致的高层次屏幕布局。不同界面由于其内容特点可能需要采取图表、文字或图形等各种表达方式，但是这些界面的高层次的“包装”风格应当是一致的。例如，可以将所有界面中显示的特定内容限制在同样的显示区域等。

（3）一致的全局导航和浏览机制。用户在一个网站中某些网页上使用的浏览方式应当同样适用于其他的网页，全局导航上的类别内容要始终保持一致。任何不一致都可能会使用户感到迷惑。

（4）一致平衡的信息结构。一个网站各个主要内容分支的信息量的分配应当合理。除了有些特定的内容，类似于“联系方式”之外，其他分支中的信息量应当相对平衡。如果某个分支信息数量远远大于或远远小于大多数分支，则用户可能会倾向于认为信息多的分支应当予以拆分或简化，同时他们也常倾向于认为信息少的分支应当予以充实。

（5）一致和谐的字体和色彩。字体和色彩的使用也应遵循同一个标准。例如，如果在网站中的超链接以相同的颜色显示，并且有些有下画线，有些没有下画线，就会使用户难以辨别超链接和一般文字之间的区别而影响使用效率。

2）有特色

有特色指一个网站与其他网站有不同的地方。或者是色彩，或者是技术，或者是交互方式，能让访问者明确分辨出这是某个网站所独有的。

在 Web 上同行业的网站有无数个，访问者常常走马观花，一带而过。只有特色鲜明、内容翔实的站点才能使其驻足阅读。特色鲜明的网站是精心策划的结果，只有独特的创意和赏心悦目的网页设计才能在一瞬间打动它的访问者。设计者应该清楚地了解网站访问群体的基本情况，如受教育程度、收入水平、需要信息的范围及深度等，从而能够有的放矢。设计者应挑选关键信息，利用一个逻辑结构有序地将其组织起来，首先开发一个页面设计原型，然后选择用户代表来进行测试，并逐步精炼这个原型，形成创意。当访问者被网页新颖、独特的样式所吸引，当网页设计的构思、版式、色彩、布局给访问者以深刻的印象，能够吸引访问者再次访问时，就是成功的网页设计。

3）考虑网络用户特点的界面内容的编写

网络用户对于界面的内容的使用方式不同于其他媒体上的内容。研究表明，大多数网络用户不是把网站用来作为阅读工具的。由于屏幕大小和下载要求等因素的限制，用户每一时刻只能看到一个网页的一个屏幕范围内的显示内容。他们使用网站的典型方式是通过浏览一些比较简单的信息而决定下一步要做什么。在找到目标信息之后，他们可能会根据信息量的大小、所需时间的长短等因素决定是否立即开始阅读内容，还是以存储、书签或打印等方式改时阅读。所以，用户在使用网站时的很多时间和注意力都在选择和决定上。虽然编写网页上内容的规则与编写印刷品内容有相当多的共同点，但是根据网站环境的特殊要求和特点，为界面编写内容时要特别注意以下几方面。

（1）使用用户的语言。

编写者要时时考虑界面使用者的水平、品味、习惯、知识结构等，编写时要避免使用用户不能理解的或不习惯的语言。尤其是在使用专业名词或英文字母缩写时更要注意避免使用户感到迷惑。例如，在开发面向单位员工的内部网和面向一般客户的互联网时，使用的用户语言和风格经常有很大的区别。在内部网中可以使用比较多的内部认可的缩写或内部使用的词语，而在对外的互联网上只可以使用为一般用户所熟悉的词语。

（2）保证准确性，反映时间性。

界面内容在发表之后瞬间就可能被成千上万的用户浏览，如果出现任何错误，即使很快进行纠正，也可能造成难以挽回的影响。这种情况对于有大量用户的网站，如新闻网站、公司网站等尤其重要。因此在网站内容对用户发表之前应当仔细核实其准确性。

而且，在很多情况下用户不会再观看他们认为已经看过的内容，所以应当在提供具有时间性的信息时注意以适当的方式标示出内容的时间性。例如，可以在网页上的新增内容标题附近显示类似于"新信息"的图标，在单位新闻发布网页上标注日期，在提供下载的网页上标明新版本的版本号、发布时间和新功能的介绍等。这些内容能够使用户明显感觉到网站内容的更新是非常及时的，从而吸引他们经常来访。

在很多时候，网络用户浏览某网站时只是为了发现某些特定信息或使用某一个特定的功能，在这种情况下，只有整个网站之中很小的一部分内容是他们所需要的。这些用户在到达任何一个网页时所做的工作就是用最快的速度浏览网页的内容，决定为达到自己目的所需要进行的下一步动作。他们并不期望了解网页上的所有内容。这时，互联网使用者往往在网页上的停留时间很短，并且经常处于利用网页的信息决定去留的心态，所以在网页设计时，要尽可能使其内容便于快速扫视，以便于用户做出进一步行动的决定。不管网页的内容多么优秀，如果内容的表现不便于快速扫视，用户就很可能因为在很短暂的时间内找不到自己想找的信息而马上离开。

4）注意容易扫视的页面设计

下面是一些有关设计容易扫视的网页的注意事项。

（1）减少大片连续的文字。

互联网在提供信息方面的突出优点在于网页能够用超链接的方式表现信息系统的内容。用户可以根据需要选择自己的浏览方式，参观不同的网页而获得自己所需要的信息。大片连续的文字不能发挥互联网提供的优势。除非用户对网页内容非常感兴趣并决定花时间阅读其内容，大部分用户是没有耐心阅读网页上的大段文字内容的。

（2）多使用清单和列表。

人们浏览整齐排列的清单或列表内容的速度往往明显快于阅读连续的文字，所以在可能的情况下，应当尽可能地多使用清单和列表的表达方式。

（3）将网页根据其内容划分为清晰定义的分区。

网页的各个部分可以按其服务的方面分为浏览条显示区、广告区、重要新闻区、图片区等，应当避免造成不同的内容相互混杂。同时，这些区域也应当运用视觉处理方法予以区分。这样，用户就可以在相当短的时间内了解网页的高层次版块内容。

（4）提供目光的"落脚点"。

人们在物理世界中要记住行走路线往往利用一些突出的、与众不同的景物标志。在网页的不同位置提供容易辨认的内容表达方式同样可以帮助用户扫描和记住网页的内容。例如，在以文字为主的网页的适当位置加入图像、标记、分割线、列表、具有醒目的字体和颜色的文字标题等，都可以成为用户区分不同内容的有效标记。在并行内容较多时应当考虑按内容的逻辑关系分为若干个子部分，并且在视觉效果上予以区分。

（5）使用户合理分配注意力。

网页的设计应当引导用户将注意力集中到重要的内容上，避免喧宾夺主。尤其是不断循环的、快速变化的或闪烁刺眼的动画内容会严重分散用户的注意力，尽量避免使用。在使用醒目的颜色时也应当注意不要对用户浏览其他内容造成负面的影响。

5）传输速度

网络速度（带宽）是网页设计需要考虑的重要因素。这里所指的网页大小不是其显示后的物理尺寸，而是传输网页所有内容所需要的字节数量。

研究表明，如果网页在 10s 左右还没有完全显示出来，则用户往往会产生某种不满意的倾向。他们有可能会放弃刚开始想看的网站，而去看一些显示速度较快的网站。网页显示速度过慢可能会造成用户可用性问题。图像和文字是网页中使用最多的元素。文字对于网页大小的影响远远小于图像的影响。一个物理尺寸不大的图像的数字化大小相当于很多页文字，所以在设计网页时，控制图像的大小是关键。

网页图像文件的标准格式是 GIF 和 JPEG 图形格式。GIF 格式比较适合显示由少数种类颜色组成的图像（如简单的图形或标记）。JPEG 格式比较适合显示有较多复杂颜色和深浅渐变的效果的图像（如照片等）。一般来讲，JPEG 文件相对大于 GIF 文件，所以在设计网页图像时应当优先考虑采用 GIF 文件格式。减小图像的数字化大小，同时又不影响其表达效果的其他方法的例子包括以下几种。

（1）用剪切或缩小的方法减小图像的物理尺寸。

（2）将图像存为较低的分辨率。

（3）对图像进行修改和编辑以适应网页显示。

（4）同时提供图像版本和文字版本，用户可以自由选择。

（5）将某一网页的内容分为若干页显示。

7.2.5 物理配置方案设计

电子商务系统物理配置方案设计包括计算机软/硬件选择、计算机网络的设计、数据库管理信息系统的选择等。物理配置投资较大，设计出合理的配置方案对系统开发来说是至关重要的。

1. 物理配置方案设计的依据

1）系统的吞吐量

吞吐量指的是每秒钟执行的作业数。系统的吞吐量越大，处理能力越强，要求响应计算机和网络系统的性能就越高。系统吞吐量、响应时间等计算机系统性能并不是越高越好，应本着实用性和适用性的原则理智地选取。

2）系统的响应时间

系统的响应时间指的是从用户向系统发出一个作业请求开始，经系统处理后，给出应答结果的时间。如果选择 CPU 运算速度较快的计算机及传递速度较快的网络系统，就能获得较快的响应时间。

3）系统的可靠性

系统的可靠性可以用连续无差错工作时间来表示。对于金融、航空等行业，可靠性是非常重要的。如果系统要求长时间稳定地连续工作，则可选择双机双工方式并经常进行数据备份，在最大程度上减小不可靠的风险。

4）网络覆盖范围

根据系统覆盖的范围决定采用广域网还是局域网。系统设计人员应根据网络节点的数量规模、节点地理位置的分散程度、信息流量的传输要求等并结合用户对系统应用的需要来确定网络的类别。

5）系统的数据管理方式

物理配置设计时应根据数据管理方式的不同选择相应的数据库管理系统。

2. 系统网络设计

系统网络设计是电子商务系统设计中不可缺少的重要内容。系统网络设计的任务是要将规划中的各个子系统从内部用局域网连接起来，以及确定今后系统如何通过网站与外部交互。

根据需求分析确定系统目标和主要性能指标。系统网络设计涉及的内容：明确所设计的系统的主机和工作站点的位置，网络中任意两个节点间的通信量、链路及结点设备的费用；选择适合的传输设备及确定交换方式；设计并优化网络拓扑结构；网络硬件和软件的选择和配置；网络类型、协议、控制流和路径选择方案的确定。

系统网络设计要描述的内容包括描述网络类型；描述网络拓扑结构；描述组织、系统及网络设备组成，即系统、服务器、交换机、路由器、防火墙、网关等。

3. 系统硬件设计

系统硬件设计是建设电子商务系统的一个关键问题。目前，系统建设中设备仍是较大的一项投资。系统硬件在价格、配置、功能等方面的差异直接关系到系统网络设计、操作系统及其他应用软件的选择。而且，一旦购入了设备就要在较长时间内持续使用，因此购买设备需要兼顾好短期和长期的利益。一般来说，设备选择与配置应根据实际情况来确定，具体来说，需要考虑的因素包括系统工作模式设计、数据存储容量、外设、终端或网络的配置、计算机及网络系统速度、应用软件等。

4. 系统软件设计

1）操作系统

操作系统是统一管理计算机软、硬件资源的系统软件，在计算机和用户之间起到接口和桥梁的作用。在考虑电子商务系统应该采用何种操作系统时，首先需要确保操作系统具有4个特性：可靠性、可伸缩性、互操作性、安全性。

支持电子商务系统运行的主流操作系统主要有 Windows 系列、UNIX 系列和 Linux 系列三个家族，目前各种 PC 服务器都支持 Windows 操作系统。

2）数据库系统

电子商务系统以数据库系统为基础，数据库系统是否选择恰当对系统有着举足轻重的影响。在选择数据库时，首先应通过系统分析中的数据流程分析、数据分析等方面，充分明确对数据库系统的需求，做到“量体裁衣，物尽其用”。其次，应适当了解各种主要数据库的性能、适用对象及范围，再考虑性能价格比、售后服务、企业员工熟悉程度等因素，选择合适的数据库系统。另外，应考虑数据库与电子商务系统相关外部环境之间的关系，尽量有利于数据的传输和共享。目前流行的数据库系统很多，主要有以下几种。

（1）关系数据库。关系数据库具有数据结构化、简单灵活、数据存取方便、最低冗余度、较高的程序与数据独立性、易于扩充、理论严格、适应性强、具有丰富的开发工具等优点。主流的关系数据库产品主要有 Oracle、Informix、Sybase、DB2、SQL Server、MySQL 等。

（2）多媒体数据库。多媒体数据库除具有传统数据库的常规特点外，自身的特点是处理的数据量大，因此占用存储空间大；对设备的依赖性大；大量的非结构化数据信息，即多媒体信息，致使数据结构复杂；数据类型复杂，数据库需要具有一些特殊功能，如支持图形、图像、图画、声音、动态视频、文本等多媒体字段类型；支持定长数据和非定长数据的集成管理。多媒体数据库有 Oracle、DB2 等，它们的技术相对较为成熟，在构造电子商务系统时，如果需要多媒体数据库，以上两者是可以考虑的选择。

（3）Web 数据库。Web 数据库是以后台数据库为基础，加上一定的前台程序，通过浏览器完成数据存储、查询等操作的数据库系统。Web 数据库是 Web 与数据库的结合。目前比较流行的 Web 数据库主要有 SQL Server、MySQL、Oracle、DB2 等，它们适应性强，性能优异，得到了广泛的应用。

3）Web 服务器

Web 服务器是一种软件，用于管理 Web 页面，并使这些页面通过本地网络或 Internet 供客户浏览器使用。当 Web 浏览器（客户端）连接到服务器上并请求文件时，Web 服务器将处理该请求并将文件发送给该浏览器。在开发电子商务系统时，Web 服务器的地位显得尤为重要。它们不仅在处理核心事务时具有关键地位，而且对于网络安全和性能也十分重要。常用 Web 服务器软件主要有 Apache Http 服务器、Internet Information Server（IIS）和 ONE Web Server。对于 Web 服务器软件，在选择时要考虑以下几个方面。

（1）响应能力。

（2）与后端数据资源应用系统的集成能力。

（3）管理的难易程度。

（4）功能扩展难易程度。

（5）稳定可靠性。

（6）安全性。

7.3 基于面向对象方法的电子商务系统设计

面向对象系统分析是提取和整理用户需求，建立问题域精确模型的过程；而面向对象系统设计是将分析获得的模型变成具体的系统实现方案的过程。

面向对象的分析和设计的界限是模糊的，从面向对象分析到面向对象设计是一个逐渐扩充模型的过程，这点与结构化分析和设计有很大不同。结构化分析和设计虽然在需求分析阶段形成的信息输出可以作为设计阶段的输入，但它们往往是用完全不同的术语表示的，这导致分析和设计阶段之间不必要的界限和信息转移的困难。

面向对象中的许多分析结果可以直接映射成设计结果，在设计过程中逐步加深对需求的理解，从而进一步完善需求分析的结果。因此，分析和设计活动是一个反复迭代的过程，由于面向对象方法学在概念和表示方法上的一致性，保证了各个开发阶段之间的平滑性，因此分析阶段的分析文档一旦完成，就可以过渡到系统设计阶段。在设计阶段对分析模型进行扩展并将模型进一步细化，同时还要考虑技术细节和各种限制条件。设计的目的是开发出一个基于面向对象的可行的系统逻辑解决方案，以便编程人员能够很方便地将其转变成程序代码。系统的设计可以分为两个阶段，即系统总体设计阶段和系统详细设计阶段。

7.3.1　面向对象系统总体设计

面向对象系统总体设计阶段的目的是要设计一个清晰简单的体系结构，为后期系统详细设计阶段做更细化的决策提供依据。

1. 定义并设计子系统

对于一个复杂的软件系统，常需要进行体系结构的设计，通常将一个软件系统组织成若干个子系统，子系统内还可以继续划分子系统或包，这样一个自顶向下、逐步细化的组织结构非常符合人类分析问题的思路。对于一个复杂的软件系统，UML 提供了包的机制来说明元素组或子系统。因此系统总体设计阶段主要研究如何把整个系统划分为多个包（子系统），以及描述多个包之间的依赖关系并定义子系统之间的接口。整个系统都可以被认为包含在一个顶层的包中。UML 用包来表示软件的体系结构，远程教育题库系统的系统体系结构包图如图 7-8 所示。

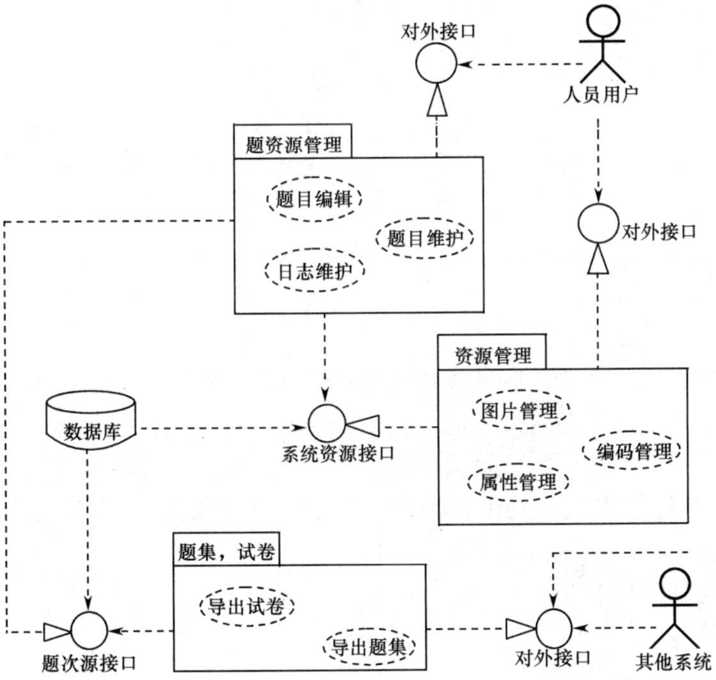

图 7-8　远程教育题库系统的系统体系结构包图

每个子系统与其他有交互关系的子系统之间应该定义接口，在接口上说明交互的形式和通过子系统边界的信息，但不指出这个子系统的内部实现。然后每个子系统能够进行独立的设计，这些设计不影响其他子系统。

（1）划分各个子系统。

划分子系统的方式有很多。例如，可以按照功能划分，将相似的功能组织在一个子系统中；也可以按照系统的物理布局划分，将在同一个物理区域内的软件组织为一个子系统。

应用系统通常是分层组织的，按照软件层次划分子系统，层数不固定，依情况的不同，层数会有所变化。用 UML 包表达的三层体系结构如图 7-9 所示，是电子商务应用系统常用的一种设计模式。

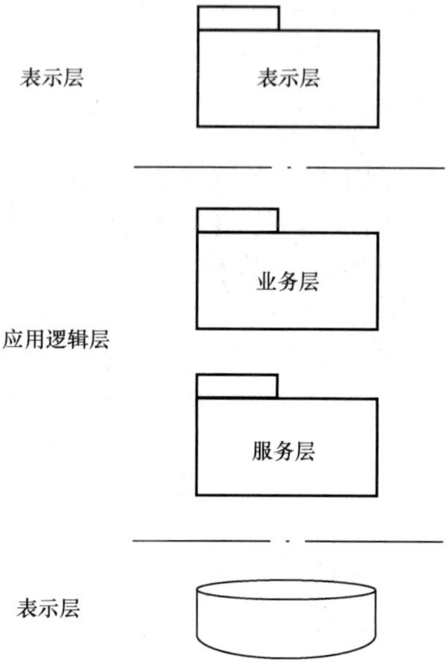

图 7-9　用 UML 包表达的三层体系结构

（2）定义各子系统之间的关系。

划分了各子系统后，还要确定子系统之间的关系。确定子系统间关系的原则是尽量使它们之间的关系保持低耦合。

子系统之间的关系主要有两种，即“请求—服务”关系和平等的关系。在“请求—服务”关系中，由“请求”子系统调用“服务”子系统，而由“服务”子系统响应，完成一些操作，并且将结果返回给“请求”子系统。在平等关系的子系统之间，每个子系统之间都可以相互调用。

如果子系统的内容相互有关联，则表明子系统之间存在依赖关系。在设计时，有关联的子系统之间应该定义接口。

如果两个子系统之间的关系过于密切，则说明一个子系统的变化对另一个子系统的变化的影响是复杂的，这些子系统的理解和维护都会比较困难。解决子系统之间关系过于密切的办法是重新划分子系统，将子系统的粒度减小，或者重新规划子系统的内容，原则是将相互依赖的元素划尽量归到同一个子系统之中。

（3）定义子系统的接口。

每个子系统与其他子系统之间的通信通过接口实现，接口指明了所有交互的形式和通过子系统边界的信息。外部子系统只能通过接口间接地享受它提供的服务，不能直接操作它。只有这样才能实现子系统之间的依赖关系只反映在接口上，不涉及子系统的内容。

定义子系统接口，首先应命名和简述子系统接口。将接口的构造型标记为<<Interface>>，给出简明的文字描述，反映它在系统中的作用。

子系统接口至少应当说明以下内容。

① 操作的名称。

② 操作的返回值含义及类型。

③ 操作使用的参数名称及类型。

④ 操作应该做什么（文字描述，包括关键的算法）。

2. 划分包

根据实际情况，在层次结构的基础上还可以划分更细的组织单元。具体的方法是将模型元素分组放入特定的包中。逻辑上，分包使模型元素更有秩序，甚至呈现更明显的高内聚、低耦合特征。

（1）划分原则。

通常按照下列原则将模型元素组织成包。

将提供通用服务（或一组相关服务集）的模型元素组织成一个包，这些模型元素之间具有高耦合度和密切的协作关系。

包在某种程度上应该被视为具有高聚合度——它所承担的责任相互之间密切关联。

相比之下，不同包中的模型元素之间的耦合和合作关系应该比较松散。

可以将功能上相关的一组类组织在一个包里。判断两个类是否在功能上相关可参考以下几项标准（这些标准按重要性递减的顺序排列）。

如果一个类的行为和（或）结构的变化使得另一个类也随之发生变化，这两个类则在功能上是相关的。

删除某个类，然后分析删除该类给系统所带来的影响。如果出现了多余的类，说明这些多余的类与已删除的类存在一定的联系。并且说明这些多余的类只由已删除的类使用，或者它完全依赖于已删除的类。

如果两个类有大量的消息交互，或者以其他方式互相通信，这两个类就可能在功能上相关。

如果某个边界类的功能是显示一个特定实体类的数据，它在功能上就可能与该实体类相关。

如果两个类之间存在某些关系（如关联关系、聚集关系等），这两个类也可能在功能上相关。当然，不能不假思索地遵从这一标准，但在其他标准都不适用时，就可以使用它来试判断。

如果一个类的实例被另一个类创建，则这两个类可能在功能上相关。

作为经验法则，每个包通常适宜含有 5 ~ 10 个类。

（2）描述包之间的依赖关系

根据系统分析阶段获得的分析类图，可以获得分处于不同包的类之间的关系，进而推断出相应包之间的依赖关系。

在定义子系统接口步骤中，得到了部分模型元素之间的依赖关系。根据这些依赖关系描述相关包之间的依赖关系。

随着设计活动的进一步展开，将会得到更多的模型元素及它们之间的依赖关系。准确地说，描述系统中包之间的依赖关系是一项持续的工作，这些依赖关系在后续活动中还会调整。故而，早期只需给出简单的图形化说明，当依赖关系相对稳定之后再详细描述。包之间的依赖关系图如图 7-10 所示。

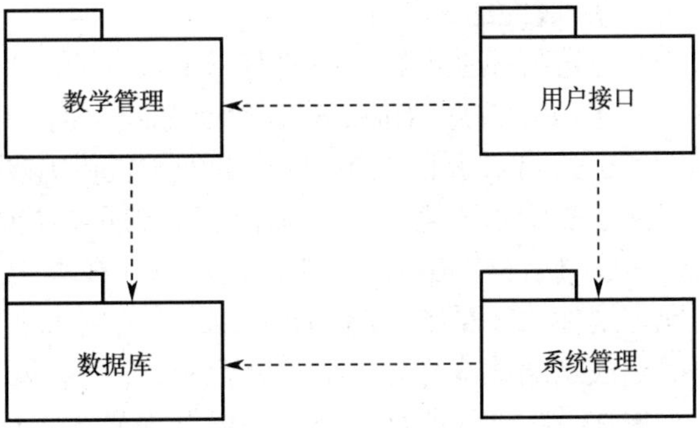

图 7-10　包之间的依赖关系图

7.3.2　面向对象系统详细设计

面向对象系统详细设计阶段的主要任务是确定在实现过程中使用的类（除了已确定的分析类，还要满足系统的非功能需求而增加的一些设计类）和类之间关系的全部定义，以及用于实现操作的算法和接口。所有的类都尽可能详细描述，给系统的实现提供一个清晰的规范说明。

1. 定义设计类

详细设计阶段中，首先定义出对系统有重要意义的类。这些类由于是在设计阶段被定义的，所以称为设计类。识别重要的设计类要从分析阶段定义的分析类入手，标识出那些对系统有重要作用的分析类，将它们初步定义为设计类，并将这些分析类之间的关系自动转化为设计类之间的关系。

2. 设计一个类

为系统定义设计类之后，还要具体设计每个类的内容，包括为每个类设计操作、属性、关系、状态和设计类的特殊需求。活动分下面几步实现。

（1）勾画出每个设计类的轮廓。

在类的详细设计之前，应先规划出每个类的概要内容。比较简单的方法是参照分析类，针对分析类的三种构造型（边界类、实体类和控制类）具体构造设计类。例如，对于边界类应该设计用户的操作界面，对于实体类应该设计数据库表或文件结构，对于控制类应该设计概要的处理流程。

（2）定义类的属性。

设计类的属性时必须定义的属性内容主要有以下几个方面。

① 属性的类型。通常，不同编程语言提供的数据类型有很大的差别，所以确定设计类的属性类型时要考虑所用的编程语言。

② 定义属性类型时，如果数据类型不够，设计人员可以利用已有的数据类型定义新的数据类型，但应尽可能使用已有的类型，少用自定义类型。太多的自定义类型会降低系统的可维护性和可理解性等。

③ 属性的可见性。

可选的属性内容有主要有以下几方面。

④ 属性的初始值。在设计类的属性时要确定哪些属性需要有初始值。有些属性如果设计了相关的初始值，会为用户的使用提供方便。例如，在计算银行存款利息的程序中，如果定义了初始利率值，用户就不必每次都重复输入利率值。

⑤ 属性在类中的存放方式。属性在类中的存放方式有以下两种：By Value（按数值）规定属性放在类中；By Reference（引用）规定属性放在类外，而类指向这个属性，这种情况一般是属性本身为一个对象。例如，“采购部”类有一个属性是“业务员”，而“业务员”对象本身在“采购部”类之外已经定义了，这时，“采购部”类中只需保存一个指针指向这个外部对象。

⑥ 定义派生属性。派生属性是由一个或几个属性创建的新属性。例如，Area 是由 Width

和 Height 属性计算后得到一个新的属性值。在 UML 中，派生属性用属性名前加“/”表示，所以 Area 属性写成“/Area”。

（3）定义类的操作。

通常，定义一个设计类的操作应跟踪对应的“分析类”职责，详细分析每个职责的具体含义，从中找出设计类应该具备的操作。一个分析类的职责有可能需要设计类的一个或多个操作才能完成。定义设计类的操作应逐个检查每个用例对同一设计类的要求。通常，一个设计类不只参与一个用例，所以应检查这样的设计类是否满足了所有有关用例的要求。另外，系统的效率、可用性、安全性等非功能性需求常常要落实到一些操作上来，因此还需要增加某些操作来实现这些需求。

在设计类的操作时还有以下一些细节需要考虑。

① 定义操作的名称。

② 定义操作的参数。

③ 操作返回类型。指定操作返回的数据类型，可以是编程语言的内置数据类型，如 Integer、Char 或 String 等，也可以是设计人员自定义的数据类型。

④ 操作的可见性。

⑤ 操作的限定。对编程语言的特殊限定，设计人员在设计操作时给予的处理解释。

⑥ 操作异常。需要说明的操作中的异常处理。

⑦ 操作的时间。设计人员规定的这个操作的运行时间要求，实现人员在编写程序时应根据这个要求进行必要的处理，以实现特殊的时间要求。

⑧ 操作的并发性。指定多控制线程中的操作行为。操作的并发性有三个选项。

Sequentia：表示只有一个控制线程时操作正常工作，在另一个操作行前，当前的操作必须完成。

Guarded：表示存在多个控制线程，并且不同线程中的类之间相互协作，互不干扰。

Synchronous：表示存在多个控制线程，不同的操作在各自的线程中同时运行，类本身能够处理互斥问题。

⑨ 操作的前提条件和事后条件。操作运行之前要满足的条件称为前提条件；操作运行之后的结果叫作事后条件。编程人员应根据设计者的要求开发操作，使之符合条件。

操作的细节描述可用操作描述表来记录，如表 7-5 所示。

表 7-5　操作描述表

名　称	getHotelDetails（in Match：String）：HotelDetails[]
职　责	获得所有满足条件的旅馆明细
交叉引用	用例“Make Reservation”
异　常	没有任何满足条件的旅馆，则显示错误信息
前置条件	Ture（表示总是可以执行）
后置条件	Resu1t->fora11（hd | hotel->exists（h | h.name=hd.name）and h.id=hd.id and h.room.roomType.name=hd.roomType）

（4）方法设计。

定义类的操作实际只确定了操作的名称和参数，对于复杂的操作，操作的具体实现要通过方法设计来完成，方法设计包括数据结构设计、算法设计和流程设计。方法设计描述的是操作的具体实现，所以与选用的编程语言密切相关，如数据结构应选择程序设计语言可以提供的数据结构。算法应根据操作拟实现的功能来确定，流程的设计则可用程序流程图或活动图来描述。

（5）定义设计类的关系。

为了确定设计类之间的关系，首先应跟踪对应的分析类之间的关系。通常，分析模型中分析类之间的关系可以在设计模型中帮助细化出设计类之间的关系。

顺序图也描述了设计对象间的相互作用。研究顺序图的通信有助于发现类之间的关联。

设计泛化关系时，可以从上向下建立继承结构，建立继承结构时，应注意看是否有不同类型的类。例如，可以从 Employee 类开始，看是否有不同类型的员工，可能发现有临时工和固定工两种类型。如果从下向上建立继承结构，则要查看类的共性。

最后需要注意的是，设计类之间的关系数目应该最小化。

在设计类之间的关系时还有以下一些细节需要考虑。

① 确定关联的方向和多重性。

② 关系构造型。关系构造型用于将关系分类。构造型的说明放在符号“<< >>”中。

③ 使用关联类。

④ 设置限定。

（6）描述设计类的状态。

并不需要对每个设计类都描述其状态。如果某个类比较复杂、有多种状态，当接收到一个消息时，要根据所处的状态来选择相应的操作行为，对于这样的类需要描述其状态。

3. 数据存储设计

开发的系统中如果有存储在外存上的数据，这部分数据如何组织仍然需要进行设计。

具体设计方法可参考 7.3.4 节中的内容。

面向对象设计是一个反复迭代的过程。认为系统设计在一个抽象层次上已经完成时，就要考虑在更深的层次上增加细节和更优化的设计，这时可能发现新的操作和属性必须加到模型中的类中，或者可能发现需要添加一个新的类，而添加一个新类可能还要修改已有类之间的关系等。

7.3.3 面向对象系统组件设计

类描述软件设计的逻辑组织和意图，而组件则描述软件设计的物理实现。组件设计既要满足系统需求，又要具备高内聚、低耦合、易重用的特点。组件设计的目的是把系统中的类分布到组件中。组件图则定义物理软件模块及其它们之间的关系。组件设计包括以下几个步骤。

1. 确定组件

可从以下几方面分析来寻找和确定组件。

（1）根据系统的功能和体系结构，及方便管理的原则来确定组件。

（2）考虑软件复用来确定组件。

（3）根据物理节点分布的配置来确定组件。

（4）将关系密切的可执行程序及相关的持久对象库归入同一个组件。

（5）确定每个组件包括的类和接口。

2. 组件的接口设计

组件是独立发布的封装体，其内部实现对外不可见，其接口是组件与其他组件和周围环境进行交互的唯一方式，因此，接口设计也是组件设计阶段的一个重要任务。

组件接口由一组相关的操作组成，因此，设计组件接口的主要工作是设计出一组可准确表达组件功能的相关操作。

以设计业务组件接口（见图 7-11）为例，业务组件对应业务用例，因此业务组件可参照业务用例描述来设计。此外，如果存在若干个活动，则必须满足一个事务完整性要求，最好将它们合并为一个操作，这样可以降低组件的实现难度。这种设计方法使组件接口上的操作与电子商务系统业务模型中的业务活动得以直接对应，提高了软件的可追溯性。

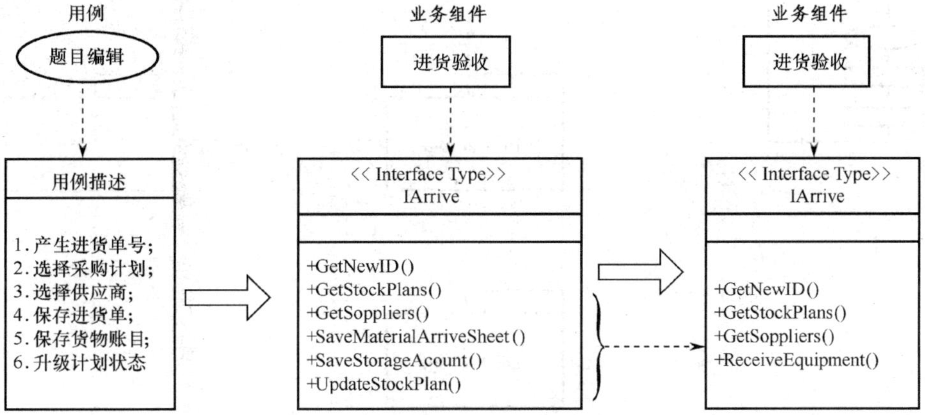

图 7-11　设计业务组件接口

组件中的类的接口定义组件的接口，但并不是一对一的相关关系。组件必须提供对组件中类所有功能的访问。组件中的类的接口与组件接口的关系如图 7-12 所示。

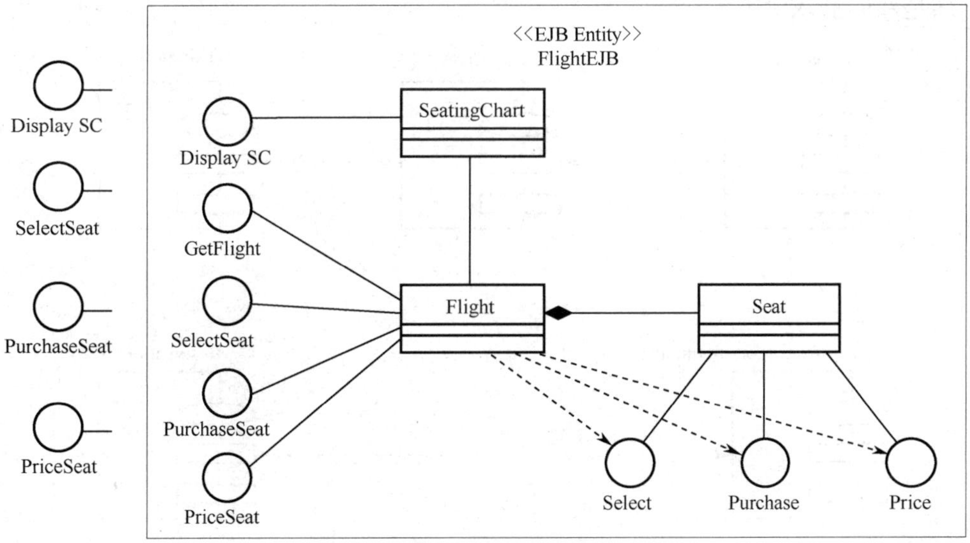

图 7-12　组件中的类的接口与组件接口的关系

3. 确定组件之间的依赖关系

组件之间形成依赖关系是由于一个组件的模型元素使用另一个组件的模型元素。因此，确定组件的依赖关系，一般需要分析类图，根据分布在不同组件中的类在类图中的关系，确定它们之间是否有使用关系，进一步确定组件之间的依赖关系。

当一个系统中含有的组件比较多时，常用组件框图把它们组织起来。

系统主组件框图如图 7-13 所示。这个框图主要关注要创建的组件包。

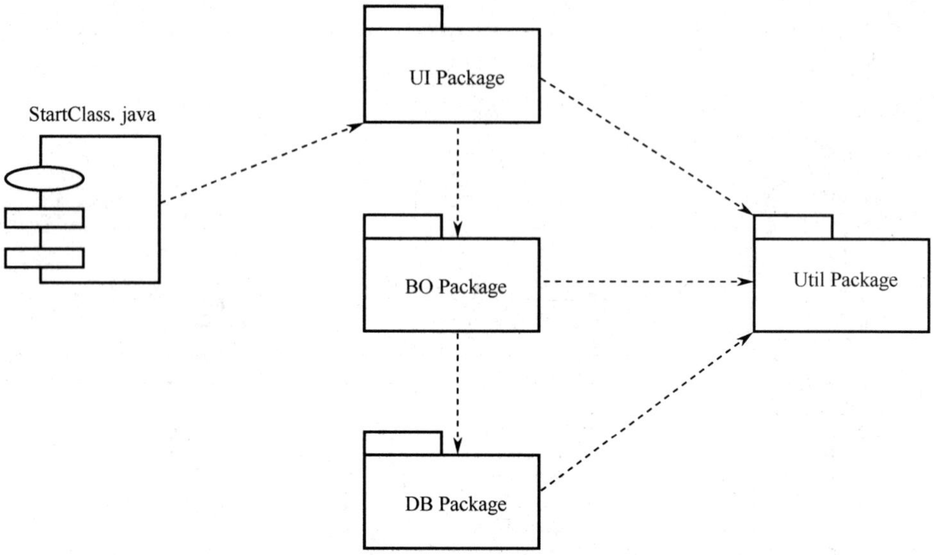

图 7-13　系统主组件框图

BO Package 的组件框图如图 7-14 所示，它是图 7-13 中 Business-Object 包（BO Package）的组件框图，包含了放在逻辑视图 BO Package 中的所有业务类。在此组件图中，这五个业务类之间是双向的依赖关系。

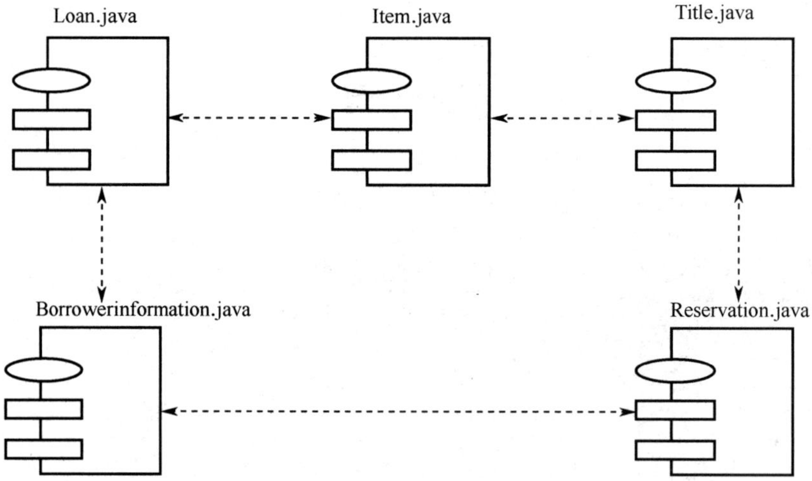

图 7-14　BO Package 的组件框图

7.3.4　基于 UML 的数据库设计

目前，数据库设计的一个比较常用的方法是采用 E-R（Entity-Relationship）图。但采用 E-R 图设计的一个问题是只能着眼于数据，而不能对行为建模，如不能对数据库中的触发器、存储过程等进行建模。

与 E-R 图相比，UML 类图的描述能力更强，UML 的类图可看作 E-R 图的扩充。对于关系数据库来说，可以用类图描述数据库模式，用类描述数据库表，用类的操作来描述触发器和存储过程。UML 类图用于数据建模可以看作类图的一个具体应用的例子。

1. 基本元素的映射

这里的基本元素指的是类、对象、对象标识和属性类型等有关类的基本方面。下面介绍一下类的映射和对象标识的映射。

（1）类的映射。

类可以映射为一个表，同时将属性映射为表的各列。有时需要创建附加的列，用于对象标识，或者关联及泛化关系的识别。类对象的实例就映射为表的各行，如图 7-15 所示。

（2）对象标识的映射。

在系统中唯一地标识一个对象非常重要，可以将对象标识映射为表的主键。把类映射到单个表，如图 7-15 所示。

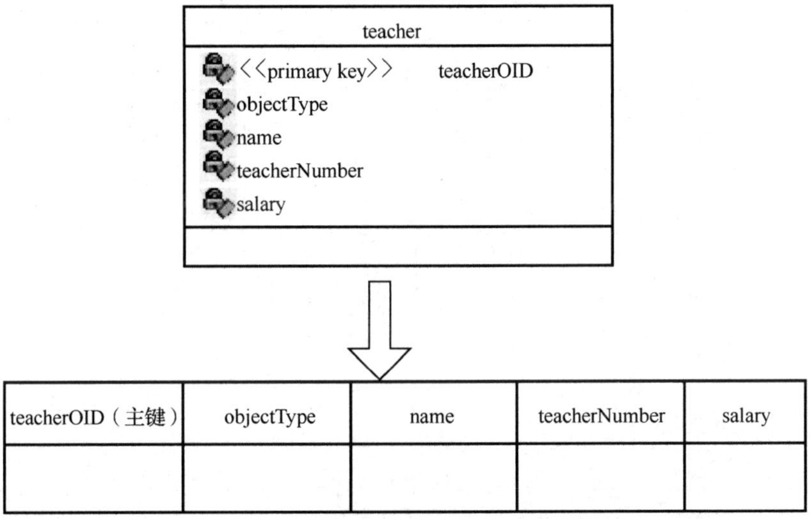

图 7-15　把类映射到单个表

2. UML 类图中的类映射成表的策略

（1）将类图中的属性类型映射成表的域。

UML 中的属性类型这一概念可以映射为数据库中的“域”。域的使用提高了设计的一致性，且优化了应用的移植性。

简单的域是非常容易实现的，在映射时仅需替换相对应的数据类型和数据尺寸。但要注意，有时可能要求在域的约束中加入 SQL 的 Check 串（如限定域的取值范围等）。

（2）将类的属性映射成表的字段。

一般地，可将类的属性直接映射成表的一个字段，但要注意特殊情况。例如，并不是类中的所有属性均是永久的，如发票中的“合计”属性可能是用于计算的而不需保存在数据库中，此时，该类属性（称为派生属性）映射成 0 个字段。一般地，类中的属性是单值的，但如果在类中存在多值属性，则该属性映射成多个字段。也有可能将几个属性映射成表中的单一列。例如，代表美国邮政编号代码的类可以有三个数字属性，每个都表示完整邮政编号代码中的每一部分，而邮政编号代码可以在表中作为单一的列存储。

（3）将类映射成表。

在关系数据库中，一个关键问题是表主键的唯一性策略的选取。适当的方案能优化继承、组合等类之间的关系的实现。为此，可以在处理数据库关系时嵌入对象标识符（Object Identifier，OID）的概念，即采用 OID（对象唯一的标识符）作为相应的数据库中所有表的主键，从而简化了关系数据库的主键方案，使数据库发生更新时不会出现完整性问题，还可以避免在数据库操作时的诸多限制。

类到表的映射通常不是直接的。除了非常简单的数据库以外，很少有类到表的一对一映射。类到表的映射主要讨论如何用数据表来表达类的继承关系。有以下三种实现类继承结构到关系数据库映射的策略。

① 策略一：将整个类层次映射为单个数据库表。

类层次中的所有类映射为单个数据库表，表中保存所有类（父类、子类）的属性。

例如，如果图 7-16（a）所示的类层次结构映射成单个数据库表，将如图 7-16（b）所示。

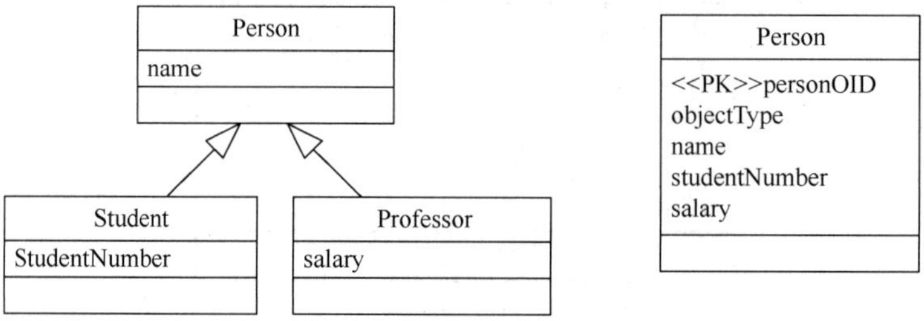

（a）　　　　（b）

图 7-16　将整个类层次映射为单个数据库表

该策略的优点：简单、支持多态、报表操作实现简单。

该策略的缺点：每次在类层次结构的任何地方添加一个新属性时都必须将一个新属性添加到表中。这增加了类层次结构中的耦合，如果在添加一个属性时有任何错误，除影响新属性所在类的子类外，还可能影响层次结构中的所有类，也可能浪费数据库中的许多空间。

② 策略二：每个具体子类映射成单个数据库表。

使用这种策略，数据库表包括自身的属性和继承的属性，每个具体的子类包含各自的 OID。抽象基类不参与映射，它的所有属性都复制到子类对应的表中。图 7-17 描述了采取这个策略时，图 7-16（a）所示的类层次结构的持久模型。

该策略由于在表中包含了具体子类的所有信息，所以报表操作实现简单。但类的修改会导致相对应的表及其子类所对应表的更改；参与者的更改会造成 OID 的重新赋值（因为不同子类的 OID 可能重复），并且该策略还难以在支持多重参与者时保持数据的完整性。

（3）策略三：每个类均映射为数据库表。

使用这种策略，为每个类创建一张数据库表，表中包含特定于该类的属性和 OID。将每个类映射成它自己的数据库表如图 7-18 所示。

图 7-18 描述了采取这一种策略时，如何将图 7-16（a）所示的类层次结构映射成数据库表。例如，图 7-16（a）所示的类层次可映射成三个表，其中 Person 表包含 personOID（主键）和 name 字段；Student 表包含 personOID（主键及外键）和 studentNumber 字段；Professor 表包含 personOID（主键及外键）和 salary 字段。值得注意的是，personOID 作为所有表的主键。

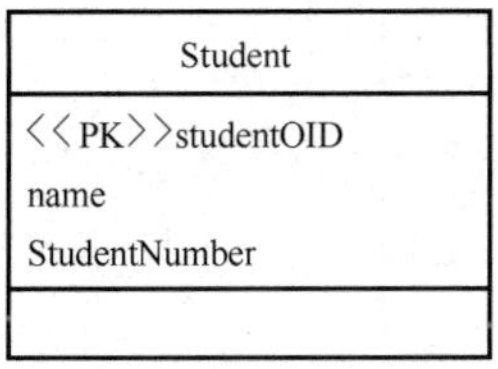

图 7-17　将每个具体类映射成单个数据库表

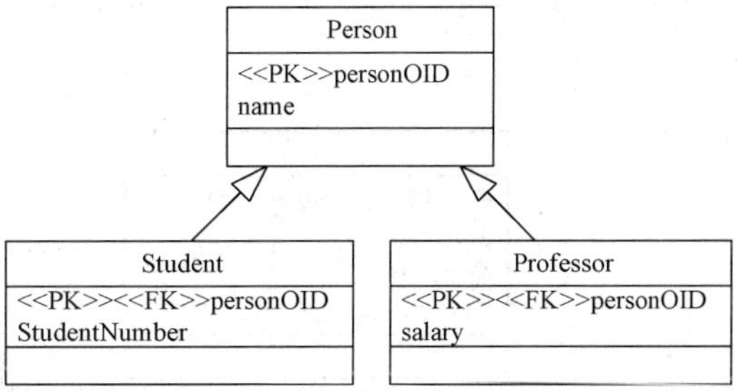

图 7-18　将每个类映射成它自己的数据库表

该策略与面向对象的概念一致，对多态给予最好的支持，对于对象可能充当的角色仅需要在相应的表中存有记录，易于修改基类和增加新的类。但由于数据库中建立的表多，所以访问数据的时间相对较长，对报表的支持较差（除非定义视图）。

每种办法都有其优缺点，比较映射继承的各种办法如表 7-6 所示。

表 7-6　比较映射继承的各种办法

考 虑 因 素	每个层次结构一张表	每个具体子类一张表	每个类一张表
专门报告	容易	中等	中等/困难
实现的难易程度	容易	中等	中等/困难
数据访问的难易程度	容易	容易	中等/容易
耦合	非常高	高	低
数据访问速度	快	快	中等/快
对多态性的支持	中等	低	高

3. 关系的实现

不仅必须将对象映射到数据库中，还必须将对象之间的关系进行映射。对象之间有四种类型的关系：泛化、关联、聚集和组合。要有效地映射这些关系，必须理解它们之间的差异。

从数据库的角度看，关联和聚集/组合关系之间的唯一不同是对象相互之间的绑定程度。对于聚集和组合，在数据库中对整体所做的操作通常需要同时对部分进行操作，而关联不是这样的。

对象间无论是聚集关系还是关联关系，从数据库的角度来看，都是通过数据表的关联来实现的。

关系数据库中的关系是通过使用外键来实现的，即将主表中的主键加入另一个表的属性作为外键。一对一和一对多的关系就是通过这种方法实现的。其中，对象的 OID 就是关联的外键。

（1）一对一、一对多关系的映射。

在面向对象方法中，简单关联可用对象指针（或用对象标识）实现。在一对一的连接中，在被连接的两个类中选择其中一个，在其对象中建立一个指针类型的属性，用于指向另一个类中与它有连接关系的对象实例。在一对多的连接中，选择有多个实例的一方，在其对象中建立一个指针类型的属性，用于指向另一个类中与它有连接关系的对象实例。

在关系数据库中，这种关系是用外键来实现的。一对一的关系比较少见。在一对多的关系中，选择有多行（多个对象实例）与另一方相对应的表，在其中建立一个外键指向另一方的主键。因此，把关联映射到数据库时，表的外键就相当于指向另一个对象的指针，一对多关系的映射如图 7-19 所示。

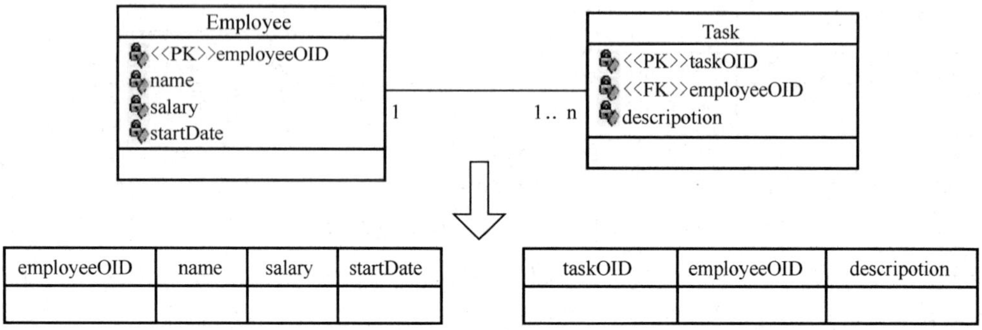

图 7-19　一对多关系的映射

（2）多对多关系的映射。

在面向对象方法中，在两个对象间增加一个新的对象（称为关联对象）来表示关联，使原来多对多的连接变成两个一对多的关系，以简化这种复杂连接。这种连接的实现方法是在表示关联的新对象中建立两个指针类型的属性，以分别指向原来的两个对象，多对多关系的映射如图 7-20 所示。

在关系数据库中，在两个表之间增加一个表，用于映射关联对象，从而把原来多对多的关系简化为两个一对多的关系。这样映射方法就与简单关联一样了。实现时，在增加的一个表中建立两个外键，分别指向原来的两个表的主键。

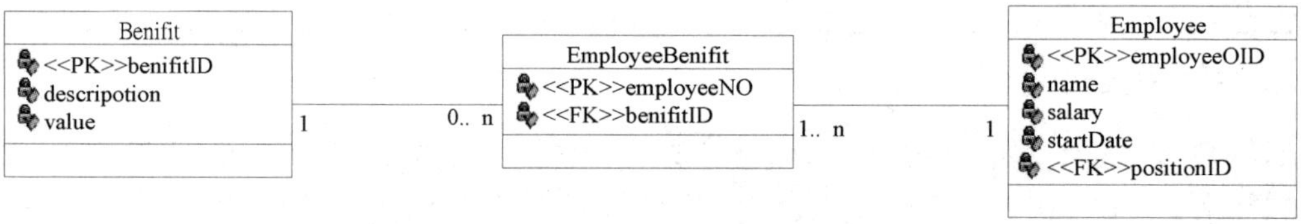

图 7-20　多对多关系的映射

7.4　电子商务系统设计报告

电子商务系统设计报告对系统实现所需要的主要技术方面都进行了详细说明，是在系统分析的基础上形成的物理方案。电子商务系统设计报告是对系统设计阶段工作的总结，也是下一步系统实施阶段工作的依据。

电子商务系统设计报告是系统设计阶段的成果，它应说明系统设计的指导思想、采用的技术方法和设计结果。它是新系统的物理模型，也是系统实施阶段工作的主要依据。

7.4.1　基于结构化方法的电子商务系统设计报告

1. 概述

本部分主要说明项目的背景、工作条件及约束；系统的设计目标及设计策略；项目开发者、用户、系统与其他系统或机构的联系；引用资料和专门术语。

2. 功能结构设计

2.1　系统的功能结构图（或模块结构图）。
2.2　模块设计说明书（包括各模块的名称、功能、调用关系、局部数据项和详细的算法说明等）。

3. 代码设计

各类代码的编码方案、类型、功能、使用范围和使用要求等。

4. 数据库设计

4.1　用户需求分析（设计目标、数据信息需求等）。
4.2　概念结构设计（局部 E-R 图、总体 E-R 图等）。
4.3　逻辑结构设计（E-R 图转换为相应数据模型、数据模型优化等）。
4.4　物理结构设计（物理存储设计、数据存取路径选择、安全性和完整性设计等）。

5. 用户界面设计

5.1　界面对话设计。
5.2　数据输入界面设计。
5.3　屏幕显示设计。

6. 物理系统配置方案设计

系统工作模式设计、硬件设计、软件设计、网络设计等。

7. 系统实施方案及说明

7.1　系统实施的主要任务。
7.2　实施进度安排。
7.3　实施过程的分阶段目标。
7.4　实施人员组织。

7.4.2　基于面向对象方法的电子商务系统分析与设计报告

由于面向对象方法并不严格区别阶段，在完成面向对象系统分析与面向对象系统设计后形成基于面向对象方法的电子商务系统分析与设计报告。

1. 概述

1.1 系统简述

对系统要完成什么、所面向的用户及系统运行的环境进行简短描述，这部分主要来源于需求说明书的开始部分。

1.2 软件设计目标

这部分论述整个系统的设计目标，明确指明系统将实现的功能。同时，对于非功能性的需求，如性能、可用性等，也需提及。

1.3 参考资料

列出本文档中所引用的参考资料。

1.4 修订版本记录

列出本文档修改的历史记录，必须指明修改的内容、日期及修改人。

2. 术语表

对本文档中所使用的各种术语进行说明。如果一些术语在需求规格说明书中已经说明过了，此处不用再重复，可以指引读者参考需求说明。

3. 用例

此处要求系统用用例图表述，每个用例（正常处理的情况）要有用例描述。

4. 设计概述

4.1 简述

这部分要求突出整个设计所采用的系统的体系结构（如客户/服务器结构）及使用到的相应技术和工具（如 OMT、Rose）。

4.2 系统结构设计

这部分要求提供高层系统结构的描述，使用框图来显示主要的组成及组成间的交互。最好把逻辑结构同物理结构分离，对前者进行描述。不要忘记说明图中用到的术语和符号。

4.2.1 顶层系统结构

4.2.2 子系统 1 结构

4.2.3 子系统 2 结构

4.3 系统界面

各种提供给用户的界面及外部系统在此处要予以说明。如果在需求规格说明书中已经对用户界面有了叙述，此处不用再重复，可以指引读者参考需求说明。如果系统提供了对其他系统的接口，如从其他软件系统导入/导出数据，必须在此说明。

4.4 约束和假定

描述系统设计中最主要的约束，并说明系统是如何适应这些约束的。

另外，如果本系统与其他外部系统交互或依赖其他外部系统提供一些功能辅助，那么系统可能还受到其他的约束。在这种情况下，要求清楚地描述与本系统有交互的软件类型（如某数据库软件、某 E-Mail 软件）及这样导致的约束（如只允许纯文本的 E-mail）。

实现的语言和平台也会对系统有约束，同样在此予以说明。

对于因选择具体的设计实现而导致对系统的约束，简要地描述想法，以及如何权衡的、为什么要采取这样的设计等。

5. 对象模型

提供整个系统的对象模型，如果模型过大，按照可行的标准把它划分成小块，如可以把客户端和服务器端的对象模型分成两个图表述。

所有类之间的关联必须被确定并且必须指明联系的多重性。聚集和泛化关系必须清楚地确定下来。每个图必须附有简单的说明。

6. 对象描述

这部分叙述每个对象的细节，包括它的属性、操作。在这之前必须从逻辑上对对象进行组织。可能需要用结构图把对象按子系统划分好。

为每个对象做一个条目。在系统对象模型中简要地描述它的用途、约束（如只能有一个实例），列出它的属性和操作。如果对象是存储在持久的数据容器中的，表明它是持久对象，否则说明它是临时对象。

对每个对象的每个属性进行详细说明：名称、类型（如果属性不是很直观或有约束，例如，每个对象的该属性必须有一个唯一的值或值域是有限正整数等）。

对每个对象的每个操作进行详细说明：操作名、返回类型、返回值、参数、用途及使用的算法的简要说明（如果不是特别简单的话）。如果对变量或返回值有什么假定的话，前提条件和事后条件必须在此说明。列出它或被它调用的操作需要访问或修改的属性。最后，提供可以验证实现操作的测试案例。

6.1　子系统 1 中的对象

6.1.1　对象：对象 1

用途：

约束：

持久性：

6.1.1.1　属性描述：

1. 属性：属性 1

类型：

描述：

约束：

2. 属性：属性 2

6.1.1.2　操作描述：

操作：操作 1

返回类型：

参数：

返回值：

前提条件：

事后条件：

读取/修改的属性：

调用的操作：
处理逻辑：
测试用例：用什么参数调用该操作，期望的输出是什么……
6.2　子系统 II 中的对象
……

7. 动态模型

这部分的作用是描述系统如何响应各种事件，如可以建立系统的行为模型，一般使用顺序图和状态图。

确定不同的场景是第一步，不需要确定所有可能的场景，但是必须至少覆盖典型的系统用例。不要自己去想当然地创造场景，通常的策略是描述那些客户可以感受得到的场景。

7.1　场景
对每个场景做一则条目，包括以下内容。
场景名称：给它一个可以望文生义的名字。
场景描述：简要叙述场景是做什么的，以及发生的动作的顺序。
顺序图：描述各种事件及事件发生的相对时间顺序。
7.1.1　场景：场景 1
描述：
动作 1：
动作 2：
7.2　状态图

这部分的内容包括系统动态模型重要的部分的状态图。可能想为每个对象画一个状态图，但事实上会导致太多不期望的细节信息，只需要确定系统中一些重要的对象并为之提供状态图即可。

7.2.1　状态图 1
7.2.2　状态图 2

8. 非功能性需求

在这个部分必须说明如何处理需求文档中指定的非功能性需求。尽可能客观地评估系统应付每一个非功能性的需求的能力程度。如果某些非功能性需求没有完全在设计的系统中实现，请务必在此说明。另外，还需要对系统将来的进化进行估计，并描述本设计如何使系统能够适应这些可预见的变化。

9. 辅助文档

提供能帮助理解设计的相应文档。

10. 词汇索引

本章小结

本章主要介绍了电子商务系统设计的主要内容。系统设计要在系统分析的基础上设计出系统的物理方案，解决“怎么做”的问题。

电子商务系统设计的主要任务就是以系统分析中所提出的逻辑模型为基础，根据系统实现的内外环境和主客观条件，从技术的角度去考虑系统的划分、功能结构等问题，从提高系统的运行水平、工作效率和质量方面去完成系统物理方案的设计，使企业能从电子商务系统的应用中获得最好的综合效益。

基于结构化方法的系统设计主要内容包括功能结构设计、代码设计、数据库设计、用户界面设计、物理配置方案设计等。功能结构设计可以分成两个步骤：第一，把整个系统看作一个模块，对其逐层进行分解。分解时，要遵守划分模块的基本原则，并考虑是否完成了数据流程图所规定的各项任务；第二，从提高模块的独立性出发，检查已划分的每一个模块，分析是否还可以降低耦合性、提高内聚性，并据此对功能结构图进行改进，直到理想为止。代码设计是完成电子商务业务活动的一个前提条件，其主要任务就是要提供给电子商务系统所需使用的代码标准。根据代码的组成及含义可以大致分为顺序码、区间码、助记码等。数据库设计是电子商务系统设计阶段的重要组成部分，数据库设计的全过程包括用户需求分析、概念结构设计、逻辑结构设计、物理结构设计、数据库的实施、数据库运行与维护等六个阶段。人机界面是指人与机器进行交互的方式，即用户与机器互相传递信息的媒介，其中包括信息的输入与输出。系统网络设计要描述的内容包括描述网络类型、描述网络拓扑结构、描述组织、系统及网络设备组成，即系统、服务器、交换机、路由器、防火墙、网关等。系统硬件选择是建设电子商务系统的一个关键问题，系统硬件在价格、配置、功能等方面的差异直接关系到系统网络设计、操作系统及其他应用软件的选择。系统软件设计包括操作系统、数据库管理系统、Web 服务器等的选择。

基于面向对象方法的系统设计进一步定义分析阶段提取类的功能（操作和属性），增加新类处理如数据库、用户接口、通信、设备等技术领域的问题。在结构设计阶段定义包（子系统），确定包间的依赖性和主要通信机制。在详细设计阶段，使用 UML 技术对所有类进行细化。分析阶段的用例描述用来检验设计阶段处理的用例，用顺序图展示系统中每个用例在技术上如何实现。

思考题

实践环节

第 8 章 电子商务网站设计

本章教学目标

（1）熟悉电子商务网站建设的过程；
（2）理解电子商务网站设计的要求、原则和内容；
（3）理解电子商务网站规划设计的任务和内容；
（4）掌握电子商务网站信息结构设计；
（5）熟悉电子商务网站可视化设计；
（6）掌握电子商务网站页面流程设计。

8.1 电子商务网站设计概述

从实践的角度看，一个成功的电子商务网站建设必须符合科学的流程，建设过程应该是合理、有效的。在经历大量的实践后，我们认为电子商务网站建设总体上可划分为以下两个阶段——网站设计阶段和网站维护性开发阶段，电子商务网站建设过程如图 8-1 所示。网站设计包括网站策划和网站具体设计两方面的内容，时间上是在网站开发工作之前，是网站建设成功与否的基础和关键。网站设计确定了网站的目标、定位，决定了网站的功能、信息结构、后台处理功能，从设计上保障网站的安全性，系统地确定网站维护升级的方法和能力、技术实现方法等。因此，网站设计的系统性、完善性和全面性是网站建设成败的关键所在。

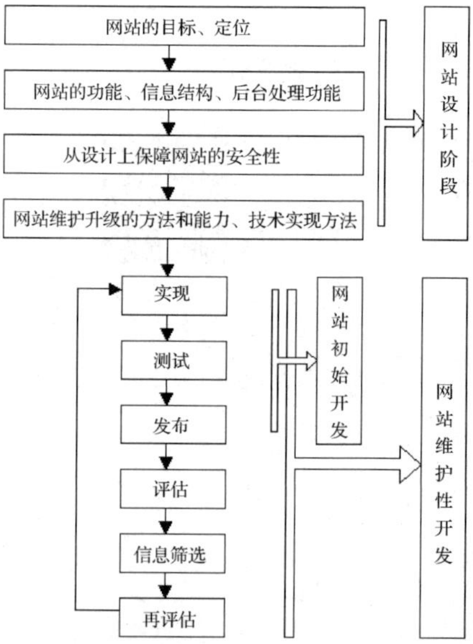

图 8-1 电子商务网站建设过程

8.1.1　电子商务网站设计的要求

电子商务网站在电子商务系统中具有非常重要的作用。人们可以通过浏览器访问查看网站文件、实现商务信息发布、商务管理和交易。电子商务网站是企业实施电子商务的基础设施和信息平台。不同的电子商务网站会有不同的服务对象和建站要求，而作为一个电子商务网站，首先要满足以下一些基本要求。

1. 界面友好，使用方便

电子商务网站的具体建站目的可能各有不同，但不外乎是为商务网站服务的网站。所以操作方便，符合人们操作和浏览的习惯是首要要求。电子商务网站必须注意要让用户方便快速地找到想要找的东西，以尽量少的次数找到他们需要的内容。把重要的、用户关心的信息放在醒目位置上；提供站内搜索引擎，以方便信息的检索查阅；在重要的操作步骤和用户可能会产生疑惑的地方设置醒目的提示或说明。

2. 访问速度快

如果页面访问速度过慢，往往会让人失去耐心，继而失去下次继续访问网站的兴趣，所以一个电子商务网站应具有较快的访问速度，一般应在用户发出请求后的 5 秒内有所反馈。要提高反馈速度，可以从以下几方面入手。

（1）选择好网站服务器放置位置。应选择距离目标客户较近的网络位置放置服务器，如果用户访问量较大，也可考虑采用多个 Web 服务器。我国目前“南电信，北网通”的网络状态，往往会造成通过电信网络上网的用户访问放在网通网络上的服务器的速度较慢。

（2）选择合适的服务器方案。目前服务器方案选择主要有虚拟主机、主机租用、主机托管和自营主机四种。虚拟主机的价格偏低，但一台服务器上往往会有几十个或上百个电子商务网站，访问速度不稳定；自营主机价格昂贵，电子商务网站应该从自己的实际需求出发选择合适的服务器方案。在建站初期由于访问量较小，可以选择虚拟主机，日后随着访问量增加，对网络带宽要求增加时，可以考虑选择其他更好的服务器方案。

（3）选择合适的页面设计方案。图片、声音、动画的使用都会大大增加页面的大小，从而使页面下载时间变长，所以网页上对图片、声音、动画等字节数较大的内容的使用应适量；而且使用太多的图片也会使网页看起来过于花哨，须知用户访问网站的目的不是审美。另外，对于网页上使用的图片可以采用图片压缩技术，尽量减少其字节数。颜色较单调的图片应使用 GIF 格式，颜色渐变较多的图片（如照片等）应采用 JPEG 格式。另外，Flash、ActiveX、Java applet 的使用也会增加页面下载等待的时间，这些内容本身在下载的时候需要占用一定时间，而下载完成后开始运行时也需要占用客户端电脑的系统资源，如果内部程序编写得不够好，还可能造成客户端电脑运行速度变慢，所以对于这些动态内容的使用也应遵循适量的原则。

3. 兼容性

在设计电子商务网站时要考虑到访问网站的客户端可能有不同的配置的情况。例如，可能有的用户的显示器的分辨率是 1024 像素 × 768 像素，有的可能更大或更小；有的用户的浏览器上安装的插件可能会禁用某些 JavaScript 功能，有的用户可能会禁用 cookie 等，对于这些可能出现的情况都应采取措施，确保不同的用户访问网站时都能正常使用。对于不同分辨率的情况，可以针对不同分辨率制作多套网站的版本，根据用户的分辨率进行自动选择，也可以制作一个各个分辨率下都能浏览的版本；对于禁用某些浏览器功能的用户应该给出提示，指导其设置好自己的浏览器后再进行访问。

网站的兼容性问题其实是很难彻底解决的，因为网络相关的技术和软件都在快速发展，浏览器版本会不断升级，新的浏览器软件不断出现，网站制作技术也在不断改进。作为一个电子商务网站不应一味求新求变，而应顺应大部分用户的需求，按照当前大部分用户的电脑配置情况设计。

4. 可扩充性

电子商务网站建设往往是一个循序渐进的过程，随着企业自身的发展、信息化技术的发展及市场需求的发展，对网站的要求会有所不同，因此在设计电子商务网站时，要充分考虑电子商务网站的可扩充性，选择开放的、有良好兼容性的电子商务软件和技术。

5. 较高的安全性

对于电子商务网站上的商业数据要加强安全保护，从硬件设施、软件配置上确保其安全性。同时在网站运行时，也应注意对数据安全维护的要求，做到定期升级病毒库、及时安装服务补丁、对于重要的数据要进行加密存放、Web 服务器和数据库服务器上要设置安全策略，合理分配用户权限、对网站内容和数据进行定期备份等。

6. 提供稳定的 7×24 小时服务

随着电子商务的不断发展，客户服务可以无缝地嵌入售前、售中、售后过程始终。通过 7×24 小时客户服务（7 代表的是 7 天，24 代表的是 24 小时，即全天候客户服务）及时响应客户需求，在客户遇到困难时提出指导性建议，及时解决用户在使用中遇到的各种问题。这种无缝式、全天候的客户服务方式不仅方便快捷，还可以增加客户和商家沟通的概率，客户可以更直观地获取所需信息。

7. 注重保护个人信息

为了提供更有针对性的服务，越来越多的电子商务网站都会使用技术手段来收集用户个人信息、消费习惯等。网站对收集到的个人信息应确保其只在用户授权的范围内使用，并且保护用户个人信息的隐秘性。

8.1.2 电子商务网站设计的原则

为了实现电子商务网站商务功能最大化的目标，给访问者提供方便、实用的信息服务，在设计网站时时，必须遵守以下几个原则。

1. 先进性、可靠性和安全性原则

先进性、可靠性和安全性是网站设计原则的第一要素，是网站建设是否成功的首要因素。只有在满足第一要素的前提下才有可能往其他方向发展，往深度方向发展。

（1）先进性指的是以最先进的观点和设计思路，为用户设计出先进性的网站系统。设计方案将立足先进技术，使项目具备国内乃至国际领先的水平。服务器和网络方面以优化通信

流量，提高系统的管理性和安全性为重点。先进性又体现在网站信息内容上的新、精、专，要有特色。例如，公司营销特色、产品特色、售后服务特色等，必须站在消费者的观点上考虑问题。

（2）可靠性指的是该平台正常运作后，由于面对的是广泛的全球 Internet 用户，因此系统应能够提供 365 天，全天候的 24 小时不间断运作能力。为用户提供高度可靠的稳定运行保障。

（3）安全性指的是网站在 Internet 上执行任何程序或提供的任何服务都是安全的，有保障的。我们知道 Internet 是一个标准开放的、交互式的网络，在网上进行各种商务活动，随时可能面对黑客的攻击，病毒的侵袭等，因此，确保网上信息流通的系统安全十分重要。安全不仅涉及技术，还涉及系统的管理、法律法规的保障等。因此，必须做到保障系统数据和信息安全，为业务及商务提供安全环境。

2. 可扩展性、标准性和开放性原则

可扩展性、标准性和开放性是网站设计原则的第二要素，是网站建设开发工作好坏和规范化的关键。

（1）可扩展性指的是根据实际业务量的扩大而扩大的能力。我们知道 Internet 具有巨大的商务潜能，没有人可以确切预计系统的最终访问量和最佳的商务运行模式。例如，2003 年的“非典”事件，使得许多本来在网下进行商务活动的业务搬到网上来，网上的业务量猛增到几倍甚至几十倍，这种情况谁都无法预测。因此，系统设计的原则之一是可扩展性。随着企业网上平台业务量的扩展和平台访问量的增长，系统应该能够具有很强的扩展能力，以适应新业务的发展。

（2）标准性和开放性指的是所有应用程序及接口具有统一的标准，使程序和系统具备优异的可移植性。企业网上平台的设计应当严格遵守国际标准，在还没有形成标准的新领域内也积极倡导标准的形成，为促进地区国际贸易打下坚实的基础。

3. 服务性、便捷性和交互性原则

服务性、便捷性和交互性是网站设计原则的第三要素，是网站吸引新用户，留住老用户的必要条件。

（1）服务性是指网站为用户提供各种各样的服务，这时刻体现着以用户为中心的服务思想，以为用户提供最好的服务为网站的设计思路。以人为本，实现个性化服务是当代电子商务网络营销的最基本要求。

（2）便捷性是指网站中各种各样的功能和服务是最为方便快捷的。网站所提供的各种功能和服务尽可能地适应不同年龄、不同性别、不同知识层次的受众群体的需求。

（3）交互性是指网站中的各种各样的功能完全是以友好的对话的形式出现的，极大地改善了企业的办事效率和形象。

4. 美观性、实用性和宣传性原则

美观性、实用性和宣传性是网站设计原则的第四要素，是网站留住新老顾客，吸引受众群体眼球的重要因素。

（1）美观性是指良好的视觉效果，美观大方的色彩搭配，赏心悦目的风格使人感觉进入网站就好像进入自己的幸福港湾、美好的家园一样轻松自如。这与网站强大的功能同等重要，它可以突出企业的文化特色和定位。

（2）实用性是指网站所提供的各项信息、服务等内容要做到实用，真正能够为用户带来方便。

（3）宣传性是指网站提供各种宣传企业的功能，使之成为企业自身宣传的重要载体。

8.1.3 电子商务网站设计的内容

电子商务网站设计的具体内容主要包括网站规划设计、信息结构设计、可视化设计、页面流程设计、网站 CI 设计和数据库设计。鉴于数据库设计已经进行了详细讲述，CI 设计也不是本书所讲述的重点，接下来本书主要就网站规划设计、信息结构设计、可视化设计和页面流程设计四个部分进行介绍。

8.2 电子商务网站规划设计

电子商务网站规划设计是电子商务网站建设的第一步。盖一座摩天大楼，最重要的是规划；成就一番惊天伟业，最重要的是策划。大学生做好大学规划，才能有针对性地学习理论知识和实践技能；毕业后做好职业规划，才能在职场乘风破浪。人的一生要有一个总体的规划。网站规划对于网站建设有着极其重要的意义。很多网站爱好者，设计初期激情澎湃，越做越无精打采，最后不了了之。网站建设的流程是否符合实际，是否按照标准流程进行，关系着一个网站的成功与否。

网站规划是指在网站建设前对市场进行分析，确定网站的目的和功能，并根据需要对网站建设中的技术、内容、费用、测试、维护等做出规划。网站规划对网站建设起到计划和指导作用，对网站的内容和维护起到定位作用。电子商务网站建设之前，必须进行一系列的准备工作，也就是网站的规划设计工作。

8.2.1 电子商务网站规划设计的意义和特点

1. 网站规划的意义

在建设电子商务网站时，网站的规划工作在网站建设的全过程得以体现，是网站建设的重要环节，也是容易被忽视的环节。网站规划对网站建设起到计划和指导的作用，对网站的内容和维护起到了定位的作用。

网站规划既有战略性的内容，也包含战术性的内容，网站规划应站在企业战略的高度来考虑，战术是为战略服务的。网站规划是网站建设的基础和指导纲领，决定了一个网站的发展方向，同时对网站推广也具有指导意义。电子商务网站规划的意义主要有以下几点。

（1）指导网站建设过程中的每个操作步骤。只有对网站建设整体进行详细的规划，网站制作才有章可循，电子商务网站的实际制作工作才能开始，才能有序地组织素材、设计界面、编写代码，网站建设的每个步骤才能清晰明了。

（2）网站规划是网站成功的有力保障。网站建设是一个系统工程，好比盖一座高楼，工序清晰、有序展开，才能保证工程顺利进行。网站建设绝不是今天做个界面，明天编个代码，这样的网站即使做出来了，日后的维护工作也无法进行。电子商务网站的制作必须按总体规划进行，这样网站建设才有保障。

（3）可以有效利用时间、提高网站制作率。网站制作一般都有明确的工期要求，必须有一个整体规划，才能按时、保质地完成网站建设工作。有了标准的流程，确定了明确的分工，每个阶段有了具体的时间要求，网站才能如期交付。

（4）有利于实施团队合作，协同完成网站整体制作。一个人的力量总是单枪匹马，众人的力量才能移山填海。网站的建设，不是靠一个人的力量所能完成的，必须发挥团队的优势。业务、策划、美工、程序编写必须按照总体规划分工协作，共同完成，没有总体规划，就谈不上分工协作。

（5）有利于保障网站的科学性、严谨性。网站是一个系统工程，必须保证其科学性与严谨性，而且网站的制作只是电子商务网站的第一步，日后的维护与更新将是一个漫长的过程。一个建设科学、严谨的网站。有规可循，日后维护工作也将极其便利。

2. 网站规划的特点

电子商务网站的建设耗资巨大，历时较长，技术复杂且涉及面广，网站规划是这一复杂工作的起始阶段，这项工作的好坏将直接影响整个系统建设的成败。因此，我们应该充分认识这一阶段工作所具有的特点和应该注意的一些关键问题，以提高规划工作的科学性和有效性。

（1）规划工作是面向长远的、未来的、全局性和关键性的，因此它具有较强的不确定性，且非结构化程度较高。

（2）其工作环境是组织管理环境，高层管理人员（包括高层信息管理人员）是工作的主体。

（3）因为规划不在于解决项目开发中的具体业务问题，而是为整个系统建设确定目标、战略、系统总体结构方案和资源计划，因而整个工作过程是一个管理决策过程。同时，系统规划也是技术与管理相结合的过程，它确定利用现代信息技术有效地支持管理决策的总体方案。

（4）规划人员对管理与技术环境的理解程度、对管理与技术发展的见解，以及开创精神与务实态度是规划工作的决定因素。目前，尚无可以指导系统规划全过程的适用方法，因此必须采用多种方法相互配合，取长补短。

（5）规划工作的结果是要明确回答规划工作内容中提出的问题，描绘出网站的总体概貌和发展进程，但宜粗不宜细。要给后续各阶段的工作提供指导，为网站的发展制定一个科学而又合理的目标和达到该目标的可行途径，而不是代替后续阶段的工作。

（6）电子商务网站规划必须纳入整个企业的发展规划，并应定期滚动。

8.2.2　电子商务网站规划设计的原则和任务

1. 网站规划的任务

网站建设者要认识到网站规划的重要性，更重要的是要明确网站规划的任务，这样才能对网站进行总体、详尽的规划，才能做出一份可操作、可实施的网站规划，做出的规划才能切实可行。网站规划的主要任务包括以下几方面。

（1）制定网站的发展战略。网站服务于组织管理，其发展战略必须与整个组织的战略目标协调一致。制定网站的发展战略，首先要调查分析组织的目标和发展战略，评价现行网站的功能、环境和应用状况。在此基础上确定网站的使命，制定网站统一的战略目标及相关政策。

（2）制订网站的总体方案，安排项目开发计划。在调查分析组织信息需求的基础上，提出网站的总体结构方案。根据发展战略和总体结构方案，确定系统和应用项目开发次序及时间安排。

（3）制订网站建设的资源分配计划。提出实现开发计划所需要的硬件、软件、技术人员、资金等资源，以及整个系统建设的概算，进行可行性分析。

网站的规划阶段是一个管理决策过程，它要应用现代信息技术有效地支持管理决策的总体方案。它是管理与技术结合的过程，规划人员对管理和技术发展的见识、开创精神、务实态度是网站规划成功的关键因素。

2. 网站规划的原则

（1）支持企业的总目标。企业的战略目标是网站规划的出发点。网站规划从企业目标出发，分析企业管理的信息需求，逐步导出网站的战略目标和总体结构。

（2）整体上着眼于高层管理，兼顾各管理层的要求。

（3）摆脱商务系统对组织机构的依从性。对企业业务流程的了解往往从现行组织机构入手，但只有摆脱对它的依从性，才能提高商务系统的应变能力。

（4）使系统结构有良好的整体性。网站的规划和实现的过程是一个“自顶向下规划、自底向上实现”的过程。采用自上而下的规划方法，可以保证系统结构的完整性和信息的一致性。

（5）便于实施。规划应给后续工作提供指导，要便于实施。方案选择应追求实效，宜选择最经济、简单、易于实施的方案。技术手段强调实用，不片面求新。

8.2.3 电子商务网站规划设计的基本内容

1. 确定网站构建的目标

企业根据其经营发展战略，确定电子商务网站的战略目标，模式和商务模型，从而为电子商务网站定位，确定网站类型、业务领域、服务对象等。

（1）确定网站的类型。对于一个企业，建立电子商务网站只是企业电子商务系统的一个部分或者技术手段之一，所以网站的规划与网站的目标定位应在电子商务系统规划的基础上进行，建一个什么样的网站应与企业的经营发展战略一致。根据企业的经营发展战略，确定网站的发展战略，据此，企业才能进一步确定网站的电子商务模式。

（2）确定网站的业务领域。在确定了网站的类型之后，网站目标定位就需要进一步具体，确定电子商务网站经营的产品和服务领域。

（3）确定网站的服务对象。当确定了网站的类型与业务领域后，在此基础之上就能够确定网站的服务对象，即访问网站的消费者、客户、合作伙伴或其他用户。

2. 需求分析

在此阶段应进行详细调查，以充分获取资料，了解欲建设的电子商务网站在信息、信息处理方法方面的需求，为系统设计提供基础。

需求分析的内容包括以下几个方面：目标客户的调查分析；竞争对手的调查分析网站；网站构建的市场定位分析；业务流程分析；数据流程分析及数据字典的建立。

3. 确定网站建设的主题

网站制作前，要确定网站的主题，即明确做一个关于什么内容的网站，是专门卖化妆品的网站，还是一个类似淘宝网的综合网站。根据已经确定的主题，确定网站的名字，再根据网站的名字注册网站的域名，同时申请网站的空间。

4. 网站功能定位

商务网站的功能定位源于对市场的调研和把握。在确定建立网站目标的基础上，根据市场调研的结果及企业经营的需要和发展规划确定具体功能和所要达到的目标。

5. 确定网站的技术解决方案

根据当前信息技术发展状况和本企业的实际情况规划网站的软、硬件平台和解决方案。

网站的建设目的、建设功能确定之后，接下来就是要确定网站的技术解决方案。网站的技术解决方案是对网站规划中技术实施环节的确定。技术解决方案的确定，直接决定着网站建设的人员配备、资源配备问题。具体包括以下几点。

（1）服务器的选用。网站建设完成后，要上传到互联网服务器上，才能被互联网用户浏览。互联网服务器有很多种，在规划阶段首先应该确定服务器的类型。服务器类型确定之后才能进行服务器平台选型，以及开发技术选型、数据库选型等工作。服务器的选用有两种方法：一是采用自建服务器；二是租用虚拟主机。

（2）服务器平台选型。用什么语言进行开发，首先要知道服务器操作系统类型。在网站规划阶段，必须明确服务器平台类型，才能确定开发技术，即选择了什么样的服务器操作系统，决定了什么样的网络开发环境才能与之更好地配合，最终建设好电子商务网站。

（3）开发技术选型。这是使用何种技术进行开发的问题。简单地说，就是选择什么软件环境来开发电子商务网站，开发环境要与服务器平台选型相配合，才能达到最理想的效果。

（4）数据库选型。网站大量使用数据库管理页面内容，数据库的优劣直接决定网站的安全性。数据库选型就是解决采用何种数据库系统的问题，只有确定了数据库系统的类型，才能开始建立数据库，网站的编程工作才能正式开始。

8.3　电子商务网站信息结构设计

电子商务网站信息结构是指从方便用户的角度设计和组织网站的信息，有效的网站信息结构能够帮助实现业务目标和用户需要。网站信息结构的设计完全基于网站的目标、内容和功能。此外，还有一些如页面风格、方便浏览等方面的次要因素也影响着网站结构的设计。网站的信息结构设计内容包括网站栏目设计、网站内容设计、网站目录结构设计、网站链接结构设计和网站导航设计。

8.3.1 电子商务网站栏目设计

确定了网站的定位后，就应该着手网站的具体业务内容的表现，表现在网站的网页上就是可以提供的栏目。如果说构建一个网站类似于写一篇文章，则栏目类似于网站的提纲。在网站定位后，先进行栏目设计，才能够使后继的开发对网站的内容层次有一个清晰的了解。栏目设计的基本任务是使内容紧扣主题，要确定哪些是必需的栏目，哪些是重点栏目。当网站内容比较多时，还要建立栏目的层次结构。

网站建设初学者最容易犯的错误就是确定题材后立刻开始制作，没有进行合理设计，从而导致网站结构不清晰、目录混乱、板块编排乱等问题的出现，结果不但浏览者看得糊里糊涂，制作者在运营过程中扩充和维护网站也相当困难，所以栏目设计在网站设计中具有十分重要的地位。比如，打开电视，它有若干频道，而每个电视频道都有如今日说法、午间新闻、健康讲堂等栏目。一个频道就相当于一个网站，每个网站也都有自己的栏目，如企业新闻、产品信息、特价促销等。网站栏目设计一定要确定栏目数量及每个栏目的主题。

1. 栏目设计的原则和方法

网站的栏目是指网站内容的提纲，是网站内容的大纲索引，其功能是将网站的所有内容都分门别类，利用栏目将网站的主体明确显示出来。如果将网站比作一本书，那么书中的每章就是一个栏目。网站栏目实质上是一个网站内容的大纲索引，栏目设置应当做到分类清晰、易懂易读，既要突出重点，又要操作方便。网站的栏目设计，其实就是对网站内容的高度提炼。无论文字多么优美的书籍，如果缺乏清晰的纲要和结构，恐怕也会淹没在书本的海洋中无人问津。网站也是如此，不管网站的内容有多么精彩，如果缺乏精确的栏目提炼，也难以引起浏览者的关注。

根据建立网站的目的和网站的形式来设计网站的具体栏目和各类栏目的内容，以达到吸引访问者，为客户提供满意服务并取得最大效益的目标。

（1）网站栏目设计时要遵循的原则。

① 紧扣主题的原则。网站的栏目要以网站的主题为中心，所有栏目要围绕主题进行设置。将网站的主题按一定的方法分类并将它们作为网站的主栏目。主栏目数量在总栏目中要占绝对优势，这样的网站专业而且主题突出，容易给人留下深刻印象。网站的栏目切不可离题而设，例如，一个以 Flash 学习为主题的网站，可以设置 Flash 技巧、Flash 作品赏析、Flash 教程下载等栏目，但不能加入如足球之夜、游戏在线等。

② 精简的原则。网站的栏目，是一个网站某类内容的概括，一般用几个字表达即可，用词要精简达意。例如，齐齐哈尔信息工程学校的网站中有一个以招生管理、就业管理为主题的栏目，设置时可以考虑使用“招生就业”，而不应使用“招生管理与就业安置专栏”这样的栏目标题。

③ 提纲挈领的原则。网站的栏目规划首先要做到“提纲挈领、点题明义”，提炼出网站中每一个部分的内容，清晰地告诉浏览者网站在说什么，有哪些信息和功能。

④ 凸显特色的原则。栏目名称平易朴实人们就可以接受，如果能体现一定的内涵，给浏览者更多的视觉冲击和空间想象力，则为上品。例如，游戏前卫、游戏淘吧、e 书时空等。在体现出网站主题的同时，还能凸显特色。

（2）网站栏目设计常用的方法。

① 分类法。所谓分类法，就是将想在网站展示的所有资料进行分门别类，每个类别能成一个栏目。这种方法是在给定文字、图片等素材的情况下进行的一种快捷栏目设置方法。使用这种方法进行网站栏目设置时，一定要注意资料必须先进行整理，剔除无关、无用资料，以使分类符合实际。

② 参照法。所谓参照法，就是参照同类网站所设置的栏目，结合实际需要进行栏目设置的方法。这种方法可以综合其他网站的长处，广文博取，集众网站之长，形成独特风格。使用这种方法时，注意参照网站的选取，一般应该选择具有代表性的权威网站、同类网站做参照，同时要注意“去粗取精”。

2. 栏目结构层次设计

对于不同的网站，其必需的栏目是不一样的，这通常与网站的性质有关，如对于一个制造企业网站来说，公司简介、产品展示、服务内容、技术支持和联系方式等是一般必须有的栏目。网站的重点栏目往往与网站的目的与功能有关。还是以制造企业为例，这种网站往往是为了营销自己的产品，因此产品介绍与展示便是这类网站的重点栏目。

根据建立网站的目的和网站的形式来规划网站的具体栏目和各类目的内容，以达到吸引访问者，为客户提供满意服务并取得最大效益的目标。

网站主要内容的栏目分类要做到细致明确，首页设置超级链接和搜索引擎，重要内容、热门商品可做出重点提示。还可以设置论坛、留言板等双向交流的栏目，吸引用户参与到网站的建设中来。对用户提出的各种问题和建议要积极反馈，对用户可能有疑惑的地方要帮助解决。

网站的一级栏目是有限的，而当网站的内容较多时，常常在一级栏目下再建二级栏目，甚至三级栏目，从而形成栏目的层次结构。

3. 栏目设计技巧

设计栏目应注意以下方面。

（1）栏目列出的都应是网站最有价值的内容。

（2）与网站定位无关的栏目应删除。

（3）栏目的设计应方便访问者的浏览与查询。

（4）所有同类网站都有的栏目一定要有。

（5）70%以上同类网站都有的栏目建议也加上。

（6）如果有些栏目只有 50%的网站具有，对于这类栏目要在询问客户的意见后，再决定是否采用。

（7）有些栏目只有 50%以下的网站拥有，这时要加以区分，如果是特色栏目，要根据网站实际情况斟酌后决定。

4. 栏目的表现形式

网站栏目的表现形式有两种：一种是纯文字表现法；另一种是图形化的表现法。图形化的表现方法比较直观，视觉效果比较好，目前广泛使用的是图形化的表示方法。

5. 电子商务网站的常用栏目

（1）网上商城常用栏目。网上商城是典型的电子商务网站，一般都包含我要买、我要卖、热门促销、商品展示、分类导航、购物车、帮助、行业市场、商业社区、行业资讯、公告栏等栏目。所有栏目中以分类导航、商业展示占用幅面最大。

（2）工业企业常用栏目。工业企业电子商务网站主要以宣传企业文化、展示企业产品、实施企业服务为主要目的。一般有首页、关于我们、企业简介、企业文化、经营理念、发展历程、资质荣誉、企业动态、新闻中心、业内动态、产品展示、产品系列、下载中心、技术支持、售后技术支持、客户留言、招聘信息、联系我们、会员登录、会员注册等栏目。

（3）其他常用栏目。学校类网站栏目一般包括学校介绍、校园聚焦、校园风光、教育教学、教工园地、资源平台、学生园地、互动交流等内容。医院网站栏目一般有医院概况、新闻动态、环境设备、名医荟萃、专科介绍、就医指南、专家门诊、网上挂号、医疗保健、在线咨询等。

8.3.2 电子商务网站内容设计

企业建立网站就是为了展现和获取一定的信息内容，网站就是根据这些内容来开展电子商务的，而用户访问网站的主要目的就是想发现，并进一步获取自己感兴趣的信息。要提高电子商务网站的访问率，增加企业的效益，就必须在信息内容上多花心思，信息内容要新、精、专，要有特色，否则建立的就可能是一个失败的企业电子商务网站，对企业的效益提高没有作用。

栏目确定了，接下来就要确定每个栏目的内容，即每个栏目放置内容的标准是什么，什么样的内容应该放在这个栏目中，什么样的内容不应该放在这个栏目中。网站内容设计就是明确网站都包含什么内容，如何组织网站内容。网站内容是网站吸引浏览者最重要的因素，无内容或不实用的信息不会吸引匆匆浏览的访客。

1. 电子商务网站内容设计的原则

（1）相关性。电子商务网站内容设计的相关性原则是指网站内容要紧紧围绕网站的主题，以主题为主线展开内容设计，所有内容均应与主题具有相关性，无关内容一概不予使用。

（2）真实性。电子商务网站的真实性一方面是指要真实地传递本网站所掌握的客观情况，另一方面是指要表达商务活动中的真实数据。总体来说，就是要遵循交易上的诚信原则。电子商务网站的内容一定要具有真实性，在网站管理阶段对内容要严格把关，道听途说的内容不能采用，不确定的内容也不能采用。

（3）动态性。电子商务网站以其最新产品、最新报价吸引消费者常去浏览。因此，电子商务网站在设计时必须保证随时进行修改和更新，并且注明修改和更新日期。为经常访问的用户提供最大便利，吸引更多“回头客”。

（4）准确性。电子商务网站的内容，尤其是报价、库存等，应具有准确性，否则在交易实施过程中将产生不必要的麻烦，带来难以处理的纷争。

（5）图像替代。图像能够比普通文本提供更丰富和更直接的信息，产生更大的吸引力。但文本、字符可提供较快的浏览速度，因此，要在两者之间认真权衡，适中地使用图像代理。

2. 电子商务网站页面的内容

电子商务网站是网站的一个分支，具备普通网站应该具备的常规内容。按照人们的认知规律，将网站页面分为首部、体部、尾部三大部分，下面具体分析网站应该具备的内容。

（1）首部内容。

① 网站标志（Logo）。Logo 是网站的图形标志，是与其他网站链接及让其他网站链接的标志。Internet 之所以叫作“互联网”，在于各个网站之间可以自由连接。要让浏览者进入本企业的网站，必须提供一个让其进入的门户。而 Logo 以图形化的形式，特别是动态的 Logo，比文字图形的链接更能吸引人的注意。在如今争夺眼球的时代，Logo 的设计尤其重要。

网站 Logo 的设计要从功用性、识别性、艺术性三大方面进行考虑。标志的本质在于它的功用性，标志不仅仅是为了供人欣赏，更重要的是要实用。Logo 的识别性是指 Logo 要色彩强烈醒目、图形简练清晰，整体创意要独特，易于识别，能够显示企业特征。

② 标题。网站的标题就是指网站的题目，一般显示在网页上方。

③ 广告条（Banner）。很多电子商务网站在头部放置了宣传标语，这是吸引人的有效手段。在网络营销术语中，Banner 是一种网络广告形式，一般放置在网页上的醒目位置。在用户浏览网页信息的同时，Banner 吸引用户对广告信息的关注，从而获得网络营销的效果。Banner 广告有多种规格和表现形式，其中最常用的是 468 像素 × 60 像素，半幅标志广告为 234 像素 × 60 像素，垂直 Banner 为 120 像素 × 240 像素，宽型 Banner 为 278 像素 × 90 像素，小型广告条则为 88 像素 × 31 像素。

④ 分类导航与检索。电子商务网站由于涉及大量的商品交易，而头部又是网上的黄金宝地，所以，很多商家在此处放置了分类信息，还有的网站在此处放置了产品检索。网站的站内搜索功能对于用户获取网站信息具有非常重要的作用，尤其对于像 B2C 零售网站这样含有大量信息的网站、含有大量产品类别的大型电子商务网站等。站内搜索功能是否健全，在一定程度上影响着网站的发展。知名市场研究公司 Forrester Research 对 179 个欧洲网站的调查发现，高达 79%的欧洲在线消费者都是使用搜索引擎寻找需要的信息，并且他们把这种搜索习惯带到了站内搜索中。

（2）体部内容。

① 用户注册与登录。一般电子商务网站均具有用户注册与登录模块，实现会员功能，将会员与一般用户区别对待。

② 各类栏目。网站的主要功能分布在各类栏目上，依靠各类栏目实现网站的全部功能。电子商务网站的栏目一般有交易栏目，如我要销售、我要采购、商品热卖；新闻类栏目，如行业资讯、公告通知等；产品栏目信息，如社区论坛、广告位等。

③ 相关站点链接。友情链接是各类网站不可或缺的内容，也是电子商务网站的一项重要内容。对于与商品相关的网站，有关知识类网站，都可设为友情链接。

（3）尾部内容。

① 版本声明。网站的尾部一般都要有版权声明及工业和信息化部的备案号，用于声明网站的版权及网站的合法批复文号。

② 管理入口。很多电子商务网站在首页的尾部放置了管理入口，用于后台管理人员登录管理程序，对网站内容进行动态维护。

③ 联系方式。为了便于联系，网页的尾部都留有各类联系方式，一般有电话、在线 QQ、电子邮箱等。

3. 电子商务网站内容设计

网站内容设计主要包括以下两个方面：围绕定位的主题广泛收集和组织各种相关资料内容；结合网站定位及收集的资料，设计网站将要提供服务的具体内容。

（1）网站的静态内容和动态内容。网站的内容包括很多，有访问者能看到的，也有访问者看不到的；有静态的内容，也有动态的内容。一般来说，网站的内容划分为静态和动态。

① 网站的静态内容。网站的静态内容是指网站内容中相对不变的部分。网站静态内容的主要作用是维持整个网站的风格，给经常访问网站的人提供一个熟悉的环境。而网站的风格也是一个网站的形象。当然，网站的静态内容只是相对静态，但也不是绝对一成不变的。有的著名网站隔一段时间也会改变网页的内容，但这样的改变一般不会改变原有的风格，而是保持原有风格的情况下，对页面内容的布局做一些调整。一般网站都采用了动态生成页面的技术。而实际上，在动态页面中，有相当一部分是静态内容，它们的作用就是用来保持页面风格的一致性。另外，一个网站总有些内容基本上是固定的，如公司简介、联系方式、帮助信息和版权信息等。这些页面都是采用静态页面来实现的。

② 网站的动态内容。网站的动态内容是指网站内容中相对经常改变的部分。网站的动态内容是网站内容的主体，正因为网站的内容经常改变，所以才能吸引访问者经常来访问。动态内容通常存储在数据库中，通过程序读取数据库的内容自动生成网页，这些程序运行在服务器端，一般是用 ASP、PHP 和 JSP 等语言编写的。动态内容放在后台数据库里的好处在于把动态内容作为数据库里的数据，就可以很方便地进行管理，可以方便地实现插入、查找、修改和删除等操作。动态内容采用数据库进行管理，更重要的是可以把网站维护的工作量降下来。

（2）企业网站的内容设计。每个企业都有自己特定的产品或服务，研究表明，企业网站内容应该以产品或服务为核心，满足用户在信息方面的需求。

尽管每个企业网站规模不同，表现形式各有特色，但从经营的实质上来说，不外乎信息发布型和产品采购/销售型这两种基本形式，一个综合性的网站可能同时包含了这两种基本形式，下面归纳出一个信息发布型企业网站应该包括的主要信息，供一些企业在设计自己网站时参考：公司概况、产品目录、荣誉证书和专家/用户推荐意见、公司动态和媒体报道、产品搜索、产品价格表、销售网络、售后服务和联系信息。

8.3.3 电子商务网站目录结构设计

一个网站由大量的图片、网页、数据库等文件组成，小的网站有几十个文件，而大的网站则有成百上千个文件。无论在自己的计算机上建设网站，还是制作完成后传到服务器上发布大量文件的网站，都要建立目录、分类有序存放。网站目录是指建立网站时创建的目录，目录结构的好坏，对浏览者来说并没有什么太大的感觉，但是对于站点本身的维护、未来的扩充和移植有着重要的影响。否则不但网站查找费时费力，而且网站读取速度会越来越慢。

网站物理结构的设计是一个容易忽略的问题，很多网站目录都是未经规划，随意建立起来的。物理结构是否合理，对网站的创建效率会产生较大影响，但更主要的是对未来网站的性能、网站的维护及扩展产生很大的影响。为了方便日后维护及扩充升级，网站的目录建设，必须在网站建设之初，按标准进行，不得随意建立目录，更不得随意存放文件。

网站的目录结构即物理结构，是网站文件在网站服务器上的目录存放结构。网站的物理结构决定了如何在服务器的硬盘上更好地存储网页、图片、Flash、CSS、Java Applet、JavaScript/VBScript 文件和数据库等网站资源。

1. 网站目录结构设计的原则

网站目录结构设计的总原则是以最少的层次提供最清晰简便的访问结构，网站目录结构的设计应遵循以下原则。

（1）分类存放、分别建立目录的原则。文件应根据其功能、层次来存放，而不应将所有的文件都放在根目录下。网站的根目录下只能存放主页文件及用于流量统计的文本文件，其他文件一律不得放置在根目录下。网站上的图片、数据库等文件要根据其性质，分别建立相应目录，将各类文件分门别类有序存放。目录的命名一般应使人望文知义，如图片放在 Images 目录下，样式文件放在 Style 目录下。

（2）根据栏目来设计目录结构。除公共目录外，要根据网站栏目，为每个栏目建立相应的子目录，并存放其对应的网页文件。

（3）目录的层次不宜太多。目录的层次建议不要超过 3 层，这样的目录不但结构清晰，而且维护管理方便。

（4）数据库文件应单独放置，同时注意设置好访问权限。

（5）不同目录的权限配置要合理，如对于静态网页只要可读即可，如果是执行文件，还需要执行的权限。将可执行文件与不可执行文件分开放置。

（6）在每个主栏目子目录下都建立独立的 Images 目录。每个网页中都有大量的图片文件，因此要在每个栏目目录下，再建立一个独立的 Images 子目录，用于存放各栏目对应网页的图像文件。

（7）不要使用中文目录。网站制作上不允许使用中文目录，虽然也有极个别网站使用中文目录，但这不仅是一种极不规范的做法，而且在检索、使用过程中还很容易出现错误。

（8）不要使用过长的目录。网站要经常被检索，一般不建议使用过长的目录，网站目录的命名一般以与栏目对应的英文为主，对于过长的英文组合应该进行适当缩略。

2. 网站目录结构设计的步骤及方法

网站目录建设的步骤及方法如下所述。

（1）建立一个用于存放网站的总目录，如 MyWeb。

（2）进入此网站总目录，开始网站目录文件的建设工作。

（3）在网站的根目录下建立一个 Images 子目录，用于存放首页图像文件。

（4）在网站的根目录下建立一个 Style 子目录，用于存放样式文件。

（5）在网站的根目录下为每个栏目建立对应的子目录，每个子目录建立独立的 Images 子目录，用以存放该页面所有图片文件。

8.3.4　电子商务网站链接结构设计

网站的链接结构描述的是网站的逻辑结构，指的是网页页面之间互相连接的关系。如果把这种关系画成示意图，就好像一个拓扑结构图。它建立在目录结构基础之上，但可以跨越目录。如果把每个网页都看成一个节点，链接则是在两个节点之间的连线。一个节点可以和其他一个节点连接，也可以和其他多个节点连接。研究网站的逻辑结构的目的在于用最少的链接，使浏览最有效率。对于一个电子商务网站来说，由于内容丰富，容量巨大，就必须注意逻辑链接结构设计的合理性。否则，有些内容可能少有机会与浏览者见面，或者浏览者进入网站后如入云雾山中，找不到出路。同时网站的链接结构的好坏，也将直接影响网页的浏览速度。

好的网站逻辑结构应让用户通过最少的点击次数，找到需要查找的信息。电子商务网站由于信息量较大，更需要特别注意逻辑链接结构设计的合理性。

网站的逻辑链接结构要注意遵循以下原则。

第一，要符合浏览者的思维习惯和浏览习惯。

第二，要使网站中最重要的信息有最多的机会与浏览者见面。

网站的逻辑链接结构主要有三种基本形式。

（1）线性结构：将多个网页按照一定的先后次序链接起来，访问者只能按设计的网页顺序依次访问。页面的线性链接结构如图 8-2 所示。

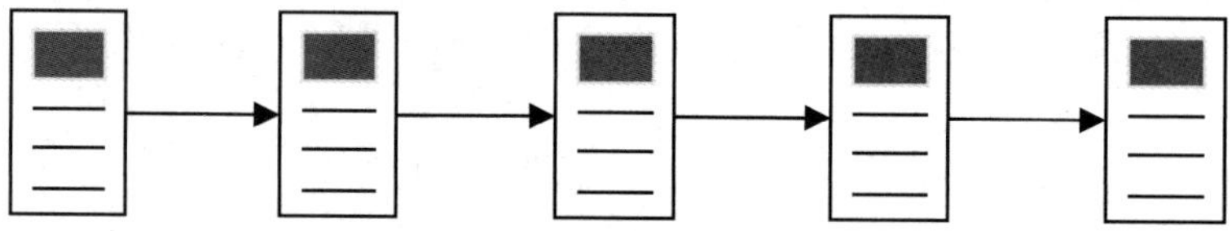

图 8-2　页面的线性链接结构

在简单线性结构的基础上，如果某网页上增加选项，则演变成带选择的线性结构，如图 8-3 和图 8-4 所示。

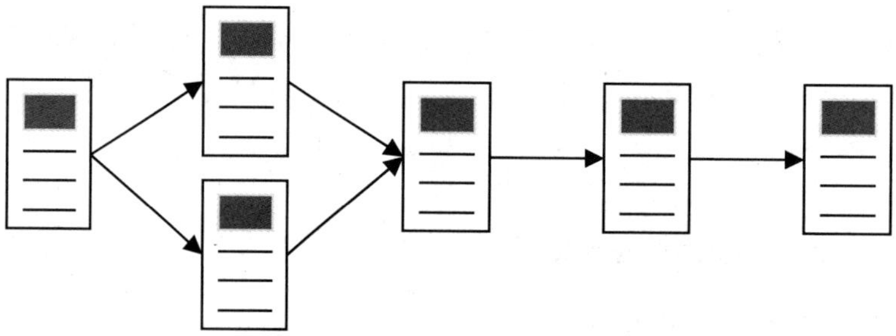

图 8-3　带选择的线性链接结构 1

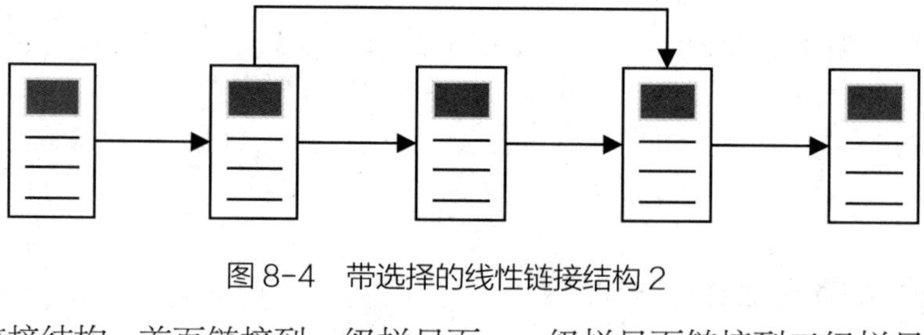

图 8-4　带选择的线性链接结构 2

（2）层次链接结构：首页链接到一级栏目页，一级栏目页链接到二级栏目页，访问者只能一级一级地进入，一级一级地退出，如图 8-5 所示。层次链接结构使得用户访问时能很明确地知道自己所在的位置，但同时也造成了在栏目之间跳转变得比较麻烦，浏览效率较低，因为从一个栏目下的子页面到另一个栏目下的子页面，必须返回首页后才能再进入。内容较少的站点可以采用层次链接结构。

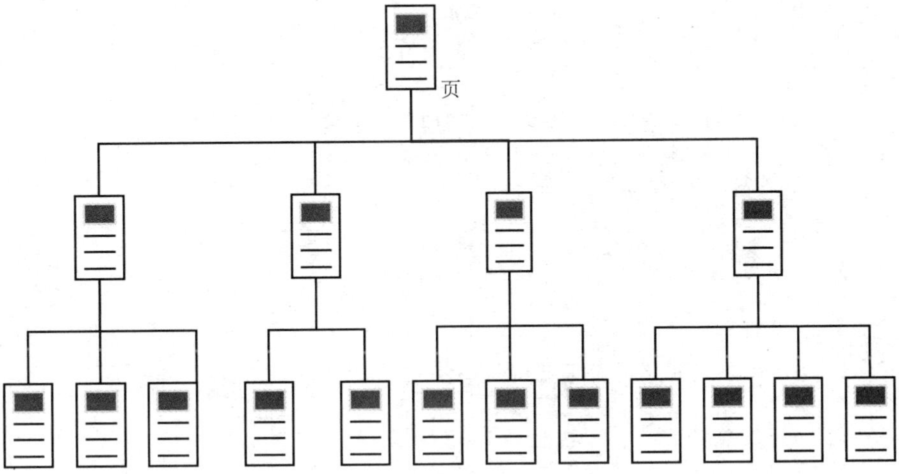

图 8-5　页面的层次链接结构

（3）星状链接结构：在各个页面都放上一些常用的链接，让用户能快速地在不同栏目、不同内容页面之间跳转，页面的星状链接结构如图 8-6 所示。设置一个共同的链接枢纽，使所有的页面都可以通过枢纽保持链接，也就是说，链接枢纽是所有页面的入口。各种网站都有这种链接结构，因为其浏览方便，随时可以切换到自己想看的页面。这种链接结构有三个特点。

① 必须专门在网页上留出一块地方安置链接枢纽，占用宝贵的网页面积。

② 链接太多，容易使浏览者迷失方向，搞不清楚自己在什么位置，看了多少内容。

③ 这种链接要求每次翻页都会将页面全屏刷新，在显示速度上慢了许多。

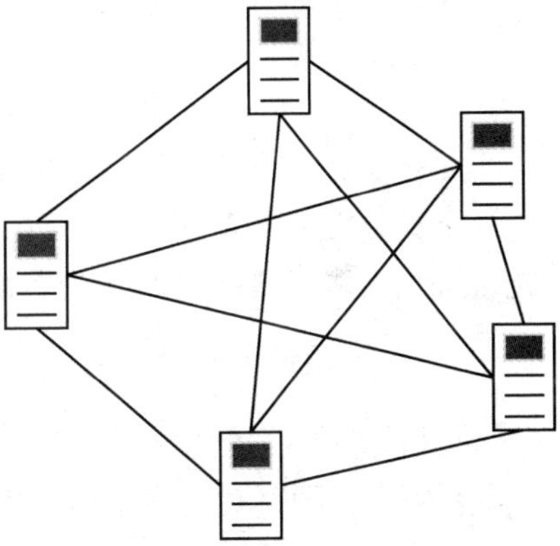

图 8-6　页面的星状链接结构

以上三种逻辑链接结构各有各的适用情况，应该根据实际需要选择适宜的链接结构。

线性结构可用来制作一些前后阅读顺序要求的内容，如“用户注册”的功能：先让用户进入服务协议的阅读页，用户要同意服务协议并单击“下一步”按钮，进入下一个选择用户名的页面，用户填写好用户名后再单击“下一步”，程序判断用户选择的用户名。是否可以注册，如果可以注册，则进入填写注册信息的页面，否则提示用户选择另一个用户名。层次链接结构和星状链接结构是两种基本结构，它们是当前网站设计最常用的模式。而一般认为，最好在网站设计中，将这两种结构混合起来使用，以便达到互补的目的。这样使浏览者既可以方便快速地看到自己需要的页面，又可以清晰地知道自己的位置，所以星状链接结构常用在首页、一级栏目上，使得用户能快速地在各级栏目之间跳转。层次链接结构往往用在二级、三级栏目及其内部的具体内容页面之间，页面的混合链接结构如图8-7所示。这种方式兼有层次链接和星状链接结构的优势，在结构清晰的同时又能大大提高浏览速度。当然，这些链接方式应根据实际情况灵活运用，以求最佳效果。

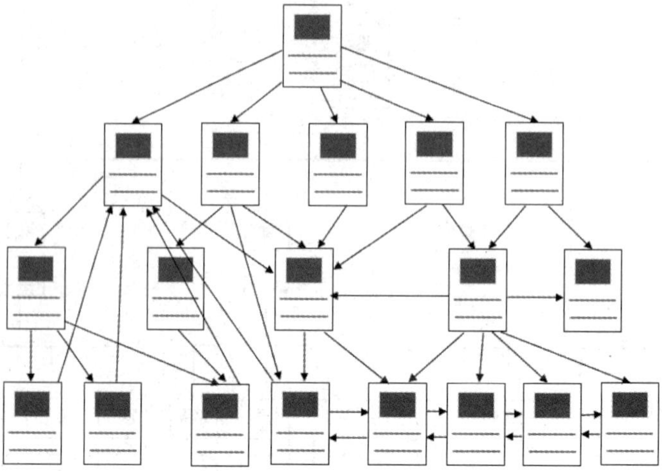

图8-7　页面的混合链接结构

8.3.5　电子商务网站导航设计

设计一个良好的信息导航系统对于一个成功的电子商务网站是非常必要的，它能够带领网站的浏览者穿梭于网站的各个页面，帮助其快速找到自己所需的商品或服务信息。导航是一组链接，它能够使浏览者快速且容易地转向需要访问的页面。导航设计的目标是方便用户浏览，将整个网站的内容有机地链接在一起，同时导航结构应该十分清晰，用户习惯也是设计时需要考虑的重要因素。导航栏是指位于网页头部，在头部图片上边或下边的一排水平导航按钮，它起着链接网站各个页面的作用。

1. 导航设计的原则

网站导航的主要功能在于引导用户方便地访问网站的内容，是评价网站专业度、可用度的重要指标。同时对搜索引擎也产生诸多提示作用。网站的导航对于网站起到提纲挈领的作用，使用户在浏览网页时很容易到达不同的页面，是网页元素非常重要的组成部分。设计好的网站导航对整个网络功能的发挥，以及对网民浏览过程的引导起到至关重要的作用。对网页设计者来说，导航栏在设计时，不仅要美观大方，而且要高效易用。

实际使用的过程中，浏览者一般以很随机的跳跃方式访问网站的各个页面内容。网站的导航系统必须精心设计，最大限度地方便用户访问，因此在导航设计时应遵循以下原则。

（1）导航结构要清楚。不管网站系统多么复杂，导航设计必须坚持清晰明了的原则，给浏览者一种既直接又简单的感觉。

（2）每页都有返回主页的链接。每个页面至少保证有一个指向主页的链接。保证浏览者不至于在网站中迷失方向。

（3）每页都有导航系统。页面中的导航系统，能够帮助浏览者在网站中自由跳转，随意访问。

2. 导航的分类

（1）全局导航。全局导航一般是指网站首页的导航条。该导航条具有以下特点。

① 位置固定。为了方便用户使用，减少浏览者查找的时间，全局导航位置一般都比较固定，通常位于网站的头部，而且每个网页的位置基本不变。

② 所有页面的全局导航相同。每个页面的导航都是相同的，内容相同、表现形式相同、位置相同，直接说就是一模一样。

③ 随意跳转。全局导航可以帮助用户随时跳转到网站的任何一个栏目，由一个栏目可以轻松跳转到另一个栏目。

（2）路径导航。路径导航显示了用户浏览页面的所属栏目及路径，帮助用户访问该页面的上下级栏目，从而更完整地了解网站信息。用户通过主导航到目标网页的访问过程中的路径提示，了解目前所处网站中的位置而不至于迷失“方向”，并方便回到上级页面和起点。路径中的每个栏目一般都添加有链接，单击后可以直接跳转到相关页面。

（3）快捷导航。对于网站的老用户而言，需要快捷地到达所需栏目，快捷导航能够为这些用户提供直观的栏目链接，减少用户的单击次数和时间，提升浏览效率。

（4）相关导航。为了增加用户的停留时间，网站策划者需要充分考虑浏览者的需求，为页面设置相关导航，让浏览者可以方便地到达所关注的相关页面，从而增加对企业的了解，提升合作概率。

3. 导航元素的放置区域

电子商务网站中基本的导航元素包括基于文本的导航和基于图形的导航。在网页中，人们常使用的是基于文本的导航栏和基于图形的导航栏。一个网页上可以在五个基本区域来放置导航元素，即顶部、底部、左侧、右侧和中心。一般在电子商务网站中，顶部和左侧是最合适的位置。

顶部是最吸引访问者的位置。访问者通常都是到页面的顶部寻找所需要的导航链接。因此，页面的顶部无疑是放置导航元素的首选位置。在页面顶部放置导航元素的缺点：如果页面内容比较多，页面长度超过一个屏幕的高度，当访问者浏览到页面的底部时，必须返回到页面的顶部才能找到导航元素。解决的办法有 3 个。

（1）在页面底部建立“回到首页”类的链接标签，以帮助访问者快速返回页面顶部。

（2）在页面的底部提供与顶部导航相应的文本链接。

（3）使用帧技术将导航固定在屏幕的顶部。

屏幕左侧也是放置网页导航元素的通用位置。左侧导航的缺点是减少了预留给内容的屏幕空间。常用的解决办法是使导航元素在不使用时能自动隐藏。

4. 网站导航的设计策略

网站导航设计应该使访问者都清楚地知道下列问题。

我在哪里？我能去哪里？我怎样去那里？我如何回到起点？

导航的一般设计策略有以下几种。

（1）一个网站至少要有一个一级栏目的导航栏。如果网站比较大，内容比较多，再进一步设计一级栏目下的导航栏。

（2）成功的导航设计应能够保证访问者迅速而高效地从一个页面跳转到另一个页面。达到这一目标的最佳方法是在每个页面上都创建能直接到达所有页面的导航链接。在拥有几百甚至上千个页面的大型网站中，要在每个页面上添加几百或上千个链接是不现实的。这时应给网站创建“网站导航图”页面，并在所有的页面上放置指向它们的链接，使“网站导航图”成为页面跳转的中转站。

（3）导航设计符合一般人的习惯。一般来说，人们在网页上寻找导航的次序习惯是顶部—左侧—底部。

（4）导航设计应能够使访问者在任何时候都知道自己所处的位置。这样既方便访问者选择到达目的页面的快捷方式，又能让访问者在寻找以前看过的内容时能很快找到那部分内容所在位置。通常在 Web 页上使用一种叫作路径导航的标签来显示站点中访问者所在的位置。路径导航的一般形式是“新浪首页>>科技时代>>互联网—国际>>正文（当前网页位置）”。

5. 网站导航方式

（1）并列式导航。所有的导航标志都处于同一个层次，分别用来指向各自的栏目，此种方式通常应用在站点的首页，新浪网导航方式如图 8-8 所示。

图 8-8　新浪网导航方式

（2）层次式导航。采用专门的导航条精确地描述各个导航内容的层次关系及其位置，搜狐网导航方式如图 8-9 所示。

图 8-9　搜狐网导航方式

（3）热点导航方式。通常，每个站点都有相当丰富的信息，不同的人会对不同的信息感兴趣，但在某一时期内大多数人感兴趣的问题很可能会集中在当前的若干个热点上，而站点提供的这些热点信息却可能处于不同栏目的不同层次中，且这些信息之间并不存在必然的联系。此时，就可采用热点导航方式，即将这些热点信息的链接并列地放置在站点的主页上，形成一个热点导航条，以方便访问者快速查看到此类共同关心问题的具体信息，淘宝网导航方式如图 8-10 所示。

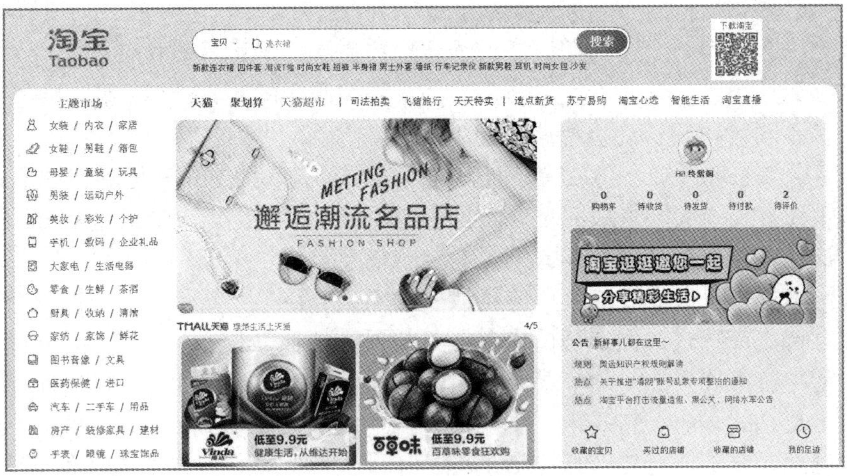

图 8-10　淘宝网导航方式

6. 电子商务网站导航栏的设计

1）电子商务网站导航栏的表现形式

电子商务网站导航栏一般位于网站的上方，其位置处于网站的“黄金地段”，是吸引浏览者眼球的重要位置。其表现形式有以下三种。

（1）纯文字表现法。纯文字表现法是指导航内容用文字的方式表现出来，其优点是显示速度快，几乎是打开网址的一刹那，导航页同步呈现在浏览者面前。其缺点是视觉效果不好，为了弥补这一点，一般将导航栏背景设置为漂亮的颜色，同时文字颜色与背景颜色巧妙搭配，将整个导航栏完美表现出来。

（2）图片表现法。这是目前广泛使用的方法，就是将导航文字用 Photoshop 等工具制成图片，图片可以采用任何艺术化的手法，实现最佳的效果。优点是视觉效果好，其缺点是速度慢，但随着互联网技术的发展，目前速度已经不再是问题。因此，提倡采用图片表现法。

（3）菜单式表现法。菜单式表现法是指导航内容用菜单的方式表现出来，其优点是符合人们使用计算机的习惯，层次清晰、信息量大、新颖别致。具体选择时要根据网站实际情况来进行。

2）电子商务网站导航栏的常见内容

电子商务网站导航栏的内容五花八门，不同的网站有不同的导航。但不管是什么样的网站其内容是不变的，导航栏具体包括以下几部分。

（1）首页。每个网站的导航上，都固定有一个“首页”，其链接网址为本站的首页地址，这也是所有电子商务类网站必不可少的内容。

（2）简介类。每个网站都有一个自我介绍的栏目，虽然叫法不一，但其内容却是唯一的，都以介绍本企业为主，类似的叫法有“单位概况”“企业简介”“走进企业”等。

（3）展示类。每个网站都有一个展示类的栏目，向浏览者展示其产品或服务，全面宣传自己的产品。从产品的说明到产品的图片，从产品的特点到产品的优势，总之竭尽其全力显耀其光华。这类栏目常见的称呼有“产品介绍”等。

（4）社区类。这类是为网站与浏览者交互提供的平台，如论坛、留言板等。

3）电子商务网站导航栏的设计步骤

（1）确定导航内容。通过前期调研，结合用户需求，确定导航按钮数量、导航内容，并以简明的文字概括出来。具体确定导航内容时，要在调研的基础上满足用户要求，广泛查阅相关网站，借鉴同行网站长处，形成自己的特色。

（2）确定导航表现形式。网站的导航有许多表现形式，其中最常见的有图形式、文字式、菜单式。这 3 种方式中文字式最简洁，而且实现起来也最容易。图形式则需要将文字在图形处理软件中进行艺术化处理；菜单式则具有包含信息量大、新颖别致的特点。具体选择时要根据网站实际情况来进行。规模大、信息量大的网站应该采用菜单式，显示速度要求高、流量大的网站宜选用文字式；而一般的网站则选择图形式比较好。

（3）确定导航实现方法。菜单式通常用软件编程法来实现，即通过编写程序，实现导航的方法，通常复杂的导航、特殊效果的导航多采用此法。图形式一般用 Photoshop 将文字进行简单效果处理，并配以背景音乐、卡通图标；而文字则直接在网页排版时录入即可。

8.4 电子商务网站可视化设计

网页可视化设计的主要目的是提供给用户一个关于网站的展示方案，可视化设计主要内容包括网页布局设计、网页色彩设计、文字设计和首页设计。

8.4.1 网页布局设计

精确的布局、美观的页面、规范的版式，会给访问者一个难以忘却的印象。布局是指在一个限定的面积范围内，合理安排图片、文字的位置，按照轻重缓急和审美要求逐步将信息展示出来的过程。

1. 网页布局设计原则

在网页布局过程中，须遵循以下几个原则。

（1）正常平衡原则，指的是“匀称”，即左右、上下对照形式平衡，主要强调秩序，能达到让人信赖的效果。

（2）异常平衡原则，指的是非对照形式，但也要平衡和韵律，当然都是不均衡的，此种布局能达到强调性、不安性、高注目性的效果。

（3）对比原则，指的是利用色彩、色调等技巧来表现，在内容上可涉及古与今、新与旧、贫与富等对比。

（4）凝视原则，指的是利用页面中人物视线，使访问者有仿照跟随的心理，以达到注视页面的效果，一般多用明星凝视状。

（5）用图表解说原则，指的是对不能用语言说服或用语言无法表达的情感，使用图表解说的内容，可以直观地表现出来，特别有效，也可以传达给访问者更多的心理因素。

（6）面向客户原则，网站的客户群决定了网页布局的方法，如以儿童用品为主题的电子商务网站，采用海报式布局是最佳的选择，而新闻页面则适合采用上下结构的布局方法。

（7）整体布局要遵循简洁大方的原则，这是网页版式布局的重要原则，整个布局不要过于花哨，提倡简约的布局突出网站的主题，强调网站的内容，不要以繁杂的布局吸引访问者一时的眼球。

（8）视觉效果与内容翔实相结合的原则，整个网页的布局要注意视觉效果的实现，恰当使用图像文字，将有些标题文字用图像表现出来，更好地突出文字的内容，网站的内容要翔实，要为网页的主要内容留出足够的空间。

（9）主次分明、条理清晰的原则，设计网页布局时要突出网站的主题，将网页的主要部分放在左上角及上面居中位置，而无关紧要的内容则放置在其他位置，做到主题突出，主次分明。内容与视觉效果要兼顾，形成和谐统一的整体布局。

2. 网页布局设计基础

网页的展示设备是计算机，而网页的受众对象则是人，因此网页版面布局的设计既要考虑计算机的显示能力，又要符合人的视觉习惯。好的网页布局是一个成功网站的重要方面。

（1）分辨率确定。像素是指荧光屏上的每个发光小点。例如，某台计算机的显示器横向能显示 1024 个发光小点，即 1024 像素，纵向能显示 768 个发光小点，即 768 像素，则该显示器的分辨率为 1024 像素 × 768 像素。目前，广泛流行的显示器的分辨率有 1600 像素 × 1200 像素、1280 像素 × 1024 像素、1024 像素 × 768 像素、800 像素 × 600 像素四种。

网站的建设首先要确定网站的尺寸，即以什么样的分辨率作为网站的制作依据。一般来讲，网站的宽度以 1024 像素、800 像素为依据较多，而高度则比较随意。

一般网站在设计时两边会留出少许空白，以 1024 像素为依据的网站，其实际宽度多为 1000 像素，而以 800 像素为依据的网站，实际制作时宽度多为 750 ~ 780 像素，实际制作时以 776 像素居多。

（2）网页的内容与放置位置。版面布局要符合人的视觉习惯。人们阅读材料时习惯按照从左到右，从上到下的顺序进行。人的眼睛首先看到的是左上角，其次是顶部居中的位置。因此网页的左上角是整个网页的“黄金地段”，也是人的最佳视阈。根据这一规律，设计时可以把重要信息放在页面的左上角或页面顶部，如标志、通知新闻等，然后依据重要程度放置其他内容。

页面中不同的位置，吸引人的程度不同，给人心理上的感受也不同。一般而言，上部给人轻快、积极之感；下部给人压抑、稳定的印象；左侧给人轻便、自由的感觉；右侧，给人局促却庄重的感觉。根据内容的不同对放置位置要做恰当的选择。

3. 网页布局设计步骤

（1）草稿。新建的页面就像一张白纸，没有任何表格、框架和约定俗成的东西，可以尽可能多地发挥想象力，将你想到的“景象”画上去。这属于创造阶段，不讲究细腻工整，不必考虑细节功能，只以粗陋的线条勾画出创意的轮廓即可。尽你所能多画几张，最后选定一个满意的作为继续创作的脚本。

（2）初步布局。在草案的基础上，将确定需要放置的功能模块安排到页面上。通常首页设计的内容主要包含网站标志、主菜单、新闻、搜索、友情链接、广告条、邮件列表、计数器、版权信息等。在初步布局时，必须遵循突出重点、平衡协调的原则，将网站标志、主菜单等最重要的模块放在最显眼、最突出的位置，再考虑次要模块的排放。

（3）定稿。在初步布局的基础上，具体化、精细化的过程。

4. 网页布局的设计

网页布局设计包括页面框架设计和网页布局技术。

1）页面框架设计

（1）左右型结构：这种布局结构体部由左右两部分组成。左半部分占整个宽度的 20%～30%，左半部分可以是菜单、用户登录、流量统计、联系方式等内容，右半部分则为显示主体内容。这是网页设计中使用最为广泛的一种布局结构。

（2）上下型结构：整个网页由上下两部分组成，上面是标题，下面则只有正文，也称为标题正文型布局，通常的二级页面、文章页面都采用这种布局方法。

（3）复合型结构：上下型和左右型结构的结合。

常见的网页柱架结构如图 8-11 所示。

图 8-11　常见的网页框架结构

2）网页布局技术。

（1）帧布局。这里所说的帧对应 HTML 文档中的一个 Frame 元素。帧布局就是将页面分成互不重叠的几个部分，每个部分称为一帧并对应一个独立的网页（页面框架技术）。采用帧布局最大的好处在于可以随意调整各个帧在页面中所占的比例，并且在显示网页时，拖动一个帧的滚动条只会滚动该帧画面的内容而不会影响其他帧。

（2）表格布局。这里所说的表格对应 HTML 文档中的一个 Table 元素。表格布局的最大好处在于可以根据需要将整个页面分隔成任意数量和任意大小的单元格，并且可以在单元格内嵌入任何网页对象。而且在对每个单元中的对象进行单独操作时，都不会影响其他单元格中的对象。

（3）层布局。层（Layer）布局是目前的主流技术，也是一种较新的布局技术，采用 CSS 进行页面布局，最大的优点是将页面布局从平面空间扩展到立体空间。采用层布局技术可以将一个页面看作由多个层面重叠而成，各个层面不仅允许以像素为单位精确地定位其在整个空间中的位置，而且还可以通过一定的设置来控制某一层是否显示及层与层之间的叠放次序。在网页设计中，层有 Div 和 Layer 两种不同的标记，并且不同的浏览器对层的支持是不一样的。

8.4.2　网页色彩设计

网站的配色决定着网站的整体效果，因为它能产生强烈的视觉冲击。不同的色彩搭配会产生不同的效果，反映出不同网站的文化内涵，并可能影响访问者的情绪。自然界中的色彩五颜六色、千变万化，通常将颜色分为红、橙、黄、绿、青、蓝、紫七色，其中，红、绿、蓝是三原色，三原色通过不同比例的混合可以得到各种颜色。色彩有冷暖色之分，冷色（如蓝色）给人的感觉是安静、冰冷的；而暖色（如红色）给人的感觉是热烈、火热的。冷暖色的巧妙运用可以让网站产生意想不到的效果。色彩与人的心理和情绪也有一定的关系，利用这一点可以在设计网页时形成自己独特的色彩效果，给浏览者留下深刻的印象。

1. 主色调的选择

网站的标准色彩是指能体现网站形象和延伸内涵的色彩，用于网站的标志、标题、主菜单和主色块，给人以整体统一的感觉。至于其他色彩也可以使用，不过只能作为点缀和衬托，绝不能喧宾夺主。

所谓色环就是将色彩按红→黄→绿→蓝→红依次过渡渐变，就可以得到一个色环。色环有暖色系、寒色系和中性系，色环示意图如图 8-12 所示。

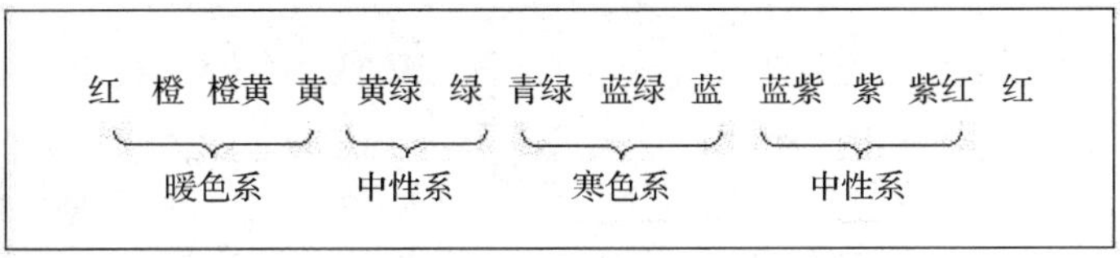

图 8-12　色环示意图

每个网站使用的标准色彩原则上不得超过 3 种，并且需要有一个占比例较大的颜色，我们称为网站的主色调，而其他颜色则称为网站的辅色调。例如，IBM 网站的主色调是深蓝色的，肯德基网站的主色调是红色条形的，网易网站的主色调是淡蓝色的，Windows 的视窗标志是红蓝黄绿色块的，这些网站的色彩搭配都使我们觉得很贴切，很和谐。

每种颜色适合不同类别的网站，选择主色调时要考虑色彩的象征性、色彩的生理反应和色彩的一般含义等。

（1）色彩的象征性。所谓色彩的象征性，是指色彩所拥有的象征意义，不同文化有着不同的看法，不同民族有着不同的含义。例如，黄色，在东方代表尊贵、优雅，在西方则被基督教视为耻辱象征；又如红色，在东方代表吉祥、喜庆之意，在西方则作为战斗，象征牺牲之意。因此，色彩在不同的地域、不同的民族会产生不同的文化观。

（2）色彩的生理反应。色彩可以引起一些生理上的反应。例如，红色就是一种刺激性非常强的颜色，往往会令人心跳加快、呼吸急促。所以，红色非常适合用在需要引起注意和强调的时候，如交通信号灯中的红灯、医院的红十字等。但若用于背景颜色的时候可能显得过于强烈。相同的，黄色也能引起注意，但因为其反射性太强，容易造成眼睛疲劳和不舒服。

另一方面，蓝色对神经系统具有放松的效果，且根据一些研究显示，以蓝色当背景还能增加生产力。但是，如果你的产品与食物有关，千万不要用蓝色作为背景颜色，因为蓝色可是会抑制人们的胃口的。

（3）色彩的一般含义。

① 蓝色。蓝色属于冷色调，表示忠诚、安全、保守、宁静、永恒、博大，给人以沉静、踏实、寒冷之感，也是网站采用最多的主色调，一般适用于企业、事业单位。

② 红色。红色属于典型的暖色调。红色，是火的色彩，也是血的颜色，首先给人的感觉是温暖、兴奋、热烈、坚强和威严。红色一般用于政府网站，也有的企业网站在重大节日期间会改版为红色，代表喜庆。

③ 绿色。绿色是大自然的代表色，表示自然、稳定、成长、和平、具有自然美、宁静、生机勃勃，可衬托多种颜色而达到和谐。绿色象征春天、新鲜、自然和生长，也用来象征和平、安全、无污染，如绿色食品，同时绿色也是未成年人的象征。绿色一般用于食品、农业类网站，也可用于购物类网站及儿童类网站。

④ 黑色。黑色是典型的冷色调，表示一种深沉、神秘，把黑和其他颜色相配时能显出黑色的力量和个性，如黑白相衬显得精致、新鲜、有活力，在黑色衬托下可以使用各种非常刺激的冷暖颜色，因为它有调和色彩的作用。这类颜色一般用于科幻、游戏类网站。

⑤ 粉色。粉色给人一种活泼的感觉，一般用于妇女、儿童类网站。

⑥ 紫色。紫色表示创造、忠诚、神秘、稀有。大面积的紫色有恐怖感，紫红色尤其明显，暗紫色有灾难感，淡紫则是一种优美的活泼色，紫与黄共存时，消极性更加显著。

⑦ 黄色。黄色表示明亮、光辉、疾病、懦弱。

⑧ 白色。白色表示纯洁、天真、洁净、真理、和平、冷淡、贫乏，也可表示虚无，有无尽的可能性。

⑨ 灰色。灰色是色彩中最被动的颜色，受彩色影响极大，靠邻近的色彩获得自己的生命，近冷则暖，近暖则冷。最有平静感（中性），是视觉中最安静的色彩，有很强的调和对比的作用。

2. 色彩搭配技巧

网页在进行色彩搭配时要注意，并不是色彩用得越多就越美观。事实上，全局采用和谐，局部采用对比的色彩往往最容易达到一个商务网站雅致美观的要求。如何运用最简单的色彩表达最丰富的含义？下面介绍几种色彩搭配的技巧。

（1）运用相同色系的色彩技巧。所谓相同色系，是指几种色彩在 360° 色环上的位置十分相近，在 45°左右或同一色彩不同明度的几种色彩，也就是说，将某一种单色彩变淡或变深后产生一种新的色彩用于网页。这种搭配的优点是易于使网页色彩趋于一致，有层次感，容易塑造网页和谐统一的氛围。缺点是容易造成页面的单调，因此有时可以利用局部加入对比色来增加变化，如局部对比色彩的图片等。

（2）运用对比色或互补色技巧。所谓对比色，是指色环相距较远，在 100°左右，视觉效果鲜亮、强烈，而互补色则是色环上相距最远的两种色彩，即相距 180°，其对比关系最强烈、最富有刺激性，往往使画面十分突出，容易塑造活泼、韵动的网页效果，特别适合体现轻松、积极的素材的网站。缺点是容易造成色彩过杂，使用中注意色彩使用的度。

要注意的是，以上两种用色方式在实际应用中要注意主体色彩的运用，即以一种或两种色彩为主，其他色彩为辅，不要几种色彩等量使用，以免造成色彩的混乱。

（3）色彩的应用技巧。在实际应用过程，要根据具体情况而定。

① 了解网站所要传达的信息，品牌的调性。选择可以加强这些信息的颜色。

② 了解客户群。文化差异可能使色彩产生非预期的效果。同时，不同地区与不同年龄层对颜色的反应也会有所不同。

③ 不要使用过多的颜色。除黑色和白色以外，一般再选择 3～4 种颜色就够了。太多的

颜色会导致混淆，也会拉走读者的注意力。

④ 在阅读的部分使用对比色。颜色太接近无法产生足够的对比效果，也会妨碍观众阅读。白底黑字的阅读效果最好。

⑤ 选择颜色要注意时效性。同一种色彩很容易充斥整个市场，且消费者很快就对流行色彩感到麻木。但从另外一个角度来看，你可以使用几十年前的流行色彩，引起人们的怀旧之情。

8.4.3　文字设计

1. 网站的字体运用

所谓标准字体，是指用于标志、标题、主菜单的特有字体。一般网页默认的字体是宋体。为了体现站点的“与众不同”和特有风格，我们可以根据需要选择一些特别字体。例如，为了体现专业可以使用粗仿宋体，体现设计精美可以用广告体，体现亲切随意可以用手写体，体现企业文化内涵可以用美术字等。企业可以根据自己网站所表达的内涵，选择更贴切的字体。目前常见的中文字体有二三十种，常见的英文字体有近百种。此外，网络上还有许多专用英文、中文艺术字体下载，要寻找一款满意的字体并不困难。

在电子商务网站中，字体的设置要遵循以下原则。

（1）正文字体。网页正文无特殊情况一般使用宋体。书刊、报纸通常使用的标准字体也是宋体，这也是人们平时接触较多的、较符合人们阅读习惯的字体。

（2）非标准字体的使用。正常情况下，网站上使用除黑体、宋体、楷体、仿宋体以外的字体时，必须将字体以图形的形式表现出来，简单来说，就是把文字在 Photoshop 中做成图像文件再使用。如果使用了除上述字体以外的其他字体，在没有安装更多字体的计算机上将无法按设计效果显示出来。因此，如果你的网站中使用的是非默认字体，那么，为了让所有的用户都能看到，用图片的形式是最好的选择。

（3）网站标题字体的使用。网站头部标题字体一般要使用方方正正的字体，不得使用行楷体等过于活泼的字体，以表达庄严、稳重之意。

（4）栏目字体。栏目字体一般以黑体或其他艺术字体为主，但一般要用图形的方式表现出来，略加艺术化处理，以及搭配一些小图标，可以达到意想不到的视觉效果。

对于电子商务网站字体设置应注意以下几点。

第一，不要使用三种以上的字体。字体太多则显得杂乱，没有主题。

第二，不要用太大的字。因为版面是宝贵的、有限的，粗陋的大字体不能带给访问者更多信息。

第三，不要使用闪烁不停的文字。

第四，原则上标题的字体较正文大，颜色也应有所区别。

2. 字号的设置

网站字号的设定，要注意以下几点。

（1）网站正文。网站正文的字号一般设置为 12 像素，如果用磅表示则为 10 磅，其大小相当于平时常说的五号字及标准的书刊用字大小。这个文字字号标准符合人们阅读习惯，也是网站标准文字字号。

（2）网站大标题。网站的大标题，即网站头部名称，此处使用的文字字号，一般来说是网页中最大的字号，但实际大小一般不能超过 36 像素。过大的标题会给人以笨重的感觉，过小的标题，则不显眼。

（3）网站栏目标题。网站的栏目标题，即网站的小标题，一般为 16 ~ 18 像素，类似常用的三号字大小，太小起不到栏目标题的作用，太大则不灵动，一般以黑体或宋体加粗为好。但目前广泛使用的办法是将栏目标题图片化，通过图像处理软件，实现一些特殊的文字效果。注意文字不要进行过多的艺术处理，否则会弄巧成拙。

3. 行间距的设置

网站文字的行距设置一般采用的方法是在样式表中定义，一般为 1.2 ~ 1.5 倍行距。正文文字通常设置为宋体，12 像素，行间距设为 18 像素，这是比较理想的数值。

8.4.4 首页设计

电子商务网站设计中最重要的一步就是首页设计，也就是网站的主页设计。首页设计包括版面、色彩、图像、动态效果、图标等的设计，也包括广告条、菜单、标题、版权等模块设计。

网站的首页设计，除了要掌握网站页面设计的一般要求，还要把握其特殊性，因为网站首页是最先呈献给向浏览者的。首页应该具有良好的视觉效果、简洁的页面、较少的加载时间和明显的风格设计等。

1. 视觉效果

视觉效果指用户打开网页的第一印象，好的网页能让浏览者产生强烈的视觉冲击，给浏览者留下深刻的印象。所以对于网页来说，视觉效果是相当重要的，它主要体现在色彩的搭配、字体设置和页面布局结构上，前面已经讲过了。

2. 网页简洁

设计网页的主要目的是进行信息交流，因此使信息更易于被浏览者浏览显得非常重要，除此之外的其他东西都处于从属的地位。尽管浏览者会被精美的动画和花哨的图片所吸引，但是只有当网页的内容易于访问且有价值时，他们才会经常性地访问。很难想象一个只有精美的外表，而访问速度极慢且无实质内容的网站能够留住浏览者。

3. 传输速度

传输速度是网页设计中一个需要着重考虑的问题，它对于网站的首页显得尤为重要。一般来说，首页的传输时间不能超过 10 ~ 15 秒，超过这个时间，大多数用户会失去等待的耐心。为提高网页的传输速度，可采用以下几种方法。

（1）尽量减少首页的数据量。例如，为了减少首页的数据量，在首页的新闻中可以限制新闻显示的条数，其他更多的新闻可以通过“更多……”来显示。

（2）页面在采用图片时，应尽量采用较小的图片，如果图片太大，可以采用分割图片的方法，将较大的图片分割成较小的图片。在网站开发平台中，都采用较小的图片，并且采用储存量较小的 GIF 和 JPEG 格式的图像文件。

（3）整个页面不要都套在一个表格里，应尽量拆分成多个表格；表格嵌套层次要尽量少，越复杂、嵌套层次越多的表格下载速度越慢。这是由于浏览器在读取网页 HTML 源代码时，是读完整个 Table 才将表格内容显示在屏幕上，而且显示也有优先级，先读到的先显示。如果一个大表格中含有多个子表格，必须等大表格读完，才能将子表格一起显示出来，就像我们遇到的有些站点等待很久却什么也出不来，单击“停止”按钮却一下显示出页面，就是这个原因。

4. 首页的风格设计

网站的风格建筑在网站内容的质量和价值性上，这是最基本的。如果一个网站只有风格而无内容，就好比绣花枕头一包草，好比一个性格傲慢但目不识丁的人。所以必须彻底搞清楚自己希望站点给人的印象是什么。

网站首页是企业网上的虚拟门面，在设计自己的门面时绝不能敷衍了事、马马虎虎。网站的页面就好比是“无纸的印刷品”，精良和专业网站的设计，如同制作精美的印刷品，会大大刺激消费者（访问者）的购买欲望，反之，您公司所提供的产品或服务将不会给消费者（访问者）留下较好的印象。一般来说，网站首页的形式不外乎两种。

（1）纯粹的形象展示型，这种类型文字信息较少，图像信息较多，通过艺术造型和设计布局，利用一系列与公司形象和产品、服务有关的图像、文字信息，组成一幅生动的画面，向浏览者展示一种形象、一个氛围，从而吸引浏览者浏览。这需要设计者具有良好的设计基础和审美能力，能够努力挖掘企业深层的内涵，展示企业文化。这种类型的首页在设计过程中一定要明确要以设计为主导，通过色彩、布局给访问者留下深刻的印象。

（2）信息罗列型，这种类型一般是大、中型企业网站和门户网站常用的方式，即在首页中就罗列出网站的主要内容分类、重点信息、网站导航、公司信息等，这种风格比较适合网站信息量大、内容丰富的网站。

一个网站特别是电子商务网站，需要统一的风格，即网站中每个网页的风格必须保持一致，这是进行内页设计过程中须重点考虑的问题。所谓风格一致，是指结构的一致性、色彩的一致性、导航的一致性、特别元素的一致性、背景的一致性。

结构的一致性，指的是网站布局、文字排版、装饰性元素出现的位置、导航的统一、图片的位置等，也就是网站或公司的名称、网站或企业的标志、导航及辅助导航的形式及位置、公司联系信息等，这种结构一致性的方式是目前网站普遍采用的结构，它可以减少设计和开发的工作量，同时更有利于以后的网站维护与更新。

色彩的一致性，指的是网站中各网页使用的色彩与主体色彩相一致，可以改变局部的色块。这种风格的优点是一个独特色彩的网站会给人留下很深刻的印象，因为人的视觉对色彩要比布局更敏感，更容易在大脑中形成记忆符号。

在色彩的一致性中，我们强调的是如果企业有自身的 CI 形象，最好在互联网中沿袭这个形象，给浏览者留下网上网下一致的感觉，更有利于企业形象的树立。

导航的一致性，指的是利用导航取得统一。导航是网站的一项重要组成部分，一个出色的富有企业特性的导航将会给人留下深刻的印象。例如，将标志的形态寓于导航之中，或将导航设计在整个网站布局之中等。

特别元素的一致性，指的是个别具有特色的元素，例如，标志、象征图形、局部设计等重复出现时的一致性。这种一致性会给访问者留下深刻印象。

背景的一致性，指的是各网页中的背景的风格保持一致性。网页中的背景图像在使用上一定要慎之又慎，尤其是一些动画，当网页中充斥着各种可有可无的动画，而这些动画根本与企业内容无关时，请将它们删除掉。通常是将企业的标志、象征性的简单图片作为背景，并将其淡化，使浏览者在阅读网站内容的同时不经意间记下企业的标志。

8.5 电子商务网站页面流程设计

页面流程反映了浏览者在浏览网站时的浏览经历。设计者为浏览者设计这些浏览经历的工作就是页面流程设计。

8.5.1 网站页面的划分

网站浏览者的浏览经历是由网站的一系列有序网页所构成的。如果是使用网站的某个特定功能，浏览网页的有序性是必需的。浏览者就是在一步一步的有序网页的链接中使用了网站的功能。

1. 功能模块的划分

网站功能确定了网站页面的有序链接。因此，设计页面流程的第一步是对网站的功能进行细分，即划分网站功能模块。它是整个页面划分的基础。

网站的功能模块是指完成某项独立功能的一个或多个网页。所谓独立功能，就是指这部分功能在不用其他功能模块的支持下，即可完成一定的任务。也就是说，只需要功能模块中的页面相互配合即可完成，而不需要运行其他的页面。

因此，功能模块才是网站功能的基本单位。而一个功能模块可能由一个网页构成，也可能由多个网页构成。这里所讲的页面是指动态页面，而不是指一般的静态页面，它们的内容是可以根据传入参数的不同而不同的。

网站的功能模块有三种划分方法：按流程划分、按网站的目录结构划分，以及按流程与按目录结构相结合划分。

（1）按流程划分。按流程划分功能模块是根据用户访问网站的过程来划分网站的功能模块的。这种划分法以用户的访问足迹为线索，每个功能模块就像线索上的节点。

按用户访问流程划分功能模块的方法，能清晰地反映用户访问网站的整个过程。采用这种方法，设计者能较好地体会用户在访问过程中的体验，从而把页面流程设计得更符合用户的习惯。但是如果用户访问过程中，访问流程的分支太多，使用这种方法设计就会显得凌乱，甚至可能造成功能模块的重复。

（2）按网站的目录结构划分。按网站的目录结构划分就是按网站的内容分类来确定功能模块的分类。由于是按网站的目录结构划分，这种分法也就显得简单，因为分类的工作其实已经在网站信息结构设计中完成了。

如果一个网站的交互性不高，那么就没有必要按用户访问的流程来划分。实际上，这种划分法，每个功能模块就是网站里面一个子目录的内容。

（3）按照流程与按目录结构相结合划分。对于复杂、大型的网站，内容又多，又有很强的交互性，通常都采用按照流程划分与按目录结构相结合起来的划分方法。现在大多数商业网站都采用这两种方法相结合的划分方法。这种结合应该是相互渗透的。可以在按流程划分的功能模块中按目录分类，又可以在按目录分类的大功能模块中按流程来分类。两种划分方法可以相互嵌套，互相依存，构成一个很好的功能整体。

具体使用中有一个如何选择这两种分法及把它们集合起来的问题。通常要先看网站能够提供多少种不同类的服务，每种服务可以把它分成一个大类，归到一个目录中，在每种交互性的服务中，再看服务提供的过程是怎样实现的，按实现的步骤再细分，然后根据需要进行不同的划分。当然，这里划分方法的运用是灵活的，要按照实际情况做决定。

2. 根据功能模块划分网站页面

划分功能模块之后，下一步是把功能细分到网站页面上，通过页面来实现各模块的功能。

对于网站页面功能分配，基于目录分类的网页，在一个功能中，页面之间有层次关系。基于流程划分的网页，在一个功能中，内部的实现是一个流程，页面之间有调用关系，而这种调用必然是按照一定顺序逐页进行的。

如果页面之间有调用关系，每个页面都要处理一些输入参数和输出参数。页面常常是从上一个页面获得输入参数，从输入参数中知道要做什么，并通过输出参数告诉下一个被调用页面接着要做什么。页面之间如果有这种调用关系，还应该建立页面规格设计说明（见图 8-13），对调用关系进行详细说明。

为了完成把功能细分到网站页面这个工作，首先要设计完成每个功能的流程图，接着把流程中的每一步落实到一个个具体的页面。大部分具有交互性的网站功能，都通过一个流程完成。

/Public/LoginResponse.asp

基本功能

检查用户登录

输入参数

UserID：用户 ID

Password：用户密码

链接及输出参数

若登录成功，则设置用户 Session，返回首页

若登录失败，则返回到 Logon.asp 页面

图 8-13　页面规格设计说明

8.5.2　网站页面连接流程设计

在划分了网站页面后，需要将这些页面连接起来，构成网站的链接网。建立页面连接流程分两步。

第一步是分别将每个功能模块内部划分好的页面连接起来。

第二步是将已建立的各个功能模块的链接网（子网）通过某些方式实现连接，而构成整个网站的链接网。

1. 建立各个功能的链接子网

这一步主要沿用了页面划分的成果。但是由于页面划分是根据网站功能使用步骤进行确定的，并未完全反映页面之间的联系，很可能忽略了页面自身的链接联系。在建立链接联系时，应根据所划分好的页面的功能调用关系来建立链接关系，实现链接子网的建立。建立链接联系时还要注意调用的双向性和调用的条件，即页面之间的调用，有可能其链接是双向的，并且是有条件的（根据传递的参数所确定）。

2. 建立网站整体链接网

在各链接子网建立之后，还需实现整个网站的页面链接流程。各子网连接成一个整体是

通过修改接口页面或者通过导航系统来完成的。修改接口页面可以使同一层次而分属于不同功能模块的子网建立连接，或者使分属于上下级关系的功能模块子网（如产品浏览和发表评论属于一种上下级关系：发表评论总是针对一种产品的，必须在经过产品浏览后才可以使用该功能）建立连接。导航系统通常可使网站各独立的功能实现横向联系。

8.5.3 网站页面流程图

页面流程图是由划分好的页面单元、连接单元之间的箭头及图例等元素组成的，是描述网站页面流程的最常用、最好的方式。页面流程图中涉及的元素包括以下四种。

（1）流程图标题。通常显示在版面的左上方，并采用较显眼的字体和颜色。

（2）节点。流程内的每个页面被称为一个节点，通常用写有页面的文件名字的方框来表示。一般以不同的颜色或底纹作为两种节点方框的底色来区别一般的页面和操作性页面。

（3）箭线。箭线是指带箭头的线，从一个节点指向另外一个节点，表示页面流程的链接方向。自我链接时，箭线的尾部和头部都指向同一个节点，形成一个环形；双向链接时，可以采用两根箭线，也可以采用一根两头都有箭头的箭线。箭线旁应该标出该箭线所属流程路线的流程号。

（4）图例。节点的底色或底纹说明，指出哪种底色或底纹是一般页面，哪种底色是操作性页面。流程路线说明：为每条流程路线标号，给出路线标号和路线的对应关系。

本章小结

电子商务网站设计包括网站策划和网站具体设计两方面的内容，时间上是在网站开发工作之前，是网站建设成功与否的基础和关键。网站设计确定了网站的目标、定位，决定了网站的功能、信息结构、后台处理功能，内容主要包括网站规划设计、信息结构设计、可视化设计、页面流程设计、网站 CI 设计和数据库设计。本书主要介绍了网站规划设计、信息结构设计、可视化设计和页面流程设计四个部分。网站规划是指在网站建设前对市场进行分析，确定网站的目的和功能，并根据需要对网站建设中的技术、内容、费用、测试、维护等做出规划。

网站规划对网站建设起到计划和指导作用，对网站的内容和维护起到定位作用。网站信息结构是指从方便用户的角度设计和组织网站的信息，有效的网站信息结构能够帮助实现业务目标和用户需要。网站信息结构的设计完全基于网站的目标、内容和功能。此外，还有一些如页面风格、方便浏览等方面的次要因素也影响着网站结构的设计。网站的信息结构设计内容包括网站栏目设计、网站内容设计、网站目录结构设计、网站链接结构设计和网站导航设计。网页可视化设计的主要目的是提供给用户一个关于网站的展示方案，可视化设计主要内容包括网页版面布局设计、网页色彩设计、文字设计和首页设计。页面流程反映了访问者在浏览网站时的访问经历。设计者为访问者设计这些浏览经历的工作就是页面流程设计。

思考题

实践环节

第 9 章 电子商务系统的实施、运营、维护与评价

本章教学目标

（1）理解系统实施的主要工作；
（2）了解电子商务系统测试的原则与指标；
（3）理解系统测试的内容、过程和方法；
（4）熟悉电子商务系统的发布过程；
（5）掌握电子商务系统的运营与推广策略；
（6）熟悉电子商务系统维护的内容、过程和维护中的安全管理；
（7）熟悉电子商务系统的评价原则、评价指标和评价过程。

电子商务系统的分析与设计阶段完成了系统逻辑结构的描述，为系统实施奠定了基础。系统开发工作经过系统设计阶段后，便进入了系统实施、运营和维护阶段。系统实施阶段将系统逻辑模型转化为相应的物理系统，经过测试与发布后投入实际运行。该过程是将系统从开发方手中移交到用户手中的过程。在这一阶段，不仅需要重视系统实施的工作质量，还必须兼顾系统的维护性。

9.1 电子商务系统的实施

电子商务系统实施的主要工作包括系统平台搭建、应用软件开发、系统测试、系统发布等工作。

9.1.1 电子商务系统平台的选择与搭建

电子商务系统平台的选择和搭建要根据新系统的目标，在各种技术手段和实施方法中权衡利弊，合理利用各种资源，包括选择适当的网络平台、计算机软/硬件及其他辅助设备。

1. 电子商务系统平台搭建的基本原则和注意事项

1）电子商务系统平台搭建的基本原则

电子商务系统平台的选择与搭建是一项复杂的工程，它涉及业务处理的各方面，需要考虑行业性质、任务对象、功能需求等因素，同时要遵循以下几个基本原则。

（1）先进性。技术上具有先进性。

（2）可行性。实现上具有可行性。

（3）灵活性。使用上具有灵活性。

（4）可扩充性。发展上具有可扩充性。

（5）收益性。投资上具有收益性。

2）电子商务系统平台搭建过程中需要注意的具体问题

（1）计算机软/硬件配置能满足系统以下这些要求。

① 功能要求：能满足新系统的各种功能要求。

② 性能要求：根据用户提出的对系统的处理速度、精确度等要求，确定计算机的运行速度、网络的传输速度等指标。

③ 容量要求：根据新系统近期所要处理的最大数据量及若干年以后的发展规划，配置计算机内存、外存容量。

④ 安全性和可靠性要求：应保证系统的数据、信息等资源安全可靠，防止信息的破坏和丢失，确保系统的正常运行。

（2）电子商务系统的软/硬件的选择应在技术上具有一定的先进性。

（3）电子商务系统的软/硬件应尽量符合国际标准或某些开放的标准，使电子商务系统便于扩充或与其他系统集成。

（4）硬件的选择应服从于软件的选择，即先根据系统的功能、性能要求确定系统软件，再根据系统软件确定系统硬件。

（5）电子商务系统的软/硬件应尽量选用成熟的产品，保证电子商务系统运行的安全性和可靠性。

（6）供应厂家应具有较好的信誉和技术服务，能获得及时、有效的技术支持。

（7）电子商务系统配置应尽量做到最佳的性价比。

2. 网络平台的搭建

电子商务系统的网络平台为整个电子商务系统提供可靠的、集成的运行平台，应采取各种基于开放标准的信息技术及符合国际工业标准的软/硬件产品。网络平台的搭建原则如下。

1）符合相关部门颁发的技术规范和业务要求

以《中国国内电话网 NO.7 信号方式技术规范（暂时规定）》及其补充规范等国家和本地规范和规程为依据。

2）技术成熟、先进

采用客户服务呼叫中心领域的最新技术，保证系统在建成后一段时间内不会因技术落后而大规模调整，并能通过升级保持系统的先进性，延长其生命周期，同时又要保证先进的技术是稳定的、成熟的，支持现有的多种呼叫功能和网络协议。

3）实用高效，性价比优异

充分利用所有设备，稳定、高效地实现所需的业务功能，和已有设施紧密配合，避免重复投资，降低工程造价，并留有升级的余地。

4）满足对容量和容错的需求

要充分考虑呼叫容量对线路流量和系统处理的要求，程控设备和网络设备配备冗余的板卡的电源，满足系统对容错的要求。

5）兼容性和可扩展性好

系统平台应该容纳已有或未来新增的不同品牌的设备，并充分保证不同系统的互操作性。为满足未来软/硬件的灵活部署和容量要求，应考虑系统规模扩展的需求和升级能力。

6）安全性高

在通过 WWW 为用户提供服务的同时，要防止各类恶意或无意的黑客行为和病毒侵袭，对外部接入设置防火墙进行安全检查和过滤，内部员工对主机的访问要设置验证和有限授权并进行审核，防止未经授权的人员误用或进行违纪活动。

7）易于管理和维护

从企业管理和效益的方面考虑，建立方便、全面的网络管理对保证网络安全、高效地运行是非常重要的。系统必须易于使用，以减少员工培训费用；同时，系统维护应尽量集中、简单，尽量避免复杂系统和多系统组合的维护开销，减轻维护人员的负担，提高网络管理和决策的效率。

8）强大的可开发性

系统应配备健壮的开发接口和丰富的开发工具，充分支持现有的开发手段和开发成果，开发平台应该易用并足够强大以满足不断变化的需求。

网络平台的搭建要考虑网络/设备的集成，即通过标准的技术手段，将物理上各自分离的设备系统通过网络建立逻辑上互联互通的统一体，这是实现软件系统集成的基础。例如，建立一个基于 TC/IP 协议的互联网络，为不同主机/设备上的应用程序提供标准的基于 IP 的通信链路，实现如网络共享文件系统、网络共享打印功能、网络统一权限管理等功能，为数据库系统、应用服务器系统、客户端计算机等相互之间进行服务请求提供通信支持。

目前市场上常用的网络类型有以太网、FDDI、ATM 等，其中使用最广泛的是以太网。近年来，随着交换以太网、100MB 快速以太网、1000MB 高速以太网的出现，以太网能适用于从主干网、支干网到端设备各种不同的场合，其性能优良、价格便宜、可扩展性良好，因此电子商务系统常选用以太网技术构建计算机网络平台。

3. 操作系统的选择

1）操作系统平台的选择原则

（1）开放性。

（2）对称性与非对称处理。

（3）异种机互联能力。

（4）目录及安全服务的支持能力。

（5）应用软件的支持能力。

（6）网管能力。

（7）性能优化和监视能力。

（8）系统备份/恢复支持能力。

2）支持电子商务系统运行的主流操作系统

目前支持电子商务系统运行的主流操作系统主要有 Microsoft Windows 系列和 UNIX/Linux 系列两个家族。

Microsoft Windows 系列主要运行于 Intel 生产的 CISC 芯片的 CPU 上，目前各种 PC 服务器均支持 Microsoft Windows。UNIX/Linux 阵营又可以分成 UNIX 和 Linux 两个部分。传统的 UNIX 操作系统主要运行于 RISC 结构的 CPU 上，目前主流的 UNIX 操作系统主要包括 IBM 公司的 AIX、SUN 公司的 SunOS 和 Solaris、HP 公司的 HP-UX 和 0SF/1；Linux 操作系统以共享软件为基础，也具有很多版本，如 Turbo Linux、Red Hat、Red Flag 等，Linux 操作系统既可运行于各种 PC 服务器上，又可以运行于某些 RISC 结构的 CPU 的小型机上。

中、小型机的操作系统由自身携带，通常应采用 UNIX 系列的。微机服务器可以用 UNIX 系列的（如 Linux、SCO UNIX、Solaris for x86 等），也可以选择 NT 系列的（如 Windows 2000 Advanced Server 等）。总体来看，Linux 系列的系统运行稳定，可靠性、安全性较好，运行效率高，但相对而言，服务的配置较复杂。

工作站机型可选用流行的微机系统，操作系统为 Windows 系列，如 Windows XP 或 Windows 2000。

4. 应用服务器的选择

应用服务器实际上是支持商务应用的一个运行开发环境，它为电子商务应用软件提供服务。应用服务器是电子商务应用的引擎，是 Internet 应用的开发平台，是集成 Web 和已有系统的关键连接器。

1）应用服务器为应用程序提供的主要服务

（1）高性能的应用程序运行环境。具体包括：内容缓存；数据库连接缓存；支持进程的多线索执行；大量用户访问情况下的负载均衡；分布式联机事务处理；标准的应用开发环境和应用分布环境；支持利用传统的编程语言（C/C++）和 Java 编写的应用；支持混合编程模式，如在 Java 应用或 Servelet 当中调用 EJB 组件。

（2）为应用提供扩充性。电子商务系统可能面临的用户访问压力是难以预知的，所以应用系统具备很高的可扩展性能是非常必要的。应用服务器一般通过两种方式提高系统可扩充性：一种方式是支持服务器集群；另一种是对称多 CPU 系统。此外，优秀的应用服务器还提供应用的动态负荷均衡。

（3）会话管理。在用户和商务应用进行交互的过程中，经常需要进行对话。会话管理的作用是对客户的每次人机会话过程进行记录和管理。如果一次商务活动必须经过多个复杂的步骤才能完成，那么会话管理是非常重要的功能。

（4）支持多种应用编程模式。在应用服务器的基础上开发应用程序，除可以使用多种语言外，也可以采取多种编写程序的方式。具体来讲包括以下几方面的内容。

① 应用表达：JSP、Servelet、Java 应用。

② 商务逻辑：JavaBeans、EJB 等。

③ 数据库存取：JDBC、ODBC 等。

④ 应用集成：XML、CORBA 等。

（5）目录及内容管理。一般应用服务器提供目录管理和内容管理工具，它们提供对用户访问内容的控制、分层数据组织、目录更新及控制等服务。

（6）商务引擎。商务引擎指电子商务系统体系结构中的商务服务层的功能，主要为商务系统提供业务支持。这些服务包括个性化服务（如 BEA 的 WebLogic Personal Server）、客户关系管理 CRM（如 BroadVision、Oracle 公司的产品）、供应链管理、电子交易市场（如 Oracle iExchange）等，但是不同的应用服务器产品在这一方面的差异很大。

（7）系统管理。要保证应用系统能够正常地运行，应当使应用程序的运行环境得到有效、方便的管理。目前的应用服务器都提供相应的系统管理工具，具体功能包括性能配置管理、存取控制管理、系统日志管理。

2）应用服务器选择的可参考因素

（1）性能和技术指标。在性能和技术指标中，性能是最关键的因素之一。

（2）可扩展性。可扩展性也是服务器选型的重要因素之一。

（3）外部工具的支持。选择应用服务器时，需要考虑是否能够获得额外的工具或框架支持。

（4）独立性。合适的应用服务器应该具有独立性和相当的可移植性。应用服务器不用被绑定在某个特定的数据库或开发工具上，这限制了用户的选择权利，也为将来的移植性带来了困难。

（5）价格。在价格总数上，需要参考电子商务系统应用需要最高并发处理多少事务，计算需要多少个 CPU，然后根据每个 CPU 价格计算价格总数并进行比较。同时还需要考虑售后服务的费用。

3）应用服务器的分类

目前的应用服务器一般根据功能划分其类别，因此，应根据应用服务器所支持的功能来进行选择。目前市场中主要有 6 种类型的服务器：事务服务器、知识服务器、带有集成开发工具的应用服务器、协作服务器、瘦服务器和主机访问服务器。

现在大型的电子商务网站都是采用基于 EJB 技术的应用服务器来构建。现在应用比较广泛的、已经产品化了的应用服务器主要有三个：IBM 的 Websphere、BEA 的 WebLogic 和 Inprise 的 IAS。

5. 数据库管理系统的选择

数据库管理系统是电子商务系统中非常重要的组成部分，在选择数据库管理系统时应从以下几个方面予以考虑。

1）构造数据库的难易程度

需要分析数据库管理系统有没有范式的要求，即是否必须按照系统所规定的数据模型分析现实世界，建立相应的模型；数据库管理语句是否符合国际标准，符合国际标准则便于系统的维护、开发、移植；有没有面向用户的、易用的开发工具；所支持的数据库容量特性决定了数据库管理系统的使用范围。

2）程序开发的难易程度

有无计算机辅助软件工程工具 CASE——计算机辅助软件工程工具可以帮助开发者根据软件工程的方法提供各开发阶段的维护、编码环境，便于复杂软件的开发、维护。有无第四代语言的开发平台——第四代语言具有非过程语言的设计方法，用户不需要编写复杂的过程性代码，易学、易懂、易维护。有无面向对象的设计平台——面向对象的设计思想十分接近人类的逻辑思维方式，便于开发和维护。有无对多媒体数据类型的支持——多媒体数据需求是今后发展的趋势，支持多媒体数据类型的数据库管理系统必将减少应用程序的开发和维护工作。

3）数据库管理系统的性能分析

包括性能评估（响应时间、数据单位时间吞吐量）、性能监控（内外存使用情况、系统输入/输出速率、SQL 语句的执行、数据库元组控制）、性能管理（参数设定与调整）。

4）对分布式应用的支持

包括数据透明程度与网络透明程度。数据透明是指用户在应用中无须指出数据在网络中的什么节点上，数据库管理系统可以自动搜索网络，提取所需数据；网络透明是指用户在应用中无须指出网络所采用的协议，数据库管理系统自动将数据包转换成相应的协议数据。

5）并行处理能力

支持多 CPU 模式的系统（SMP、CLUSTER、MPP）、负载的分配形式、并行处理的颗粒度和范围。

6）可移植性和可扩展性

可移植性指垂直扩展和水平扩展能力。垂直扩展要求新平台能够支持低版本的平台，数据库客户机/服务器机制支持集中式管理模式，这样能够保证用户以前的投资和系统；水平扩展要求满足硬件上的扩展，支持从单 CPU 模式转换成多 CPU 并行机模式（SMP、CLUSTER、MPP）。

7）数据完整性约束

数据完整性指数据的正确性和一致性保护，包括实体完整性、参照完整性、复杂的事务规则。

8）并发控制功能

对于分布式数据库管理系统，并发控制功能是必不可少的。因为它面临的是多任务分布环境，可能有多个用户点在同一时刻对同一数据进行读或写操作，为了保证数据的一致性，需要由数据库管理系统的并发控制功能来完成。

9）容错能力

指异常情况下对数据的容错处理，其评价标准包括硬件的容错、有无磁盘镜像处理功能的容错、有无软件方法异常情况的容错功能。

10）安全性控制

安全性控制包括安全保密的程度（账户管理、用户权限、网络安全控制、数据约束）。

11）支持汉字处理能力

支持汉字处理能力包括数据库描述语言的汉字处理能力（表名、域名、数据）和数据库开发工具对汉字的支持能力。

12）数据库恢复能力

当突然停电、出现硬件故障、软件失效、病毒或严重错误操作时，系统应提供恢复数据库的功能，如定期转存、恢复备份、回滚等，使系统有能力将数据库恢复到被损坏以前的状态。

6. 中间件的选择

1）中间件选择的原则

中间件在操作系统、网络和数据库之上，应用软件的下层，总的作用是为处于自己上层的应用软件提供运行与开发环境，帮助用户灵活、高效地开发和集成复杂的应用软件。用户在使用中间件时，往往把一组中间件集成在一起，构成一个平台（包括开发平台和运行平台），在这组中间件中又必须有一个通信中间件，因此可以比较形象地把中间件定义为平台加通信。在具体实现上，中间件是一个用 API 定义的分布式软件管理框架，具有强大的通信能力和良好的可扩展性。

中间件的特殊性使得企业在选择具体的中间件产品以前，必须确定企业的应用类型或具体需求，进而仔细确定选择使用哪一类中间件。这一点非常重要。如果企业的应用类型只是传递消息，而对高可靠、高并发、高效率无特殊要求，就应该选择消息中间件而非交易中间件。如果是典型的关键任务的联机事务处理系统，就应该选择交易中间件。如果要建立分布式构件应用，企业应该选择基于对象的中间件。

2）中间件选择的影响因素

中间件的功能经常是相互交叉的，如有的交易中间件包含消息传递的功能，有些对象中间件继承了交易中间件的特性，而有的应用服务器可以把交易管理中间件或消息中间件作为它的一种服务等。因此，除技术上的界定以外，中间件选择还必须考虑以下几个因素。

（1）与遗留应用的结合度。在选用中间件构造的应用与传统的遗留应用之间要建立联系，就需要考虑这个问题。

（2）使用的难易程度。有些中间件只是应用的一部分，而有些中间件将会带给应用一个新的体系结构。应用的现状、应用开发队伍的水平、中间件本身的复杂程度等都会影响中间件的使用效果。

（3）成本。不同类的中间件的成本不同，如果把消息中间件只是用在局域网上实现数据访问显然代价太大，把交易中间件用在非交易处理类系统中去传递消息同样不可取，另外，还要考虑技术培训对开发成本所带来的影响。

7. 硬件平台的选择

计算机硬件平台的选择主要从服务器设备、数据存储设备和网络设备三方面考虑。

1）服务器设备

服务器设备的选择原则通常考虑以下几方面。

（1）可靠性。简单来说就是要求服务器必须稳定运行，也就是死机率低。高可靠性的服务器为了满足需要，对热插拔硬盘、冗余的冷却风扇、热插拔内存、硬件监测系统等全部采用了多种先进技术。

（2）可用性。服务器的可用性是指在一段时间内服务器可供用户正常使用的时间的百分比。

（3）先进性。先进的服务器不仅采用最新型的处理器和芯片组，对于网络适配器和 RAID 控制器等影响系统 I/O 性能的重要部件，还充分考虑了其与操作系统的兼容性，在需要庞大处理功能的应用领域中，具有较高的配套协调性能。

（4）可扩展性。可扩展性具体表现在两个方面：一是留有富余的机箱可用空间；二是充裕的 I/O 带宽。

（5）可维护性。服务器的主要部件（如主板、驱动器、冷却风扇、I/O 端口、电源）应全部模块化，各部件甚至无须工具就可以进行拆卸、维护和更换，尽可能缩短停机检修时间。

（6）安全性。安全性是网络的生命，冗余是衡量服务器安全性的重要标准，因为服务器部件冗余是消除系统错误、保证系统安全和维护系统稳定的有效方法。

2）数据存储设备

目前典型的网络存储技术有 DAS、NAS、SAN 三种，用户可以根据自身的不同特点进行数据存储设备的选择。

（1）DAS。

① 服务器 DAS 连接方式期初成本低、实施简单、技术含量不高。

② 多数 DAS 连接方式使用 SCSI 设备，目前也有少量客户使用光纤通道存储设备直连服务器。

③ 受 SCSI 协议的限制，主机到存储之间的长度不能超过 25m。

④ 受 SCSI 协议的限制，一条 SCSI 总线上只能支持 15 个设备。

⑤ 出于性能及连接设备个数的考虑，基于 SCSI 的 DAS 直连方式容量扩展能力有限。

⑥ 如今 SCSI 协议支持的最高数据传输速率理论值可达 320bps，但实际应用中性能随 SCSI 总线上连接设备的增多而快速降低。

⑦ 在大、中型企业内部，当服务器数量较多时，DAS 连接方式大大增加了系统管理维护人员的工作量和技术复杂程度。

⑧ 在大、中型企业内部，当 DAS 连接形式的服务器较多时，会导致每一个 DAS 连接的存储容量不会被完全使用，造成整体容量空间的浪费。

（2）NAS。

NAS 是目前较多拥有异构环境的企业扩展服务器存储容量及进行数据共享的连接方式，其存储结构方式具有以下特点。

① 服务器 NAS 连接方式比直连式存储方式的成本高。

② NAS 连接方式通常用于拥有异构环境的企业中，数据之间能够进行共享。

③ 在 NAS 连接方式下，数据间的共享及备份均是文件形式的。

④ 在 NAS 连接方式下，由于服务器之间传递的数据必须通过以太网，因此给原本就比较拥挤的以太网增加了更大的数据传输压力，容易形成系统中影响性能的瓶颈。

⑤ NAS 类似于一台可以支持异种文件系统的文件服务器。

NAS 存储方式在很大程度上解决了 DAS 存储方式的不足，能够满足绝大多数中、小型企业进行本地存储的需求。它最大的特点就是简单易行，采用了与以太网相同的 IP 协议，网络管理员可轻松地掌握 NAS 存储系统部署，受到许多企业的欢迎。但 NAS 还是没有从根本上解决磁盘存储性能和连接距离的问题，磁盘存储性能没有得到提高，只是提高了网络的出口带宽。

（3）SAN。

① 集中式管理。运用分布式的设备，包括主机系统、存储系统、交换机和光纤适配器等，都可以通过一个简单的管理平台从单点进行管理。

② 企业备份。备份程序简化，磁带子系统可以被多个主机服务器所共享，备份时还不会占用局域网 LAN 带宽，即所谓 LAN—Free 备份及与服务器无关的备份方式。

③ 高可用性和灾难恢复。可以在多台服务器和存储设备上建立任意两点间的连接，能够形成一个被多个服务器通过多条路径访问的共享存储池，从而导致更高的可用性，保证企业业务的不间断。

④ 数据共享。分布式服务器可以通过访问一个大的集中管理的存储子系统来运行各种数据共享应用。

⑤ 高性能。目前光纤通道的数据传输速率理论可以达到 225Mbps，并通过交换机实现传输路径和带宽的独享。如今投放市场的一些产品数据传输速率可以达到 1Gbps。

在以上介绍的三种存储技术中可以看出，竞争的焦点在 NAS 和 SAN 之间。但长期的实践证明，NAS 与 SAN 并没有任何一个占绝对优势。它们各自有不同的特点，适用于不同的用户群。NAS 具有安装管理方便、价格较低等优点，是中小企业存储的优选方案；而 SAN 则更加适用于企业级数据存储、服务器集群、远程灾难恢复和 Internet 数据服务等多个领域。

3）网络设备

根据网络平台的搭建原则，网络设备首先要满足客户的需求，再根据以下原则进行选择。

（1）安全性和稳定性。网络设备是电子商务系统的硬件基础，最好选择经过相当长时间，被广泛应用的网络产品。

（2）技术先进性。所选择的网络设备应该具有较先进的技术，能够保持该设备在很长时间内不会因为技术落后而被淘汰。

（3）性价比高。选择的产品应该具有良好的性价比，网络设备主要包括交换机和路由器。国际品牌大都具有优秀的品质，从性能和质量上讲可以作为企业的网络设备，如 Cisco、Enterasys、Extreme、Foundry 等。

（4）便于扩展。为避免不必要的重复投资，选择具有一定扩展能力的设备，能够保证在网络规模扩大时，不需要增加新的设备，而只需要增加一定数量的模块即可。

（5）服务支持原则。系统运行的稳定性离不开供应商的服务支持，供应商应当有完善的维护和服务支持途径，提供长期可靠的技术支持，以降低系统硬件面临的风险。

9.1.2　应用软件开发

1. 电子商务系统的开发和集成与传统的信息系统开发的差别

电子商务系统的开发和集成的任务主要是完成电子商务应用软件的编码与调试，电子商务系统应用程序如图 9-1 所示。

此外，还可能有一部分工作是完成电子商务系统与企业既有信息资源的集成。电子商务系统的开发和集成与传统的信息系统开发有一定的差别，具体体现在以下几个方面。

（1）电子商务系统基本上是基于客户机/服务器结构（大多表现为浏览器/服务器形式）的系统，所以其应用软件可以分成客户机（Client）、服务器（Server）两部分，或者说前台程序（Front End）和后台程序（Back End）。大多数情况下前台程序直接使用浏览器而不必重新开发，而后台程序包括 Web 页面和应用程序两个部分，这样后台的开发工作也就包括 Web 页面开发、后台应用程序编码两部分，而在程序调试时，又需要将这两部分结合起来。

（2）传统的应用程序直接运行在操作系统之上，而电子商务系统的应用程序基本上是在 Web 服务器或应用服务器上运行的。

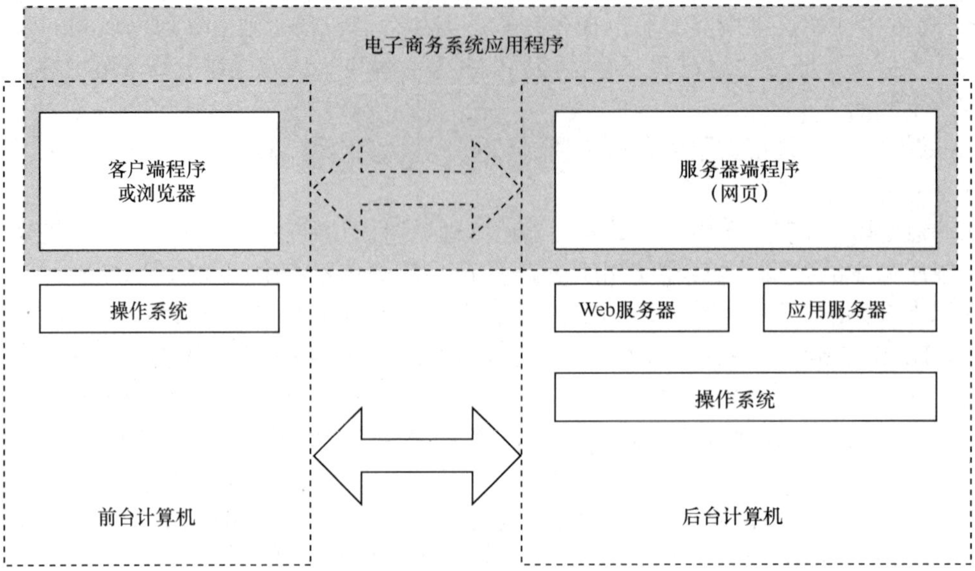

图 9-1　电子商务系统应用程序

（3）传统的商务应用程序基本可用各种高级语言进行开发，如 Cobol、Basic、C/C++等，而电子商务系统应用程序的开发更为灵活，除了可以使用各种高级语言开发外，还大量地采用了面向对象的程序设计语言 Java。此外，在应用软件的构建上，由于应用服务器的引入，各种组件技术（如 EJB、JavaBean 等）的应用也较广，所以应用的可重用性较强。

（4）电子商务应用运行于分布式环境中，应用软件中的各个部分可能跨平台。同一应用中又可能包括客户端程序和服务器端程序，这些程序可能运行于不同的操作系统之上，而且大量使用组件本身也往往造成跨平台的现象出现。所以，电子商务应用程序开发中大量地使用了分布式系统开发及分布式数据库技术。

（5）基本上规模较大的电子商务系统都需要与企业既有的数据库、信息系统进行集成，此外，企业也常常需要和其合作伙伴之间进行数据交换，或者与合作伙伴的信息系统进行协同处理，这就涉及很多应用的互操作和异构数据源的处理问题，致使电子商务应用程序的开发更为复杂。

正是这些原因，导致电子商务系统在开发和集成方面不仅复杂，而且较为灵活，存在多种应用程序的构建方式，也存在不同的开发技术。

2. 电子商务系统的开发模式

电子商务系统的开发模式是电子商务应用软件的开发构建方式。目前，其开发模式基本可以分成传统的 Web 开发模式和基于组件的开发模式这两类。

1）传统的 Web 开发模式

系统开发工作主要集中在 Web 服务器上的各种静态、动态网页的制作方面。Web 应用最初的开发模式是静态页面开发模式，随着 Web 技术的发展，又出现了 CGI、ASP、PHP、JSP 等动态页面开发模式，这些都是传统的 Web 开发模式。

（1）静态页面开发模式。

静态网页是相对于动态网页而言的，是指没有后台数据库，不含程序和不可交互的网页。

在网站设计中，纯粹 HTML 格式的网页通常就被称为“静态网页”，早期的网站一般都是由静态网页制作的，静态网页是以.htm、.html、.shtml、.xml 等为后缀的。但是，在 HTML 格式的网页上，也可以出现各种动态的效果，如 GIF 格式的动画、Flash、滚动字幕等，这些“动态效果”只是视觉上的，与动态网页是不同的。

（2）动态页面开发模式。

动态网页是与静态网页相对应的，网页 URL 以.asp、.jsp、.php、.perl、.cgi 等形式为后缀。这里说的动态网页，能够很容易地进行数据库访问，还能根据访问者的反应产生不同的超链接，显示不同的内容。动态网页与网页上的各种动画、滚动字幕等视觉上的“动态效果”没有直接关系。动态网页也可以是纯文字内容的，还可以包含各种动画内容，这些只是网页具体内容的表现形式，无论网页是否具有动态效果，采用动态网站技术生成的网页都称为动态网页。

2）基于组件的开发模式

这一模式主要利用了软件的可重用性思想。基于组件的开发是在一定的软件模型的支持下，重用组件库中的软件组件，通过组合构造应用系统软件的过程。开发的主要工作是在组件库中查找各类合适的软件，对于组件库中没有的组件，在网上查询购买或自己开发，最后把相关的组件组装。由于软件可重用理论发展很快，尽管思路相似，但是这种模式的编程工具和手段不尽相同，比较有代表性的包括以下几种。

（1）CORBA 技术。

CORBA（Common Object Request Broker Architecture，公共对象请求代理体系结构）是由 OMG 组织制定的一种标准的面向对象应用程序体系规范，或者说 CORBA 体系结构是对象管理组织为解决分布式处理环境中，硬件和软件系统的互联而提出的一种解决方案。使用 CORBA，用户能在不知道软件和硬件平台及网络位置的情况下透明地获取信息；CORBA 自动进行许多网络规划任务，如对象注册、定位、激活；CORBA 能处理多路径请求；CORBA 有分帧和错误处理机制，还能并行处理及执行操作。

OMA（Object Management Architecture，对象管理体系结构）定义了组成 CORBA 的四个主要部分。

① ORB（Object Request Broker，对象请求代理），作为对象互通信的软总线。

② CORBA Services，定义加入 ORB 的系统级服务，如安全性、命名和事务处理。

③ CORBA Facilities，定义应用程序级服务，如复合文档等。

④ Business Objects，定义现实世界的对象和应用，如银行账户。

ORB 是 CORBA 中的核心部分。ORB 提供了一种机制，通过这种机制，对象可以透明地发出请求和接收响应。分布的、可以互操作的对象利用 ORB 构造可以互操作的应用。

（2）Microsoft DCOM。

MicrosoR DCOM（Distributed Component Object Model，分布式公共对象模型）是 COM（Component Object Model，公共对象模型）的扩展，它支持不同的两台机器上的组件间的通信，无论它们是运行在局域网、广域网上，还是 Internet 上。应用程序借助 DCOM 将能够任意进行空间分布，从而满足客户和应用的需求。

由于 DCOM 是 COM 这个组件技术的无缝升级，所以能够从现有的有关 COM 的知识中获益，可将以前在 COM 中开发的应用程序、组件、工具移入分布式的环境中。DCOM 可将底层网络协议的细节屏蔽，从而集中精力解决用户所要求的问题。

DCOM 还可以工作在位于企业内部或除了公共因特网之外的其他网络中。DCOM 是作为 Windows 操作系统中的一部分集成的，并且很快在所有的主流 UNIX 平台和 IBM 的大型服务器产品中出现。

（3）.NET Framework。

.NET Framework 支持生成和运行下一代应用程序和 XML Web Services 的内部 Windows 组件。NET Framework 旨在实现下列目标。

① 提供一个一致的面向对象的编程环境，而无论对象代码是否在本地存储和执行。

② 提供一个将软件部署和版本控制冲突最小化的代码执行环境。

③ 提供一个可提高代码（包括由未知的或不完全受信任的第三方创建的代码）执行安全性的代码执行环境。

④ 提供一个可消除脚本环境或解释环境的性能问题的代码执行环境。

⑤ 按照工业标准生成所有通信，以确保基于.NET Framework 的代码可与任何其他代码集成。

.NET Framework 具有两个主要组件：公共语言运行库和.NET Framework 类库。

公共语言运行库是.NET Framework 的基础。公共语言运行库可以看作一个在执行时管理代码的代理，它提供内存管理、线程管理和远程处理等核心服务，并且强制实施严格的类型安全及可提高安全性和可靠性的其他形式的代码准确性。

NET Framework 类库是一个综合性的面向对象的可重用类型集合，可使用它开发多种应用程序，包括传统的命令行或图形用户界面（GUI）应用程序，也包括 ASP.NET 所提供的最新创新的应用程序（如 Web 窗体和 XML Web Services）。

（4）J2EE。

SUN 公司的 J2EE 是开发分布式企业软件应用的平台，J2EE 架构是一个多层的结构，其架构具体包括以下几层。

① 用户层：用来与用户交互并把来自系统的信息显示给用户。

② Web 层：Web 层产生表示逻辑，并接收来自客户端的用户反馈。在所接收的客户端请求的基础上，表示层对用户的请求产生相应的回应。

③ 业务层：业务层处理应用的核心业务逻辑，为低层业务提供必要的接口。业务组件通常被实现为 EJB 容器内的 EJB 组件。其中，EJB 容器提供组件生命周期，管理持久性、事务和资源分配等。

④ EIS 层：该层为企业的信息系统服务，包括数据库系统、事务处理系统、企业资源计划系统等。EIS 是 J2EE 应用与非 J2EE 应用的连接点。

J2EE 平台已经成为使用最广泛的 Web 程序设计技术。该技术主要支持两类软件的开发和应用：一类是做高级信息系统框架的 Web 应用服务器（Web Application Server）；另一类是在 Web 应用服务器上运行的 Web 应用程序（Web Application）。J2EE 实际上为 Web 应用系统提供了容器平台，用户所开发的程序组件在容器内运行。

（5）Struts。

Apache Struts 是由一个著名的软件组织 Apache 提供的、开放源代码的、用于帮助开发人员创建基于 Java 的 Web 应用程序的开发框架。它实现了 MVC（Model-View-Controller，模型—视图—控制器）架构，目前在电子商务系统的开发中已经得到广泛的应用。

MVC 模式可以增加程序代码弹性，将程序代码整理切割为三部分：Model 部分是业务与应用领域相关的逻辑、管理状态的对象；Controller 部分接收来自 View 所输入的资料并与 Model 部分互动，是业务流程控制之处；View 部分则负责展现资料、接收使用者输入的资料。

Struts 作为一种比较成熟的 Web 应用开发框架，主要提供了以下三种重要的组件。

① 请求处理器（Request Handler）：用于将客户端请求映射成标准的 URI（Uniform Resource Identifier，统一资源标志符）。

② 响应处理器（Response Handler）：将控制传递给能完成响应的资源。

③ 标记库（Tag Library）：帮助开发人员使用服务器页面技术（如 JSP）创建基于表单的交互式应用程序。

Struts 具有以下优点。

① 具有 MVC 模型的所有特性和优点。

② 简化了基于 MVC 的应用程序的开发。

③ 提供了很多对象实现 MVC 的基本特征。

④ 允许开发人员使用 XML 文件来配置很多默认的框架。

⑤ 提供了一个灵活的体制来处理错误和异常。

⑥ 提供了一个方便的方法对应用程序的信息进行国际化。

Struts 是对 MVC 设计模式的一种实现。MVC 设计模式为构建可扩展、可重用的代码打下了一个坚实的基础，MVC 模式最大的特性在于使开发人员必须抽象自己的代码，把项目分解为表示、逻辑和控制三部分，而分化的作用正如一个交响乐团中的音乐、团员和指挥。

由于 Struts 已经为开发者提供了一个非常优秀的 MVC 模式的应用框架，利用 Struts 开发 MVC 系统可以大大加快开发效率。在开发时可以采用如下开发流程。

① 收集和定义应用需求。

② 基于数据采集和显示的原则定义和开发用户界面需求。

③ 为每个用户界面定义访问路径。

④ 定义 ActionMappings，建立应用业务逻辑之间的联系。

⑤ 开发满足用户界面需求的所有支持对象。

⑥ 基于每个用户界面需求提供的数据属性来创建对应的 ActionForm 对象。

⑦ 开发被 ActionMapping 调用的 Action 对象。

⑧ 开发应用业务逻辑对象。

⑨ 对应 ActiohMapping 设计的流程创建 JSP 页面。

⑩ 建立合适的配置文件 struts-config.xml 和 web. xml。

⑪ 开发、测试和部署开发好的应用系统。

Struts 是一种优秀的 J2EE MVC 架构方式。其有效地体现了 MVC 设计模式的特点，对应用程序的显示、表示和数据的后端代码进行了抽象，整合了 JSP 和 Java Servlet 的技术优势，利用 Taglib 获得可重用代码和抽象 Java 代码，利用 ActionServlet 配合 struts-config.xml 实现对整个系统的导航。增强了开发人员对系统的整体把握程度，提高了系统的可维护性和可扩充性。

3. 开发工具的选择

在电子商务系统的实施中，应该根据所选择的体系结构、操作系统类型、数据库管理系统及网络协议等选择开发工具。同时要考虑系统的开放性，开发工具本身要尽可能开放，符合开放系统标准，独立于硬件平台及系统软件平台的选择，甚至能够独立于数据库的选择，这样才有利于系统的扩展。同时开发工具要有与高级语言的接口，便于系统特殊功能的开发。此外，开发工具还应尽可能支持系统开发的整个生命周期。

选择合适的开发工具首先应该考虑选择的开发工具所适用的领域，此外还应该遵守以下基本原则：①最小工作量原则；②最小技巧性原则；③最小错误原则；④最小维护原则；⑤减少记忆原则。

在系统开发时，选择开发工具的过程中应具体考虑以下几个因素：①项目的应用领域；②用户的要求；③可以使用的编程程序和开发环境；④程序员的经验和知识；⑤软件可移植性要求。

现有的开发工具可以概括为大而全和小而专两种类型。Visual Studio.NET 属于前者，而像 Delphi、C++Builder、JBuilder 及大量的各种 SDK 等属于后者。大而全的工具一般都提供从前端到后台、从设计到编码测试的完整工具，但在一些特定的功能上，却还是小而专的工具更为合适。微软的.NET 和 SUN 的 J2EE 是程序员熟悉的两种开发框架，尽管两者提供的方法不同，但其都具有许多非常优秀的特点。两种平台主流的开发语言 Java 和 C++在架构上惊人地相似。

开发工具的比较没有绝对的标准，对其评价不能仅看它对设计模式、对象结构和管理的支撑情况，更重要的是要针对具体的使用环境、开发方法、结构体系、开发群体和使用群体来评价一种工具的适宜程度。

4. 面向对象实现

在实现阶段主要进行程序代码的编写。实际上，常常在系统设计时就进行某些编码工作，如很多时候需要开发一个快速系统原型用来验证设计方案的可行性。

在设计阶段产生的 UML 制品——交互图和设计类图——将被用作代码产生阶段的输入，它们为编写代码提供了大量必要的信息。从设计阶段的制品到代码的生成则是一个相对直接的翻译过程。

但程序设计并不是一个单纯的代码编写的步骤。实际上，系统设计阶段产生的结果通常不是一个完善的、不用做任何修改的制品，在程序设计和测试中，许多具体的问题将会被发现并解决。如果做得好，设计阶段的制品将提供一个有弹性的、健壮性的核心，可方便程序设计的修改。

编写代码时，从下面的设计模型中选取规格说明。

（1）类规格。每一个类的规范详细地显示了必要的属性和操作。

（2）类图。类图由类构成，显示了类的结构及类之间的关系。

（3）状态图。状态图显示了对象可能具有的状态，以及需要处理的状态转移（及触发状态转移的操作）。

（4）动态图（顺序图、协作图和活动图）。涉及类的对象，显示了类中的特定方法如何实现，或对象之间如何进行交互。

（5）用例图和用例描述。当开发者需要了解更多的关系、系统如何被使用的信息时，应参考用例图和用例描述。

Rational Rose 支持多种语言代码的自动生成。生成代码时，Rose 从模型的 Logical 视图和 Component 视图中收集信息，根据 Component 视图中建立的包结构创建相应的目录及文件，并生成类的代码。当然，任何工具都无法创建完整的应用程序，Rose 也只能生成类的框架代码，减少开发人员大量无创造性的手工劳动。

以代码框架为基础，开发人员就可以添加每个类操作的具体实现代码，并设计图形用户界面。

通常，设计中的某些缺陷可以在编码阶段被发现。可能需要一些新的操作或修改某些操作，这意味着开发者必须改变或调整设计模型，这在所有的工程中都会发生。重要的是保持设计模型和程序代码之间的同步，以使模型能够成为系统的最终文档。通常使用 Rational Rose 的逆向工程来完成。开发人员可以直接修改程序代码，而不用先改变模型再从模型生成代码。逆向工程可以根据代码的改变直接创建或更新对象模型。利用 Rose 的正向工程和逆向工程，就可以保证模型与程序代码始终保持一致。

编码结束后，UML 模型的使用并没有停止。在系统的测试阶段可以根据用例图和交互图来准备测试案例，用以检验每一个用例能否在已完成的应用程序中得到良好的支持。

9.1.3　电子商务系统测试

电子商务系统测试是保证系统质量的重要手段。在电子商务系统的开发过程中，开发人员不可避免地会出现差错，因此必须对系统进行测试。系统测试是将已经确认的软件、计算机硬件、外设、网络等元素结合起来，进行系统的各种组装测试与确认测试。通过与系统的需求比较，发现所开发的系统与用户需求不符或矛盾的地方。

1. 系统测试的原则与指标

1）系统测试的目的

系统测试以寻找错误为目的，精心选取那些易于发生错误的测试数据，以十分挑剔的态度，证明程序有错。由于开发人员思维的严密性是有限的，加之主观、心理、经验等因素，开发的系统一般是会出现错误的。一般来说，不可能测试出程序的所有错误，测试只能证明错误的存在，不能证明错误不存在，即测试只能找出程序中的“部分”错误，而不能证明整个程序无错。因此测试的目的就是发现系统的错误。

在系统测试中出现的主要错误，按其范围和性质可划分为以下几类。

（1）功能错误。由于说明书不够完整或叙述不够确切，致使在编码时对功能有误解而产生的错误。

（2）系统错误。指与外部接口的错误、参数调用错误、子程序调用错误、输入/输出地址错误及资源管理错误等。

（3）过程错误。主要指算术运算错误、初始过程错误、逻辑错误等。

（4）数据错误。指数据结构、内容、属性错误，动态数据与静态数据混淆，参数与控制数据混淆等。

（5）编码错误。指语法错误、变量名错误、局部变量与全局变量混淆、程序逻辑错误和编码书写错误等。

2）测试的基本原则

测试是保证系统质量和可靠性的关键步骤，是对系统开发过程中的系统分析、设计和实施的最后复查。根据测试的概念和目的，在进行测试时应遵循以下基本原则。

（1）尽早并不断进行测试。测试不是在应用系统开发完之后才进行的。由于原始问题的复杂性、开发各阶段的多样性及参加人员之间的协调等因素，使得开发各个阶段都有可能出现错误。因此，测试应贯穿开发的各个阶段，尽早纠正错误，消除隐患。

（2）测试工作应该避免由原开发软件的人或小组承担。一方面，开发人员往往不愿意承认自己的错误，总认为自己开发的软件没有错误；另一方面，开发人员很容易根据自己编程的思路来制定测试思路，具有局限性。测试工作应由专门的人员来进行，这样会更客观、更有效。

（3）确定预期输出。设计测试方案时，不仅要确定输入数据，而且要根据系统功能确定预期的输出结果。将实际输出结果与预期结果相比就能发现测试对象是否正确。

（4）非法的和非预期的输入情况。在设计测试用例时，不仅要设计有效、合理的输入条件，也要包含不合理、失效的输入条件。

（5）检验程序是否做了不该做的事情。在测试程序时，不仅要检验程序是否做了该做的事，还要检验程序是否做了不该做的事。多余的工作会带来副作用、影响程序的效率，有时会带来潜在的危害或错误。

（6）按照测试计划执行。严格按照测试计划来执行，避免测试的随意性。测试计划应包括测试内容、进度安排、人员安排、测试环境、测试工具和测试资料等。

（7）保留测试计划和测试用例。妥善保存测试计划、测试用例，作为软件文档的组成部分，为维护提供方便。测试用例都是精心设计出来的，可以为重新测试或追加测试提供方便。

3）测试技术指标

电子商务系统技术性能的测试指标主要用来衡量和评价系统质量优劣，一般来说测试内容至少包括系统可靠性测试、系统健壮性测试、系统正确性测试、系统安全性测试和系统兼容性测试等，所以电子商务系统测试技术指标也主要包括这些方面。

（1）系统的可靠性。可靠性指系统的可靠程度，主要是对系统的平均无故障时间、系统故障后的平均恢复时间、系统故障发生的频度等进行评价。

（2）系统的健壮性。健壮性指系统达到极限边界时的恶化程度。健壮性可以从系统的最大并发用户数、系统最大I/O能力等方面衡量。

（3）系统的正确性。正确性即衡量应用软件是否达到设计功能的要求。

（4）系统的安全性。安全性主要指用户的权限设置、网页链接等方面是否存在隐患。

（5）系统的兼容性。兼容性主要指应用软件能否在不同的系统上运行、运行的结果是否一致。

2. 测试的内容

1）软件测试

软件测试工程师的工作是利用测试工具按照测试方案和流程对产品进行功能和性能测

试，甚至根据需要编写不同的测试工具，设计和维护测试系统，对测试方案可能出现的问题进行分析和评价。执行测试用例后，需要跟踪故障，以确保开发的产品符合需求。

测试过程是按四个步骤进行的，即单元测试、集成测试、确认测试和系统测试。

（1）单元测试。单元测试又称模块测试，是针对软件设计的最小单位——程序模块进行正确性检验的测试工作。其目的在于发现各模块内部可能存在的各种差错。单元测试需要从程序的内部结构出发设计测试用例，多个模块可以平行地独立进行单元测试。

（2）集成测试。通常，在单元测试的基础上，需要将所有模块按照设计要求组装成为系统。这时需要考虑的问题有以下几个方面。

① 在把各个模块连接起来的时候，穿越模块接口的数据是否会丢失。

② 一个模块的功能是否会对另一个模块的功能产生不利的影响。

③ 各个子功能组合起来，能否达到预期要求的父功能。

④ 全局数据结构是否有问题。

⑤ 单个模块的误差累积起来，是否会放大，从而达到不能接受的程度。

在单元测试的同时可进行集成测试，发现并排除在模块连接中可能出现的问题，最终构成要求的软件系统。子系统的集成测试特别称为部件测试，它所做的工作是要找出集成后的子系统与系统需求规格说明之间的不一致。

（3）确认测试。确认测试又称为有效性测试，任务是验证软件的功能和性能，以及其他特性是否与用户的要求一致。软件的功能和性能要求在软件需求规格说明书中已经明确规定，它包含的信息就是软件确认测试的基础。

（4）系统测试。系统测试就是将通过确认测试的软件作为整个基于计算机系统的一个元素，与计算机硬件、外设、某些支持软件、数据和人员等其他系统元素结合在一起，在实际运行环境下，对计算机系统进行一系列的组装测试和确认测试。系统测试的目的在于通过与系统的需求定义作比较，发现软件与系统的定义不符合或与之矛盾的地方。

2）电子商务应用程序测试

（1）可用性测试。

① 导航测试与检验。导航为访问者在网站的浏览过程中实现定位和导向。网站的层次一旦确定，就要着手测试用户导航功能，让最终用户参与测试与检验效果将更好。

② 图形测试与检验。图形测试的内容有：图形有明确的途径；验证所有页面字体的风格是否一致；背景颜色应该与字体颜色和前景颜色搭配；图片的大小和质量也是一个重要的因素，图片尺寸要尽可能地小，但要能清楚地说明某件事情，一般采用 JPG 或 GIF 压缩。

③ 内容测试与检验。内容测试用来检验网站提供信息的正确性、准确性及相关性。

④ 整体界面测试与检验。整体界面是指整个网站的页面结构设计如何，如用户浏览网站是否感到舒适、整个网站的设计风格是否一致等。对整体界面的测试过程可以说是对最终用户调查的过程。

对所有的可用性测试来说，都需要有外部人员（如与电子商务应用程序开发没有联系或联系很少的人员）的参与，最好有最终用户的参与。

（2）功能测试。

① 链接。链接测试可分为三个方面：测试所有链接是否按指示的那样确实链接到了该链接的页面；测试所链接的页面是否存在；保证没有孤立的页面。链接测试必须在集成测试

阶段完成，即在整个电子商务站点的所有页面开发完成之后进行链接测试。

② 表单。当用户向电子商务网站提交信息时，就需要使用表单操作，如用户注册、登录、信息提交等。表单测试有以下几方面的内容：测试提交操作的完整性，以校验提交给服务器的信息的正确性；如果使用了默认值，还要检验默认值的正确性；如果表单只接受指定的某些值，也要进行测试。

③ 数据校验。如果根据业务规则需要对用户输入进行校验，测试人员需要验证这些校验功能是否能正常工作。

④ Cookies。Cookies 中保存了用户注册信息。如果系统使用了 Cookies，测试人员需要对它们进行检测。测试的内容包括以下几个方面：Cookies 是否起作用；是否按预定的时间进行保存；刷新对 Cookies 有什么影响；如果使用 Cookies 来统计次数，还需要验证次数累计正确与否。

（3）接口测试。

在通常情况下，电子商务站点不是孤立的。电子商务站点可能会与外部服务器通信，请求数据、验证数据或提交订单。

① 服务器接口。第一个需要测试的接口是浏览器与服务器的接口。测试人员提交事务，然后查看服务器记录，并验证在浏览器上看到的正好是服务器上发生的。测试人员还应查询数据库，确认事务数据已正确保存。

② 外部接口。有些电子商务系统有外部接口。例如，网上商店可能要实时验证信用卡数据以减少欺诈行为的发生。在测试时，要使用 Web 接口发送一些事务数据，分别对有效信用卡、无效信用卡和被盗信用卡进行验证。通常，测试人员需要确认软件能够处理外部服务器返回的所有可能的消息。

（4）兼容性测试。

主要验证应用能否在不同的客户浏览器上正常运行。如果用户是全球范围的，需要测试各种操作系统、浏览器、视频设备和 Modem 速度。最后，还要尝试各种设置的组合。

（5）数据库测试。

在 Web 应用技术中，数据库起着重要的作用，数据库为电子商务应用系统的管理、运行、查询和实现用户对数据存储的请求等提供空间。在电子商务应用中，最常用的数据库类型是关系型数据库。数据库中应该测试的要素有：数据库搜寻结果相关性、查询回应事件、数据库完整性和数据有效性。

（6）容错测试。

容错测试以各种方式强制系统检测不同的失败方式，以确保系统会在预定的时间内修复错误并继续进行处理；系统是容错型的，即处理错误中并不会停止系统的整体功能。数据修复及重新启动在自动修复状态下是正确的，如果修复要求人为介入，则修复数据库的平均时间在预先定义的可接受限制内。

3）网站测试

基于 Web 的系统测试与传统的软件测试既有相同之处又有不同之处，对软件测试提出了新的挑战。基于 Web 的系统测试不但需要检查和验证是否按照设计的要求运行，而且要评价系统在不同用户的浏览器端的显示是否合适。重要的是，还要从最终用户的角度进行安全性和可用性测试。

（1）性能测试。

网站的性能测试对于网站的运行而言异常重要，网站的性能测试主要从以下三个方面进行。

① 连接速度测试。

用户连接到 Web 应用系统的速度随上网方式而变化，可能是电话拨号或宽带上网。当下载一个程序时，用户可以等较长的时间，如果仅访问一个页面，Web 系统响应时间太长（如超过 5s），用户就会因没有耐心等待而离开。

另外，有些页面有超时的限制，如果响应速度太慢，用户可能还没来得及浏览内容，就需要重新登录了。而且，连接速度太慢还可能引起数据丢失，使用户得不到真实的页面。

② 负载测试。

负载测试是为了测量 Web 系统在某一负载级别上的性能，以保证 Web 系统在需求范围内能正常工作。负载级别可以是某个时刻同时访问 Web 系统的用户数量，也可以是在线数据处理的数量。这样的测试是以程序正常运行为前提的。

③ 压力测试。

压力测试指实际破坏一个 Web 应用系统，测试系统的反应，是测试系统的限制和故障恢复能力，也就是测试 Web 应用系统会不会崩溃、在什么情况下会崩溃。黑客常常提供错误的数据负载，直到 Web 应用系统崩溃，接着在系统重新启动时获得存取权。压力测试的区域包括表单、登录和其他信息传输页面等。

（2）安全性测试。

目前网络安全问题日益重要，对于有交互信息的网站及进行电子商务活动的网站尤其重要。取得在线客户的信任，对于电子商务的成功非常关键，它需要对电子商务的客户机/服务器应用程序、数据库、服务器、网络、防火墙等进行测试。

3. 测试的方法与工具

1）测试的方法

测试的主要方法有人工测试与机器测试。一般源程序通过编译后，要先经过人工测试，然后进行机器测试。人工测试是采用人工方式进行，目的在于检查程序的静态结构，找出编译不能发现的错误。机器测试是运用事先设计好的测试用例，执行被测程序，对比运行结果与预期结果的差别以发现错误。

（1）人工测试。

人工测试有个人复查、走查与会审这三种方法。

① 个人复查。指源程序编写完后，直接由程序员自己进行检查。由于心理上对自己程序的偏爱，自己不易纠正错误，效率不是很高。

② 走查。一般由 3 ~ 5 人组成测试小组，测试小组成员应是从未介入过该软件的设计工作、有经验的程序设计人员。测试人员扮演计算机的角色，用人工方法将测试数据输入被测程序，并在纸上跟踪监视程序的执行情况，让人代替机器沿着程序的逻辑走一遍，以发现程序中的错误。由于速度很慢，因此只能使用很少量的、简单的测试用例。

③ 会审。与走查相似，要求测试成员在会审前仔细阅读软件有关资料，根据错误类型清单填写测试表，列出根据错误类型要提出的问题。会审时，由程序作者逐个阅读和讲解程

序，测试人员逐个审查、提问，讨论可能产生的错误。此外，会审还要对程序的结构及风格进行审定。

（2）机器测试。

机器测试通过在计算机上直接运行被测程序来发现程序中的错误。机器测试又可分为黑盒测试与白盒测试。

① 黑盒测试，也称功能测试，将软件看作黑盒子，在完全不考虑程序的内部结构和特性的情况下测试软件的外部特性。根据软件的需求规格说明书设计测试用例，从程序的输入和输出特性上测试是否满足设定的功能。

② 白盒测试，也称结构测试，将软件看作一个透明的白盒子，按照程序的内部结构和处理逻辑来选定测试用例，对软件的逻辑路径及过程进行测试，检查它与设计是否相符。

2）常见的测试工具

测试方面的工具很多，以下就各种常用测试工具进行简要对比。

（1）WinRunner。WinRunner 的主要功能有：插入检查点；检验数据；增强测试；分析结果；维护测试；为无线应用做准备。它使用的范围包括功能测试、生成测试用例、分析测试结果、维护测试用例和回归测试。

（2）LoadRunner。LoadRunner 的主要功能有：创建虚拟用户；创建真实的负载；定位性能问题；分析结果以精确定位问题所在；重复测试保证系统发布的高性能；Enterprise Java Beans 的测试；支持无线应用协议：支持 Media Stream 应用；完整的企业应用环境的支持。它使用的范围包括性能测试、压力测试、模拟多用户和定位性能瓶颈。

（3）Test Director。Test Director 是一种测试管理工具，主要功能有：插入检查点；检验数据；增强测试；分析结果；维护测试；为无线应用做准备。它使用的范围包括需求管理、计划测试、安排和执行测试、缺陷管理、图形化和报表输出。

（4）Rational 系列。IBM Rational 提供了面向自动化测试的一系列工具和最佳实践，使得跨软件开发的测试变得更加容易。

4. 测试的过程

测试是开发过程中一个独立且非常重要的阶段，测试过程基本与开发过程平行。一个规范化的测试过程通常包括以下几个基本测试活动。

（1）拟定测试计划。在制订测试计划时，要充分考虑整个项目的开发时间和开发进度及一些人为因素和客观条件等，使得测试计划是可行的。

（2）编制测试大纲。测试大纲是测试的依据。它明确详尽地规定了在测试中针对系统的每一项功能或特性所必须完成的基本测试项目和测试完成的标准。

（3）根据测试大纲设计和生成测试用例。在设计测试用例时，可综合利用已介绍的测试用例和设计技术，产生测试设计说明文档，其内容主要有被测项目、输入数据、测试过程、预期输出结果等。

（4）实施测试。测试的实施阶段是由一系列测试周期组成的。在每个测试周期中，测试人员和开发人员将依据预先编制好的测试大纲和准备好的测试用例，对被测软件或设备进行完整的测试。

（5）生成测试报告。测试完成后，要形成相应的测试报告，主要对测试进行概要说明，列出测试结论，指出缺陷和错误，另外，给出一些建议，如可采用的修改方法、各项修改预计的工作量及修改的负责人。

9.1.4　电子商务系统的发布

1. 域名的申请

域名注册是企业建立网站的第一步，是在 Internet 上开展业务服务的基础。域名，通俗地讲，就是企业、组织或个人在互联网上的名称。随着互联网的迅速发展，域名像商标一样，已成为企业在互联网上的重要标志，也是企业树立形象、宣传商品和服务的重要基础。

1）域名的基本知识

（1）域名的概念。

网络中的地址方案分为两套：IP 地址系统和域名地址系统。与网络上的数字型 IP 地址相对应的字符型地址就称为域名。域名是由若干个英文字母和数字组成的，由“.”分隔成几部分。

（2）域名的分类。

总体上可把域名分成两类：一类称为“国际顶级域名”（简称“国际域名”）；另一类称为“国内域名”。

一般国际域名的最后一个后缀是一些诸如.com、.net、.gov、.edu 的“国际通用域”，这些不同的后缀分别代表了不同的机构性质，如.com 表示的是商业机构，.net 表示的是网络服务机构，.gov 表示的是政府机构，.edu 表示的是教育机构。

国内域名的后缀通常包括“国际通用域”和“国家域”两部分，而且要以“国家域”作为最后一个后缀。以 ISO31660 为规范，各个国家都有自己固定的国家域，如 cn 代表中国、us 代表美国、uk 代表英国等。

（3）域名的命名规则。

由于 Internet 上的各级域名是分别由不同机构管理的，所以各个机构管理域名的方式和域名命名的规则也有所不同。但域名的命名也有一些共同的规则。

① 域名可以由多个英文字母（a～z 或 A～Z）、数字（0～9）及连接符“-”组成，但是域名的首位必须是字母或数字。在域名中，不区分英文字母的大小写。

② 国际通用顶级域名长度不得超过 26 个字符，中国国家顶级域名长度不得超过 20 个字符。

cn 下的域名命名应遵照域名命名的全部共同规则。早期，cn 域名只能注册三级域名，从 2002 年 12 月份开始，CNNIC 开放了国内.cn 域名下的二级域名注册，可以在.cn 下直接注册域名。

不得使用或限制使用以下名称。

① 未经国家有关部门正式批准，不得使用含有 CHINA、CHINESE、CN、NATIONAL 等字样的域名。

② 不得使用公众知晓的其他国家或地区名称、外国地名、国际组织名称。

③ 未经各级地方政府批准，不得使用县级以上（含县级）行政区域名称的全称或缩写。

④ 不得使用行业名称或商品的通用名称。

⑤ 不得使用他人已在中国注册过的企业名称或商标名称。

⑥ 不得使用对国家、社会或公共利益有损害的名称。

2）域名的注册过程

（1）准备域名。

根据公司的实际情况，决定申请域名的思路。

① 确定需要申请的是中文域名还是英文域名，是国际域名还是国内域名。

② 根据企业性质和服务内容决定是申请.com 类型域名还是其他类型的域名。

③ 要准备好多个比较合适的备选域名。企业域名应该简单易记，并且尽量与网站名称或公司名称相符，一般可以用公司牌名、公司品牌拼音或拼音简写、公司品牌英文名称或英文简写等命名。

（2）查询域名。

准备好要申请的域名后，就可以到域名注册网站上去查询此域名是否已经被注册，如果想申请的域名已经被别人注册，页面会给出提示并可以再次查询另一个域名。

（3）注册域名。

如果想要注册的域名还没有被注册，那么就可以注册域名了。在域名注册网站上按照服务商提供的向导进行注册。

在用户填写信息时，一定要正确填写域名的注册者、注册联系人、管理联系邮箱等详细情况，这些都是非常重要的，关系到域名的产权问题及以后的域名过户、转移注册商等问题。

（4）办理后续手续。

注册成功后，服务商会发一封确认邮件到用户的电子信箱中，用户可以按照有关服务条例办理相关手续。

2. Web 服务的选择

企业的域名注册完成之后，需要选择 Web 服务，用于企业的网站发布。发布网站的 Web 服务可以通过两种方式获得：外购网络服务或企业自建自营。

外购网络又分为虚拟主机服务、ASP 外包服务和主机托管服务三种方式，用这些方式建立的网站具有初期投入低、不需要企业自己维护等优点，但是在应用上有很多限制。若企业自己建立网站，能比较容易地将企业内部网与 Web 站点进行集成，安全性高，但是也有缺点，那就是投入比较大，还需要企业自己进行维护等，要求企业有一批技术水平较高的网络管理人员。

1）外购网络服务

（1）虚拟主机服务。

虚拟主机就是使用特殊的软/硬件技术，把一台计算机主机分成一台台“虚拟”的主机，每一台虚拟主机都具有独立的域名和 IP 地址（或共享的 IP 地址），具有完整的 Internet 服务器（WWW、FTP、E-mail 等）功能。在同一台硬件、同一个操作系统上，运行着为多个用户打开的不同的服务器程序，互不干扰，而各个用户拥有自己的一部分系统资源（IP 地址、文件存储空间、内存、CPU 时间等），虚拟主机之间完全独立，并可由用户自行管理，在外界看来，每一台虚拟主机和一台独立的主机的表现完全一样。而使用虚拟主机的网站比使用独立服务器的网站的费用、维护工作都少得多。

一般的中小企业信息量相对较少，建立网站的主要目的是树立企业形象、宣传企业产品和服务等，适合采用虚拟主机的方式。企业只需要较少的费用就可以得到质量较高的服务，并且不需要做软/硬件维护、系统备份、监控等工作，大大地节省了人工和资金。

但需要注意的是，有的企业的网站有网上交易模块，这就需要申请较大的虚拟空间存放数据库信息；若有一些公司的主要业务在国外，则可以在国外申请虚拟主机服务，以提高访问速度。

（2）ASP 外包服务。

ASP（Application Service Provider，应用服务提供商）是通过网络为企业提供租赁式应用软件的服务商。ASP 模式是指在共同签署的外包协议的基础上，企业将其部分或全部与业务流程相关的应用委托给服务商，服务商将保证这些业务流程的平滑运转，即不仅负责应用程序的建立、维护与升级，还要对应用系统进行管理，所有这些服务的交付都是基于互联网的，客户则通过互联网远程获取这些服务。对于资金不足，缺乏技术力量，但又急于实现信息化的中小企业来说，利用 ASP 模式提供服务，实施信息化管理、提升企业管理和运营水平是个不错的选择，所以这种 ASP 模式正在被越来越多的中小企业所接受。

（3）主机托管服务。

主机（服务器）托管是客户自身拥有一台服务器，并把它放置在 Internet 数据中心的机房，由客户自己进行维护，或者是由其他签约人进行远程维护。

主机托管的特点是投资较少、周期短、无线路拥塞之忧。在主机托管模式下，不会因为共享主机而引起主机负载过重，导致服务器性能下降或瘫痪。在独立主机的环境下，可以对自己的行为和程序严密把关、精密测试，将服务器的稳定性提升到最高。用户根据需要，灵活选择数据中心提供的线路、端口及增值服务。不受虚拟主机服务的功能限制。

可以根据实际需要灵活配置服务器，以达到充分应用的目的。

主机托管和虚拟主机并不相同，它们的区别主要体现在以下几个方面。

① 主机托管是用户独享一台服务器，而虚拟主机是多个用户共享一台服务器。

② 主机托管用户可以自行选择操作系统，而虚拟主机用户只能选择指定范围内的操作系统。

③ 主机托管用户可以自己设置硬盘，创造数十 GB 以上的空间，而虚拟主机空间则相对狭小。

2）自建 Web 服务

如果客户需要安全、可靠、稳定、高效运行的网站系统，并且具有一定的经济能力，那么可以选择自建自营 Web 服务。自主建站应该是这几种方式中费用最高的，但也是最灵活、最能满足企业各种多边业务要求的方式。与主机托管相比，企业不但要购买自己的主机，还要自己建设机房，架设专用通信线路连接到互联网。由于企业不但对主机具有完全控制权，而且主机放置在自己企业的机房，主机完全不受别人限制，这样给管理带来更多的方便。

但是自建 Web 服务也有不足的地方，最大的缺点就是费用比较高。例如，为实现网络服务需要申请高速专线，在公司业务不断发展的过程中，需要使用的宽带会不断增加，满足这些需求需要昂贵的月租费。另外，网络设备对电源、温度、湿度等运营环境也有非常高的要求，而这些是普通写字楼的办公空间很难满足的。可见，自建 Web 服务的成本较高，运行风险也比较大，用户在选择时要慎重。

如果对于宽带、系统性能具有极高的要求，就需要自建 Web 服务，像新浪、搜狐等大型网络企业，数据量、访问量巨大，就需要采用自建 Web 服务策略。

3. 网站的发布

一个网站制作成功，若想在 Internet 或 Intranet 上展示自己的网站信息，首先要做的就是将网站发布，发布一个站点就是将做好的文件复制到运行网站的服务器上，也可以称为网页上传或主页上传。

发布网站的方法很多，像 FrontPage、Dreamweaver 等网页制作工具本身就具有发布网站的功能。除此之外，还有一些专门的工具可以用来发布网站，如 CuteFTP、LeapFTP 等。在进行网站发布时，使用者只要按照这些软件提供的发布向导进行相应的设置，就可以完成，简单易学。

FTP（File Transfer Protocol，文件传输协议）是一种网络协议。数据在网络上传输，需要发送方和接收方之间达成一定的“协议”，有了这个协议，才能进行对话。文件传输包括文件的上传和下载。上传是将计算机内的文件传到 Internet 上的某台 Web 服务器中，下载则是一个相反的过程。FTP 软件是主要用于文件传输的专用软件。

一般情况下，网站发布过程如下。

（1）准备工作。

将网站在计算机上调试成功之后进行网站发布，在发布之前要确信所有的网站文件都在一个文件夹下，并且主页在这个文件夹的根目录下，此外，主页文件名为 index.htm，还可能是 default.htm，后缀可能是.html、.asp、.jsp 等。

（2）申请网站空间。

访问提供网页空间的网站。打开申请网页，填写个人资料，回答有关问题，申请网站的网址。当 ISP 审查同意后，会返回服务器的网址、网站的网址、登录服务器的用户名及密码。此时，主页空间就可以使用了。

（3）网站的上传。

打开一个 FTP 文件传输软件（如 CuteFTP、LeapFTP 等），按照软件的操作步骤上传文件，直到结束。

（4）网站的试运行。

网站上传以后，在浏览器的地址栏输入网站的网址，即可让它运行起来。如果网页有错误，可以先在自己的硬盘上修改调试，然后用 FTP 软件重新上传修改过的文件或缺少的文件，而无须再上传所有的文件。

9.2 电子商务系统的运营

电子商务系统投入使用以后，并不标志着全部工作的结束，相反，企业要开始进入更为烦琐和复杂的运营阶段。在这个阶段，工作已经不应放在技术角度，而应放在更多地吸引和留住顾客，为顾客提供更为全面、周到的服务上来。

电子商务系统进入运营阶段，需要对系统进行宣传推广和营销管理，同时为了满足客户不断增长的服务需求，管理人员应该对系统进行综合维护、运营管理和信息更新。根据企业运营及发展的需要，对系统的功能需要进行优化和扩充，以更好地提升企业管理水平，为客户提供个性化服务。电子商务系统的运营管理水平直接反映了企业的管理水平，体现了整个企业的文化。因此，系统运营主要做好两方面的工作：系统更新与系统推广。

9.2.1 电子商务系统的商务运营

针对电子商务系统的特点，主要有三个运营管理策略：系统内容及时得到更新、与客户及时进行交互、不断挖掘潜在的客户。

1. 系统内容及时得到更新

新信息迅速、不断地更新对于电子商务系统而言是非常重要的，系统及时更新信息有利于电子商务系统在如今激烈的市场竞争中将处于有利的位置。当客户购买某类商品时，客户想了解这类商品的最新产品及产品的信息，购买后还希望了解产品的运送情况等，这些都要求电子商务系统及时地更新系统的内容。

为了保证电子商务系统的及时更新，主要可以采取以下措施。

（1）不同电子商务系统之间的信息共享。

不同电子商务系统之间的信息共享是指本公司的网点与其他公司的网点链接起来，这样各公司可以共享信息，它不仅包括直接的超文本链接，还包括 Web 网点间真正的信息共享和通信。不同 Web 网点间的链接和不同公司间的通信是有差别的。

例如，公司的投资者在任何时候都可以看到本公司股票的价格，同时也了解其他相关公司的股票状况，这有助于增加 Web 网点的访问率。这样，系统本身要实现实时股票行情服务，而创建和维护这样的数据库是很难的，最方便的解决方法就是从诸如专业的证券网站上获取信息。

此外，不同电子商务系统间的信息共享也会促成不同系统之间的服务共享。例如，手机银行作为一种结合了货币电子化与移动通信的崭新服务，移动银行业务不仅可以使人们在任何时间、任何地点处理多种金融业务，而且极大地丰富了银行服务的内涵，使银行能以便利、高效而又较为安全的方式为客户提供传统和创新的服务，同时银行有什么新的业务可以直接以短信的方式发给顾客，顾客可以随时查看咨询。

（2）与企业内部信息系统连接。

除从外部获取信息保证系统信息及时更新外，企业也可以从系统的内部直接获取信息更新内容。例如，当用户购买了某商品之后，希望了解到更多关于商品的信息，像商品所用快递类型、到达时间及现在所处的位置等，如果商务系统提供一个可以检索的功能，用户根据自己的订单号进行查询就可以了解到所购买的商品状况，同时公司会因为顾客自己完成对企业信息系统的访问而降低管理成本。通过 Web 访问，企业信息系统与传统的业务方式相比能够带来巨大的利益，企业和客户都能获利。

例如，随着我国服装流通领域的对外开放，国外著名的服装企业逐步进入中国市场，不仅带来了资本，也带来了新的经营模式。电子商务系统使得服装批发企业和上游供应商、下游客户建立了良好的伙伴关系。通过系统，供应商可以查询自己供应品种在批发企业的库存情况，以便及时安排生产，保证货源，及时供货；下游客户可以通过系统发送自己的需求和订货业务，系统根据客户的需求计划制订相应的采购计划，根据客户的订货情况安排出库发货、配送、收款等工作。

上游的供应商和下游的客户通过电子商务系统紧密地联系在一起，双方可以快速地沟通以了解彼此的需求和想要的服务，这样很好地实现了客户、批发商和供应商的供应链管理关系，达到企业间协同管理的真正合作伙伴关系。信息在客户、批发商和供应商组成的供应链之间可以畅通无阻，这样不仅有助于提高企业效益，而且有助于对服装流动过程进行安全监控。

除此之外，企业可以利用自己本身处于供应链中间环节的优势，为上游供应商提供下游客户需要的信息，同时为下游客户提供上游供应商的新产品和促销等信息，这样信息资源丰富、及时，会吸引更多供应商和顾客参与进来，为企业发展积累广阔的资源。

另外，企业可以将这些信息进行整合，转化为商品，向需要这些信息的供应商和顾客进行销售，为公司创造新的利润增长点。

2. 与客户及时进行交互

与客户及时进行交互是指电子商务系统可以自动地回答客户提出的问题，并且系统回答客户问题是及时的。但有些问题系统可能无法自动回答，这就需要人工操作来回答客户提出的问题，为了在最大程度上保证与客户沟通，可以在系统中建立一个自动回复系统，由自动回复和人工回复组成来及时处理客户提出的问题。这个系统主要有以下功能。

（1）利用检索工具方便 Web 页面的浏览。

将检索工具安装到电子商务系统中去，用户可以通过检索工具进行某个专题词汇的检索，这样用户可以找到互联网上所有符合要求的页面，当然用户可单击这些页面进行访问。

电子商务系统提供这样一种检索工具来帮助客户快速地检索到相关的 Web 页面，对于客户来说非常有用，对于企业来说也是一件好事。

（2）自动回复电子邮件。

自动回复电子邮件是指通过自动邮寄电子邮件来回复收到的电子邮件，系统可以事先确定其内容。当访问者在网站上提出问题后，系统识别问题的类型然后自动回复邮件。

自动回复电子邮件的应用是 Internet 市场营销战略的重要组成部分，其应用很广。例如，对于向 Web 管理员、公司联系人或 Web 网页下的反馈按钮寄来的电子邮件，都可以自动回复。此外，任何给予电子商务系统订单的人也都应该收到自动回复电子邮件发来的感谢信。

自动回复电子邮件能帮助企业实现三个关键目标：增加销售量、降低成本和增强同目标市场的沟通（目标市场是指客户、潜在客户、业务伙伴、顾问、新闻出版等）。此外，自动回复电子邮件能向世界一百多个国家的大批用户提供及时的电子邮件信息。同 Web 访问相比，这非常有用，因为目前全世界已经有超过 7000 万个电子邮件用户，而 Web 用户只有 4000 万个。

自动回复电子邮件可以完成的工作如下。

① 回答访问者一些常见的问题。

② 提供公司的联系方式和地址。

③ 给出访问者回复的时间，一些常见的问题系统可立即回复，对于不常见的问题或需要工作人员处理的，可告知 2 小时内给予回复。

④ 对于访问者提出的一些问题和对于系统的改善意见表示感谢。

（3）在线调查。

这种交互方式是公司主动的一种与客户的交互方式。通过与在线客户主动进行沟通，询问客户遇到的一些问题和对公司的建议，可以很好地对商务系统进行改善调整，吸引更多的客户。

（4）智能交互软件。

用户用简单的语言询问计算机，几秒钟后计算机就给出答案，这看起来很困难，但现在已经有不少系统提供了这种功能。

这种软件只能简单地对所提问题进行分析，提供最接近答案的文件资料，所以自动回复的答案不可能百分之百正确，但并不意味着这是一种失败的方法。自动回复的目的是减少而不是消除人机交互，在某些情况下，随时、迅速的答复功能很有效。例如，联想官方网站设有一个智能交互系统，客户提出某些问题后，联想智能机器人会对用户提出的问题进行识别，根据已设定的相似或相近的问题进行快速答复，这样既给用户节省了时间，也对公司有利。

（5）实时 Web 对话区。

实现与顾客交互的另一个战略是运用实时对话区，也就是通常所说的聊天室，这是一个非自动化的过程。要求参与讨论的每个人都得同时在场，因为同时在场可以保持对话的质量。由于它要求参与者必须同时在场，这样会带来很大的成本和不便，影响参与者的正常工作。

3. 不断挖掘潜在的客户

电子商务系统虽然每天被成千上万次地访问，但是有很少顾客在以后会再次访问企业的网站，这是因为顾客是通过不同的方式找到企业的网站，可能是听朋友说起的、在广告上看到的、用检索引擎找到的，在某种情况下，他们找到了你的网点，很喜欢上面的信息，考虑到今后可能还会去访问，就会把你的网点加入他们的收藏夹中，但是当人们下次再次寻找相似内容时，一般不会再停留在收藏夹里而是搜索或通过其他途径寻找新的网站，这样收藏夹中的站点他们就不会再问津了。这就需要公司实施积极的营销方案。

在现实中，一般企业只有一次机会向潜在顾客销售商品或同他们建立联系，这个机会就是这些潜在的顾客首次访问网点的时候。一般来说，销售比仅与潜在客户开始对话要难得多，这个阶段的关键是企业能够掌握与客户交流的主动权，如果客户与企业进行交流，客户下次继续访问网点的概率就会大大增加。在电子商务系统运营的初期，访问者和访问率都会大规模的上升，但这并不代表企业的电子商务系统的成功，如果企业不能与这些初次访问者建立联系，那么很有可能将会永久失去这些访问者。

在网络营销中有一个非常重要的概念 I/O 率（内向到外向的转变率），这是网络营销中一个非常重要的概念。其内向指坐等用户来访问，外向指积极吸引客户，而开始对话是外向市场营销战略的开始。将对站点的访问（内向）转变为对话（外向）的人数是衡量电子商务系统成功的关键标准，而非 Web 页面访问次数。

值得注意的是，还有一个术语叫 I/O 比，是内向到外向的转变比。I/O 比即对话者占访问者的百分比，计算公式为：对话的人数除以访问站点的总人数。电子商务系统应该不断提高 I/O 率和 I/O 比，而最大限度地提高 I/O 比的关键是确定和提供能为客户和目标市场带来真正价值的服务。大多数情况下，这可能是免费服务。它们可能是提示服务、更新服务、检索服务或其他方式的服务。

9.2.2 电子商务系统的推广

企业建立电子商务系统后的首要任务就是对商务系统的推广，赢得更多的客户，从而获得直接或间接的效益，因此商务系统的推广尤为重要。电子商务网站是企业整体营销战略的一部分，建立在互联网基础之上，借助互联网特性来实现一定的推广目标。企业必须从自身出发，在充分发挥企业能力及经营要素的基础上，采用合理的方法实现最佳的推广效果。

1. 电子商务系统的市场推广策略

随着互联网的迅速发展，电子商务系统成千上万地出现，企业要想使自己的电子商务系统站住脚，在加强自己电子商务系统建设的同时，必须根据企业自身即产品特点和目标市场制定一套科学的推广方法。目前，除了一些传统的广播广告、电视等推广外，企业更应不失时机地利用互联网的各种信息传播工具进行网站的宣传推广。作为信息传播最快、信息传播量最大的渠道，利用互联网本身进行推广宣传是一种有效且必要的方式。

1）树立电子商务系统的整体形象

电子商务系统不仅具有一系列有形的物质属性，还包含许多无形的、文化的等方面的属性。新的电子商务系统科技含量高，在维修和售后服务等方面，不仅要满足消费者物质方面的需要，而且应满足消费者非物质的需求和欲望。完整的商务系统形象应包括核心形象、形式形象和延伸形象三部分。核心形象，指系统提供给消费者的实际利益。形式形象，指电子商务系统的有形部分，包括系统的质量水平、特点、式样等，新系统在开发中要认真研究消费者的心理，艺术地将系统的形象勾画出来，从感官上吸引消费者。延伸形象，指系统提供的各种附加利益，包括安装维护、培训指导、信誉保证等，将系统形象地从时间上、空间上延伸到消费者的使用过程。

2）准确进行新系统的形象定位

形象定位就是帮助新的电子商务系统在众多系统中被快速、有效地识别出来，在消费者心目中确定特有的位置和形象。由于系统的品种和性能不同，消费水平、消费结构、消费习惯和形式不同，这就要求投放市场的低能的电子商务系统必须准确定位。

一般可采用以下几种定位策略。

（1）公众需求定位策略，是专注于公众特殊需求和偏好的一种投其所好的定位策略。

（2）优势定位策略，是根据产品本身所具有的与众不同的特点进行定位的一种方法。

（3）独立定位策略，当一种电子商务系统自身特色非常突出时，可采取独立定位等策略，强化自身“第一”“唯一”“最大”“最好”的特点。

3）全面的广告促进策略

网络广告是以互联网为媒体发布、传播的商业广告。目前网络广告的市场正在以惊人的速度增长，网络广告发挥的效用显得越来越重要，在市场推广中发挥着重要的作用。在网络经济条件下，凭借互联网具有不同于传统媒体的交互、多媒体和高效的独特性，网络广告呈现出不同于传统媒体广告的优势，表现在：网络广告的心理优势、覆盖范围广泛、信息容量大、视听效果综合性强、实时性与持久性统一、广告投放准确。因此，市场推广中应充分发挥网络广告功效。

4）网站推广策略

在网络市场空间，企业的网站代表着企业自身的形象。一个拥有电子商务系统的企业要在网上立足不但要有一个好的网站，最重要的还要有好的网站推广策略。就内部操作来看，要精心策划网站结构，确定网站设计风格，考虑怎样的设计才能更加有效地吸引顾客，从而构造一个具有自身特色的网站。从外部来看，要加强网站站点宣传。网站站点作为企业在网上市场进行营销活动的阵地，能否吸引消费者是电子商务系统成功的关键，也是企业将系统进行市场推广的基础。站点的推广就是通过企业网站的宣传吸引用户访问，同时树立企业的网络品牌形象。所以电子商务系统在市场推广中要注意信息的及时更新，做好网站的维护。

5）全方位的服务

在电子商务系统中，服务贯穿电子商务活动的全过程。电子商务的每一个环节的工作都以向消费者提供满意的服务为目标，这也是企业战胜对手的法宝。电子商务时代，服务的概念产生了根本性的变化。服务不再是企业对消费者的附加承诺，更不是企业的负担，其本身就是一种商品，甚至可以说服务是一种产业。

服务贯穿电子商务的全过程，形成一条封闭的电子商务服务链。企业充分利用电子商务系统的互动优势，利用电子商务系统为消费者提供在线服务和离线服务，为客户提供客户反馈、产品咨询等服务内容，以此来扩大电子商务系统的影响。

2. 电子商务系统的市场推广方法

互联网技术日新月异，电子商务系统推广备受关注。电子商务系统是开展电子商务的重要平台，电子商务网站是一个有效的网络营销工具，要进行电子商务系统推广首先应该让顾客找到企业的网站并浏览企业网站的内容，只有这样才能获得电子商务系统推广的效果。因此让更多的人找到企业的网站是极为重要的，通过网站获得顾客所需的产品和服务信息，并最终实现企业开展电子商务系统推广的最终目的。

企业电子商务系统的推广是企业自身产品营销的一种有效方式，对企业产品营销具有重大意义。它的优势与好处体现在以下几个方面。

第一，宣传企业形象，扩展业务往来。互联网络具有文字、图片、色彩、电影、三度空间、虚拟现实等所有广告媒体的功能，通过它，可以让客户非常方便地看到公司的介绍、产品说明、服务方式、联系地址，而且可以加入声音、图片、动画和影像信息，达到真正的声情并茂，从而树立良好的企业形象，扩展业务。

第二，提高效率，降低成本。企业电子商务系统推广可以降低广告营销成本，降低公司“售前、售后服务”的营业成本，降低刷新成本，客户市场遍及全世界每个角落，无时空限制地开展交易，提高了效率。

电子商务系统推广方法介绍如下。

（1）搜索引擎推广方法。

搜索引擎推广是指利用搜索引擎、分类目录等具有在线检索信息功能的网络工具进行推广的一种方法。搜索引擎的基本形式可以分为搜索引擎和分类目录。从目前的发展趋势来看，搜索引擎在网络营销中的地位受到越来越多企业的认可。国际著名市场调查研究机构 For-rester Research 的研究结果显示，90%的互联网用户通过搜索引擎来寻找电子商务网站并购买产品和服务；90%的潜在客户只查看搜索引擎结果页面的第一页；50%的网上交易是和搜索引擎结果页面的前三个网站达成的。

（2）电子邮件推广方法。

进行电子邮件推广策略可以建立企业的邮件列表，定期向邮件列表用户发送企业的最新信息、产品动态、行业动态、调查问卷及企业举办的一些活动信息，通过这些可以与客户保持紧密联系，在建立信任、发展品牌及建立长期关系方面起到很好的效果。也可以向很多邮件服务提供商租用邮件列表，以获取愿意接受企业信息的相关用户的邮件地址，扩大企业邮件的受众度，而达到企业信息的有效传播。

（3）资源合作的推广方法。

资源合作推广方法是指通过电子商务系统交换链接、交换广告、内容合作、用户资源合作等方式，在类似目标电子商务系统之间实现互相推广的目的。其中最常用的资源合作方式为电子商务网站链接策略，即利用合作伙伴之间的网站访问量资源合作互为推广。在这些资源合作形式中，交换链接是最简单的一种合作方式，调查表明，这也是新商务系统推广的有效方式之一。交换链接或称互惠链接，是具有一定互补优势的网站之间的简单合作形式，即分别在自己的网站上放置对方的 Logo 或系统名称并设置对方网站的超链接，使得用户可以从合作网站中发现自己的网站，达到互相推广的目的。交换链接的作用主要表现在几个方面：获得访问量、增加用户浏览时的印象（在搜索引擎排名中增加优势、通过合作网站的推荐提高访问者的可信度等。

（4）信息发布的推广方法。

将有关的商务系统推广信息发布在其他潜在用户可能访问的网站上，利用用户在这些网站获取信息的机会实现推广的目的，适用于这些信息发布的网站包括分类广告、论坛、博客网站、供求信息平台、行业网站等。

（5）网络广告推广方法。

网络广告是常用的网络营销策略之一，在品牌、产品促销、网站推广等方面均有明显作用。网络广告的常见形式包括 Banner 广告、关键词广告、分类广告、赞助式广告、E-mail 广告等。Banner 广告所依托的媒体是网页；关键词广告属于搜索引擎营销的一种形式；E-mail 广告是许可 E-mail 营销的一种。可见网络广告本身并不能独立存在，需要与各种网络工具相结合才能实现信息传递的功能。

（6）病毒式推广方法。

病毒式营销并非以传播病毒的方式展开营销，而是利用用户口碑宣传网络，让信息像病毒那样扩散，像滚雪球一样传向数以万计的网络用户，从而达到推广的目的。病毒式营销实质上是在为用户提供有价值的免费服务的同时，附加上一定的推广信息。病毒式营销是一种营销思想和策略，并没有固定模式，如果应用得当，这种病毒式营销手段往往可以以极低的代价取得非常显著的效果。

（7）整合推广方法。

除以上所述的策略以外，还可以把众多的电子商务系统推广策略整合起来，以达到电子商务系统推广效果的综合提升。在整合推广策略时可以加入一些比较专业的群、新闻组、邮件列表进行讨论，通过企业自己的优势为广大网民提供专业的服务。为了达到推广的效果，可以在为网民服务时添加自己的 E-mail 或公司网站，这样采取的在商不直接言商的策略效果会更好。同时企业应该多参加一些具有公益性质的活动，或者具有重大意义的会议、竞赛，并对这些活动给予支持和赞助，可以在社会上树立良好的口碑，树立良好的企业形象和品牌形象。

电子商务系统的推广要综合考虑各种相关要素，根据企业内部资源条件和外部经营环境来制定推广渠道方式，并且对电子商务系统推广各个环节、各个阶段的发展状况进行有效的控制和管理。应当基于电子商务系统推广工作的目标、预算等对各种推广方式进行取舍，灵活地构建一套适合自身需要的成本低、效果佳的、有针对性的电子商务系统推广解决方案，积极和持续地开展多层次、多样化和立体式的电子商务系统推广，努力把自己的电子商务系统和产品及服务推荐给尽可能多的现有和潜在顾客，从而为自己创造更好的经济效益。

3. 我国电子商务系统市场推广的制约因素及应对策略

近年来，随着 Internet 网络的普遍应用，我国电子商务系统也随之快速发展。Internet 的开放性、全球性、低成本、高效率的特点，也成为电子商务系统的内在特征，并使得电子商务大大超越了作为一种新的贸易形式所具有的价值，电子商务系统不仅会改变企业本身的生产、经营、管理活动，而且将影响到整个社会的经济运行与结构。

1）我国电子商务系统市场推广的制约因素

电子商务系统的兴起和不可逆转的大方向，对我国来说既是机遇更是挑战。目前电子商务系统市场在我国推广中存在以下制约因素。

（1）网络购物诚信危机。

电子商务系统虽然在诸多方面对传统商业交易有所改进，但在商业信用问题上仍然没有得到彻底改观，尤其是我国市场还不是很成熟，假冒伪劣商品泛滥，而网上交易又不能让消费者对商品亲自试用鉴别。随着互联网的不断发展，诚信已成为人们探讨网络购物最关注、最根本的问题。供需双方的网上交易中，相互信任是成交的基石。电子商务虽然在诸多方面对传统商业交易有所改进，但在商业信用问题上仍然没有彻底得到改观，使网络购物面临着极其严重的信任危机。

（2）网络安全问题。

对电子商务交易安全的担心，是严重制约我国电子商务系统推广的一大瓶颈，安全问题是实施电子商务的首要问题。电子商务系统的运营涉及诸多方面的安全问题，资金安全、信息安全、货物安全、商业秘密安全等。安全问题如果不能妥善解决，电子商务的实现就是一句空话，从而影响电子商务系统发展。电子商务系统面临的安全威胁主要有：信息在网络的传输过程中被截获、传输的文件可能被篡改、伪造电子邮件、假冒他人身份、不承认已做过的承诺，抵赖。因此，从技术上保证交易数据的安全已成为电子商务系统发展中至关重要的问题。安全问题是应用电子商务最担心的问题，而如何保障电子商务的安全，将一直是电子商务的核心研究领域。

（3）法律问题。

由于电子商务是一个全新的、发展中的商务模式，所以全球对电子商务都没有标准的法律文献。虽然我国相继出台了《互联网信息服务管理办法》《互联网电子公告服务管理规定》《互联网从事登载新闻业务管理暂行规定》等相关法规，但是和网络经济发展的要求相比还有不小的差距，如电子商务操作的基本规则方面的法律问题、电子商务安全性方面的法律问题、信息基础设施和市场准入方面的法律问题、电子商务中的知识产权保护、司法管辖及法律冲突、电子商务中的税负和关税问题等。Internet 是一个缺乏“警察”的信息公路，它缺少协作和管理，信息的跨地区和跨国界的传输又难以公证和仲裁，而如果没有一个成熟的、统一的法律系统进行仲裁，纠纷就难以解决。

（4）物流问题。

电子商务系统高效率和全球性的特点，要求具有与之相配套的物流服务。而我国物流业发展相对滞后，这是制约我国电子商务系统推广的又一个瓶颈因素。物流问题是发展我国电子商务系统必须解决的一个大问题。电子商务的优势在于开放便捷，这主要是因为其交易基本是基于互联网来进行的。但整个交易链条中无法回避的环节就是货物配送问题，这是无法在互联网上进行的。这就要求能提供良好的物流作为配送的保障。我国现代物流起步较晚，水平也相对较低，还难以对电子商务提供优质的保障。在国内现有的电子商务系统活动中，物流基本只是被动地参与，使得原本不多的物流资源也没有被充分、合理地利用，更加造成了电子商务饱受物流困扰的情况。

（5）"软件"基础落后。

"软件"在这里是指人的思想意识。中国大众目前对于电子商务理念的接纳程度还不高，这一方面是因为公众对于新技术的理解程度还不到位，另一方面也是基于公众对互不见面的网上交易中诚信的担忧。这种状况如果不加以引导，将会制约电子商务的进一步发展。另外，国内一些企业由于管理、经营方式的陈旧和观念的保守，对电子商务的热情也不高。多数企业还在为信息化的投入成本而犹豫。没有认识到对一个企业而言，电子商务的运作将会大幅度地降低企业的经营成本，有效地提高企业经营管理的效率。现代企业如果不能顺应这种改变，将很难在未来的商业竞争中站稳脚跟。

2）我国电子商务系统市场推广的应对策略

我国电子商务系统推广的对策介绍如下。

（1）政府要大力支持电子商务系统的发展。

电子商务系统的推广离不开政府的支持，在许多方面都需要政府进行合理的规划和引导。在网络基础设施的建设上，需要政府加大力度，合理引导资金投入，提高投资效率，建设更加安全、快捷的信息网络。在电子商务的支付问题上，需要政府来推动标准的统一和互联的建设，使电子商务系统可以健康地发展。如网络基础设施的建设、建设更加安全快捷的信息网络、推动标准的统一和互联的建设、交易的安全的保护、健全法律法规的建设等。另外，政府应当利用其影响力，通过各种渠道对公众和企业进行宣传和引导，提高其对电子商务系统这样的新生事物的认知度，鼓励企业改变观念、积极参与电子商务。研究制定与电子商务有关的政策。

（2）人才培养是发展的基础。

为保证电子商务系统的推广，就必须在电子商务系统的人才培养方面花大力气。电子商务系统的学科涵盖较广，既需要计算机网络、数据库、信息安全、通信等工科方面的内容，也需要经济、管理、法律等相关的知识内容，这就为人才的培养增加了一定的难度。我国应尽快在较多的大学中开展相应学科的建设；还应该尽快组合科研力量，就电子商务中的 IT 技术、商业、经济、管理等各个方面的相关问题广泛开展科学研究，为政府制定规划提供决策支持，为相关企业经营提供管理咨询。企业在引进新人才的同时要留住现有人才。要建立现代制度下良好的培养机制、激励机制。

（3）加强网络基础设施建设。

电子商务系统是在网络上发展起来的，各种信息传输网络的建设、信息传输设备的研制、信息技术的开发，包括用于多媒体教学、远程教学、远程医疗保健等一系列基础设施的建设。

要解决这些问题就要抓好我国高速宽带网的建设，早日实现有线电视网、图像通信网、多媒体通信网的三网合一；提高上网的速度，降低上网的费用；组织必要的技术攻关，购置必要的硬件设备；开发和引进相关软件，使我国电子商务系统的发展具备良好的网络平台。

（4）建立相应的机制和标准，解决信用问题。

建立有效的监督机制和标准，完善和解决信用问题，为电子商务系统的推广提供有利的外部环境。信用问题的解决需要设置合理的运行机制和运行标准，确保供需双方建立商业信用，并通过某些监督机构进行监督和管理。政府应制定我国电子商务发展的相关法律、法规和政策，来增强网上交易的信任与安全，使电子商务在公平、合理、高效的环境下得到健康、持续、快速的发展。

（5）解决电子商务系统的安全问题。

电子商务系统首先要有一个安全、可靠的通信网络，以保证交易信息安全、迅速地传递。首先要保证数据库服务器绝对安全。为保障电子商务系统的安全性，要建立科学的安全体系和权威的电子商务认证中心。可以不断完善协议和操作系统的安全漏洞；同时采用加密数字签名等来增强网络安全技术内容的广泛性；最后增强网络安全设备的性能，加强监测技术的可靠性。

（6）加快建设完善的物流配送体系。

物流是一个投资大、回收期长、社会效益显著的特殊产业部门，需要政府各方面给予支持，并在舆论导向上和政策上引导企业进入配送中心，开展物流配送。为加速我国电子商务的推广，应扶植、规范发展一大批第三方物流企业，培育若干条贯通全国且能开展国际配送业务的联运干线，构建全国性的商品物流配送网络。大型的第三方物流企业可自行组建电子商务网站，搭建电子物流信息发布平台，突破时间、空间、地域限制，实行全天候营业性交易，为全国甚至全球用户配送商品。只有在全国范围建立起多层次的、高效的物流配送系统，才能促进电子商务的迅速发展，有效地推广电子商务系统。

电子商务革命是在不成熟和高速变化中展开的。作为电子商务系统，至今没有得到全方面发展，不确定、缺乏统一标准和管理协调，安全性受到挑战，仍然是其面临的主要问题。现在更多的人已经认识到电子商务系统是改造传统商业模式的一次革命，是不可阻挡、不可逆转的历史潮流。它正在形成一种新的商务文化，这种文化将深刻地改变着人类生活方式、思维方式乃至价值观念。要使我国电子商务系统得以推广，就必须认真地找出问题，提出切实可行的解决方案，踏踏实实地落实执行。要在政府的大力支持和引导下，积极推动商业模式创新、信息技术创新，促使我国电子商务系统健康、快速、稳定地发展。

9.3　电子商务系统的维护

电子商务系统维护的目的是保证电子商务系统正常而可靠地运行，保证系统的各个要素随着环境的变化始终处于最新的、正确的工作状态，使系统不断得到改善和提高，以充分发挥电子商务系统的功能，为企业创造最大价值。

9.3.1 维护的内容

1. 硬件维护

硬件维护主要是对主机及外设的日常维护和管理，这些工作应有专职人员来负责，如机器部件的清洗、润滑，设备故障的检修，易损部件的更换等，都应有专人负责，以保证系统正常、有效地运行。硬件设备的维护主要有两种活动：一种是定期的设备保养性维护，维护主要内容是进行例行的设备检查与保养，保养周期可以是一周或一个月不等；另一种是突发性的故障维修，即当设备出现突发性故障时，有专职的维修人员或请厂商来排除故障，这种活动所花费的时间不能过长，以免影响系统的正常运行。为了提高硬件系统的可靠性，一般可采取双机备份的形式，当一组设备出现故障时另一组设备立即投入运行，排除故障后再次进入双机备份状态。

2. 软件维护

软件维护主要是指对系统中应用程序的维护。进行维护的原因有以下几个方面。

首先，在系统起初测试阶段并不能把所有的问题都检查出来，在系统运行中还会发现一些问题，需要对其进行维护。

其次，由于硬件的不断发展，相应的软件也要不断地更新。为了延长系统的寿命，保证系统高效运行，需要对应用系统进行维护。

最后，随着客观环境和管理的需求变化，对系统的各项管理活动也要随之变化，因此必然要求应用程序也要随之变化，以满足这种不断变化的要求。

软件维护的内容一般有以下几个方面。

（1）纠错性维护。由于系统测试不可能发现系统中存在的所有错误，因此在系统投入运行后的实际使用过程中，就有可能暴露出系统内隐藏的错误，诊断和修正系统中遗留的错误，这就是纠错性维护。

纠错性维护是在系统运行中发生异常或故障时进行的，这种错误往往是在遇到了从未用过的输入数据组合或是在与其他部分接口处产生的，因此只在某些特定的情况下发生。

（2）校正性维护。系统在使用过程中，由于用户、企业对系统某些功能和作用不能理解，有时甚至对系统开发人员的能力产生怀疑：若系统维护人员不能及时解决，则可能导致系统的失败。诊断并改正这些功能和作用与客户需求保持一致的过程称为校正性维护。

校正性维护是一个较长的过程，尤其对于采用自行开发、联合开发和委托开发的系统来说更是如此。无论作为系统的开发者还是使用者，都应该认识到校正性维护的长期性。随着系统使用的时间推移，这类维护的工作量将不断减少，系统趋于稳定。

（3）适应性维护。适应性维护是为了使系统适应环境的变化而进行的维护工作。

一方面，计算机科学技术迅猛发展，硬件的更新周期越来越短，新的操作系统和原有的操作系统的新版本不断推出，外部设备和其他系统部件经常有所增加和修改，这就必然要求应用系统能够适应新的软/硬件环境，以提高系统的性能和运行效率。

另一方面，电子商务系统的使用寿命延长，超过了最初开发这个系统时应用环境的寿命，即应用对象也在不断发生变化，机构的调整、管理体制的改变、数据与信息需求的变更等都将导致系统不能适应新的应用环境，因此有必要对系统进行调整，使之适应业务的变化，以满足发展的要求。

（4）完善性维护。在系统的使用过程中，往往要求扩充原有系统的功能，提高系统的性能。例如，增加数据输出的图形方式、增加联机在线帮助功能、调整用户界面等，尽管这些要求在原系统开发的需求规格说明书中并没有，但要求在原有系统基础上进一步改善和提高，并且随着对系统的使用和熟悉，这种要求可能会不断地被提出。为了满足这些要求而进行的系统维护工作就是完善性维护。

（5）预防性维护。系统维护工作不应该总是被动地等待用户提出要求后才进行，应该进行主动的预防性维护，即选择那些还有较长使用寿命、目前尚能正常运行，但可能将要发生变化或调整的系统进行维护，目的是通过预防性维护为未来的修改与调整奠定更好的基础。

3. 数据维护

数据库中的数据由数据库管理员负责管理。当数据库中的数据类型、长度等发生变化，或者需要添加某个数据项时，数据库管理员要负责修复相关的数据库、数据字典，并通知有关人员。数据库管理员要负责数据库的安全性和完整性，进行并发性控制。当用户提出数据操作请求时，数据库管理员要负责审核用户身份，定义其操作权限并依此负责监督用户的各项操作。另外，数据库管理员还负责定期出版数据字典文件及一些其他数据管理文件，以保留系统开发和运行痕迹，当系统出现硬件故障并得到排除后，要负责数据库的恢复工作。数据库是数据维护的重点，数据维护的主要内容有如下几个方面。

（1）数据库的备份、转储和恢复。数据库的备份就是要针对不同的应用要求，指定不同的转储计划，定期对数据库和日志文件进行备份；数据库的转储就是将备份的数据库和日志文件转移到其他介质、设备上去，以防物理灾害发生而导致备份的数据库和日志文件丢失；数据库的恢复即指一旦数据库发生故障，能够利用数据备份及日志文件备份，尽快将数据库恢复到某种已知的正确状态，并尽可能减少对数据库的破坏。

（2）数据库的安全性控制与完整性控制。保护数据库的安全就是防止恶意的破坏和非法使用。在数据库运行期间，由于应用环境的变化，对安全性的要求也会变化。因此，需要根据不同用户的实际需要修改他们的操作权限。

完整性控制是防止数据库中存在不合语义的数据和错误的输入或输出所造成的无效操作和错误结果。在数据库运行阶段往往需要增加新的完整性约束条件或修改旧的完整性约束条件，以满足用户要求。

（3）数据库的重建和重构。数据库运行一段时间后，由于记录的不断增、删、改，会导致大量的指针链和存储垃圾，降低数据库空间的利用率和数据的存取效率，使数据库的性能下降，因此需要进行数据库的重建和重构。

4. 代码维护

随着系统应用范围的扩大、应用环境的变化，系统中的各种代码都需要进行一定程度的增加、修改、删除及设置新的代码。

根据上述系统维护的内容，按照维护对象不同可以将电子商务系统维护分为硬件维护、应用软件维护、数据维护和代码维护四类，也可以按照维护时间长短不同分为日常维护和新一轮生命周期的系统维护。

9.3.2 维护的过程

系统维护活动可以看作系统开发的继续，无论是哪种类型的维护，都要进行相同的技术工作，包括需求评估、修改设计、评审、必要的程序修改、测试、评审、编写文档等。

当用户提出维护请求之后，首先要确定请求维护的类型。对校正性维护等各类维护要估计错误的严重程度。如果是一项严重错误，应立即开始分析问题。对于各类型的维护，应统筹考虑，根据轻重缓急确定维护时间。

1. 维护的工作步骤

系统维护的根据是系统的文档。在系统中，一个程序的改变可能会涉及其他程序或系统，因此，系统维护要特别谨慎。系统维护工作应视维护内容指派专人负责，并通过一定审批手续。对于重大的维护项目，要填写申请单，经批复后方可实施。审批人应对系统非常熟悉，能够判断维护的必要性和可能性、维护的影响范围、维护的工作量及维护的后果等。

维护工作的步骤如下。

（1）提出维护要求。用户或系统操作人员提出维护要求，填写申请报告。

（2）审批。维护申请报告经专家研究和领导审批。

（3）组建维护小组。根据维护工作的内容选择有关维护人员组成维护小组，负责维护工作。

（4）维护实施。维护人员研究维护任务，阅读系统文档以确定维护工作的实施细则；进行维护时一定要填写维护记录。

（5）文档维护。对程序进行维护后，一定要对相应的文档做维护，以保持系统的一致性，给以后的维护打好基础。

（6）验收。维护工作完成后，由用户、专家及有关领导进行验收，同时要验收有关资料。重大的维护应作为小系统开发对待，按部就班地进行。

2. 维护的组织与管理

电子商务系统的运行维护就是对电子商务系统进行全面的管理。它一方面监控和管理系统输入与输出两个方向的信息流，以保证网上业务处理安全顺利地进行；另一方面要确保整个系统内容的完整性和一致性，从而为企业电子商务的运作提供良好的服务。系统维护工作不仅是技术性工作，为了保证维护工作的质量，还需要付出大量的管理工作。具体的组织与管理工作主要包括以下几个方面。

（1）建立维护组织。该组织机构的成员可以包括技术主管、系统硬件和软件维护人员、数据库管理员、应用软件和网页维护人员。

（2）安排计划。电子商务系统维护工作应当有计划、有步骤地统筹安排。各类维护申请首先提交给维护主管，再由技术主管负责对维护申请进行评价，提出评价报告，该报告要对所提出问题的原因、严重程度、维护方法、维护计划和维护时间等进行论证，制订出合理的维护计划，然后由维护主管出面协商并下达维护任务。

（3）维护的实施。系统的维护工作应按照维护计划开展。当维护任务完成后，维护人员应填写一份书面维护报告呈交给维护主管。维护主管应按照验收标准对维护结果进行验收，最后要将整个文档资料保存起来。

9.3.3 维护中的安全管理

电子商务系统的维护工作并不仅是技术工作，为了保证系统在安全环境中运行，还需要进行安全管理。电子商务系统维护过程中的安全管理通过一个完整的综合保障体系，来规避信息传输风险、信用风险、管理风险，以保证商务系统的各个活动安全有效地进行。

1. 安全管理需求

电子商务维护过程中的安全管理需求主要体现在以下几个方面。

（1）界定内部网络边界的安全性，如果内部网与公用网络相连，特别是与因特网相连，则内部网的边界不安全，需要有防火墙。

（2）保证网络内部的安全，不仅要保证系统的安全，更要保证数据的安全。

（3）建立全网统一、有效的身份识别系统，实现用户的统一管理，并在此基础上实行统一的授权管理，实现用户和资源之间的严格访问控制。

（4）信息投入时需要保证数据完整性和保密性。

（5）需要有较全面的审计、记录机制，能对网络中发生的与安全有关的事件进行记录，以便事后处理。

2. 安全管理方法

通过对电子商务维护过程中的安全需求分析，建立以下安全管理方法。

（1）建立安全管理组织机构。按照电子商务系统安全保密设计的要求，建立安全保密运行管理领导机构和工作机构。建立电子商务系统安全保密“三员”管理制度，即设立商务系统管理员、系统安全员、系统密钥员，负责系统安全运行维护和管理，为电子商务系统安全运行提供组织保障。

（2）确定安全保密监控体系。监控体系包括监控策略、监控技术措施等。在电子商务系统维护过程安全管理中，需要制定有效的监控策略，采用多种技术措施和管理手段加强系统的安全监控，从而构建有效的监控体系，保障系统安全运行。

（3）制定运行维护管理制度。加强电子商务系统运行安全管理制度建设，是保障系统安全运行的关键。制定的运行维护管理制度应包括系统管理员的职责、系统安全员工作职责、系统密钥员工作职责，还应包括机房管理、系统网络运行管理、信息介质管理、查询登记和结果返回、系统故障和安全事故报告、安全审计等方面的安全管理制度。

（4）确立计算机安全稽核。计算机安全稽核是系统安全工程的主要内容，人们常用安全稽核来验证系统安全方面的脆弱性，评价风险程度，从而有针对性地采取安全措施。

安全稽核的目的是保持数据的正确性、可靠性、真实性和可使用性，识别系统内部正在发生的活动变化，保障系统的安全可靠。计算机安全稽核在防止计算机犯罪、威慑计算机犯罪分子、侦破案件、检查事故发生的可能性和原因、保障系统正常运行等方面都有着极其重要的作用。

（5）建立安全监察体制。系统安全保护存在的问题是：无特定的机构来督察、检查系统的安全情况，只对系统产品安全性能进行评价、认证，对最容易出问题的计算机应用过程的安全管理工作只有要求而无监督。鉴于这一点，信息产业部在 1994 年 2 月颁布的《计算机信息系统安全保护条例》中设置了安全监察章节，对计算机信息系统的安全保护的法律监督作用做了描述。监察组织特别是计算机安全监察机构要从防范计算机犯罪的角度出发，采取具体工作措施对已经投入使用的系统进行全方位的监察工作。

3. 安全管理内容

电子商务系统维护过程中，安全管理的具体内容如下。

（1）硬件的安全管理。需要进行管理的硬件设备主要有网络设备、服务器和客户机、通信线路等。

（2）软件的安全管理。

① 支撑软件的管理：支撑软件一般来说包括操作系统、数据库、开发工具等。

② 应用软件的安全管理：为了保持客户机与系统版本一致，应设置一台安装服务器，当远程客户机应用软件需要更新时，就可以从网络上进行远程安装。

③ 数据的备份：备份与恢复是利用多种介质，如磁介质、纸介质、光盘、微缩载体等，对系统数据进行存储、备份和恢复，这种安全措施还包括对系统设备的备份。

（3）病毒的安全防范管理。病毒安全防范管理措施主要有安装防病毒软件、定期清理病毒、控制权限安全管理等。

（4）高度警惕网络陷阱。网络上常会出现非常诱人的广告及免费使用的承诺，在从事电子商务活动时对此应保持高度警惕。

（5）加强人员管理。加强有关工作人员的安全意识；严格业务管理人员的选拔；落实工作责任制等。

（6）保密管理工作。电子商务系统涉及企业的市场、生产、财务、供应等多方面的机密，需要很好地划分信息的安全级别，确定安全防范的重点，提出相应的保密措施。

（7）跟踪、审计、稽核管理工作。跟踪工作要求企业建立网络交易系统日志机制，用来记录系统运行的全过程。审计工作包括对系统日志经常性的检查、审核，及时发现对系统故意入侵行为的记录和违反系统安全功能的记录，监控和捕捉各种安全事件，保存、维护和管理系统日志。

稽核工作是指工商管理、银行、税务人员利用计算机及网络系统，借助稽核业务应用软件调阅、查询、审核、判断辖区内各电子商务参与单位业务经营活动的合理性、安全性，堵塞漏洞，保证电子商务交易安全，发出相应的警示或做出处理、处罚决定的一系列步骤及措施。

9.4 电子商务系统的评价

企业电子商务系统运营一段时间后，就要对其进行阶段评价，以检查此电子商务系统是否运行稳定、是否安全、是否能有效吸引客户等。

9.4.1 电子商务系统评价的特点和评价原则

1. 电子商务系统评价的特点

（1）电子商务系统一般初始投资大，而系统发挥作用又需要一定时间，具有明显的滞后效应。因此在评价电子商务系统时要考虑长远利益。

（2）它既可以产生直接利益，又可以产生间接利益；既可以产生有形利益，又可以产生无形利益。因此在评价电子商务系统时要考虑管理效益、战略利益等。

（3）电子商务系统对企业运营的各个环节都存在影响，甚至可能对企业的生存发展产生根本性的影响。因此在评价电子商务系统时要综合考虑其对企业各方面的影响。

（4）它的功能主要是面向企业外部的。因此在评价电子商务系统时要从客户和供应商的角度进行考虑。这是电子商务系统与传统信息系统在进行成功评价时的重要差别。

2. 电子商务系统评价的原则

任何评价行为都必须遵循一定的评价原则，评价作为经济活动中的一项技术、一门学科，有着其成熟的理论基础和技术方法，以此作为评价的依据是评价工作成功的保证。

电子商务系统的评价应该遵循的原则有以下几个方面。

（1）科学性原则。根据系统评价的目标，科学地制订系统评估方案和适用方式，以使系统评价结果科学合理。评价指标体系应能准确、真实、客观地反映电子商务系统的实际运行情况。在构建评价指标体系时应注意结构合理、层次分明、概念清晰，而层次的划分和指标的数量则应要根据实际情况而定，并非越多越好。

（2）客观性原则。要以翔实的数据为依据进行系统评价，猜测、推理和逻辑判定应当建立在现实的基础上。

（3）独立性原则。评估机构和评估人员不应该与电子商务系统有任何利益关系，在效益评估过程中应摆脱与所评估的电子商务系统有直接或间接利益关系的当事人利益的影响，评估工作应始终坚持独立的第三者立场，评估工作不应受外界干扰和委托者意图的影响。

（4）贡献原则。贡献原则是指电子商务系统对企业管理经营效益的贡献，取决于其对企业相关部门和企业整体的贡献度，或者根据当缺少它时对企业整体效益的影响程度来衡量其贡献程度。

（5）可操作原则。设计评价指标时，必须考虑获取数据的难易度，评价指标的含义必须明确，数据资料应尽量容易收集且计算简单，以保证后期对系统中的数据进行处理的可行性。

（6）替代原则。电子商务系统的可替代性是评价的重要方面。可替代性指的是事物是否具有唯一特性。例如，程控电话和移动电话在实现通话功能上是可替代的，计算器和珠算在进行数学运算方面具有一定的可替代性等。一个事物或一个系统可被其他事物或系统替代的程度是不同的，如不同品牌、相同功能的电视机是完全可替代的，而含有专利技术的产品和其他同类产品是具有不完全替代性的。电子商务系统的效益评估所要确定的是该系统的效益价格比，如果一个电子商务系统为企业带来巨大的经济效益，但其投入过大，这也是评价必须考虑的。

9.4.2 评价指标

电子商务系统的评价指标分为技术性评价指标、经济性评价指标和社会性评价指标。

1. 技术性评价指标

电子商务系统评价的技术性指标主要有以下几项。

（1）电子商务系统的设计评价。对其内容的丰富性和创意进行评价。

（2）电子商务系统的技术应用评价。主要评价其新技术应用的多少，及技术应用是否合理。

（3）电子商务系统的安全性评价。主要评价其能否保证电子商务的安全。

（4）电子商务系统的可操作性评价。主要评价其操作是否简单、方便和快速。

2. 经济性评价指标

电子商务系统评价的经济性指标主要包括流动比率、速动比率、营业周期、存货周转天数、应收账款周转天数、总资产周转率、流动资产周转率、资产负债率、销售净利率和资产净利率等。经济评价能直接反映电子商务系统给企业带来的经济效益。

3. 社会性评价指标

电子商务系统的社会性评价指标主要包括注册量、点击率、访问量、客户的忠诚度、实际访问量、日均访问客流量、服务质量统计分析、日人均浏览时间等。

9.4.3 评价方法

电子商务系统的评价是一项系统工程，需要专业知识和技术支持，目前电子商务系统评价的主要方式有以下几种。

1. 层次分析法

所谓层次分析法，是指将一个复杂的多目标决策问题一个系统，将目标分解为多个目标或准则，进而分解为多指标（或准则、约束）的若干层次，通过定性指标模糊量化方法算出层次单排序（权数）和总排序，以作为目标（多指标）、多方案优化决策的系统方法。

层次分析法中，将决策问题按总目标、各层子目标、评价准则直至具体的备择方案的顺序分解为不同的层次结构，然后用求解判断矩阵特征向量的方法，求得每一层次的各元素对上一层次某元素的优先权重，最后再用加权和的方法递阶归并各备选方案对总目标的最终权重，此最终权重最大者即为最优方案。这里所谓“优先权重”是一种相对的量度，它表明各备选方案在某一特点的评价准则或子目标，标下优越程度的相对量度，以及各子目标对上一层目标而言重要程度的相对量度。层次分析法比较适合于具有分层交错评价指标的目标系统，而且目标值又难以定量描述的决策问题。其用法是构造判断矩阵，求出其最大特征值，及其所对应的特征向量 W，归一化后，即为某一层次指标对于上一层次某相关指标的相对重要性权值。

电子商务系统可以从以下几个层次来评价。

（1）功能性。大部分企业评价电子商务系统的主要指标都是系统的功能性，为满足企业用户多样化的需求，电子商务系统的功能必须尽可能齐全。

（2）安全性。安全性与企业电子商务系统所在服务器关系更大一点，但系统的一些基本防御措施还是需要具备的，如代码的严密性、是否采用安全协议传输、交易数据及安全套接字层等。

（3）兼容性。电子商务系统必须考虑所有潜在用户客户端的配置，一个优秀的电子商务系统肯定是对主流浏览器、各种操作系统都兼容的。

（4）性能。电子商务系统的反应速度必须在用户可接受的响应时间内，这里的性能主要指数据库的性能、页面代码大小、能否生成静态页等，数据库设计合理，页面总体积小、静态化都是影响系统性能的因素。

（5）可扩展性。用户的需求并不是一成不变的，功能的可扩展性是满足不同需求的前提。关于可扩展性可以了解一下该电子商务系统是否有大量可获得的第三方插件，如 Wordpress 系统强大的第三方免费插件就是其成功的重要因素。

（6）可用性。电子商务系统界面必须有逻辑性、可访问性、直观性。系统应该让用户的访问愉快而高效，使访问系统的每个用户都理解和使用该电子商务系统。

2. 综合评价方法

运用多个指标对多个参评单位进行评价的方法称为多变量综合评价方法，或简称综合评价方法。其基本思想是将多个指标转化为一个能够反映综合情况的指标来进行评价。

1）综合评价方法的特点

（1）评价过程不是逐个指标顺次完成的，而是通过一些特殊方法将多个指标的评价同时进行评价的；

（2）在综合评价过程中，一般要根据指标的重要性进行加权处理；

（3）评价结果不再是具有具体含义的统计指标，而是以指数或分值表示参评单位综合状况的排序。

2）构成综合评价方法的要素

（1）评价者。评价者可以是某个人或某团体。电子商务系统评价的评价者是实行电子商务应用的企业。

（2）被评价对象。被评价对象可以是技术水平、生活质量、小康水平、社会发展、环境质量、竞争能力、综合国力、绩效考评等方面。在电子商务系统评价中，评价企业所实行的电子商务系统即是被评价对象。

（3）评价指标。评价指标体系是从多个视角和层次反映特定评价客体数量规模与数量水平的。企业在进行电子商务系统评价时，应根据企业自身的情况选择恰当的评价指标。

（4）权重系数。相对于某种评价目的来说，评价指标的相对重要性是不同的。权重系数确定的合理与否关系到综合评价结果的可信程度。

（5）综合评价模型。所谓多指标综合评价，就是指通过一定的数学模型将多个评价指标值“合成”为一个整体性的综合评价值。

3）综合评价方法的步骤

（1）确定综合评价指标体系，这是综合评价方法的基础和依据。

（2）收集数据，并对不同计量单位的指标数据进行同度量处理。

（3）确定指标体系中各指标的权数，以保证评价的科学性。

（4）对经过处理后的指标进行汇总，计算出综合评价指数或综合评价分值。

（5）根据评价指数或分值对参评单位进行排序，并由此得出结论。

3. 经济效益评价方法

企业应用电子商务系统的目的是提高经济效益，因此经济效益评价是需要评价的主要内容，也是经济评价的主要方面。系统评价是通过费用与效益的分析实现的。费用是指系统的整个生命周期中全部开支而构成的成本，效益是指系统的运行所带来的费用减少或收入的增加。

1）系统投资成本

电子商务是一个非常复杂的社会系统，它的开发、使用、维护和管理过程，需要投入大量的人、财、物资源，需要各种软/硬件支持，这一切就构成了系统的成本。

（1）系统开发成本。主要是指软/硬件及开发工具的采购费用，以及机房工程设施的改造通信线路的建设等成本开支项目，此外，还有系统调研与分析费用，电子商务应用软件的购置费用和开发设计费用，数据采集费用，开发人员、应用人员的培训费用，系统试运行费用等。

（2）系统运行成本。人员的工资费用、通信费用、提供电子支付所需的费用、电费、域名注册费、系统培训费用、数据信息的收集和组织管理费用、技术资料费用、固定资产折旧费等。

（3）系统维护与管理成本。系统软/硬件的维护成本、出错处理费用、系统改善更新所发生的费用、系统管理费用等。

2）电子商务系统的收益

电子商务系统的收益是指企业在运行电子商务后所产生的增收和节支的总额。主要反映在采购成本降低、库存积压减少、单证处理成本减低、管理费用减少、资金周转加快、占用额减少、销售利润增加等所产生的利益，通过向系统外部提供信息产品或服务所获得的利益，以及系统开展其他经营活动而获得的利益。

9.4.4 评价过程

评价的实施先从最一般的竞争环境和组织结构开始，到系统总体结构，然后是系统和组织之间管理接口的服务水平，最后是系统内部功能的一些特殊结构。

1. 系统环境分析

这一阶段应该对市场中的竞争压力、主要竞争对手和关键的成功因素有清晰的定义。组织通过其机构、策略、文化因素等对竞争环境做出反应，要了解这种反应的方式，正确评价组织对于信息和其支持服务需求的总体水平，及它们如何影响组织的状况和所处环境。

2. 系统基础设施的评价

第二阶段的评价主要用于分析系统基础设施的不同组成部分，如组织的结构和已建立的处理过程，它们决定电子商务系统的性能。基础设施有以下四个维度：

（1）信息维度，提供信息支持的应用系统和数据库；

（2）技术维度，计算机设备、系统或应用软件以外的软件和远程通信设备的体系结构；

（3）组织维度，系统功能的组织和管理结构；

（4）经济维度，组织对系统的投资。

3. 系统接口的评价

系统体系结构描述了已建立的系统性能，在对其进行评价后，下一阶段要评价系统的管理过程，它是组织体系结构与组织其他部分之间的重要接口。要对管理过程及其质量进行评价，首先要进行系统计划和控制的评价。系统评价用于测试组织使用系统的效率和系统满足用户实际需求的程度。

4. 系统活动的评价

最后一个阶段的评价包括系统功能中的活动评价和管理评价。围绕系统各个功能的评价包括六项活动：应用软件开发和维护评价、系统操作评价、预期性能计划和技术实现评价、系统支持功能评价、系统安全措施评价、系统人事管理评价。

本章小结

本章主要介绍电子商务系统实施、运营、维护与评价阶段的相关内容。

电子商务系统的分析与设计阶段完成了系统逻辑结构的描述，为系统实施奠定了基础。系统开发工作经过系统设计阶段后，便进入了系统实施、运营和维护阶段。

系统实施的主要工作包括系统平台搭建、应用软件开发、系统测试、系统发布等工作。电子商务系统平台的选择和搭建中，要根据新系统的目标，在各种技术手段和实施方法中权衡利弊，合理利用各种资源，包括选择适当的网络平台、计算机软/硬件及其他辅助设备。电子商务系统的开发和集成的任务主要是完成电子商务应用软件的编码与调试。此外，还可能有一部分工作是完成电子商务系统与企业既有信息资源的集成。电子商务系统技术性能的测试指标主要用来衡量和评价系统质量优劣，一般来说测试内容至少包括系统可靠性测试、系统健壮性测试、系统正确性测试、系统安全性测试和系统兼容性测试等。电子商务系统的发布工作主要包括域名的申请、Web 服务的选择、网站的发布。网站的发布的流程为：准备工作、申请网站空间、网站的上传、网站的试运行。

电子商务系统的商务运营管理策略有：系统内容及时得到更新、与客户及时进行交互、不断挖掘潜在的客户。电子商务系统的推广策略包括树立电子商务系统的整体形象、准确进行新系统的形象定位、全面的广告促进策略、网站推广策略、全方位的服务。电子商务系统推广方法包括搜索引擎推广方法、电子邮件推广方法、资源合作推广方法、信息发布推广方法、网络广告推广方法、病毒式推广方法、整合推广方法。

电子商务系统维护的内容包括硬件维护、软件维护、数据维护、代码维护。

电子商务系统的评价指标分为技术性评价指标、经济性评价指标和社会性评价指标。评价方法包括层次分析法、综合评价方法、经济效益评价方法三种。

思考题

实践环节

第10章 电子商务系统分析与设计案例

本章教学目标

（1）掌握运用结构化方法进行电子商务系统分析与设计；
（2）掌握运用面向对象方法进行电子商务系统分析与设计。

10.1 基于结构化方法的在线鲜花订购系统分析与设计

建设电子商务网站首先要进行网站规划，一个完整的网站规划包括对企业的环境、目标、现行信息系统的状况进行初步调查，对建设网站系统的需求做出初步的分析和预测，探讨建立网站的必要性，同时考虑建设网站系统所受的各种约束，制订建设网站系统的各种可能的方案，最后对各种方案进行可行性分析，得出可行性分析报告，可行性分析是指分析说明网站的开发、实施在技术、经济和社会条件方面的可行性，评述为了合理达到目标而可能选择的各种方案。根据通过审议的可行性报告中的网站系统建设方案，选择论证一个最可行的方案。根据通过审议的可行性报告中的网站系统建设方案与实施计划制定出的系统设计任务书，这将成为系统分析与设计阶段的指导文件。

在线鲜花订购系统是一个相对简单的电子商务系统，主要满足传统的花店运营的需要，将自己的销售渠道扩展到网上，通过简单的管理，提供给最终消费者产品的展示、购物、订单处理等，以实现鲜花的在线销售。

在线鲜花订购系统主要是构建网上鲜花订购及管理平台，它将实现用户浏览、订购鲜花及订单管理等电子商务功能。系统主要提供如下功能。

（1）发布鲜花产品，以供客户查看。

（2）可实现简单的鲜花查询功能。

（3）客户能比较方便地订购鲜花产品。

（4）客户能比较方便地管理自己的产品。

（5）管理员能比较方便地管理所有的订单。

关于系统功能的详细描述请参看第 6 章的系统功能模块设计。

10.1.1　在线鲜花订购系统分析

电子商务网站系统分析分为需求分析、业务流程分析和数据流程分析三部分。

1．需求分析

需求分析简单地说就是分析用户的要求。需求分析是系统设计的起点，需求分析的结果是否准确地反映了用户的实际要求，将直接影响后面各个阶段的设计，并影响设计结果是否合理和实用。

1）组织结构分析

组织结构分析通常是通过组织结构图来实现的。组织结构图是一张反映组织内部之间隶属关系的树状结构图。将要开发的在线鲜花订购系统所在组织的组织结构如图 10-1 所示。

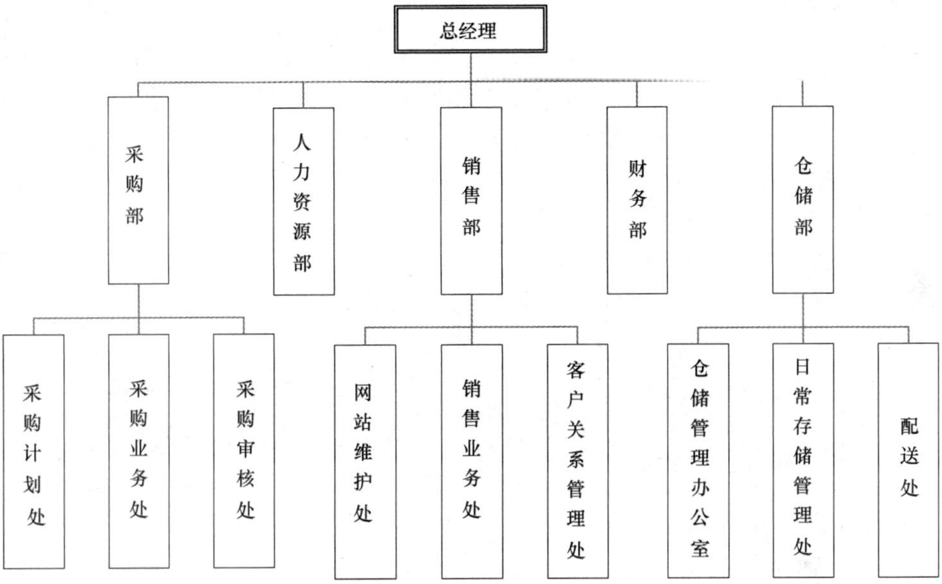

图 10-1　将要开发的在线鲜花订购系统所在组织的组织结构图

2）组织/业务关系分析

组织结构图反映了组织内部和上下级关系，但是对于组织内部各部分之间的联系程度、组织各部分的主要业务、组织各部分在业务过程中所承担的工作等却不能够反映出来。这将给后续工作带来困难。为了弥补这方面的不足，通常需要将业务过程与组织结构联系起来分析。

业务过程与组织结构联系分析又简称为组织/业务关系分析，充分利用系统调查中所掌握的资料，着重反映管理业务过程与组织结构之间的关系，它是后续分析和设计新系统的基础。

通常通过增设组织/业务关系表（见表 10-1）来反映组织各部分在同一业务过程中承担不同业务环境时的关系。

表 10-1　组织/业务关系表

功　能	序　号	业　务	组　织				
			采 购 部	仓 储 部	财 务 部	销 售 部	人力资源部
功能与业务	1	计划	*	√		×	
	2	销售	√		√	*	
功能与业务	3	供应	*	×	√		
	4	人事					*
	5	配送		*		√	

注：“*”表示该项业务是对应组织的主要业务；
“×”表示该部门是参加协调该业务的辅助单位；
“√”表示该单位是该业务的相关单位；
空白表示该部门与对应业务无关。

2. 业务流程分析

业务流程分析就是将网站的各项业务以流程图的方式表示出来，用于指导数据分析与系统设计。业务流程图用一些符号及连线来表示某个具体业务处理过程。业务流程图的绘制基本按照业务的实际处理步骤和过程绘制。业务流程图一般用尽可能少的图形符号、尽可能简单的方法来描述业务处理过程。

1）系统整体基本业务流程分析

对于在线订购系统，以基本的业务阶段和职能部门分类作图，描述在线订购的业务过程，展现在线订购的特点，即以客户需求为拉动，为客户提供可靠、及时、高效的服务。基本业务流程图如图 10-2 所示。

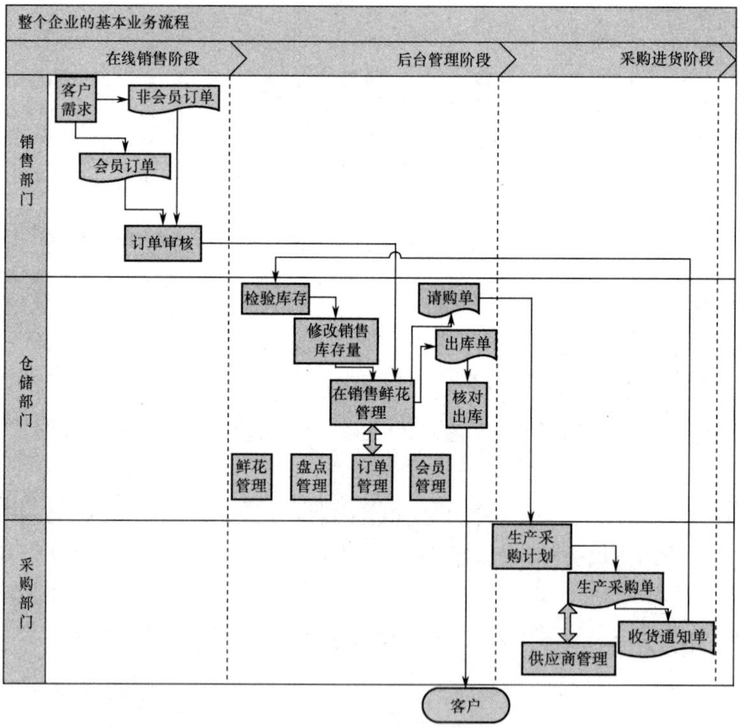

图 10-2　基本业务流程图

2）具体业务流程分析

为了清晰地展现其业务特点，图 10-2 是根据基本业务阶段和职能部门分类来分析业务的。现在根据业务的相对独立性将上述业务分为在线订购业务、后台管理业务、采购业务 3 个具体业务。由于本系统涉及在线订购业务和后台管理业务，所以只就这两个具体业务分述如下。

（1）在线订购业务流程。

在线业务订购流程图如图 10-3 所示，客户通过网络进入在线订购系统，可以通过网页展示浏览所需要的鲜花，也可以通过分类检索直接查找需要的鲜花。如果有需要的鲜花，可以先将其选中，即相当于放入虚拟的购物车中，这时就生成一张临时购物单，它是随着客户的选择不断变化的。当客户选择好要购买的鲜花后，就可以去收银台结账了，可以是会员结账（登录的客户），也可以是非会员结账。最后生成一个订购单，客户可以随时查看自己的订单状态。后台管理处会在一定时间内回复客户的订单，并改变订单的状态。

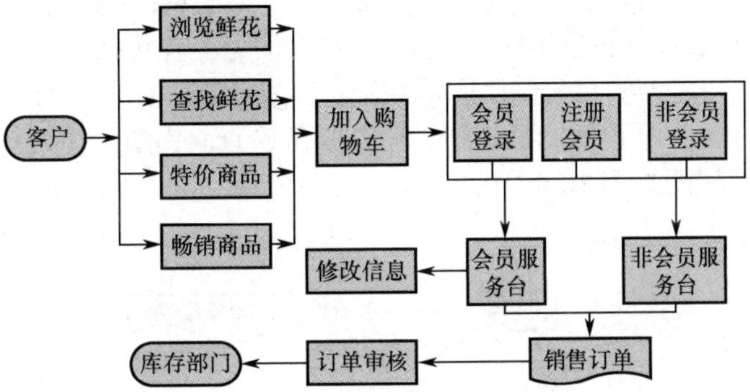

图 10-3　在线订购业务流程图

（2）后台管理业务流程。

① 鲜花上架流程。采购部门和各花农联系和协商，根据采购订单形成收货预告单，传给实体的商铺仓储部门，收货预告单上有采购鲜花的信息、供应商信息及收货标志。此收货标志分三种，一是采购单已经发出，还没有收货，则为新预告单标志；二是若一张采购单分批到货，收货时，根据预告单上的采购数量，标志着此预告单为“收货中”状态，在此状态下可以分批收货，直到所有的货物到达，达到很好的保鲜作用；三是标志预告单已经收完货状态，则结束此预告单。鲜花到达后，根据采购单号查找此采购的预告单，并根据预告单打印出检验单，检验单上主要有鲜花信息和采购数量。检验员检验后，填好实收数和不合格数及不合格原因。对不合格的鲜花，明确不合格原因后，告知供货方；对于合格的鲜花，填好收货单交给采购部门，采购部门据此登记入账，然后实体商铺将所有的鲜花分类上架，根据花的性质、存储期的长短、流通性等安排好适当的存储空间和仓库位。根据鲜花的图片和配送方式，由管理员发布鲜花信息。

② 鲜花在库管理流程。为了实现网上花店的高效性，有效的库存管理是非常重要的，日常的库存管理主要包括盘点管理、库存控制等。盘点管理是在库业务中的重要业务，主要是对所有鲜花进行盘点，找出差异原因，进行处理，差异金额在下一月进行结算。盘点可以针对所有鲜花进行，还可以利用 ABC 分类方法进行盘点。ABC 分类法是鲜花的重点管理法，首先将仓库内所有的鲜花按其重要程度、价值大小等进行分类，然后采用不同的方法，在不

同的时间间隔内对其进行盘点管理，既能够抓住重点，又能够照顾一般情况。盘点时根据鲜花的重要性制订盘点计划，打印出需要盘点的鲜花清单，包括存储货位、鲜花信息、存储数量等，实际数量一栏由盘点人员根据实际情况填写，对于有差异的鲜花，分析差异的原因，制作出盘盈、盘亏报表，报财务部门记账，并根据此报表修改库存记录。库存控制是企业库存管理的重点环节，库存的合理性在很大程度上反映了库存管理的质量。把库存量控制在最佳数量，用尽量少的人力、物力、财力管理好库存，获取最大的供给保障，是企业追求的一个重要目标。由于鲜花品种多、规格繁杂，在库存控制上也可以采用 ABC 分类法。A 类鲜花是库存控制的重点对象，对于 B 类实施次一级控制，C 类采取简单的控制。

③ 拣货送鲜花业务。拣货配送是一项非常繁杂的工作，根据形形色色的客户订单，做到既准确又及时地将所要求的鲜花备齐并送到客户手中是在线鲜花订购系统快速反应的体现，同时也是本系统设计的目的。拣货组的拣货业务是从接到从后台管理员处发出的顾客订单开始的，接到订单后，将要拣的不同种类、不同规格鲜花按仓库位找到并拣出该鲜花。当拣出该鲜花后，在此鲜花上贴上拣货标签，送出货口。在出货口利用条形码或人工再次核对拣货的正确性，同时记录下鲜花的基本信息，此基本信息主要包括鲜花规则、供货单位、入库日期、存储位等，利用该信息来修改同批次鲜花在库状况，如在库数量等。拣货核实正确则被输出带送到集货区，不正确的则送到另一处以备检查。出货后填好出货单。

后台管理业务流程图如图 10-4 所示。

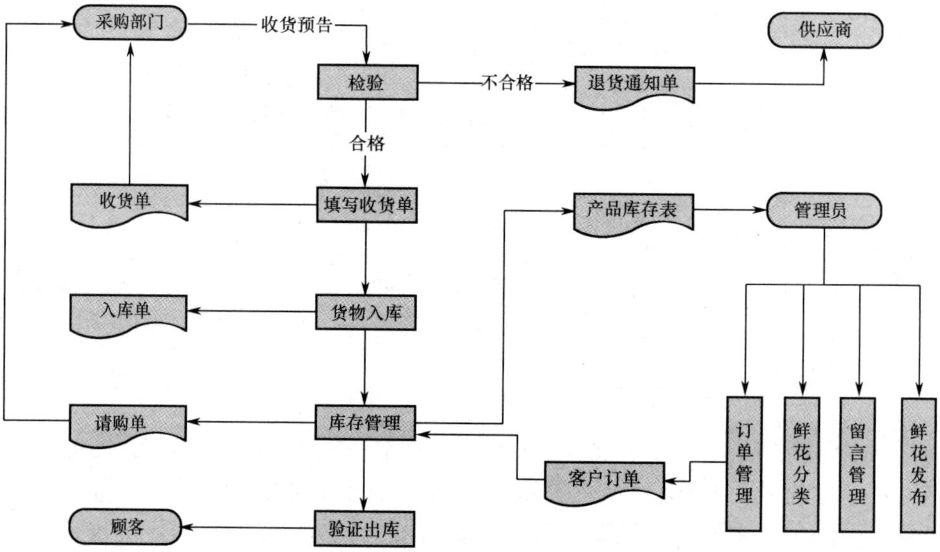

图 10-4 后台管理业务流程图

3. 数据流程分析

数据流程分析通常是通过分层的数据流程图来实现的。数据流图是系统分析员与用户交流思想的工具。其具体的分析过程：先把系统看成一个整体，明确信息的输入与输出，界定系统的边界，画出顶层数据流程图，再根据结构化方法的思想，将系统分解成相对独立的子系统，找出各子系统的输入数据流和输出数据流，分析输入数据流的来源和输出数据流的去向，用数据流将数据源、子系统和数据终点连接起来。以此类推，直到分解为功能单一的模块为止。

1）数据流程图

（1）顶层数据流程图。

本系统只涉及在线订购这一模块，故只做这一部分的流程图。顶层数据流程图如图 10-5 所示。

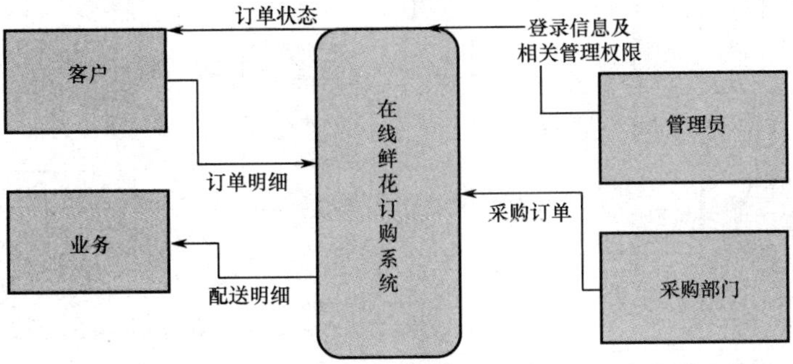

图 10-5　顶层数据流程图

（2）第一层数据流程图（见图 10-6）。

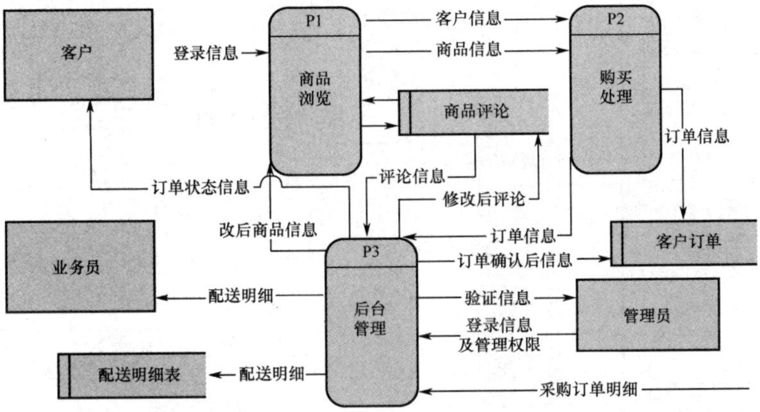

图 10-6　第一层数据流程图

（3）第二层数据流程图（见图 10-7、图 10-8、图 10-9）。

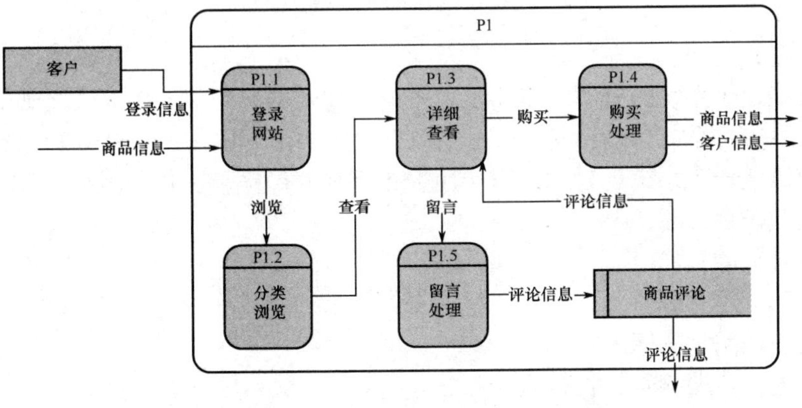

图 10-7　商品浏览分解数据流程图

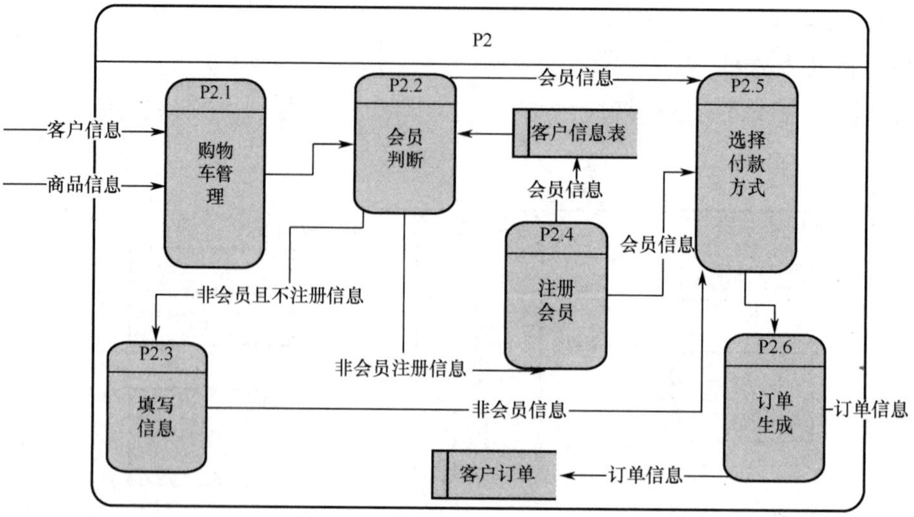

图 10-8　购买处理分解数据流程图

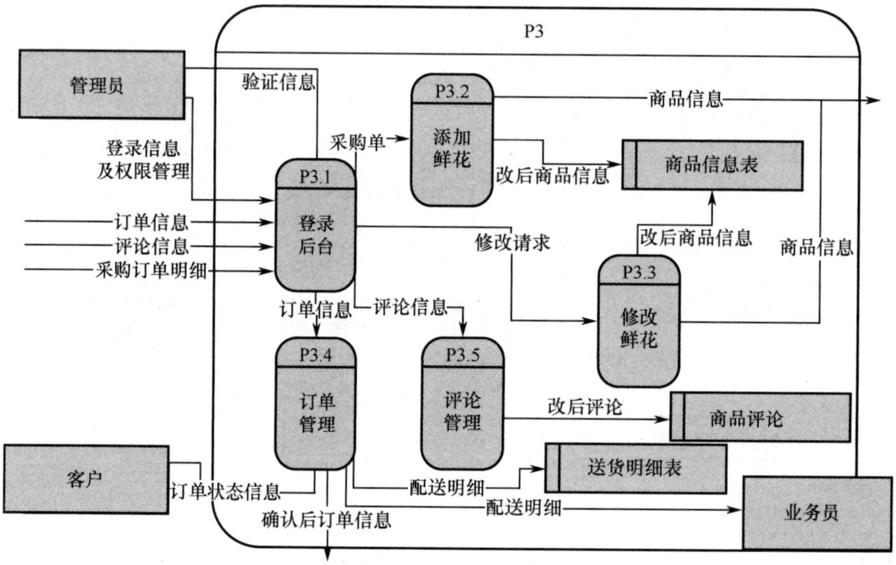

图 10-9　后台管理分解流程图

2）数据字典

数据流图描述了系统的分解，即描述了系统由哪几部分组成、各部分之间的联系等，但还没有说明系统中各个成分的含义。只是当数据流图中出现的每个成分都给出定义后，才能完整、准确地描述一个系统。为此，需要用数据字典对数据流图加以补充说明。

（1）数据项条目说明。

数据项编号：F-01。

数据项名称：用户编号。

简述：用户在网站的标识。

类型及宽度：自动编号，长整型。

取值范围：1 ~ 999 999。

数据项编号：F-02。
数据项名称：用户名。
简述：用户自己取的名字，用以唯一标识用户名。
类型及宽度：字符，50 位。
取值范围：文本。

数据项编号：F-03。
数据项名称：密码。
简述：登录时用以检验用户名的输入是否正确。
类型及宽度：字符，50 位。
取值范围：文本。

数据项编号：F-04。
数据项名称：产品代码。
简述：唯一标识产品，网站自己定义的字符串。
类型及宽度：字符，10 位。
取值范围：文本。

数据项编号：F-05。
数据项名称：产品品种。
简述：把产品分类标识，以便用户分类检索。
类型及宽度：字符，5 位。
取值范围：文本。

（2）数据流条目。
数据流编号：D-1-1。
数据流名称：订单信息。
简述：由用户购买商品后传过来的信息。
数据流来源：购买处理。
数据流去向：后台管理。
数据流组成：订单号+付款人姓名+付款人电话+付款人 E-mail+付款人地址+送货时间+付款人备注+支付时间+修改时间+收货人姓名+收货人称呼+收货人电话+收货人地址+收货人备注+收货人邮件+留言+送货非+送货地区+总价+实际价格+订单密码+用户号+订单状态+来源。

数据流编号：D-1-2。
数据流名称：评论信息。
简述：记录用户对产品的评论。
数据流来源：用户。

数据流去向：后台管理。

数据流组成：评论 ID+评论内容+用户名称+管理答复内容+是否显示+邮件+用户 ID+产品 ID+对应目录属性的 ID，Directory-property 表的标识。

数据流编号：D-1-3。

数据流名称：商品信息。

简述：用户对看中的商品的详细展示。

数据流来源：商品浏览。

数据流去向：购物处理。

数据流组成：产品号+产品代码+产品名称+产品描述+市场价格+销售价格+图片抵制+产品状态+产品种类+修改时间+优先级别+会员价格+网络图片地址（大、中、小）+是否特价。

（3）数据存储条目

数据存储编号：F-01。

数据存储名称：商品评论。

简述：记录用户对商品的看法。

数据存储组成：评论 ID+评论内容+用户名称+管理答复内容+是否显示+邮件+用户 ID+产品 ID+对应目录属性的 ID，Directory-property 表的标识。

关键字：评论 ID。

相关联的处理：留言处理，后台管理。

数据存储编号：F-02。

数据存储名称：客户订单。

简述：记录花店订单具体购买的产品信息。

数据存储组成：产品编号+产品 ID+产品名称+产品价格+数量+订单 ID。

关键字：产品编号。

相关联的处理：订单生成、购买处理。

数据存储编号：F-03。

数据存储名称：送货明细表。

简述：存放客户订单的相关信息。

数据存储组成：送货编号+收货人姓名+收货人称呼+收货人电话+收货人地址+收货人备注+收货人邮件+留言+送货费+送货地区+总价+实际价格+订单密码+用户号+订单状态+来源。

关键字：送货编号。

相关联的处理：后台管理、订单管理。

（4）数据处理逻辑条目

处理逻辑编号：P3.5。

处理逻辑名称：订单管理。

简述：确认顾客的购买，生成确认状态，发往业务员手中送货明细表，以便送货。

输入的数据流：顾客的订单信息；管理员信息。

处理：根据数据流顾客的订单信息，管理员进行状态的确认，从中获取顾客的信息，购买信息生成送货明细表，发到各配送人员手中。

输出的数据流：数据流订单信息一是去外部用户，二是写入数据存储送货明细表中。

处理逻辑编号：P3.2。

处理逻辑名称：添加鲜花。

简述：新的鲜花上架。

输入的数据流：采购部门的新品种采购信息；管理员信息。

处理：根据数据流采购部门的新品种采购信息，管理员进行录入处理，实现商品的上架处理。

输出的数据流：数据流商品信息发往前台，供客户浏览购买，评论。

处理逻辑编号：P3.3。

处理逻辑名称：评论管理。

简述：对顾客的评论给予一定的回复，对虚假的评论进行删除。

输入的数据流：顾客的评论信息；管理员信息。

处理：根据数据流顾客的评论信息，管理员进行必要的回应。对虚假的评论进行删除。

输出的数据流：数据流评论信息进入存储文件商品评论中，同时随同商品信息供顾客浏览，进行购物参考。

10.1.2　在线鲜花订购系统设计

电子商务网站系统设计是根据实际的技术条件、经济条件和社会条件，确定系统的实施方案的过程。通常电子商务网站系统设计包括总体设计和详细设计两大部分。其中，总体设计要在系统分析的基础上，把电子商务网站系统划分为若干种类、若干层次的基本功能模块，确定各个模块之间的关系，并对整个网站的软/硬件实现进行合理的安排。详细设计对总体设计中确定的各模块选择适当的技术实现手段和处理方法，包括代码设计、数据库设计、输入/输出设计、人机对话设计、处理过程设计等内容。在这里将进行总体设计中的系统功能模块设计和详细设计中的数据库设计、代码设计、输入/输出设计。

1. 系统功能模块设计

顾客进入在线鲜花订购系统后，首先进入订购系统的大厅，也就是首页。在这里，顾客应该能够看到最引起其注意的东西，并对系统有个总体的认识，可以查看系统上举办的特价商品活动，查看商品的类别，并且从还能进入浏览单个商品的详细界面，并能够方便地搜索商品，而且还能够像在商场里一样，有一个叫作购物车的工具用以模拟商场的实物购物车。顾客在查看商品的价格等详细信息后，可以把自己喜欢的商品放入购物车中，并且可以对已经放入购物车的商品进行处理，如修改商品数量，从购物车中去掉不想买或不满意的商品等。当顾客购完货物后可以到服务台结账，术语表示下订单。顾客下订单时可以不必在系统注册，也可以注册并且登录，系统会根据顾客是否登录给出不同的订单信息，要求顾客填写。在顾客下完订单后，商场将根据订单的列表内容，使用电话同顾客进行确认，以便及时送货。此时完成整个交易。这只是系统功能的一部分，系统还要管理自己的商场里面的商品、进货、添加新的商品、删除没有货的商品、管理顾客的商品评论等。

1）系统总的功能模块

图 10-10 所示的模块就是在这些流程的描述和系统分析的基础上建立起来的。

2）系统功能设计

根据流程图和模块的分析及划分，将每个模块的详细功能以表的形式列出来（见表 10-2～表 10-11），并将各模块之间的结构关系整理清楚，为后面的对数据库结构设计打下基础。

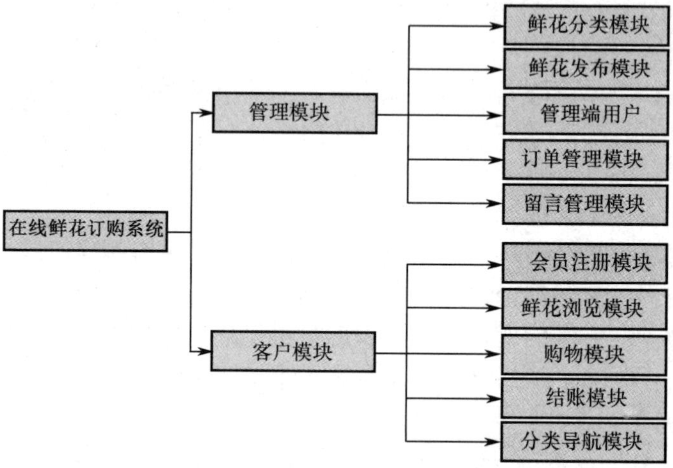

图 10-10　在线鲜花订购网站功能模块图

表 10-2　鲜花分类模块功能

序　号	功能列表	功能明细	备　注
1	鲜花分类页面	按鲜花的不同类别进行管理。主要有鲜花大类名称、标识、排序、状态等	
2	修改	修改鲜花大类信息	
3	添加	添加鲜花大类信息	
4	删除	删除鲜花大类信息	
5	查看	查看鲜花大类信息	

表 10-3　鲜花发布模块功能

序　号	功能列表	功能明细	备　注
1	鲜花发布页面	添加鲜花产品的相关信息，按类别进行。序号、代码、名称、价格、上架日期、类别、销售状态等。管理进入、详细进入	
2	添加鲜花	添加鲜花信息	
3	编辑鲜花	编辑鲜花信息	
4	删除鲜花	删除鲜花信息	
5	查看鲜花	查看浏览鲜花信息	

表 10-4　管理端用户模块功能

序　号	功能列表	功能明细	备　注
1	管理员登录	管理员输入用户名和密码，系统进行验证	
2	管理员验证	管理员在进入各功能模块管理时，系统都要验证	
3	编辑管理员	编辑管理员信息	
4	添加管理员	添加新的管理员	
5	删除管理员	删除管理员（系统默认的管理员不能删除）	

表 10-5　订单管理模块功能

序　号	功能列表	功能明细	备　注
1	订单列表页	序号，订单号，订单提交日期，订单提交人员，翻页，订单处理状态，管理进入，详细进入	
2	订单详细内容页	列出订单所以项及相关项	
3	删除订单	从数据库中删除	
4	设置订单状态	为订单的处理状态进行编辑	
5	订单确认	向用户确认订单	

表 10-6　留言管理模块功能

序　号	功能列表	功能明细	备　注
1	留言详细内容页	留言标题，添加日期，留言内容等	
2	编辑留言	编辑留言内容	
3	回复留言	回复留言问题	
4	删除留言	删除留言信息	

表 10-7　会员注册模块功能

序　号	功能列表	功能明细	备　注
1	用户登录	用户输入用户名和密码进行验证	
2	用户注册	用户注册项	
3	个人信息浏览	浏览用户填写的各项信息	
4	用户信息修改	编辑用户自己的各项信息	
5	查看当前订单	如果用户没有收到当前的订单，可以看到订单处理状态	
6	取回密码	用户可以根据当时填写的 E-mail 和其他的相关信息找回密码	
7	修改密码	用户可以修改密码	

表 10-8　鲜花浏览模块功能

序　号	功能列表	功能明细	备　注
1	浏览商品类别列表	类别名称，类别列表	
2	浏览商品列表	商品名称，商品类别，显示价格，显示购买标识，商品图标	
3	商品详细内容	商品名称，商品类别，上架日期，商品图标，商品的详细介绍，显示购买图标	

表 10-9　购物车模块功能

序　号	功能列表	功能明细	备　注
1	购买商品	在浏览/查询商品时单击商品的购买标识，就可以把商品加到购物车	
2	浏览购物车	购物车列表，序号，商品名称，购买的商品数量，商品单位价格，商品总价	
3	取消购物车中商品	从购物车中将物品拿出或取消	
4	编辑购物车中商品	修改购物车中已存在商品的数量	
5	清空购物车	把购物车里的商品全部拿出	

表 10-10　结账模块功能

序　号	功能列表	功能明细	备　注
1	选择结账方式	是会员结账，还是非会员结账	
2	选择订单发送方式	有很多种，本系统默认送货上门	
3	选择付款方式	有很多种付款方式，一般为网络银行	
4	订单回执	给用户 E-mail 方式返回订单列表	
5	清空当前购物车	把用户结账的订单（购物车物品列表）清除掉	
6	填写收货地址	姓名、地址、电话、邮编、E-mail 等	

表 10-11　分类导航模块功能

序　号	功能列表	功能明细	备　注
1	分类导航	按绿植、鲜花（浪漫恋情、生日祝福、会议用花、特价、新花上市、畅销等）进行导航	
2	用途导航	按用途（恋情、生日、友情等），花材，对象进行导航	

2. 数据库设计

1）数据库概念结构设计

概念设计是整个数据库设计的关键，这一阶段通过对用户需求进行综合、归纳与抽象，逐步形成一个独立于具体数据库管理系统的概念模型。

（1）整体 E-R 图。

一个好的全局 E-R 模型除了能够反映用户功能需求，还应该遵循实体联系尽可能少、实体集所含属性尽可能少、实体集间联系无冗余等原则。在线鲜花订购系统整体 E-R 图如图 10-11 所示。

（2）订单—用户—用户评论 E-R 图如图 10-12 所示。

（3）导航字典—目录属性—目录信息—产品—产品导航属性对应表 E-R 图如图 10-13 所示。

（4）订单—产品 E-R 图如图 10-14 所示。

（5）管理员—订单—送货单 E-R 图如图 10-15 所示。

2）数据库逻辑结构设计

数据库概念设计完毕后，现在就可以将上面的数据库概念结构转化为某种数据库系统所支持的实际数据模型，也就是数据库的逻辑结构。本系统采用 Access 数据库，在数据库逻辑结构设计时，都遵循 Access 数据库的语法结构。

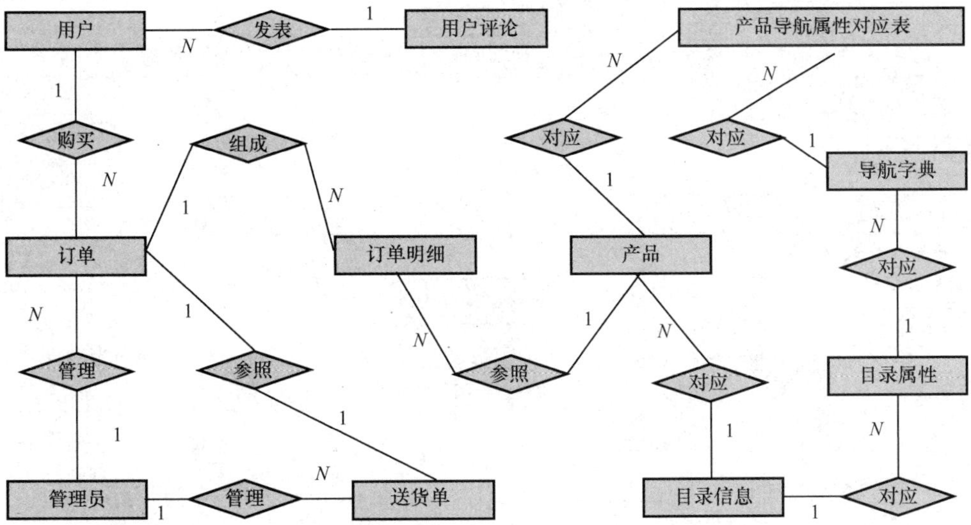

图 10-11　在线鲜花订购系统整体 E-R 图

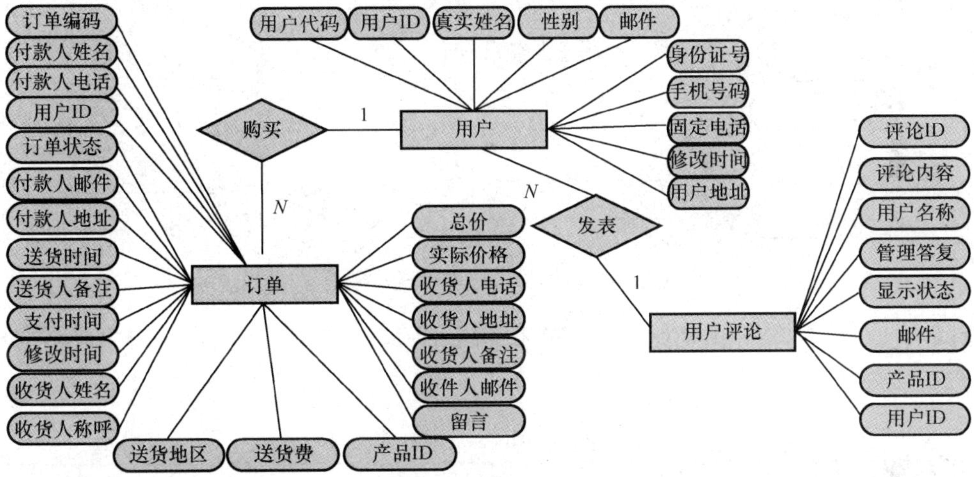

图 10-12　订单—用户—用户评论 E-R 图

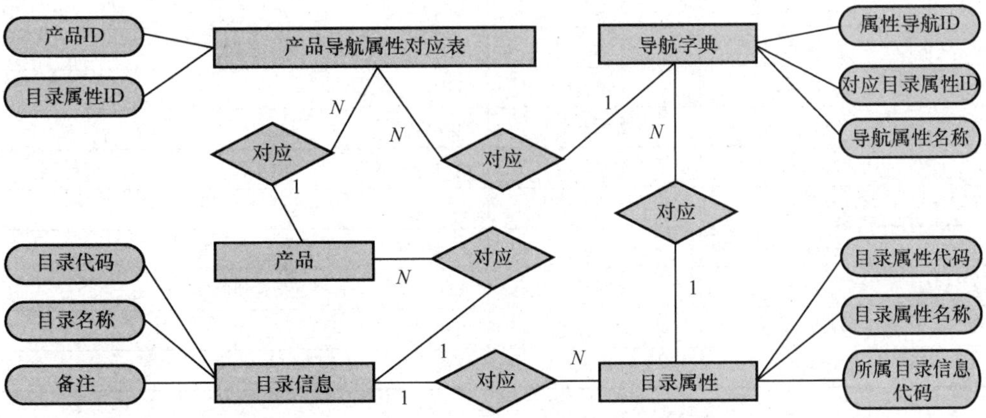

图 10-13　导航字典—目录属性—目录信息—产品导航属性对应表 E-R 图

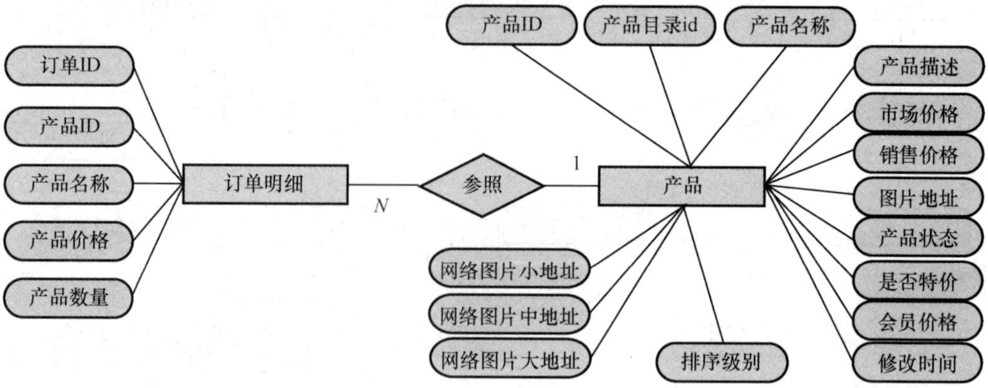

图 10-14　订单明细—产品 E-R 图

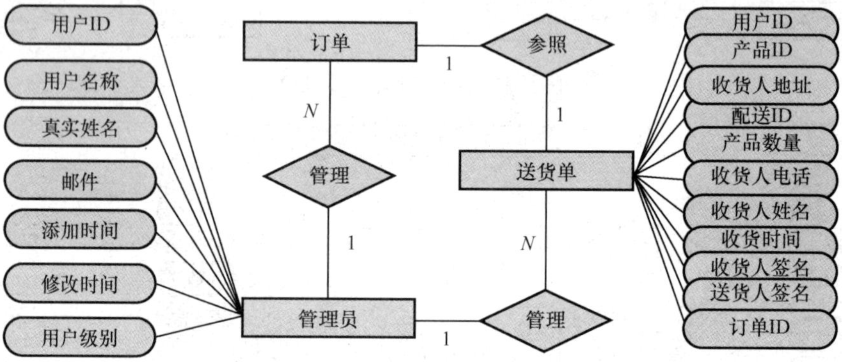

图 10-15　管理员—订单—送货单 E-R 图

在线鲜花订购系统中各个表的设计结果如表 10-12 ~ 表 10-21 所示。每个表格表示数据库中的一个表。

表 10-12　myuser 用户信息表

序　号	字 段 名 称	数 据 类 型	说　明
1	Autoid	自动编号	主键，递增，用户名在网站的标识
2	Userid	文本类型	用户 ID
3	Pwd	文本类型	用户口令
4	Sex	文本类型	性别：1 男，0 女
5	Realname	文本类型	真实姓名
6	Personid	文本类型	用户身份证号
7	Mobile	文本类型	手机号码
8	Phone	文本类型	固定电话
9	Lasttime	日期类型	修改时间：第一次就是注册时间
10	Address	文本类型	用户地址
11	Email	文本类型	邮件

表 10-13　product 产品信息表

序　号	字 段 名 称	数 据 类 型	说　明
1	Autoid	自动编号	主键，递增，产品在网站的标识
2	Code	文本类型	产品代码，唯一标识产品，网站自己定义的字符串
3	Name	文本类型	产品名称
4	Description	备注类型	产品描述
5	Marketprice	货币类型	市场价格
6	Saleprice	货币类型	销售价格
7	Myimageurl	文本类型	图片地址
8	Status	数字类型	产品状态，是否销售：0 销售，1 停止销售
9	Category	文本类型	产品种类
10	Lasttime	日期类型	修改时间：第一次就是增加时间
11	Priority	数字类型	排序用的优先级别
12	Memberprice	货币类型	会员价格
13	Netimageurlsmall	文本类型	网络小图片地址
14	Netimageurlmid	文本类型	网络中图片地址
15	Netimageurlbig	文本类型	网络大图片地址
16	Sign	数字类型	标志是否特价产品

表 10-14　directory 目录信息表

序　号	字 段 名 称	数 据 类 型	说　明
1	Code	文本类型	目录代码，唯一标识一个目录
2	Name	文本类型	目录名称
3	Memo	文本类型	备注

表 10-15　myorder 订单信息表

序　号	字 段 名 称	数 据 类 型	说　明
1	Autoid	自动编号	主键，递增，订单在网站的标识
2	Payname	文本类型	付款人姓名
3	Payphone	文本类型	付款人电话
4	PayEmail	文本类型	付款人 E-mail
5	Payaddress	文本类型	付款人地址
6	Senddate	日期类型	送货时间
7	Paymemo	文本类型	付款人备注
8	Paytime	日期类型	支付时间
9	Lasttime	日期类型	修改时间：第一次就是增加时间
10	Recname	文本类型	收货人姓名
11	Recnick	文本类型	收货人称呼
12	Recphone	文本类型	收货人电话
13	Recaddress	文本类型	收货人地址
14	Recmemo	文本类型	收货人备注

续表

序　号	字 段 名 称	数 据 类 型	说　明
15	RecEmail	文本类型	收货人邮件
16	Recsay	文本类型	留言
17	Sendfee	货币类型	送货费
18	Sendarea	数字类型	送货地区（用户对送货地区进行分类）
19	Totalpay	货币类型	总价
20	Realpay	货币类型	实际价格
21	Orderpass	文本类型	订单密码
22	Userid	文本类型	用户 ID
23	Orderstatus	文本类型	订单状态
24	Comefrom	数字类型	来源，是否从合作网站（或电话）来的

表 10-16　orderitem 订单明细表

序　号	字 段 名 称	数 据 类 型	说　明
1	Autoid	自动编号	唯一标识用户采购的一个产品
2	Productid	数字类型	产品 ID
3	Productname	文本类型	产品名称
4	Productprice	货币类型	产品价格
5	Quantity	数字类型	数量
6	Orderid	数字类型	订单 ID

表 10-17　directoryproperty 目录属性表

序　号	字 段 名 称	数 据 类 型	说　明
1	Autoid	自动编号	目录属性代码，唯一标识一个目录属性
2	Name	文本类型	目录属性名字
3	Directorycode	文本类型	属于哪个目录

表 10-18　navigationdict 导航属性字典表

序　号	字 段 名 称	数 据 类 型	说　明
1	Autoid	自动编号	唯一标识一个导航属性
2	Directoryproperty	数字类型	对应目录属性的 ID
3	Directoryvalue	文本类型	导航属性名称

表 10-19　navigationrelation 产品导航属性对应表

序　号	字 段 名 称	数 据 类 型	说　明
1	Productid	数字类型	产品 ID
2	Navigationid	数字类型	对应目录属性的 id,directoryproperty 表的标识

表 10-20　comment 用户评论表

序　号	字 段 名 称	数 据 类 型	说　明
1	Autoid	自动编号	评论 ID
2	Comment	备注类型	评论内容

续表

序　　号	字 段 名 称	数 据 类 型	说　　明
3	Nickname	文本类型	用户名称
4	Reply	备注类型	管理答复内容
5	Status	数字类型	是否显示
6	Email	文本类型	邮件
7	Userautoid	数字类型	用户 ID
8	Productid	数字类型	产品 ID
9	Lasttime	数字类型	对应目录属性的 ID，directoryproperty 表的标识

表 10-21　t_AdminUserInfo 管理用户基本信息表

序　　号	字 段 名 称	数 据 类 型	说　　明
1	Usr_id	自动编号	主键，递增，管理员编号
2	Usr_name	文本类型	用户名
3	Usr_pwd	文本类型	密码
4	Usr_realname	文本类型	真实姓名
5	Usr_email	文本类型	邮件
6	Usr_inputdate	日期类型	添加时间
7	Usr_updatedate	日期类型	更新时间
8	Usr_isvalid	数字类型	用户有效标志
9	Usr_level	数字类型	用户级别

3. 代码设计

代码设计是信息系统设计处理中的重要问题。代码是用来表征客观事物的一个或一组有序的符号。代码的合理设计应该有益于计算机和人识别与处理信息。通过编码，建立统一的经济信息语言，有利于提高通用化水平，达到资源共享，加快处理速度，便于检索的目的。

本系统中均采用了有实义的代码，主要代码具体设计如下。

（1）商品编码。

每个商品都有其型号规格和所属大类，因此货物编码的形式：货物编码=货物大类（1 位）+小类（2 位）+序号（4 位）。例如，“aal0010” 表示 a 大类中 al 小类中的 10 号货物。

（2）销售订单编码。

销售订单编码的形式：销售订单编码=S+年（4 位）+月（2 位）+日（2 位）+顺序码（5 位），其中 S 代表销售，即英文 Sale 的缩写。例如，“S2007052100009”表示该订单是在 2007 年 5 月 21 号生成的第 9 个订单。

4. 输入/输出设计

输入/输出设计要确定输出什么数据和以什么方式、如何输入数据。输入设计要在满足要求的前提下尽量减少输入数据的数量。输出设计是对输入数据进行加工和处理的结果。输出的内容和格式必须满足用户的要求。本系统输入的数据受一定权限制约，每个管理员都有自己的账号和密码。另外，还有一些数据参照完整性的输入限制，这个问题只要在代码完成后再在接受输入前判断输入的格式和值的大小就可以实现。本系统的输出数据主要包括各种分类列表和订单数据、订单配送表。查询输出的数据来源于对基本表的 SQL 查询，主要是后台管理部分。

10.2 基于面向对象方法的网上图书销售系统的分析与设计

网上图书销售系统的总体功能需求可以分为顾客模块和管理员模块两大模块。

10.2.1 系统的用例建模

用例视图（Use Case View）强调从用户的角度看到的或需要的系统功能，是被称为参与者的外部用户所能观察到的系统功能的模型图。

1. 确定参与者

在本系统的 UML 建模中，可以创建顾客、管理员、一般员工。

2. 创建用例

根据业务流程，网上图书销售系统可以分为以下几个用例（Use Cases）：订单处理、订单维护、订单状态查询、个人信息维护、订购、接收发货、库存查询、缺货拒绝、图书查询、商品信息维护、销售查询、员工信息维护、报表维护、订单增加、订单删除。

3. 创建用例图

1）系统管理用例图

系统管理用例图如图 10-16 所示。

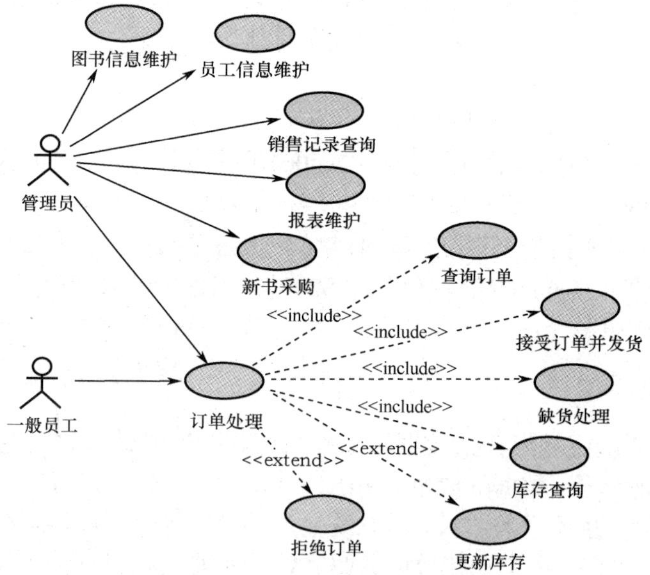

图 10-16　系统管理用例图

2）系统用户用例图

系统用户用例图如图 10-17 所示。

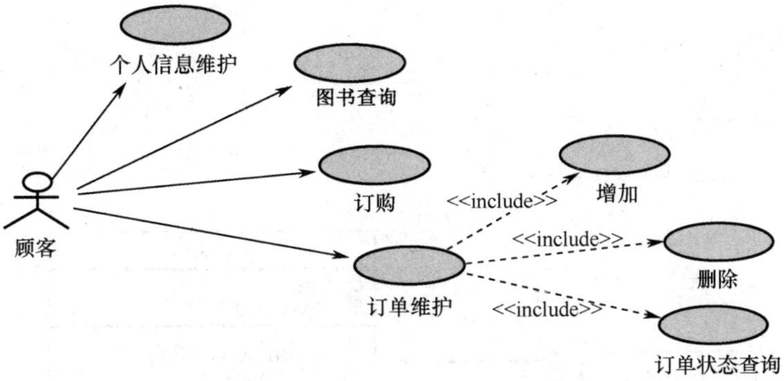

图 10-17　系统用户用例图

10.2.2　系统活动图

活动图可以分为垂泳道，每个泳道表示工作流中不同的参与者。通过查看泳道中的活动，就可以知道某个参与者的责任。通过不同泳道中活动的过渡，可以了解谁要与谁进行通信。这些信息在建模或理解业务流程时非常重要。顾客购买图书和管理员处理订单的活动图如图 10-18 所示。

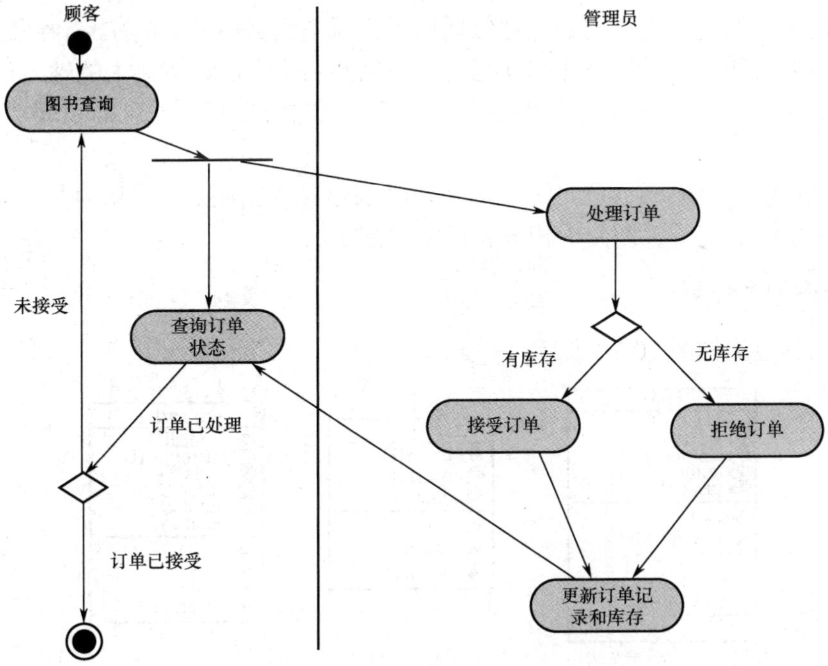

图 10-18　顾客购买图书和管理员处理订单的活动图

从图 10-18 中可以看出，管理员、顾客发生了相互的关系。顾客登录后查询图书，在选择了自己希望购买的图书后提交订单，接下来顾客处于查询订单的循环状态。与此同时，管理员接收到了顾客提交的订单，并根据该订单对应图书的库存情况判断是否拒绝该订单，并更新客户订单。在顾客查询到订单状态变成已处理后，购买过程结束。

10.2.3 系统类图

1. 参与者相关的类

系统类图如图 10-19 所示。

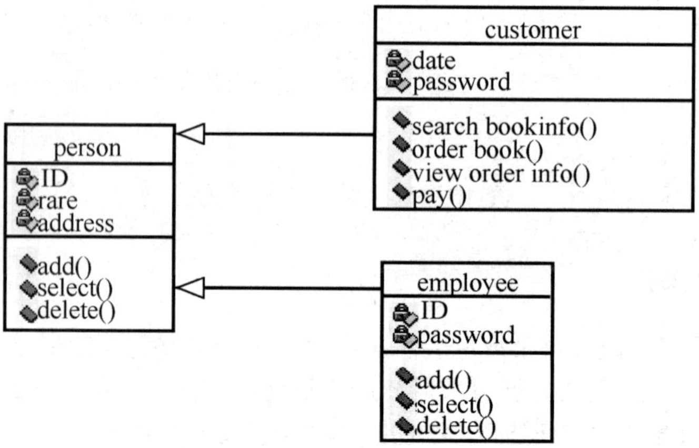

图 10-19 系统类图

person 是所有类的父类，它的属性包括用于标识不同身份的人的 ID、姓名（name）及地址（address）。它的方法包括根据 ID 查询、根据姓名查询、设置某人的姓名和地址等。

customer 继承了父类的方法和属性并添加了自己的属性和方法。date 表示该用户客户订单。

employee 继承了 person，它的属性 password 表示登录密码。这是所有员工共有的操作。系统管理员类中还增加了查询分析和报表打印的方法。

2. 系统中的其他类

系统中的其他类如图 10-20 所示。

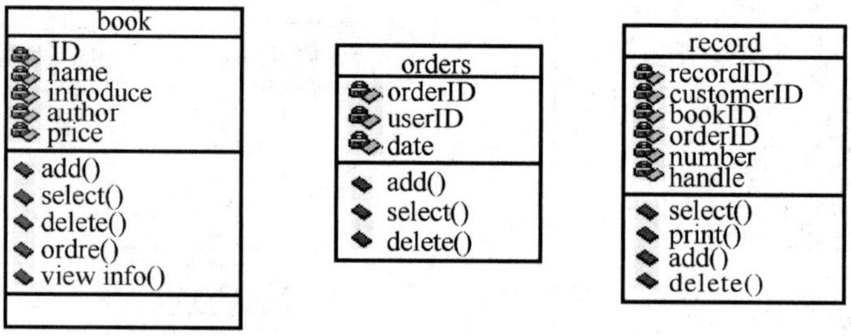

图 10-20 系统中的其他类

book 是图书类。它的属性包括图书 ID、图书名称（name）、图书介绍（introduce）、图书作者（author）、图书价格（price），商品类的方法有 add（ ），用于添加。

orders 是订单类。它的属性包括订单 ID、用户 ID、商品 ID、订单日期（date）。订单类的方法包括添加订单 add（ ）、查询订单 select（ ）、删除订单 delete（ ）。这些方法中 select（ ）供 person 类使用，delete（ ）供 customer 类使用。

record 存储记录类。该类存储了所有的用户操作，包括用户的查询和订购操作，这些数据是后台程序分析的基础。该类的属性包括记录 ID、用户 ID、图书 ID、操作类型、数量，方法有查询 select（ ）、打印 print（ ）、添加 add（ ）、删除 delete（ ）。

3. 各类之间的关系

类间关系图如图 10-21 所示。

一个操作员可以处理多个订单。一个管理员也可以处理多个订单，并且管理员具有数据查询的权限。一个订单中包括多个商品，一条历史记录中也包括多个商品，一个顾客只能对应一条历史记录，但有多个订单的记录。

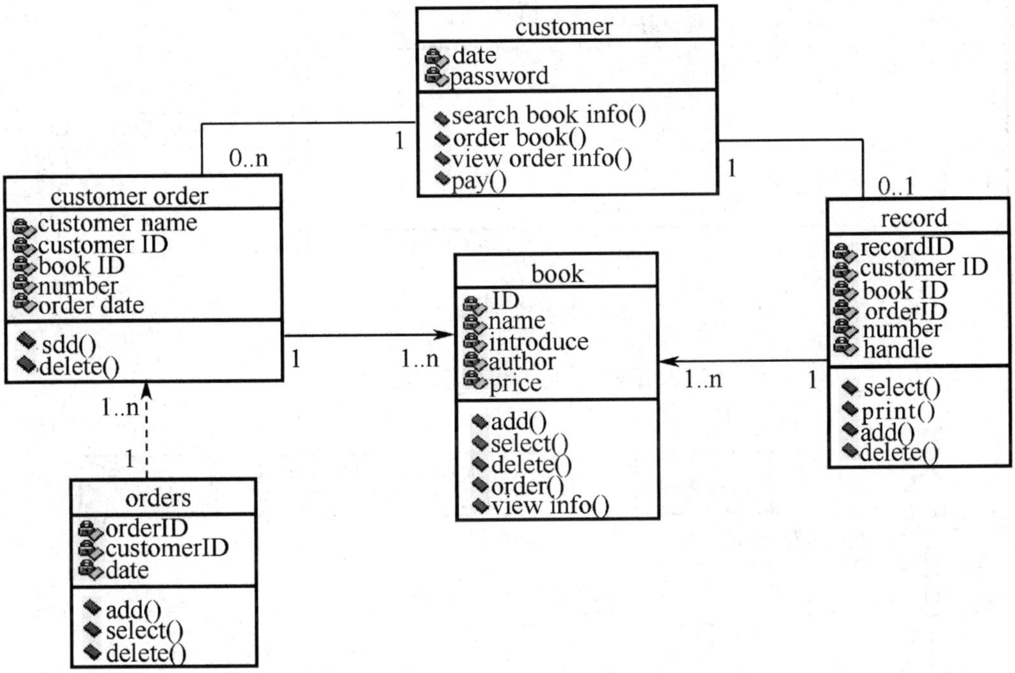

图 10-21　类间关系图

10.2.4　系统的顺序图与协作图

1. 顾客建立订单顺序图

顾客建立订单顺序图如图 10-22 所示。

2. 顾客删除订单顺序图

顾客删除订单顺序图如图 10-23 所示。

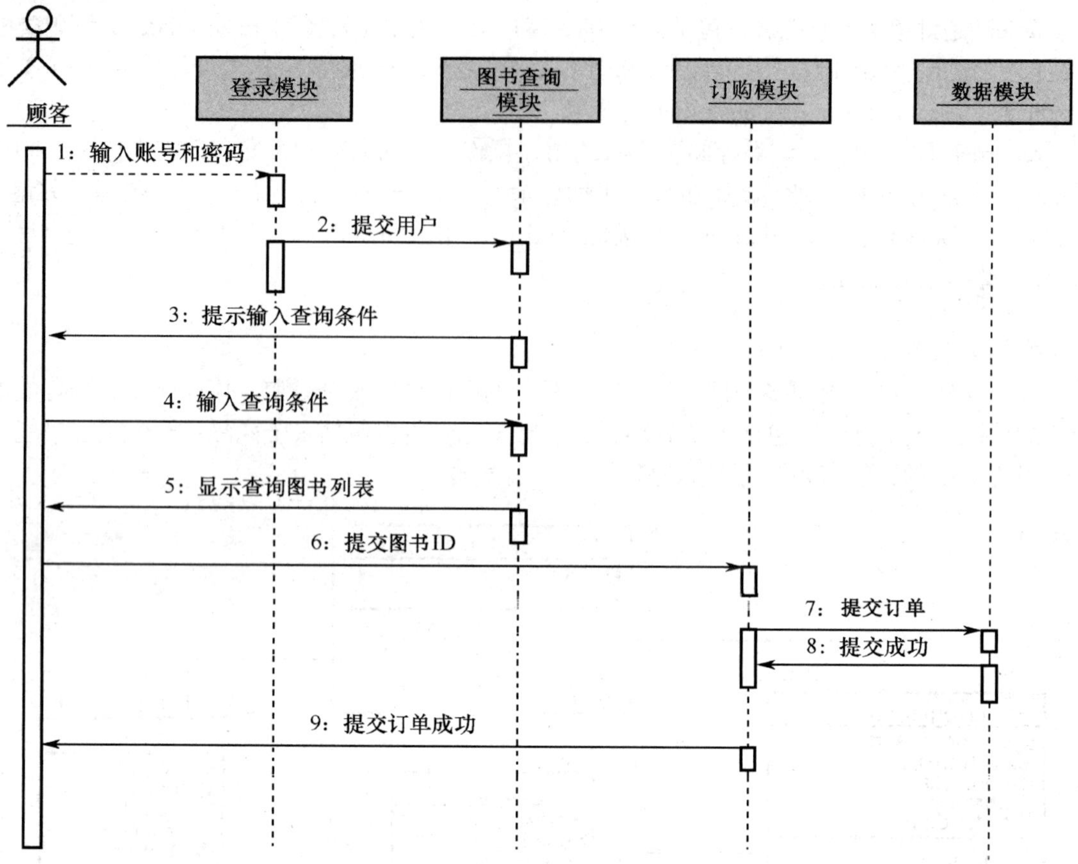

图 10-22　顾客建立订单顺序图

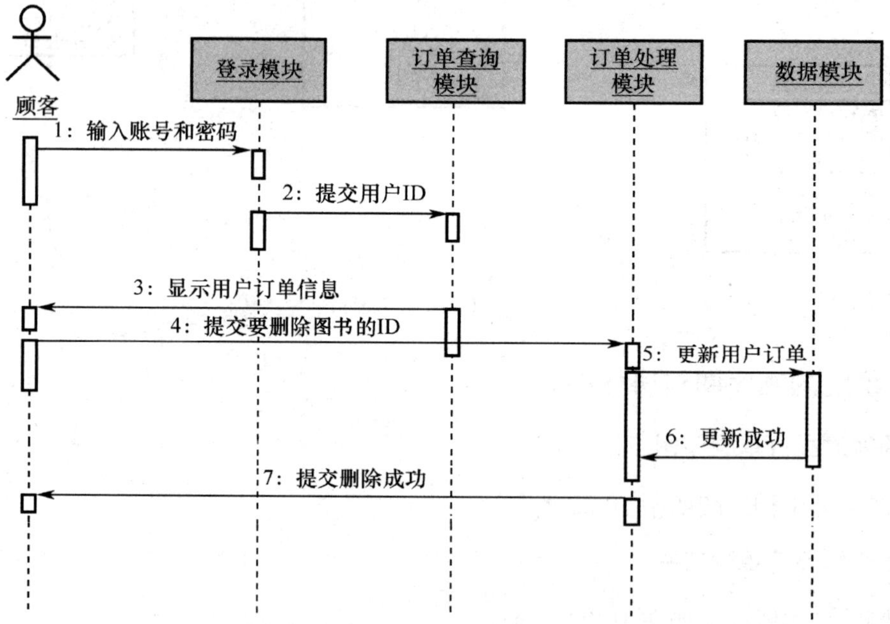

图 10-23　客户删除订单顺序图

3. 管理员处理订单顺序图

管理员处理订单顺序图如图 10-24 所示。

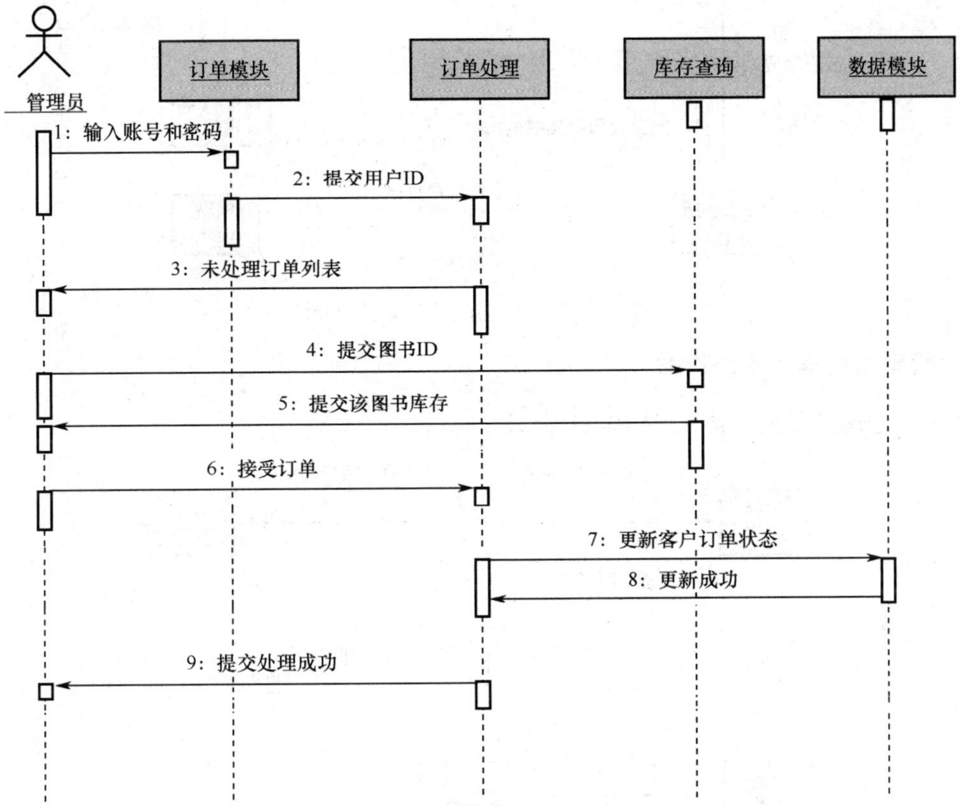

图 10-24　管理员处理订单顺序图

4. 顾客建立订单协作图

顾客建立订单协作图如图 10-25 所示。

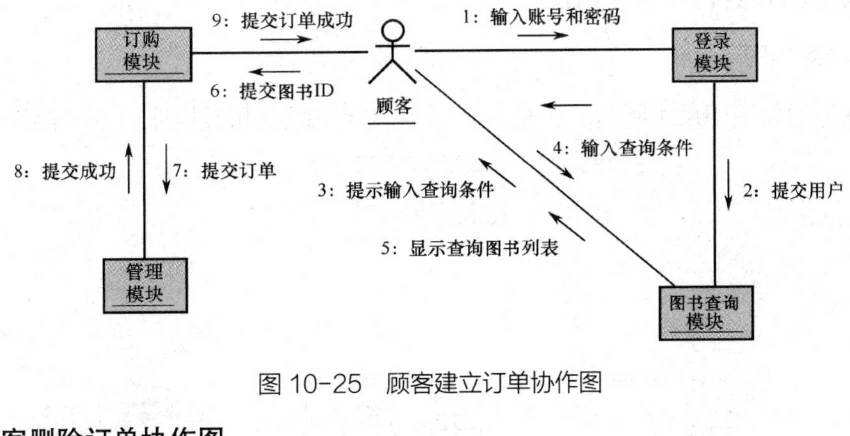

图 10-25　顾客建立订单协作图

5. 顾客删除订单协作图

顾客删除订单协作图如图 10-26 所示。

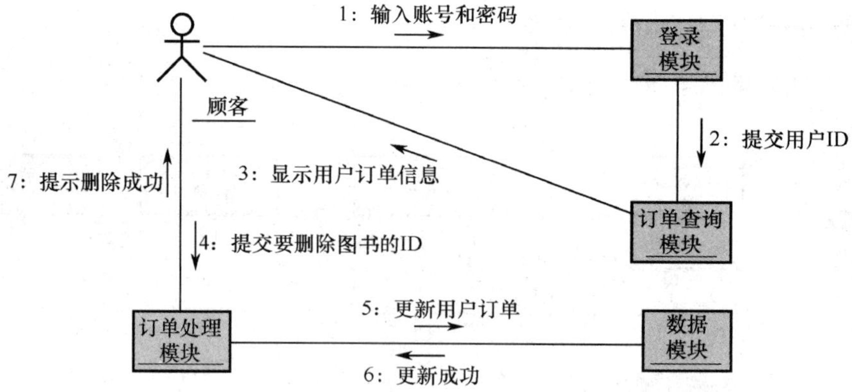

图 10-26　顾客删除订单协作图

6. 管理员处理订单协作图

管理员处理订单协作图如图 10-27 所示。

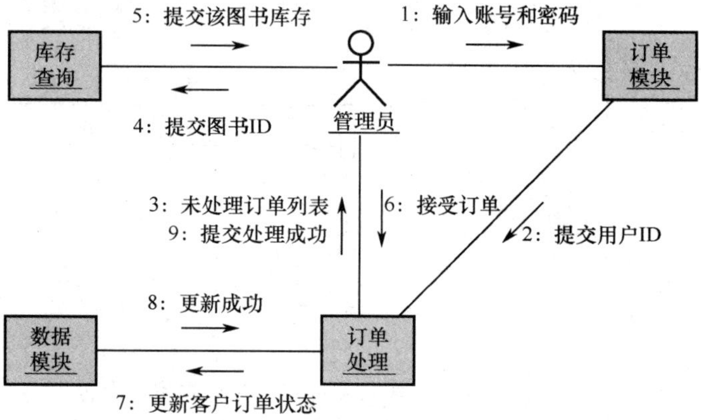

图 10-27　管理员处理订单协作图

10.2.5　系统的组件图与部署图

1. 系统组件图

系统组件图如图 10-28 所示，包括系统服务、客户服务和数据服务 3 个组件。

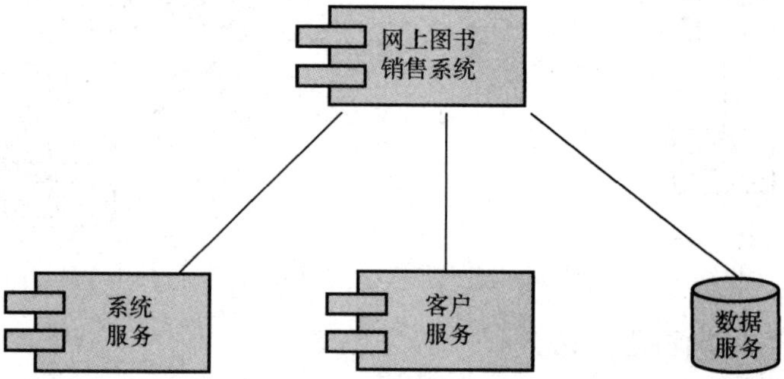

图 10-28　系统组件图

2. 系统部署图

系统由多个节点构成，应用服务器负责整个系统的总体协调工作，数据库负责数据管理。

客户机通过互联网与应用服务器相连，这样管理员可以通过互联网管理应用服务器，客户可以通过互联网访问应用服务器得到图书销售服务。系统部署图如图 10-29 所示。

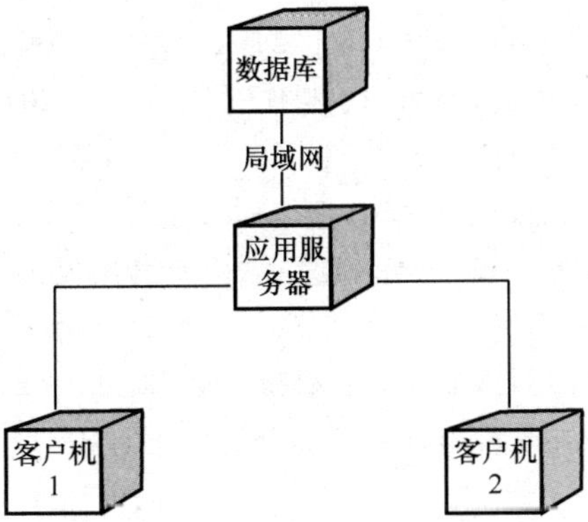

图 10-29　系统部署图

本章小结

本章主要分别介绍了结构化方法和面向对象方法进行系统分析与设计的案例。在线鲜花订购系统主要是构建网上鲜花订购及管理平台，实现用户浏览、订购鲜花及订单管理等电子商务功能，采用结构化方法着重从系统分析和系统设计两个阶段对在线鲜花订购系统的分析与设计进行了详细介绍。网上图书销售系统则是基于面向对象方法针对顾客和管理员两大模块，对系统的用例图、活动图、类图、顺序图、协作图、组件图、部署图等具体建模过程进行了详细讲解。

思考题

实践环节

参 考 文 献

[1] 刘军，马敏书. 电子商务系统的分析与设计[M]. 2 版. 北京：高等教育出版社，2008.
[2] 李志刚. 电子商务系统分析与设计[M]. 北京：机械工业出版社，2009.
[3] 宫小全. 电子商务系统分析与设计[M]. 3 版. 北京：清华大学出版社，2017.
[4] 孙宝文，王天梅. 电子商务系统建设与管理[M]. 3 版. 北京：高等教育出版社，2008.
[5] 徐天宇. 电子商务信息系统分析与设计[M]. 北京：高等教育出版社，2008.
[6] 徐天宇. 电子商务系统规划与设计[M]. 2 版. 北京：清华大学出版社，2010.
[7] 厉小军. 电子商务系统设计与实现[M]. 北京：机械工业出版社，2007.
[8] John Satzinger, Robert Jackson, Stephen Burd. 系统分析与设计[M]. 耿志强，朱宝，李芳，等，译. 北京：机械工业出版社，2009.
[9] Kenneth E. Kendall, Julie E. Kendall. 系统分析与设计[M]. 施平安，郝清赋，译. 北京：机械工业出版社，2010.
[10] 黄梯云，李一军. 管理信息系统[M]. 7 版. 北京：高等教育出版社，2019.
[11] 杨一平，卢山. 管理信息系统[M]. 北京：经济科学出版社，2017.
[12] 黄洪. 管理信息系统[M]. 北京：机械工业出版社，2012.
[13] 汪星明，周山芙. 管理系统中计算机应用[M]. 武汉：武汉大学出版社，2004.
[14] 李琪. 电子商务图解[M]. 北京：高等教育出版社，2003.
[15] 罗超理，高云辉. 管理信息系统原理与应用[M]. 3 版. 北京：清华大学出版社，2012.
[16] 单东方，孙凌云，杨桃红，等. 管理信息系统案例分析[M]. 北京：科学出版社，2003.
[17] 朱顺泉. 电子商务信息系统分析与设计[M]. 北京：清华大学出版社，2006.
[18] 何晓蓉. 软件工程与 UML 案例解析[M]. 3 版. 北京：中国铁道出版社，2018.
[19] 周力，何雪飞. UML 建模图解教程[M]. 北京：人民邮电出版社，2009.
[20] 刁成嘉. 面向对象技术导论——系统分析与设计[M]. 北京：机械工业出版社，2004.
[21] 胡荷芬，曹德胜，陈如意，等. UML 系统建模基础教程[M]. 3 版. 北京：清华大学出版社，2021.
[22] Grady Booch, Robert A. Maksimchuk, Michael W. Engle. 面向对象分析与设计[M]. 王海鹏，潘加宇，译. 北京：人民邮电出版社，2009.
[23] 潘志安，袁瑛. UML 与 Rose 建模应用[M]. 北京：中国铁道出版社，2011.
[24] Robert V. Stumpf, Lavette C. Teague. 面向对象的系统分析与设计[M]. UML 版. 梁金昆，译. 北京：清华大学出版社，2009.
[25] 解本巨，李晓娜，宫生文. UML 与 Rational Rose 2003 从入门到精通[M]. 北京：电子工业出版社，2010.
[26] 胡雷. 电子商务系统的分析与设计[M]. 北京：人民邮电出版社，2019.
[27] 张利，杨俊清. 电子商务设计师教程[M]. 北京：清华大学出版社，2013.
[28] 吴子珺，徐超毅，栾志军，等. 电子商务系统的分析与设计[M]. 3 版. 北京：机械工业出版社，2020.